LES CHARTES COLONIALES

ET

LES CONSTITUTIONS DES ÉTATS-UNIS DE L'AMÉRIQUE DU NORD,

PAR

ALPHONSE GOURD,

AVOCAT À LA COUR DE LYON, DOCTEUR EN DROIT.

II

ANCIEN DROIT.

LES PRINCIPES DU DROIT.

PARIS.

IMPRIMÉ PAR ORDRE DU GOUVERNEMENT

À L'IMPRIMERIE NATIONALE.

M DCCC LXXXV.

COLLECTION DES PRINCIPAUX CODES ÉTRANGERS.

LES CHARTES COLONIALES

ET

LES CONSTITUTIONS DES ÉTATS-UNIS

DE L'AMÉRIQUE DU NORD.

Ce volume, préparé sous la direction de la Société de législation comparée, a été imprimé aux frais de l'État, sur la proposition du Comité de législation étrangère et sur l'ordre de M. le Garde des sceaux.

LES CHARTES COLONIALES

ET

LES CONSTITUTIONS DES ÉTATS-UNIS

DE L'AMÉRIQUE DU NORD,

PAR

ALPHONSE GOURD,

AVOCAT À LA COUR DE LYON, DOCTEUR EN DROIT.

II

ANCIEN DROIT.

LES PRINCIPES DU DROIT.

PARIS.

IMPRIMÉ PAR ORDRE DU GOUVERNEMENT

À L'IMPRIMERIE NATIONALE.

M DCCC LXXXV.

TABLE DES MATIÈRES.

LIVRE PREMIER.

ANCIEN DROIT.

TROISIÈME PARTIE.

LES PRINCIPES DU DROIT.

QUATRIÈME SECTION.

LES CHARTES COLONIALES

ET

LES CONSTITUTIONS DES ÉTATS-UNIS

DE L'AMÉRIQUE DU NORD.

LIVRE PREMIER.

L'ANCIEN DROIT.

TROISIÈME PARTIE.

LES PRINCIPES DU DROIT [1].

AVANT-PROPOS ET DIVISION.

Six éléments principaux ont formé le droit constitutionnel ou public des colonies anglaises d'Amérique :

1° La coutume anglaise;

2° Les usages que l'on trouve nettement établis, à certaines époques, dans presque toutes les colonies, sans qu'il soit toujours

[1] Pour abréger les notes, fort nombreuses de cette partie du présent volume, nous y substituerons à chacun des mots transcrits ci-dessous l'abréviation qui le suit immédiatement : Caroline, C.; Caroline du Nord, C. N.; Caroline du Sud, C. S.; Connecticut, Conn.; Delaware, Del.; Géorgie, Gie.; Maine, Me.; Maryland, Md.; Massachusetts-Bay, M. B.; New-Hampshire, N. H.; New-Jersey, N. J.; New-Plymouth, N. P.; New-York, N. Y.; Nouvelle-Angleterre, N. A.; Pensylvanie, Pie.; Rhode-Island, R. I.; Virginie, Vie.; charte, Ch.; concession, conces.; commission, com.; constitution, const.; convention, conv.; fondamental ou fondamentaux, fond.; Gouvernement, Gouv[t].; instruction, instr.; Lettres patentes, L. pat.; Loi, L.; Lois, LL.; occidental, occid.; oriental, or.; ordre ou ordres, ordr.; propriétaire ou propriétaires, prop.; province, prov.; royal, roy.

aisé de dire quelles circonstances leur donnèrent naissance, ni de connaître le moment précis où ils commencèrent à être observés;

3° Les lois composées par le parlement anglais soit pour tout l'empire, soit pour les seules colonies;

4° Les lois faites par les assemblées locales bientôt établies dans toutes les colonies;

5° Les actes composés par le Roi d'Angleterre, ou de sa seule autorité, ou, tout au plus, avec l'avis de son conseil privé, pour un autre objet que pour définir, comme dans une véritable constitution, toutes les règles ou les règles principales d'une forme de gouvernement, — par exemple, les actes royaux pour établir un impôt ou créer un monopole [1];

6° Les constitutions ou corps de règles de droit public, émanées du peuple ou de ses représentants, du roi, de personnes ou de corporations auxquelles le roi avait accordé, avec la propriété du sol, des pouvoirs considérables sur les habitants. Quand les constitutions ne venaient pas du peuple, elles portaient le nom de lettres patentes, d'actes de concession, de formes ou de plans de gouvernement, le plus souvent celui de chartes. Le nom de commissions ou d'instructions royales était, on le sait, plus particulièrement réservé aux actes par lesquels le roi définissait les principes qui devaient présider à l'exercice des fonctions des gouverneurs royaux, ses représentants directs et essentiellement révocables [2].

On a pu voir que trois formes distinctes de gouvernement régirent les établissements anglais de l'Amérique du Nord, avant 1776 : — ou les principaux attributs de la puissance publique appartenaient, avec la propriété du sol, soit à quelques personnes déterminées, soit à des compagnies; — ou le peuple les exerçait; — ou le roi en déléguait l'exercice à de simples fonctionnaires, ses représentants, qui recevaient directement leurs pouvoirs de sa personne. La première forme était le gouvernement de propriétaire; la seconde,

[1] Comp. Bancroft, I, 219-220. — [2] Ci-dessus, I, p. 38, note 4.

le gouvernement de charte; la troisième, le gouvernement de province royale [1]. On se rappelle qu'à l'exception de deux, le Connecticut et le Rhode-Island, toutes les colonies eurent d'abord la première forme, et que trois, le Maryland, la Pensylvanie et le Delaware, la conservèrent jusqu'à l'émancipation des États-Unis [2]. La seconde forme prévalut, dès l'origine, dans le Connecticut et le Rhode-Island, et, à compter de 1691, dans le Massachusetts [3]. Dans les premières années du XVIIIe siècle, ou même avant la fin du siècle précédent, les autres colonies reçurent la troisième forme, pour la conserver désormais sans interruption [4]. On a vu, d'ailleurs, que celle-ci fut, à une certaine époque, le régime provisoire du Maryland, du Massachusetts, de la Pensylvanie et du Delaware [5].

Pour désigner les trois formes de gouvernement, des auteurs renommés emploient les noms dont nous-même nous sommes servi, et dont l'un mérite encore une explication. La charte proprement dite, dans l'ordre politique, paraît avoir été l'acte solennel par lequel la personne, investie de droits considérables ou même souverains, les cédait, permettant de les exercer désormais au nom des cessionnaires. Dans ce sens, on l'a vu, la colonie de propriétaire avait, elle aussi, sa charte qui transférait du roi au propriétaire les principaux attributs de la puissance publique [6]. Mais la charte était, ce semble, d'une importance particulière, lorsqu'elle les faisait passer directement du roi au peuple. Alors le peuple des colons lui-même tenait, sans inter-

(1) Ci-dessus, I, p. 11, 14, 20, 26-27, 39, 54-55, 71-72, 82-83, 87-89, 96-97, 99-100, 108-109, 118-120, 127-129, 132-133, 137-138, 151, 159, 166-167, 184-186. Comp. Story, I, 109, 112; Blackstone, *Commentaries*, 10e édit. Londres, 1787, I, 109-110.

(2) Ci-dessus, note 1, et notamment p. 108-109, 118-120, 132-133, 166-168. Joignez 180-181.

(3) Ci-dessus, I, p. 87-94, 108-109, 132-133.

(4) Ci-dessus, I, p. 39-53, 99-100, 142-144, 149, 156-158, 163-164, 189-190.

(5) Ci-dessus, I, p. 78-81, 87-88, 123-125, 168, 180.

(6) Ci-dessus, I, p. 14, 20, 26-27, 54-55, 71-72, 82-85, 118-120, 137-138, 150-151, 159, 166-167.

1.

médiaire, du roi, par elle, sa condition politique. Alors elle formait un titre contractuel qui protégeait sans doute les colons, dans l'exercice des droits cédés, et contre tous cessionnaires nouveaux et même contre le roi. Alors elle constituait, en quelque sorte, la colonie au profit des colons. Peut-être n'y a-t-il pas d'autre raison à l'emploi de ces termes caractéristiques, indifféremment usités, les uns pour les autres, de «gouvernement de charte» et «de colonie de charte.»

Si les trois formes de gouvernement présentaient des différences essentielles, elles présentaient également des caractères communs. La lettre des actes royaux, qui avaient pour objet d'établir, de renouveler ou de modifier les principales règles du régime politique des colonies, faisait les différences considérables, mais, dans l'application, les traits de ressemblance étaient nombreux. Quel qu'eût été le plan primitif du gouvernement, et quelle que fût, aux termes des chartes, la forme qui, en définitive, prévalût, partout la métropole prétendait retenir de grandes prérogatives, et le peuple, par les constitutions ou les lois que composaient ses représentants, créait, dans toutes les colonies, des règles importantes de droit public. Vainement ces fiers souverains du Royaume-Uni, qui se décoraient encore, au XVIe, au XVIIe, voire au XVIIIe siècle, du titre pompeux de rois de France [1], ordonnaient que toutes les dis-

[1] C., ch. 1584; Vie., ch. 1606, 1609, 1612; N. A., ch. 1620; M. B., ch. 1629; N. H., conces. 1629, 1635; Md., ch. 1632; Me., conces. 1639; Conn., ch. 1662; C., ch. 1663, 1665; R. I., ch. 1663; Me., conces. 1664, 1674; Pie., ch. roy. 1681; M. B., ch. 1691; M. B., ch. 1726; Gie., ch. 1732; Poore, *loc. cit.* I, 252, 369, 783, 786, 811, 921, 932, 942; II, 1270, 1274, 1379, 1382, 1390, 1509, 1595, 1888, 1893, 1902. Comp. ci-dessus, I, p. 55, note 1. Voy. aussi, p. 22, 53, 241, 262, 332. — On remarquera que le millésime assigné à la troisième charte de la Virginie, dans la note présente, est 1612, au lieu de 1611. L'incertitude dans laquelle MM. Poore et Hough semblent être restés, et une contrariété apparente entre les deux premières chartes de la Virginie et la troisième, nous avaient d'abord porté, on l'a vu, à nous écarter de l'avis de MM. Marshall, Story et Bancroft. Une nouvelle étude nous a ramené

positions des actes émanés d'eux fussent exécutées (1); que l'original ou la copie authentique de ces actes servît de décharge ou de titre pour une exécution complète (2); que tous les fonctionnaires royaux se prêtassent à faciliter et à assurer celle-ci (3); que tous les textes qui la contrarieraient fussent considérés comme abrogés (4); qu'au-

à cet avis. Pour que les chartes, dites du 10 avril 1606 et du 23 mai 1609, soient elles-mêmes de la quatrième année et de la septième du règne de Jacques Ier sur l'Angleterre, il faut fixer le début de ce règne, non au couronnement du nouveau souverain (25 juillet 1603), mais à la mort d'Élisabeth (3 avril 1603). Ceci posé, la neuvième année du règne commence le 3 avril 1611, et la charte du 12 mars de la neuvième année est du 12 mars 1612. Si l'on observe, d'autre part, que l'abdication de Marie Stuart et l'avènement de Jacques VI au trône d'Écosse sont des derniers jours de juillet de l'année 1567, le 10 avril 1606 et le 12 mars 1612 sont bien de la trente-neuvième et de la quarante-cinquième année du règne de Jacques sur l'Écosse. Les renseignements fournis par les textes mêmes des chartes se trouvent ainsi d'une parfaite exactitude. Notre erreur est venue de ce que nous avons donné d'abord trop d'attention au millésime certain de la première charte de la Virginie, sans en donner assez à la date du fait que les rédacteurs de cette charte avaient pris pour point de départ de leur calcul. Comp., ci-dessus, I, p. 14, 19, et 26, note 2. Voy. d'ailleurs, sur les dates indiquées ci-dessus, notamment, la partie des travaux de Von-Raumer, traduite en anglais sous le titre de *Political history of England*, Londres, 1837, I, 390 et 420; Tytler, *History of Scotland*, Édimbourg, 1840, VII, 159-169; Glasford Bell, *Life of Mary, queen of Scots*, Édimbourg, II, 136-142; Mignet, *Histoire de Marie Stuart*, édition de 1854, I, 354-360. — En général, les actes qui portent dans les textes le nom de chartes, émanaient du Roi. Ainsi le renvoi aux chartes sera le plus souvent un renvoi à des actes royaux. Mais la règle n'est pas absolue; par exemple, dans l'année 1681 Penn reçut une charte du Roi, et il en octroya lui-même plus tard aux colons de la Pensylvanie; on trouvera donc toujours la première de ces chartes citée expressément comme la charte royale de la Pensylvanie de 1681. Voy. plus haut, dans la présente note, ligne 7. Comp., ci-dessus, I, p. 166-169; II, 4; et Poore, II, 1509-1515, 1518-1527, 1536-1540, notamment 1523, 1540.

(1) Me., conces. 1664, 1674; Poore, I, 785, 788.

(2) M. B., ch. 1629; Conn., ch. 1662; R. I., ch. 1663; Pie., ch. roy. 1681; Poore, I, 255-256, 940-941; II, 1515, 1599; et, ci-dessus, I, p. 271.

(3) N. A., ch. 1620; Md., ch. 1632; Me., conces. 1639; Pie., ch. roy. 1681; Poore, I, 782, 816, 931, II, 1515; et ci-dessus, I, p. 256.

(4) C., ch. 1584; Vie., ch. 1606, 1609, 1612; N. A., ch. 1620; M. B., ch. 1629; Md.; ch. 1632; Me., conces.

cune disposition ne fût détournée de son sens véritable [1]; que les interprétations les plus favorables aux droits des propriétaires fussent reçues [2]; surtout qu'aucune n'eût créance, qui diminuerait l'autorité royale [3]; et que toute modification fût humblement sollicitée du roi [4]. En vain, à leur tour, les propriétaires voulaient que les règles régulièrement faites par eux-mêmes demeurassent sacrées et inviolables [5], ou, promettant de ne pas les violer, de leur seul gré, et de ne les point rapporter, déterminaient les circonstances dans lesquelles les modifications pourraient naître du commun accord des propriétaires et des colons [6]. Vainement les colons s'obligeaient parfois à ne pas modifier leur condition politique, sans l'aveu des propriétaires [7]. On a vu déjà de quelle sorte le peuple ou ses représentants en usaient, pour réduire sans cesse la puissance et des propriétaires et du roi, tandis que, de son côté, le roi essayait souvent de rabaisser les prétentions et des colons et des propriétaires [8]. Ainsi, tantôt harmonieusement com-

1639; Conn., ch. 1662; C., ch. 1663; R. I., ch. 1663; Me. conces. 1664; C., ch. 1665; Me., conces. 1674; Pie., ch. roy, 1681; Poore, I, 257, 783, 931, 942; II, 1382, 1390, 1397, 1515, 1603, 1893, 1902, 1908; et, ci-dessus, I, p. 257, 282.

(1) M. B., ch. 1726; Poore, I, 956.

(2) Vie., ch. 1609, 1612; N. A., ch. 1620; M. B., ch. 1629; Md., ch. 1632; Me., conces. 1639; Conn., ch. 1662; C., ch. 1663; Me., conces. 1664; C., ch. 1665; Me., conces. 1674; Pie., ch. roy. 1681; M. B., ch. 1726; Poore, I, 257, 783, 817, 930-931, 942, 955; II, 1389-1390, 1397, 1515, 1902, 1908; et ci-dessus, I, p. 256-257.

(3) Md., ch. 1632; Me., conces. 1639: Pie., ch. roy. 1681; Poore, I, 783, 817; II, 1515; et ci-dessus, I, p. 257.

(4) N. A., ch. 1620; Me., conces. 1639; Poore, I, 782, 930.

(5) C., const., 1669, § 120; Poore, II, 1408.

(6) N. J., conces. 1676; Pie., ch 1682, §§ 23-24; LL. const. 1682, § 39; ch. 1701, § 8; Poore, II, 1523, 1526, 1539; Hough, *loc. cit.*, II, 33.

(7) Pie., const. 1696; Poore, II. 1536. Comp. note 6, ci-dessus.

(8) Voy. ci-dessus, partie I, *passim*. — Le terme «propriétaire» a déjà servi dans les explications précédentes, et, dans les explications qui vont suivre, il continuera de servir à désigner la personne investie du droit de propriété sur la colonie elle-même. L'individu investi de ce droit sur des biens dans la colonie sera généralement appelé possesseur ou tenancier.

binés, tantôt et plus souvent opposés les uns aux autres, et prévalant tour à tour, les éléments déjà nommés, ordres du roi, lois du parlement, lois des assemblées locales, constitutions et usages, contribuaient, dans toutes les colonies, à la formation du droit public. Sans doute une étude complète de ce droit est inséparable d'un examen attentif et minutieux de tous les éléments qui le composaient; mais, comme l'objet essentiel du présent ouvrage est l'exposition des principes du droit public des États-Unis, on ne trouvera ici que les dispositions des constitutions proprement dites, l'élément primitif et toujours le plus important du droit public des colonies, et les seules dispositions des lois coloniales, qui ont servi de précédents ou peuvent être le plus utilement comparées aux règles du droit moderne.

Le lecteur verra aisément que la séparation classique, sinon absolument rationnelle, des trois pouvoirs, législatif, exécutif et judiciaire, n'était ni formulée ni mise en vigueur par l'ancien droit. Cependant la distinction sera faite ici, parce qu'elle rendra plus commode et plus simple l'exposition du sujet, et qu'elle facilitera la comparaison entre les anciens textes, qui méconnaissent la séparation tripartite, et les constitutions modernes, qui en font toutes un procédé d'exposition et un principe essentiel de gouvernement.

Les explications qui vont suivre seront présentées en quatre sections[1] : la première traitera du pouvoir législatif; la seconde,

[1] Pour cette partie du présent volume, voyez les ouvrages cités dans les parties précédentes, auxquels il convient d'ajouter ceux dont les titres sont ci-après : Caroline du Nord : *The laws of the State,* Potter, Taylor and Yancey, Raleigh, 1821, 2 vol. in-8°. — Caroline du Sud : *The laws of the Province,* N. Trott, Charlestown, 1736, in-fol.; *The acts of the general assembly,* 1733-1736, Charlestown, 1736, in-fol.; *The public laws of the State, from its first establishment to 1790,* Grimke, Philadelphia, 1790, in-4°. — Connecticut : *Statutes, acts and laws,* Boston, 1702, in-fol.; New-London, 1715-1718, in-fol.; 1750 in-fol.; 1750-1774, in-fol.; *The statutes, the code of 1650,* etc., Hartford, 1822, in-12. — Delaware : *Statutes and laws,* 1700-1797, New-Castle,

du pouvoir exécutif; la troisième, du pouvoir judiciaire; la quatrième, des règles qui sont communes aux trois pouvoirs, ou qui ne sont propres exclusivement à aucun d'eux.

Dover, Georgetown, Wilmington, 1797, in-8°. — Géorgie: *Digest of the laws, from the establishment to 1800*, Philadelphia, 1801, in-4°; *Digest of the laws*, Prince, Athens in Georgia, 1837, in-8°. — Maryland : *The acts of the assembly*, 1692-1715, London, 1723, in-fol.; *A complete collection of the laws of the Province*, Annapolis, 1727, in-fol.; *The laws*, 1727-1736, in-fol.; *The laws at large*, Bacon, Annapolis, 1765, in-fol.; *The laws*, W. Kitty, Annapolis, 1799-1800, 2 vol. in-4°; *The general public statutory law*, 1692-1839, Dorsey, Baltimore, 1840, 3 vol. in-8°. — Massachusetts-Bay: *General laws and liberties*, Cambridge, 1675, in-fol.; *Acts and laws*, 1692-1719, London, 1724, in-fol; *Collection of proceedings*, Boston, 1729, in-4°; *Charters and general laws*, Boston, 1814, in-8°; *Acts and resolves*, Ames and Goodell, Boston, 1869, in-8°. — New-Hampshire : *Acts and laws of the Province*, Boston, 1716-1726, in-fol.; *Acts and laws*, Portsmouth, New-Hampshire, 1771, in-fol. — New-Jersey: *Grants and Concessions*, Leaming and Spicer, Philadelphia, 1757, in-fol.; *Acts of the general assembly*, 1702-1776, Allinson, Burlington, 1776, in-fol.; *Laws*, 1703-1799, Paterson, Newark, 1800, in-4°. — New-York : *Acts of the assembly*, 1691-1718, London, 1719, in-fol.; *Acts of the assembly*, 1691-1725, New-York, 1726, in-fol.; *Laws*, 1691-1762, Livingston and Smith, New-York, 1752-1762; *Votes and proceedings*, 1691-1764, New-York, 1764-1766, in-fol.; *Laws*, 1691-1773, Van-Shaack, New-York, 1774, 2 vol. in-fol.; *Votes and proceedings*, 1766-1776, Albany, 1820, in-fol. — Pensylvanie : *Laws*, Philadelphia, 1714, in-fol.; *Laws in force*, Philadelphia, 1728, in-fol.; *Collection of Charters*, Philadelphia, 1740, in-fol.; *Votes and proceedings of the house of representatives*, Philadelphia, 1752, in-fol.; *Charters and acts of assembly*, Philadelphia, 1762, 2 vol. in-fol.; *Acts of the general assembly*, Philadelphia, 1775, in-fol.; *Acts of the general assembly*, Mackean, Philadelphia, 1782, in-fol.; *Laws*, 1700-1808, Philadelphia, 1803-1808, 8 vol. in-8°; *Digest of the laws*, 1700-1808, Purdon, Philadelphia, 1818, in-8°; *General laws*, 1700-1846, Dunlop, Philadelphia, 1847, in-8°. — Rhode-Island : *Acts and laws*, Newport, 1730-1736, in-fol.; *Records*, 1636-1792, Bartlett, Providence, 1856-1865, 10 vol. in-8°. — Virginie : *The statutes at large*, Hening, New-York, Richmond, Philadelphia, 1823, 13 vol. in-8°.

On ne trouvera sans doute, tout au moins nous n'avons trouvé presque aucun de ces ouvrages à la Bibliothèque nationale. Tous, au contraire, sont au British-Museum. Plusieurs seront fréquemment cités dans les pages qui vont suivre.

En général, dans les notes ci-après, les lois coloniales seront désignées simplement par leur millésime joint au nom de la colonie qui les composa, et au titre du recueil auquel la citation aura été empruntée.

PREMIÈRE SECTION.

DU POUVOIR LÉGISLATIF.

CHAPITRE PREMIER.

DE L'OBJET ET DE L'ÉTENDUE DU POUVOIR LÉGISLATIF, ET DE LA DIVISION DE CE POUVOIR ENTRE LE ROI, LE PARLEMENT, LES PROPRIÉTAIRES DE COLONIES ET LES COLONS.

Les chartes attribuent expressément le pouvoir législatif soit aux propriétaires, soit aux propriétaires et aux colons, soit aux colons; expressément ou implicitement elles associent à l'exercice de ce pouvoir le roi, les chambres anglaises, et, dans quelque mesure, suivant l'interprétation parfois donnée dans les colonies, les cours de justice de la métropole.

L'attribution expresse du pouvoir au propriétaire unique, ou à une association de propriétaires, à l'exclusion des colons, encore que cette association eût ou pût avoir son siège sur le sol de la métropole, est écrite dans les premières chartes de la Caroline, de la Virginie, de la Nouvelle-Angleterre, et dans les dernières du Maine[1]. La division du pouvoir entre les propriétaires et les colons est établie par les chartes, dans la Virginie dès 1621[2], dans le Maryland dès 1632[3], dans le Maine en 1639[4], dans la Caroline

[1] C., ch. 1584; Vie., ch. 1606, 1609, 1612; N. A., ch. 1620; Me., conces. 1664, et 1674; Poore, I, 784, 786, 925; II, 1380-1381, 1889-1890, 1899, 1905.

[2] Const. 1621; Bancroft, *loc. cit.*, I, 158.

[3] Ch. 1632; Poore, I, 813. Comp., ci-dessus, I, p. 245-248.

[4] Conces. 1639; Poore, I, 776.

dès 1663 [1], dans le New-Jersey dès 1664 [2], dans la Pensylvanie en 1681 [3], dans la colonie de New-York, une première fois, entre 1664 et 1667, et, de nouveau, vers 1684 [4]. Cette condition demeura officiellement jusqu'à l'émancipation des États-Unis, celle du Maryland, de la Pensylvanie et du Delaware [5]. L'attribution du pouvoir aux colons fut la règle, dans le Massachusetts dès 1629 [6], dans le Connecticut dès 1638 [7], dans le Rhode-Island dès 1643 [8]. Les colonies de charte et les provinces royales eurent toujours cette dernière condition [9]. Ainsi, dans toutes les colonies, aux termes mêmes des chartes, le peuple participa de bonne heure à l'exercice de la puissance législative. On a vu, ailleurs, qu'il n'attendait pas toujours d'avoir une charte, pour se donner ses propres lois [10]. En vérité, si l'on excepte la Virginie, partout où une colonie anglaise s'établit sur le sol de l'Amérique septentrionale, les colons s'empressèrent de créer soit des comices législatifs du peuple tout entier, soit des assemblées représentatives [11]. Plus exactement l'œuvre

(1) Ch. 1663, § 6, et ch. 1665; const. 1669, §§ 71, 73, 78; Poore, II, 1384-1385, 1391-1392, 1404-1405.

(2) Conces. des prop. 1664; Hough, II, 31.

(3) Ch. roy. 1681; ch. 1682, §§ 1, 5, 7, 19; LL. const. 1682, §§ 5, 40; const. 1696; ch. 1701, § 2; Poore, II, 1511, 1520-1522, 1523-1524, 1526-1527, 1535, 1538.

(4) Hough, II, 58-59.

(5) Voy. ci-dessus, I, p. 118-119, 166-168, 180-181.

(6) Ch. 1629 et 1726; Poore, I, 937, 955.

(7) Ordr. fond. 1638-1639; ch. 1662; Poore, I, 249-251.

(8) L. pat. 1643; ch. 1663; Poore, II, 1595, 1597-1598. Ci-dessus, I, p. 260.

(9) Voy. ci-dessus, partie I, *passim*. Joignez com. ou instr. roy., Vie, 1652 et 1692; N. H., 1679; N. Y., 1691; N. J., 1702; C., 1729-1730; Gie., 1754. Poore, II, 1277, 1278; Bancroft, I, 223; III, 25-26, 48; IV, 131; Hough, I, 243; II, 34, 60, 105; et ci-dessus, I, 292-295.

(10) Voy. ci-dessus, I, p. 61-63, 67, 81, 105-106, 126-127.

(11) Voy. ci-dessus, partie I, *passim*. Joignez N. P., conv. 1620; M. B., 1632-1634; Md., 1635; Conn., Ordr. fond., 1638, § 10; R. I., 1638; N. P., 1639; Me., conces. 1639; R. I., const. 1641; M. B., 1641; R. I., L. pat. 1643; Conn., ch. 1662; R. I., ch. 1663; C., ch. 1663, § 5, et ch. 1665; N. J., conces. 1664 et LL. 1666-1667; Albemarle, C., const. 1665; C. S., const. 1670; conv. 1672; N.Y., instr. roy. 1684; M. B., ch. 1691; N. J.,

législative commence partout ou presque partout dans les délibérations de comices du peuple entier, et bientôt, le nombre des habitants croissant et les limites du territoire s'étendant, elle se continue dans des assemblées de représentants. Le régime représentatif est appliqué à la Virginie dès 1619, à la colonie du Massachusetts-Bay dès 1634, à l'agrégation des trois bourgs de Windsor, de Hartford et de Wethersfield, d'une part, et, de l'autre, au bourg isolé de New-Haven, dans le Connecticut, dès 1638, à la colonie de New-Plymouth, au Maine et au Maryland dès 1639, au Rhode-Island vers 1647, aux comtés d'Albemarle et de Clarendon, dans la Caroline, entre 1662 et 1664, à la colonie du New-Jersey en 1664, à la Caroline du Sud vers 1670, au New-Hampshire en 1680, à la Pensylvanie et à la colonie de New-York vers 1682, à la Géorgie, au plus tard, quand elle devint une province royale, vers 1751 [1]. Les propriétaires et le roi lui-même devaient bientôt tolérer ce qu'ils n'auraient pas toujours institué de leur propre mouvement. Si l'on excepte le règne de Jacques II et les premières années de la guerre de l'Indépendance américaine, la métropole n'essaya d'empêcher, à aucune époque, par un système permanent de prohibition, le maintien du régime représentatif. Mais elle affectait volontiers de le considérer comme une institution de pure tolérance, tandis que les colons le proclamaient de droit naturel et nécessaire [2].

instr. roy. 1702 et 1712; C., instr. roy. 1729; Poore, I, 251, 255, 776, 931, 949, 951-952; II, 1384, 1391-1392, 1598; Bancroft, I, 154, 248-249, 257, 264, 322, 363, 366-367, 380, 393, 417; II, 114, 151, 168, 306, 315, 318; III, 17, 21, 65; IV, 140; Hough, II, 31, 33-34, 59, 105, 152, 246-247, 422. Comp. ci-dessus, I, p. 13-31, 260-261, 267-272.

(1) Me., conces. 1639; N. H., com. 1679; Poore, I, 776; II, 1277; Marshall, *loc. cit.*, 54; Story, *loc. cit.*, I, 21-30, 40, 55-56, 61, 71, 76, 79, 84, 89; Bancroft, I, 154, 158, 248-249, 322, 365-368, 380, 393, 417; II, 114, 151, 168, 315; III, 17, 21, 63; IV, 140; Hough, I, 152; II, 31, 33-34, 59, 104-105, 246-247, 422-423. Comp. Blackstone, I, 158-159, et ci-dessus, I, p. 293-295.

(2) Comp. N. H., com. 1679; Gie.,

Des causes diverses modifièrent promptement la condition des lieux, où des chartes attribuaient d'abord la puissance législative aux propriétaires, à l'exclusion des colons [1]. Avant cette transformation, les propriétaires y devaient légiférer avec toute l'indépendance que le roi trouvait convenable d'octroyer ou de tolérer. Ils avaient sous leur contrôle et leur action non seulement les pouvoirs essentiels du gouvernement et les règles de l'administration, mais encore, tout aussi bien que les intérêts public et permanents, les intérêts individuels et passagers [2]. L'esprit et la lettre même des textes voulaient qu'ils se proposassent d'assurer aux colons certains bienfaits, par exemple, « la paix chrétienne » ou « la tranquillité civile » [3]; mais le roi seul, ou seule peut-être quelque cour anglaise de justice, avait qualité pour apprécier s'ils le faisaient [4].

Dans les colonies où la puissance législative était divisée entre les propriétaires et les colons, les propriétaires purent composer, de leur seule autorité, des ordonnances assimilées, à certains égards, aux lois proprement dites, et, au sein de l'assemblée représentative, ils avaient des représentants qu'ils nommaient [5]. Dans une colonie, le Maryland, ils paraissent avoir possédé encore, jusqu'à ce que les representants du peuple les en eussent dé-

ch. 1732; Poore, I, 377; II, 1278; Story, I, 109, 113-114; Bancroft, I, 196; II, 19-20, 203. Voy. ci-dessus, I, p. 99, 294-295, 345.

(1) Voy. ci-dessus, partie I, *passim*.

(2) C., ch. 1584; Vie., ch. 1609; N. A., ch. 1620; M. B., ch. 1629; Conn., ch. 1662; R. I., ch. 1663; Me., conces. 1664 et 1674; Gie., ch. 1732; Poore, I, 255, 373-374, 784, 786, 925, 937; II, 1378, 1381, 1596, 1598, 1899, 1901. Comp. Bancroft, II, 278. Voy. aussi ci-dessus, I, p. 262-282, 332-335, *passim*.

(3) C., ch. 1584; Vie., ch. 1609; N. A., ch. 1620; Poore, I, 925; II, 1381, 1889. Comp. R. I., ch. 1663; Poore, II, 1596; et ci-dessus, I, p. 270.

(4) Voy. ci-après, p. 21-27.

(5) Md., ch. 1632; Me., conces. 1639; C., ch. 1663, § 6, et ch. 1665; Pie., ch. roy. 1681; Poore, I, 776-778, 812-813; II, 1384-1385, 1392, 1511. Voy. ci-dessus, I, p. 247-248. Comp. Bancroft, IV, 138, et ci-après, p. 14-16, 35-40, 55-56, 73, 82-83.

pouillés, au milieu du XVIIIe siècle, l'initiative de toutes les lois [(1)]. Quoique les peines, qu'ils donnaient librement pour sanction à leurs ordonnances, ne pussent aller ni jusqu'à la confiscation des biens ou de la franchise des terres [(2)], ni jusqu'à l'ablation de quelque membre ou de la vie, la faculté de faire des ordonnances, on l'a vu déjà, prêtait facilement aux abus [(3)]. Les propriétaires de la Pensylvanie et du Delaware semblent l'avoir abandonnée, de bonne heure, ou même n'en avoir pas usé [(4)]. En revanche, ceux d'aucune colonie ne paraissent avoir abdiqué ni cessé d'exercer la faculté d'être représentés, voire de siéger eux-mêmes dans les assemblés coloniales [(5)]. Mais on sait encore que les colons ne permettaient aisément, en aucun lieu, à aucune domination ou influence de devenir abusive [(6)]. Il n'y a guère que la Virginie qui ait eu, à une époque, deux assemblées législatives distinctes, l'une composée de propriétaires et l'autre de colons. Encore ces assemblées n'étaient-elles qu'également puissantes, la validité des résolutions de chacune dépendant essentiellement de l'adhésion de l'autre. Ce régime de courte durée prit fin, d'ailleurs, lorsque la colonie fut transformée en province royale [(7)].

De quelque façon qu'eût été opérée la division de la puissance législative entre les propriétaires et les colons, que les propriétaires eussent la faculté de faire des ordonnances ou qu'ils formassent une assemblée distincte, investie du droit de composer des lois proprement dites, propriétaires et colons, les uns, d'un

(1) Bancroft, IV, 137.

(2) Md., ch. 1632; Me., conces. 1639; C., ch. 1663 § 6, et ch. 1665; Pie., ch. roy. 1681; Poore, I, 778, 813, 1385, 1392, 1511; comp., ci-dessus, I, p. 247-248.

(3) Voy. 12, note 5, ci-dessus, et I, p. 85-86, 121-122, 139-140, 188-189.

(4) Actes postérieurs à 1681; comp. ci-dessus, I, p. 174-180.

(5) Md., ch. 1632; Me., conces. 1639; C., ch. 1663 § 5, et ch. 1665; Pie., ch. 1682, §§ 8 et 15; 1683, §§ 1 et 14; const. 1696; Poore, I, 776-778, 812-813; II, 1384-1385, 1392, 1521-1522, 1527, 1529, 1532; et ci-dessus, I, p. 245-246.

(6) V. ci-dessus, partie I, *passim*. Comp. Pie., const. 1696; Poore, II, 1536.

(7) Const. 1621; Bancroft, I, 158. Comp. ci-dessus, I, p. 38-39.

côté, les autres, de l'autre, pouvaient, en principe, régler les mêmes matières et adopter, en vérité, toutes les mesures qu'ils jugeaient nécessaires ou convenables [1]. Quels que fussent leurs auteurs, les lois avaient toutes, en principe, la même force. Les ordonnances, elles, ne différaient des lois que par la douceur relative de leurs sanctions.

A la composition des lois proprement dites qui émanèrent bientôt partout d'une assemblée dans laquelle siégeaient les représentants des colons, les propriétaires ne participaient pas seulement par leur propre présence, ou celle de leurs représentants personnels, au sein de l'assemblée. La constitution de la Virginie de 1621, celle de la Pensylvanie de 1696, la charte de la Pensylvanie de 1701, ordonnaient que les lois ne pussent être mises en vigueur sans l'approbation du gouverneur, chef du pouvoir exécutif, réellement délégué des propriétaires qui le nommaient [2]. La constitution de la Virginie de 1621, les concessions des propriétaires du New-Jersey de 1664, les instructions envoyées par ceux de la colonie de New-York, après le renversement de la domination Hollandaise, les constitutions fondamentales de la Caroline de 1669, la constitution de la Pensylvanie de 1696, la charte de la Pensylvanie de 1701, exigeaient l'approbation des propriétaires eux-mêmes [3]. Malgré la résistance parfois très vive des colons, cette condition paraît avoir subsisté jusqu'à la Révolution partout où le gouvernement de propriétaire se maintint [4]. Plus exactement la règle semble y être demeurée, partout, que les lois reçussent, pour être valides, d'abord l'approbation des gouverneurs, délégués

(1) Comp. ci-après, p. 16-18.

(2) Bancroft, I, 158; Poore, II, 1535, 1538. Dans la ch. de 1701, voy. § 4. Comp. ci-après, p. 73.

(3) Poore, II, 1532, 1535, 1538; Bancroft, I, 158; II, 316; Story, I, 76. Dans les const. de 1669, voy. §§ 76-77, et dans la ch. de 1701, § 4.

(4) Bancroft, IV, 137, 140, 373-374.

des propriétaires, et, en dernier ressort, celle de ces derniers eux-mêmes[1]. Ainsi ceux-ci avaient, et par eux-mêmes, et par leur délégué, le chef du pouvoir exécutif, un véritable et double droit de veto. Eux-mêmes, ou, en leur absence, leur délégué, étaient-ils présents, l'assemblée représentative ne pouvait de fait adopter une loi contre leur gré ou celui de leur délégué. S'ils étaient absents, leur adhésion devait être sollicitée après l'adoption.

Les formes de l'approbation variaient. Dans la Pensylvanie, sous l'acte de 1696, celle du chef du pouvoir exécutif devait être donnée en pleine assemblée législative[2]. Celle des propriétaires paraît avoir pu être tacite, dans le New-Jersey, sous les concessions de 1664[3], et, jusqu'à la fin du régime colonial, dans le Maryland, la Pensylvanie et le Delaware[4]. Dans la Virginie, sous l'acte de 1621, les propriétaires la manifestaient par l'apposition de leur sceau[5]. Dans la Caroline, sous le régime étrange et éphémère des constitutions fondamentales de 1669, les formes étaient singulièrement plus complexes. L'approbation y devait être expresse, même se renouveler. D'une part, la loi demeurait sans valeur, si, au cours même de la session dans laquelle l'assemblée l'avait adoptée, le Palatin, principal propriétaire, ou son délégué, et trois des autres Lords propriétaires, ou leurs délégués, n'avaient donné leur adhésion, en pleine séance; d'autre part, à la fin de la session suivante de l'assemblée, elle devenait nulle, à moins qu'elle n'eût reçu une ratification nouvelle, écrite et scellée de la main du Palatin et de trois des autres Lords propriétaires, et qu'elle n'eût été, sur l'ordre de ces personnages, publiée pendant cette nouvelle session[6]. A la première session, et avant que

(1) Ci-dessus, 14, note 4.

(2) Poore, II, 1535.

(3) Hough, II, 31; Bancroft, II, 315-316.

(4) Bancroft, IV, 137, 140.

(5) Bancroft, I, 158.

(6) Voy. § 76; Poore, II, 1405.

le Palatin eût octroyé son assentiment en pleine séance, tout propriétaire ou le délégué de tout propriétaire pouvait protester contre tout acte qu'il croyait contraire aux principes essentiels du gouvernement ou au bien de la colonie, et exiger que la protestation fût enregistrée. Celle-ci faisait continuer ou rouvrir la discussion générale. Puis, après la clôture des débats communs, les quatre États, dont l'assemblée, comme on le verra, se composait, allaient délibérer dans des salles différentes, et, si la majorité de l'un d'eux jugeait la protestation fondée, la loi se trouvait annulée de droit [1].

Les textes qui attribuent la puissance législative soit aux propriétaires et aux colons, soit essentiellement à des assemblées du peuple ou de représentants des colons, donnent des attributions de l'assemblée législative diverses définitions, dans lesquelles la forme varie plus que le fond. Les colons de New-Plymouth, en 1620, ceux de Providence et du Rhode-Island en 1641 et 1643, ceux du New-Hampshire en 1679, ceux de la Pensylvanie en 1682, 1683 et 1696, se décernent ou reçoivent le droit de faire les lois; les colons du Connecticut, en 1638, et ceux du New-Jersey occidental, en 1676, le droit de régler par elles ou les affaires publiques ou le Gouvernement; les colons de la Pensylvanie, en 1701, tous les pouvoirs et les privilèges ordinaires d'une assemblée législative. Sans doute la constitution de la Pensylvanie de 1696 et la charte de la Pensylvanie et du Delaware de 1701 recommandent au législateur d'user de sa puissance tout particulièrement pour redresser les griefs. Sans doute encore, les chartes du Massachusetts de 1629 et de 1691, du Connecticut de 1662, du Rhode-Island de 1663, la commission du New-Hampshire de 1679, et les lois constitutionnelles de la Pensylvanie de 1682, le

(1) Voy. § 77; Poore, II, 1405. Comp., ci-après, p. 32.

sollicitent de s'en servir pour établir un gouvernement pacifique et religieux, propre à civiliser et à rendre chrétiens les indigènes et à assurer la sécurité publique. D'autre part, plusieurs des derniers documents précités, en particulier les chartes du Massachusetts de 1629, du Connecticut de 1662, du Rhode-Island de 1663, énumèrent, avec un véritable luxe de développements, les principales fonctions de l'assemblée législative, qui devaient être d'organiser le pouvoir judiciaire, de juger certains différends, de régler la procédure criminelle, de déterminer les peines, de fixer les règles de la commutation et de la grâce, de définir le mode de nomination, l'aptitude, les attributs et les devoirs des fonctionnaires publics, de lever l'impôt, et, d'une manière plus générale, de pourvoir à l'administration du gouvernement [1]. En réalité, longs ou courts, vagues ou précis, la plupart des textes permettaient au peuple ou à ses représentants d'adopter, sous forme de lois, toutes les mesures nécessaires ou utiles aux colons [2]. Mais ces derniers, partout, et, au besoin, sans textes ou contre les textes, auraient prétendu à ce droit de légiférer sans réserve, comme à un droit de naissance [3]. Maintes fois leurs comices populaires ou assemblées représentatives le revendiquèrent, se proclamant la plus haute autorité des colonies et assimilant leurs pouvoirs à ceux que la chambre des communes exerçait en Angleterre. Il arriva, d'ail-

(1) N. P., conv. 1620; Conn., Ordr. fond. 1638-1639, §§ 5 et 10; R. I., const. 1641; R. I., L. pat. 1643; N. J. occid. conces. 1676; N. H., com. 1679; Pie., ch. 1682, § 19; ch. 1683, § 5; Const. 1696; ch. 1701, § 2; Poore, I, 250-251, 951; II, 1277, 1523, 1528, 1535, 1538, 1595; Hough, II, 33. Voy. aussi ci-dessus, I, p. 293. Joignez Poore, I, 255, 940, 952; II, 1599; et, ci-dessus, I, 270. Voy. encore, *ibid.*, I, 936-942; II, 1598-1599; et ci-dessus, I, p. 268-270.

(2) Poore, I, 255, 937, 940, 951-952; II, 1277-1278, 1526-1527, 1532, 1535, 1538, 1598. Dans les LL. const. de 1682, voy. §§ 37 et 40. Comp. Vie., const. 1621; Bancroft, I, 158. Voy. aussi Md., ch. 1632; Me., conces. 1639; C., ch. 1663, § 6, et ch. 1665; N. H., com 1679; Pie., ch. roy. 1681; Poore, I, 776-778, 812-813; II, 1384-1385, 1392, 1511; et ci-dessus, I, p. 245, 293.

(3) Voy. p. 18, note 2 ci-après.

leurs, que les colons voulurent maintenir la puissance législative sous le régime représentatif, dans la main même du peuple, l'électeur étant autorisé à adresser à son représentant des instructions détaillées et obligatoires [1]. Partout la métropole en toléra le plus souvent un exercice presque illimité [2]. Peut-être n'est-il pas superflu d'ajouter qu'elle permettait aux assemblées coloniales d'édicter les sanctions pénales qui leur semblaient convenables, sans excepter l'amende, la prison, l'ablation de quelque membre, même le supplice capital [3].

De diverses manières le roi, ou, en termes plus exacts, le gouvernement de la métropole était associé à la puissance législative. D'abord les chartes permettaient à des fonctionnaires, que le roi nommait, de siéger dans les assemblées législatives [4]. Un texte paraît même avoir habilité ces fonctionnaires, qui représentaient le roi, à composer, de leur seule autorité, entre les sessions de la législature locale, pour les besoins urgents du gouvernement, et à appliquer, au moins jusqu'à la session suivante, des ordonnances assimilées aux lois. C'était le régime de la colonie du Massachusetts, sous la charte de 1691 [5]. D'autre part, les chartes, qui conservaient toutes aux colons la qualité de sujets anglais, n'interdisaient pas, en termes exprès, au gouvernement de la métropole, et peut-

(1) N. J. occid., conces. 1676; Bancroft, II, 357.

(2) Vie., const. 1621; M. B., ch. 1629; Con., ch. 1662; R. I. ch. 1663; N. J., conces. 1664; N. J. occid., conces. 1676; N. H., com. 1679; Pie., LL. const. 1682, §§ 37-40; M. B., ch. 1691; Poore, I, 255, 937, 940, 951-952; II, 1275-1278, 1526-1527, 1598; Stokes, 127-128, 155; Story, I, 40, 56, 76, 79, 112-113, 115, 120; Bancroft, I, 154, 158, 228, 251-252, 380; II, 73; III, 27, 40, 56; IV, 448-449; Hough, I, 152; II, 33, 422. Joignez I, p. 293, ci-dessus.

(3) Md., ch. 1632; R. I., L. pat. 1643; C., ch. 1663, § 5, et ch. 1665; Pie., ch. roy. 1681; Poore, I, 813; II, 1384, 1392, 1511, 1595; et ci-dessus, I, p. 246.

(4) Voir, ci-après, p. 30-31, 34-37, 73, 82.

(5) Poore, I, 951.

être lui permettaient implicitement de légiférer pour eux[1]. On voit encore que les deux actes de concession du New-Hampshire de 1629 et de 1635 recommandaient aux propriétaires de gouverner la colonie, autant qu'il serait possible, selon les lois anglaises[2]. Les deux chartes de la Pensylvanie de 1681 voulaient, au moins pour certaines matières, que ce fussent ces lois qui régissent la colonie, à défaut de lois spéciales faites par les colons eux-mêmes[3]. A plusieurs reprises, ceux-ci revendiquèrent, avec énergie, et parfois les propriétaires ou les gouverneurs, ou même le roi, leur promirent la jouissance de tous les droits, des privilèges et des libertés des sujets anglais, qui habitaient la métropole, en d'autres termes, ce semble, l'application de la loi écrite de l'Angleterre, ou de la coutume, à laquelle la tolérance du gouvernement donnait, en Angleterre, la force de la loi même[4]. De fait, presque partout, principalement dans les matières de droit privé, quand aucune loi spéciale des colonies ne statuait, les règles de cette coutume étaient suivies[5]. Ainsi, réellement, soit par les lois qu'il composait ou les usages qu'il tolérait pour la métropole, soit par la législation spéciale, que peut-être il s'était réservé de consacrer à ses colonies, le gouvernement anglais faisait, pour ces dernières, acte de puissance législative. A dire vrai cependant, si l'on

(1) Voy. notamment C., ch. 1584; Vie., ch. 1606, 1609; N. A., ch. 1620; M. B., ch. 1629; Md., ch. 1632; Me., conces. 1639; Conn., ch. 1662; C., ch. 1663, § 7; R. I., ch. 1663; M. B., ch. 1691; Gie., ch. 1732; Poore, I, 255, 374-375, 782, 813-814, 930, 940, 950; II, 1380, 1385, 1891-1892, 1901; et ci-dessus, I, notamm. p. 15, 24, 57, 73, 85, 89, 109, 120, 132, 138, 167, 186, 248-249, 278, et 347-348.

(2) Poore, II, 1272, 1274.

(3) Poore, II, 1511, 1517.

(4) Bancroft, I, 153, 251; III, 56; IV, 449; Hough, I, 548; II, 59-60.

(5) Story, I, 24, 30-33, 62, 66, 72, 81, 95-96, 99, 136; Hough, II, 105. — Comp. C. N., 1715; Potter, Taylor et Yancey, I, 102; — C. S., 1672, 1712, 1776; Grimke, 24-25, 99; — R. I., 1701, 1749, 1750; Bartlett, III, 425; V, 228, 276-277, 289; — Vie., Hening, II, Stat. 43; — Déclaration du congrès de 1774, §§ 2-3, 5-7, dans Story, I, 136, note 2.

excepte les lois, décrets ou ordonnances, qui devaient régler le commerce[1], les colons nièrent de bonne heure qu'il pût les soumettre à un régime différent de celui dont jouissaient les sujets du roi demeurés en Angleterre. Suivant leur interprétation de leurs chartes, même les plus anciennes, eux-mêmes et leurs descendants avaient conservé, avec la qualité de citoyens anglais, la faculté de se prévaloir, à leur gré, de tous les privilèges inséparables de cette qualité. Ils tenaient que celle-ci, leur venant par droit de naissance, ne pouvait leur être enlevée malgré eux, et que, s'ils restaient sujets du roi en Amérique, ils le demeuraient à la manière de tous les autres regnicoles. Plus d'une fois ils proclamèrent solennellement cette doctrine[2], qui, de toute évidence, limitait, sans la détruire, la capacité législative du gouvernement anglais. Mais le jour vint où ils poussèrent plus loin encore l'assimilation. Comme citoyens anglais, ils ne devaient être régis que par des lois émanées de leurs propres représentants; les chambres anglaises ne pouvaient donc légiférer pour eux, tant qu'ils n'y seraient pas représentés, et, comme, à cause de la distance, ils ne pouvaient l'y être utilement, c'en était fait de la puissance du parlement sur eux. Ce fut le dernier mot de leurs prétentions, à la veille de l'émancipation. Les chambres anglaises, elles, paraissent n'avoir jamais douté qu'elles n'eussent le droit d'imposer, à leur gré, toute loi aux colons, et, à l'origine, elles avaient dû le défendre moins contre eux que contre le roi lui-même, lequel prétendait faire dépendre les colonies de sa volonté souveraine[3].

(1) Voyez ci-après, sect. IV, chap. XIV.

(2) N. P., 1636; Md., 1638, 1650; N. Y., 1691; M. B., 1691-1692; C. S., 1712; Story, I, 32, 47, 71, 76, 95; Bancroft, I, 250; III, 56; Hough, I, 548; II, 60.

(3) LL. roy. Vie., 1606; acte du parlement de 1696; LL. 7-8, Guillaume III, c. 22; 6, Georges III, c. 12; 18, Georges III, c. 12; — Lois, actes ou déclarations : M. B., 1640, 1679, 1733, 1757, 1761 et 1768; Vie., 1660; N. J. 1704, 1707; N. Y., 1754; — Déclarations des congrès de 1765 et 1774; — Blackstone, I, 107-108; Stokes, 4-5, 9-13; Story, I, 100-108, 112, 115-

Ce n'est pas assez de montrer que le roi pouvait avoir des représentants dans les assemblées coloniales; que parfois certains de ses représentants parurent investis, provisoirement au moins, de toute la puissance législative; et que la métropole avait ou prétendait avoir le droit de légiférer pour les colonies, même sans l'intervention des colons. Quand elles déterminaient, comme elles faisaient parfois, l'objet auquel devaient tendre pour le bien même de la colonie les lois composées dans celle-ci, les chartes réservaient implicitement ou au roi, ou au parlement, ou peut-être à la justice anglaise, au moins le droit de reviser et d'annuler ces lois [1]. Elles le lui réservaient surtout, quand elles ordonnaient, comme elles faisaient toujours, que les colons ne se départissent pas de la fidélité due à la couronne [2], ou que les lois coloniales fussent conformes aux droits et aux coutumes des sujets libres de l'Angleterre et aux usages des colonies royales d'Amérique [3], ou que ces lois, non seulement ne fussent pas contraires, mais encore, s'il était possible, fussent semblables à celles de la métropole [4]. En réalité, cette dernière règle prévalut bientôt dans toutes les

120, 123, 129-138; Marshall, 354, 360, 470-471; Bancroft, I, 123, 228; III, 63, 92, 105; IV, 49-51, 164-171, 174, 255-256. — Comp. LL. 7, Georges III, c. 59; 14, c. 19, 39, 45, 54; 15, c. 10; 16, c. 5; 17, c. 7; 11, c. 9; 18, c. 1; 19, c. 1; 20, c. 5; 21, c. 2; 22, c. 1. Joignez 20, c. 46, § 10. — Voy. aussi Stokes, 8-30.

(1) Comp., ci-dessus, p. 9-20; mais voy. aussi, ci-après, 26-28.

(2) Pie., ch. roy. 1681; Poore, II, 1511-1512.

(3) Pie., ch. 1701, § 2; Poore, II, 1538. Comp. Vie., LL. roy. 1606; Bancroft, I, 123, 251; II, 232-233; Hough, II, 421.

(4) C., ch. 1584; Vie., ch. 1609, 1612; N. A., ch. 1620; Md., ch. 1632; Me., conces. 1639; R. I. L. pat. 1643; Conn., ch. 1662; R. I., ch. 1663; C., ch. 1663, §§ 5-6; Me., conces. 1664; C. ch. 1665; Me., conces. 1674; N. J. occid., conces. 1676; Pie., ch. roy. 1681; C., instr. roy. 1729; Gie., ch. 1732; comp. N. H., com. 1679; Stokes, 22-23; Story, I, 112; Hough, II, 33, 105; Poore, I, 255, 372-374, 776, 784, 786, 813, 925; II, 1276-1277, 1381, 1384-1385, 1392, 1511, 1595, 1598, 1899, 1905; et, ci-dessus, I, p. 247, 260-261, 269, 289, 342-345.

colonies et tout particulièrement dans les provinces royales [1]. Une sanction était nécessaire, implicitement voulue. Que pouvait-elle être, sinon la revision, et, au besoin, l'annulation? Ainsi partout le roi, ou quelque autorité constituée de la métropole, recevait, au moins implicitement, des chartes elles-mêmes, un véritable droit de revision sur les lois. Les ordonnances des propriétaires ne différaient pas, à cet égard, des lois proprement dites [2].

En fait, ce fut le Roi que la métropole et les colonies considérèrent comme l'autorité compétente. Plusieurs textes exigeaient, par une disposition formelle, son approbation ou celle de ses représentants. Dans le New-Hamsphire dès 1680, dans le Massachusetts et dans la province de New-York dès 1691, dans la Virginie dès 1692, dans la province du New-Jersey, à compter de 1702, au plus tard, et, dans la Caroline, après 1729, les lois devaient être soumises à l'assentiment du chef du pouvoir exécutif, le gouverneur que le roi nommait [3]. Cette règle demeura celle du Massachusetts, colonie de charte [4], et prévalut, au cours du XVIIIe siècle, dans toutes les provinces royales [5]. Mais les formes de l'approbation du gouverneur royal ne paraissent pas avoir été partout les mêmes. La commission du New-Hampshire de 1679 voulait qu'elle fût expresse; la charte du Massachusetts de 1691, qu'elle fût signifiée par écrit [6]. Il semble pourtant qu'au moins dans les provinces royales elle ait généralement pu être tacite, et, en particulier, dans le New-Jersey, elle était acquise, si le gouverneur ne signifiait pas son opposition, au moment où la loi venait d'être adoptée [7]. Un des textes

(1) Blackstone, I, 109; Stokes, 27, 155; Story, I, 81.

(2) Pie., ch. roy. 1681; Poore, II, 1511.

(3) Poore, I, 952; II, 1278; Hough, II, 34, 60, 105; Bancroft, III, 25-26.

(4) Ch. 1691; Poore, I, 952. Comp. ci-après, p. 73.

(5) Stokes, 127, 156, 184; Story, I, 109; Bancroft, III, 26, 40-41; IV, 40, 137; Hough, II, 34, 60, 105.

(6) Poore, I, 952; II, 1278. Comp. ci-dessus, I, p. 293.

(7) Hough, II, 34.

précités, la charte du Massachusetts de 1691, faisait de cette approbation du gouverneur nommé par le roi une condition indispensable de validité, non seulement pour les lois, mais aussi pour toutes les mesures qu'adoptait le pouvoir législatif, par exemple, pour la nomination des fonctionnaires que ce pouvoir était appelé à choisir[1]. Inversement, dans le Connecticut et le Rhode-Island, le gouverneur électif, qui représentait le peuple plus que le roi, n'avait pas droit de veto[2].

Suivant les termes de plusieurs textes, l'approbation du roi en personne était nécessaire en dernier ressort. Ainsi l'ordonnaient les lois royales faites pour la Virginie en 1606, des commissions royales du New-Hampshire, de la province de New-York, de la Virginie, du New-Jersey, de la Caroline, la charte royale de la Pensylvanie de 1681, la charte du Massachusetts de 1691, la constitution de la Pensylvanie de 1696, la charte de la Géorgie de 1732[3]. La nécessité de cette approbation fut réellement la règle constante, écrite ou non, dans les provinces royales[4]. Il y a lieu de croire qu'elle prévalait dans toutes les colonies, sans être toutefois aussi absolue dans le Maryland que dans les autres[5]. Même à la veille de l'émancipation, les délégués de toutes, réunis en congrès, ne contestaient pas au souverain son droit d'examen et de rejet[6]. Un des textes précités, la charte de la Pensylvanie de 1681, donne le motif tout naturel, facile à deviner, et déjà indiqué, de la règle : il fallait empêcher que, par une fausse inter-

(1) Poore, I, 952.

(2) Story, I, 120.

(3) LL. roy., 1606; N. H., com. 1679; N. Y. 1686 et 1691; Vie., 1692; N. J., 1702; C., 1729; Poore, I, 374, 952; II, 1278, 1511-1512, 1535; Bancroft, I, 122-123; II, 254; III, 26; Hough, II, 34, 59-60, 105; Story, I, 81; et ci-dessus, I, p. 293 et 345.

(4) Story, 109-110.

(5) Ch. 1632; Poore, I, 813; ci-dessus, I, p. 245-247; Marshall, 70; Story, I, 70; Bancroft, I, 243. Voy. toutefois note 6, ci-après, et ci-dessus, p. 20-22.

(6) Déclaration du congrès de 1774, § 4. Comp. Story, I, 110, 120, 136; Bancroft, IV, 137; Stokes, 19.

prétation, soit involontaire, soit préméditée, des principes de droit auxquels elles étaient soumises, les colonies ne s'écartassent de la fidélité et de l'obéissance, vraiment dues au roi, en vertu des lois du royaume [1].

Les formes de l'approbation royale varièrent, suivant les temps et les colonies. Pour la Géorgie, sous le régime de la charte de 1732, elle devait être expresse et donnée en conseil privé [2]. Ailleurs, et, sans doute, même pour la Géorgie, après l'abandon de la charte de 1732, elle pouvait être tacite. Ce fut la règle pour le New-Hampshire dès 1679, pour la Pensylvanie dès 1681, pour la province de New-York dès 1686, pour le Massachusetts dès 1691, pour la Virginie dès 1692, pour le New-Jersey, après 1702, et pour la Caroline, à compter de 1729 [3]. Là, tout naturellement, en principe, la loi coloniale était exécutoire, jusqu'à ce que le roi eût manifesté sa désapprobation [4]. Toutefois le gouverneur, s'abstenant également d'approuver et de désapprouver, pouvait exiger l'insertion d'une clause qui subordonnât l'exécution à un assentiment formel [5]. Le roi, d'ailleurs, que son silence ne liait point, demeurait libre de se prononcer, quand il le jugerait convenable. Cependant, aux termes de deux chartes royales, celle de la Pensylvanie de 1681 et celle du Massachusetts de 1691, il n'avait le droit de rejet que pendant un délai déterminé après la notification des lois, à savoir, pendant 6 mois, d'après la première,

(1) Poore, II, 1511-1512; et ci-dessus, 21-22.

(2) Poore, I, 374; et, ci-dessus, I, p. 345.

(3) N. H., com. 1679; Pie., ch. roy. 1681; N. Y., instr. 1686 et 1691; M. B., ch. 1691; Vie., instr. 1692; N. J., instr. 1702; C., instr. 1729; Poore, I, 952; II, 1278, 1512; Stokes, 251, 253-254; Bancroft, II, 115; III, 26; IV, 137; Hough, II, 34, 59-60; et, ci-dessus, I, p. 293. Comp. Vie, LL. roy. 1606; Bancroft, I, 123.

(4) Voy. notamment N. H., com. 1679; N. Y., instr. 1691; N. J., 1702; C.; 1729; Poore, II, 1278; Story, I, 95; Hough, II, 34, 59; Stokes, 156; et, ci-dessus, I, p. 293.

(5) Stokes, 253-254.

et 3 ans, d'après la seconde, et les deux chartes semblent indiquer que provisoirement les lois demeuraient sans effet[1].

Plusieurs textes régissaient les formes mêmes de la désapprobation : la commission du New-Hampshire de 1679, la charte royale de la Pensylvanie de 1681, la charte du Massachusetts de 1691, la constitution de la Pensylvanie de 1696, voulaient qu'elle se fît en conseil privé et qu'elle fût officiellement signifiée à la colonie intéressée[2]. Selon la charte de la Pensylvanie de 1681, l'acte officiel devait proclamer que la loi condamnée était contraire à la souveraineté et aux prérogatives du roi ou à la fidélité due par les colons. Selon la charte du Massachusetts de 1691, il devait porter la signature du roi ou la signification se faire sur l'ordre même du conseil privé[3]. En réalité, le rejet en conseil privé et la signification du rejet à la colonie intéressée paraissent avoir été de droit pour toutes les colonies, et il semble que l'acte ait dû toujours être revêtu du sceau du roi ou du conseil[4].

Enfin, la nécessité de l'approbation royale fit, au moins pour quelques colonies, fixer les délais et le mode de la transmission des lois à la couronne. La commission du New-Hampshire de 1679, la charte de la Pensylvanie de 1681 et la charte du Massachusetts de 1691, prescrivaient qu'elle fût l'œuvre du gouverneur et du conseil d'État ou de gouvernement. Le dernier de ces actes ordonnait que les lois transmises portassent le sceau de la colonie; le même et la commission de 1679, que l'envoi s'accomplît dès la première occasion, ou par le premier navire faisant voile vers l'Angleterre; et la charte de 1681, qu'il fût fait dans le délai de 5 ans, à compter de l'adoption[5]. Peut-être partout, au moins, à coup sûr, dans les provinces royales, le principe prévalut définiti-

[1] Poore, I, 952; II, 1512.

[2] Poore, I, 952; II, 1277-1278, 1512, 1535; et ci-dessus, I, p. 293-294.

[3] Poore, I, 952; II, 1512.

[4] Stokes, 156.

[5] Poore, I, 952; II, 1277-1278, 1511-1512; et, ci-dessus, I, p. 293-294.

vement que deux exemplaires fussent transmis, le premier, dans le délai de trois mois après l'adoption, et le second, par le courrier qui suivait l'expédition du premier[1]. A diverses époques, du reste, ce furent les lois ordinaires des colonies qui réglèrent les délais[2].

On le voit, soit aux termes mêmes des chartes, soit en vertu des principes qu'elles posaient, le roi pouvait, en dernier ressort, approuver ou désapprouver les lois des colonies[3]. Il n'eût pas été logique sans doute de lui contester ce pouvoir, à l'égard des ordonnances de propriétaires assimilées aux lois[4]. Le texte de la charte du Massachusetts de 1691 le lui donnait formellement pour celles du Conseil d'État de la colonie[5]. Deux actes fort anciens, l'un fait pour la Virginie, l'autre pour le New-Hampshire, lui conférèrent encore la faculté de modifier, à son gré, les lois coloniales[6]. Il y a lieu de douter que, dans ces deux colonies, cette faculté ait été souvent mise en vigueur, et qu'elle eût pu être estimée légale dans les autres où les chartes locales ne la ratifiaient pas expressément[7]. Tout au contraire, la nécessité de l'approbation royale pour la validité des lois et des ordonnances ayant force de loi ne pouvait être et n'était nulle part sérieusement ou utilement contestée[8]. Tandis que le roi n'avait pas, dans la métropole, le droit de modifier, n'y avait-il pas celui de rejeter les actes du parlement[9]?

Plus d'une fois, au cours de ce chapitre, il a été question d'une certaine participation des cours anglaises de justice à l'exercice de

(1) Stokes, 155.

(2) Voy. ci-après, page 40, note 1, et surtout, 68, note 2.

(3) Voy. ci-dessus, p. 20-22. Comp. cependant Md., ch. 1632; Poore, I, 813; et, ci-dessus, I, 245-247, et la note 5, p. 23.

(4) Voy. ci-dessus, p. 12-14, 21-22.

(5) Poore, I, 952; et voy. ci-dessus, 18.

(6) Vie., LL. roy. 1606; N. H., com. 1679; Poore, II, 1278; Bancroft, I, 122-123; et ci-dessus, I, p. 293.

(7) Md., ch. 1632; Poore, I, 813; Bancroft, IV, 137; et ci-dessus, I, p. 241-257, *passim*, surtout 245-248; voy. aussi 18-20.

(8) Comp. Bancroft, II, 254.

(9) Blackstone, I, p. 261.

la puissance législative pour les colonies. C'était une allusion à une doctrine qui, à une époque tardive, paraît avoir séduit quelques-uns des colons: partout où une charte royale, véritable contrat entre la couronne et les colons, n'attribuait pas expressément au roi le droit d'annuler, à son gré, les lois coloniales, et ainsi, même dans les provinces royales, le droit de prononcer, en dernier ressort, sur le caractère constitutionnel de ces lois, devait appartenir aux juges anglais, également, en principe, indépendants du roi qui les nommait à vie, et des colons qui n'avaient aucun pouvoir sur eux. Cette thèse ne semble pas avoir obtenu l'adhésion de jurisconsultes nombreux. Tout au plus aurait-elle été soutenable où des chartes royales subsistaient, si ses partisans y avaient invoqué la règle de droit et d'équité, suivant laquelle aucune des parties ne doit juger elle-même les difficultés auxquelles l'exécution d'un contrat donne naissance. Les notices historiques ont montré que maintes fois la couronne, dans ses différends avec les colons, affecta de ne pas méconnaître cette règle [1]. Mais, où, de fait, les chartes royales proprement dites n'existaient plus, surtout dans les provinces royales, il n'eût pas été logique de contester à la couronne contre les lois locales le droit de veto qu'elle avait, en Angleterre même, contre les actes du parlement [2].

En résumé, si l'on écarte cette théorie peu fondée, quelques courtes propositions traduisent assez nettement le dernier état du fait et du droit. Partout les colonies ont des assemblées représentatives. Celles-ci composent toutes les lois qu'elles jugent utiles aux colons. Le gouverneur, quand il représente directement le roi ou le propriétaire, et, au-dessus du gouverneur, le propriétaire, pour les colonies de propriétaires, et le roi, pour toutes, peuvent annuler les lois. Les propriétaires ont parfois le droit de composer

(1) Ci-dessus, I, p. 36-37, 75-77, 110, 123, 134, 141. — (2) Blackstone, I, 261.

des ordonnances, à certains égards, assimilées aux lois proprement dites. Le parlement anglais compose des lois, soit pour l'empire entier, soit pour les colonies. Les colons arrivent à lui contester tout pouvoir législatif sur eux. Cette contestation est le nœud même de la querelle, à laquelle la guerre de l'Indépendance et l'émancipation des colonies mettent fin.

L'établissement du régime représentatif, il convient de ne point l'oublier, n'enleva pas partout au peuple toute participation directe à l'œuvre législative. On se rappelle ce qui a été dit des réunions de bourgs du Massachusetts. De bonne heure, dans toute la Nouvelle-Angleterre, le peuple lui-même exerça, et il ne cessa pas de conserver, au-dessous de l'assemblée générale, le pouvoir de composer au moins certaines lois d'intérêt exclusivement local. Dans chaque bourg, les habitants tenaient des réunions périodiques et fréquentes, et parfois, à la requête d'un nombre déterminé de francs tenanciers, dix en certains lieux, des assemblées extraordinaires. Dans les unes et les autres, après avoir discuté les questions d'intérêt local, ils composaient les règlements nécessaires pour le gouvernement du bourg, à charge, ou non, de les faire approuver par certaines cours de justice, les cours de sessions trimestrielles, composées de juges de paix. Ces règlements étaient assimilés aux lois et d'ordinaire munis de sanctions pénales. Celles-ci le plus souvent affectaient la forme d'amendes, dont la loi proprement dite fixait le taux supérieur. Ce système de législation locale paraît avoir atteint son développement le plus complet au cours du XVIIIe siècle, et surtout dans le Connecticut et le Massachusetts. Après que, vers la fin du XVIIe siècle, la métropole eut vainement essayé de le détruire, dans le Massachusetts, une loi anglaise du temps de Guillaume III en confirma partout l'usage. Au terme de la période coloniale, la métropole trouva, de nouveau, plus d'une occasion de regretter qu'il se fût si fortement établi. Les réunions, qui en étaient la condition essentielle d'existence, développaient l'activité politique du peuple, rendaient facile aux colons l'union pour la résistance, et pouvaient contribuer singulièrement au succès d'une révolution. Les faits montrèrent assez que la crainte était fondée. A cette dernière heure, de nouveaux efforts de destruction devaient échouer plus fatalement encore que les premiers [1].

Entre les règles formulées par les chartes ou les lois coloniales et plusieurs des plus anciens parmi les principes essentiels de la constitution anglaise, sur l'objet, l'étendue et la division du pouvoir législatif, il est difficile de méconnaître des analogies étroites. Quelques-unes ont été indiquées déjà par allusion. Il ne sera pas sans intérêt d'insister en peu de mots. Les prérogatives des propriétaires de colonies paraissent avoir été une imitation des privilèges ou droits régaliens des propriétaires des comtés palatins de la métropole. Le roi pouvait, à coup sûr, rejeter les lois votées par le Parlement, et son approbation expresse, manifestée dans des formes déterminées, était indispensable pour la validité de ces lois. Le peuple avait ses représentants, qui formaient l'une des chambres du Parlement. Si les applications devaient un jour sembler trop étroites et susciter de longues querelles dans la nation, le principe de la représentation du peuple était du moins

[1] Voy. notamment, Conn., Acts and Laws, édit. 1715, p. 8, 102-104, 112-113; — M. B., 1646-1767, *passim;* Charters and General Laws, édit. de 1814, notamm. 53, 195-196, 222, 243, 247-249, 252, 256, 262, 269, 279, 301, 355, 362, 381, 403, 410-411, 437, 450, 459, 498, 519, 663; — N.-H., 4 et 5, Georges I; 17, Georges II; Acts and Laws, édit. de 1771, 71-72, 138, 141, 174; — N. J. 1766; Allinson, 287-288; — N. Y. 1691, 1693; Van-Shaack, 3, 34 36; — R. I. 1638, 1641, 1729, 1733, 1737, 1748; Bartlett, I, 57, 115; IV, 425, 490, 539; VI, 260; voy. aussi Digest of 1734, et Public Laws of 1767; — Vie., 1680-1710, *passim;* Hening, III, *passim,* notamm. 404, 408, 414, 432. — Comp. Story, I, 62, 66; Bancroft, I, 417; II, 60, 426; IV, 148-149; VI, 525.

nettement admis. Enfin, les Anglais tenaient leur Parlement pour tout-puissant [1].

CHAPITRE II.

DES ASSEMBLÉES LÉGISLATIVES, DANS LES COLONIES, ET, EN PARTICULIER, DE LA COMPOSITION DE CES ASSEMBLÉES ET DE LA CONDITION DE LEURS MEMBRES.

On a vu que, dans plusieurs colonies, le peuple tout entier et peu nombreux des colons légiféra d'abord, et que, dans toutes, des assemblées représentatives furent bientôt instituées [2]. Ces assemblées se composaient de divers éléments. Le chef du pouvoir exécutif, le gouverneur, l'élu, suivant les lieux, du roi, des propriétaires

(1) Blackstone, I, 109, 117-120, 149, 153-155, 158-162, 170-174, 184-185, et les autorités citées par cet auteur. — Il est remarquable que, si le Roi venait en personne donner son approbation en plein Parlement, lui-même, ou le greffier pour lui, prononçait, peut-être en français et en anglais, au moins, à coup sûr, en français, la formule d'approbation, variable suivant la nature des lois. Blackstone, I, 185. Comp., ci-dessus, I, p. 22, 53, 241, 262, 332. — D'autre part, jusqu'à Richard III, les lois paraissent avoir été rédigées en latin ou en français, et plus généralement dans cette dernière langue que dans la première. Cooley's Blackstone, édit. de 1879, I, 183, note 52. — Les querelles relatives à la réforme parlementaire doivent être racontées dans tous les travaux d'ensemble consacrés à l'histoire des deux cents dernières années du gouvernement anglais. On trouvera encore sur elles des renseignements épars dans les ouvrages suivants : Stanhope, *Life of William Pitt*, édit. de 1867, 4 vol. in-8°; Russell, *Life and times of Charles James Fox*, édit. de 1866, 3 vol. gr. in-12; Trevelyan, *Early history of Charles James Fox*, édit. américaine de Harper, 1880; Prior, *Life of Edmund Burke*, édit. de 1824; Stapleton, *George Canning and his times*, édit. de 1859; Campbell, *The Lives of the Lord Chancellors*, édit. in-12° de 1868, 10 volumes, vol. VII à X; Townsend, *The Lives of twelve eminent judges*, édit. de 1846, 2 vol. in-8°; Walford, *Speeches of Lord Erskine*, édit. de 1870, 2 vol. in-8°; Mac-Carthy, *A History of our own times*, édit. américaine de Harper, 1880. Comp. Blackstone, I, 171-172; Kent, *Commentaries*, édit. de 1873, I, 234, à la note; Cooley's Blackstone, I, 155-156, 158, aux notes.

(2) Ci-dessus, p. 9-11.

ou du peuple, y siégeait, aux termes de plusieurs textes [1]. Dans quelques colonies le lieutenant-gouverneur, adjoint ou remplaçant éventuel du chef du pouvoir exécutif, y siégeait également, tantôt peut-être de plein droit et en concours avec le gouverneur [2], tantôt seulement, avec la permission de celui-ci, pour le remplacer [3]. On verra, ailleurs, que, dans la plupart des colonies, le gouverneur avait auprès de lui, pour l'aider à exercer ses fonctions, un conseil de gouvernement, qui portait d'ordinaire ou le simple nom de conseil ou celui de conseil des assistants. Comme son chef, le gouverneur, le conseil assistait et participait aux délibérations législatives [4]. C'était, à coup sûr, au moins dans les provinces royales, malgré certaines résistances des colons, la règle nettement établie et d'ordinaire observée [5]. Il convient d'ajouter que le conseil, comme son chef, recevait ses pouvoirs, suivant les lieux, du roi, des propriétaires ou du peuple [6]. D'autres officiers

(1) Vie., const. 1621; M. B., ch. 1629; L. 1634; Md., L. 1638-1639; New-Haven, Conn., L. 1639; Conn., ch. 1662; R. I., ch. 1663; N. Y., instr. des prop., 1664; N. J., conces. des prop., 1664-1665; Albemarle. C., const. 1665; C. S., const. 1670; Pie., ch. 1682, SS 1, 15; LL. constit. 1682, SS 37, 40; ch. 1683, SS 1, 14; N. Y., instr. 1684; C. S., L. 1690; Pie., const. 1696; N. J., instr. roy. 1702; Poore, I, 255, 940; II, 1520, 1527, 1529, 1532, 1535, 1598; Bancroft, I, 158, 251, 257, 366-367; II, 151-154, 168, 315, 414; Hough, I, 152, 548; II, 33-34, 59, 246-247, 422; et ci-dessus, I, p. 267-272.

(2) Conn., ch. 1662; N. Y., instr. 1664; Poore, I, 255; Hough, II, 59. Comp. note 3.

(3) R. I., ch. 1663; Poore, II, 1598; et ci-dessus, I, p. 268.

(4) Vie., const. 1621; M. B., ch. 1629; M. B., L. 1634; Md., LL. 1638-1639, 1650; Conn., ch. 1662; R. I., ch. 1663; N. Y., instr. 1664; N.J. conces. des prop. 1664; Albemarle, C., 1665; Pie., ch. 1682, SS 1, 15; LL. const. 1682, SS 37, 40; ch. 1683, SS 1, 14; N. Y., instr. 1684; M. B., ch. 1691; R. I., L. 1696; Pie., const. 1696; N. J., instr. roy, 1702; Poore, I, 255, 937; II, 1520, 1522, 1526-1527, 1529, 1532, 1535, 1598; ci-dessus, I, p. 267-272; voy. aussi Bancroft, I, 154, 158, 225-226, 249-251; II, 151, 315, 414; Hough, I, 548; II, 31, 34, 59, 246-247, 422; comp. Md. ch. 1632, Poore, I, 812, et, ci-dessus, I, 245-248.

(5) Vie., const. 1652; L. 1658; et ci-dessus, I, p. 245-247; Story, I, 109; Hough, II, 34; Bancroft, I, 225-226.

(6) Voy. ci-après, 72-73, 82-83.

publics encore prenaient part aux travaux de l'assemblée, dans certaines colonies. C'étaient le lieutenant *Sheriff,* les juges de paix, des juges spéciaux nommés par le gouverneur, dans la province de New-York, sous le régime des instructions ducales de 1664, et les principaux fonctionnaires ou un certain nombre des principaux fonctionnaires de la colonie, dans le Connecticut, sous celui des ordres fondamentaux de 1638, dans le bourg de New-Haven sous sa constitution de 1639, et auparavant, dans le Massachusetts sous la loi de 1634. A une époque, dans le Maryland, même les simples amis du propriétaire convoqués par ce dernier pouvaient délibérer et voter[1]. L'assemblée, dans une autre colonie, la Caroline, sous les constitutions fondamentales de 1669, devait compter parmi ses membres, auprès des Lords propriétaires ou de leurs délégués et des représentants du peuple, deux corps ou états différents de nobles, les landgraves et les caciques[2]. Enfin partout elle admit, de bonne heure, des représentants du peuple, qui en devinrent l'élément prépondérant[3]. Si, d'ailleurs, en général, elle se composait des mêmes personnages à toutes les sessions, dans une colonie pourtant il fallait distinguer : aux termes des ordres fondamentaux du Connecticut de 1638, les sessions pouvaient être convoquées, suivant les circonstances, par le gouverneur ou même par le peuple; la convocation venait-elle du peuple, le peuple lui-même, ou, à son gré, ses représentants s'assemblaient; la convocation émanait-elle du gouverneur, la session était tenue par les représentants du peuple, quatre au moins des principaux fonctionnaires de la colonie, et le gouverneur[4].

L'assemblée représentative paraît n'avoir eu, à l'origine, dans

(1) Poore, I, 251; Hough, II, 152; Bancroft, I, 251-252, 366-367. Dans les Ordr. fond., voy. § 10.

(2) § 71; Poore, II, 1404. Comparez ci-après, section IV, chapitre VII.

(3) Voy. ci-dessus, p. 9-11.

(4) § 10; Poore, I, 251.

toutes les colonies, qu'une seule chambre[1]. Il n'est pas aisé de déterminer, avec une précision absolue, le moment où, dans chaque colonie, elle se divisa. La division était pourtant un fait accompli, par exemple, dans la Virginie en 1621, dans le Massachusetts en 1644, dans le Maryland en 1650, dans la Pensylvanie, et définitivement, après un premier essai bientôt abandonné, dans le Rhode-Island, en 1696[2]. Il est certain, d'ailleurs, qu'elle fut de bonne heure la règle partout, et, dans les provinces royales, la règle constante[3]. Des autres colonies, l'une, le Maryland, vers 1660, et deux, la Pensylvanie et le Delaware, un siècle plus tard, voulurent supprimer la chambre où ne siégeaient pas les représentants du peuple. Dans la Pensylvanie et le Delaware seuls le dessein semble avoir réussi[4]. Partout où la division subsista, les représentants du peuple formaient l'une des chambres, et divers fonctionnaires, particulièrement le gouverneur et le conseil des assistants, l'autre[5]. En général, sans aucun doute, les deux chambres siégeaient séparément. Pouvaient-elles se réunir et former pour quelque objet déterminé une convention, ou, comme on dirait aujourd'hui, un congrès? C'est une question qui ne semble pas avoir été résolue par les textes. Mais une constitution au moins autorisait les chambres à conférer, à leur gré, dans des commissions mixtes de membres de l'une et de l'autre[6].

(1) Vie., const. 1621; Md., ch. 1632; Me. conces. 1639; R. I., const. 1641; L. pat. 1643; Conn., ch. 1662; C., ch. 1663, § 5; R. I., ch. 1663; N. Y., instr. 1664; C., ch. 1665; Albemarle, C., const. 1667; C., const. fond. 1669, § 71; C. S., const. 1670; N. J. occid., conces. 1676; Pie., ch. 1682, § 1; LL. const. 1682, §§ 39-40; ch. 1683, § 14; Poore, I, 353 776, 812; II, 1384, 1392, 1404, 1520, 1526-1527, 1529, 1595, 1598; Bancroft, I, 158, 380; II, 151, 168, 414; Hough, II, 33, 59; et, ci-dessus, I, 245-246, 260-261, 268-269; mais voyez la faculté donnée, I, 245-246, VI, *in fine*.

(2) Vie., const. 1621; M. B., L. 1644, Md., L. 1650; R. I., LL. 1664-1665, 1666, 1672, 1696; Pie., const. 1696; Poore II, 1532, 1535; Marshall, 56, Story, I, 21-22, 41; Bancroft, I, 257, 367-368; Hough, II, 246-247; Bartlett, II, 63, 124, 144-145, 472.

(3) Story, I, 109, 113-114.

(4) Bancroft, I, 264; IV, 140.

(5) Story, I, 109, 113-114.

(6) Pie., const. 1696; Poore, II, 1535.

Les noms mêmes des chambres fournissent des précédents qui ne sont pas sans intérêt. Où une seule légiférait d'abord, on l'appelait tantôt cour des commissaires [1], tantôt grande assemblée [2], tantôt Parlement [3], ou encore cour générale [4], ou assemblée, ou assemblée générale [5]. L'un ou l'autre des deux derniers noms désignait parfois les deux chambres législatives réunies [6]. Où deux chambres coexistaient, celle qui se composait des membres du conseil de gouvernement retenait le nom de conseil. Parfois, et surtout dans les provinces royales, celle-ci prétendait s'appeler chambre haute ou supérieure, et se donnait volontiers, sur ses procès-verbaux. cette appellation que l'autre chambre ne laissait guère subsister dans le texte ou la formule exécutoire des lois [7]. La chambre que formaient les représentants du peuple portait, suivant les lieux, des noms différents, dans le Massachusetts celui de chambre des représentants, celui de chambre des Bourgeois dans la Virginie, dans la Géorgie celui de chambre des communes, ailleurs ou le dernier ou le premier de ces trois noms [8].

Sous le régime de la commission de 1679, le gouverneur paraît avoir eu seul, dans le New-Hampshire, le droit d'initiative [9]. Deux des plus anciennes chartes de la Pensylvanie ne donnaient qu'au gouverneur et au conseil le droit de préparer, de présenter et de modifier les projets de lois. Elles ne permettaient aux représentants du peuple que de proposer des modifications, et d'adopter

(1) Hough, II, 245.

(2) Albemarle, C., const. 1665; Bancroft, II, 151; Hough, II, 104.

(3) C., const. 1669, §§ 71 et 77; Poore, II, 1404-1405.

(4) M. B., ch. 1629; N. P., const. 1639; Poore, I, 937; Bancroft, I, 322.

(5) Conn., ch. 1662; R. I., ch. 1663; Pie., ch. 1682, § 1; LL. const. 1682, § 40; ch. 1683, § 14; const. 1696; Poore, I, 253; II, 1520, 1527, 1529, 1535, 1598; et ci-dessus, I, p. 267-272.

(6) Vie., 1619, 1652; Md., 1650; R. I., 1696; Bancroft, I, 154, 225-226, 257-258; Hough, II, 246-247, 422; Stokes, 155.

(7) Stokes, 240-241.

(8) Stokes, 241; Story, I, 110.

(9) Poore, II, 1277.

ou de rejeter les projets définitifs [1]. La constitution de 1696 laissait au seul conseil, dans la même colonie, l'initiative et la préparation de l'œuvre législative [2]. Dans la Caroline, sous le régime des constitutions fondamentales de 1669, des conseils inférieurs de gouvernement, que l'on appelait d'un nom générique les cours de propriétaires, délibéraient sur toutes les affaires publiques. Chacune pouvait proposer des projets de lois, pour la réglementation des affaires qui lui ressortissaient spécialement, et avait le droit d'examiner tous ceux qui, venant d'ailleurs, touchaient à ces affaires. Un conseil supérieur, dit grand conseil, achevait l'élaboration : les projets composés ou modifiés par les cours de propriétaires lui étaient envoyés, et il ne les transmettait au parlement que s'il les approuvait. Pour leur travail, et le grand conseil et les cours de propriétaires tenaient compte, autant qu'ils le jugeaient convenable, d'un élément d'information curieux et important : un corps plus judiciaire que politique, le grand jury, dont l'organisation sera étudiée plus loin [3], devait, à chacune de ses sessions d'assises, sous la foi du serment, par acte écrit ou signé et scellé de la main de ses membres, remettre aux juges des assises un état des griefs de toutes sortes qui lui paraissaient devoir être redressés; les juges étaient tenus de livrer cet état au grand conseil, à la session suivante de ce dernier; et le grand conseil, à son tour, l'envoyait aux cours de propriétaires compétentes. Peut-être toute question soumise à l'assemblée législative devait-elle, comme les projets de lois, subir l'examen de la cour compétente de propriétaires et celui du grand conseil [4].

A coup sûr le gouverneur et le conseil réunis pouvaient au moins rejeter implicitement, ou, si l'on veut, indirectement, les lois; car pour la validité de celles-ci leur approbation était nécessaire. La

(1) Ch. 1682, §§ 7, 14, 20; ch. 1683, §§ 5, 13; Poore, II, 1521-1523, 1528-1529.

(2) Poore, II, 1535.

(3) Voy. ci-après, section III, chap. II.

(4) §§ 51 et 66; Poore, II, 1403-1404.

commission du New-Hampshire de 1679 et la constitution de la Pensylvanie de 1696 le décidaient formellement[1]. Peut-être fut-ce, hors de la Pensylvanie et de la Caroline, la règle primitive que le gouverneur et le conseil réunis n'eussent pas un pouvoir plus étendu. Mais, plus tard, les deux chambres exercèrent partout les mêmes droits, chacune étant autorisée à discuter, à reviser, et à rendre nulles et de nul effet par sa désapprobation, les décisions de l'autre[2]. En fait cependant cette participation égale du conseil à la composition des lois n'était pas admise partout sans difficulté ni résistance. La Virginie la subordonna parfois à des conditions que posaient les représentants du peuple; le Maryland et la Pensylvanie allèrent jusqu'à l'interdire absolument, quelques années avant l'émancipation, et dans la Pensylvanie et le Delaware ce système paraît avoir subsisté[3]. Au moins dans les provinces royales, où le conseil tenait du roi un mandat essentiellement révocable, la chambre des représentants ne tolérait guère qu'il modifiât les lois de finances. Officiellement il y acceptait donc ces lois, telles que cette chambre les avait votées, et, s'il désirait quelque amendement, il en faisait l'objet d'un message officieux, qui ne la liait point[4]. On vit même les représentants du peuple rejeter systématiquement tous les projets de lois dont le conseil avait eu l'initiative[5]. De la résistance de fait les colonies passèrent enfin à la définition solennelle du principe : les délégués de toutes, réunis à New-York, proclamaient, à la veille de la révolution, que l'indépendance mutuelle des autorités diverses qui

[1] Poore, II, 1277-1278, 1535; et voyez aussi ci-dessus, I, p. 293.

[2] Voy. notamment M. B. 1643-1644; Md., 1650; R. I., 1666; N. Y., instr. roy. 1691; Pie., const. 1696; M. B. Charters and General Laws, édit. de 1814, 88-89; R. I., Bartlett, II, 145; Stokes, 127-128; Story, I, 113-120; Bancroft, I, 257, 368, 527; IV, 137, 140; Hough, I, 548; II, 60; Poore, II, 1535.

[3] Vic., 1652, 1657-1658; Hening, I, 373-374, 497; Story, I, 120; Bancroft, I, 264; IV, 140.

[4] Stokes, 128.

[5] *Ibidem.*

participaient à l'œuvre législative, principe essentiel de la constitution anglaise, formait, en vérité, un élément nécessaire de tout bon gouvernement, et que le conseil royal, sans cesse dépendant du Roi, à la différence de la chambre anglaise des Lords, jouait un rôle tout ensemble inconstitutionnel et dangereux (1). Manifestement la même doctrine atteignait les attributs législatifs du conseil, où celui-ci tenait ses pouvoirs des propriétaires (2). A peine est-il besoin de dire que la chambre des représentants, elle, était essentiellement instituée pour délibérer sur les lois qui, en principe, ne pouvaient jamais être faites par le conseil et le gouverneur seuls. Cette dernière règle paraît n'avoir souffert qu'une exception : on sait qu'à une certaine époque, dans la colonie du Massachusetts, le gouverneur et le conseil pouvaient exercer seuls quelques attributs de la puissance législative (3).

Si le gouverneur et le conseil étaient généralement associés à l'exercice du pouvoir législatif, leurs principales prérogatives concernaient cependant le pouvoir exécutif. Les règles qui définissaient la condition de ces fonctionnaires seront donc, pour la plupart, plus utilement exposées ailleurs. C'est ici, au contraire, qu'il convient d'achever de faire connaître celles qui définissaient la condition des représentants du peuple, uniquement, investis, comme tels, en principe, du droit de participer à la composition des lois.

On a vu que des assemblées législatives du peuple tout entier précédèrent, en général, les assemblées où le peuple n'avait que des représentants : le développement de la colonisation sur une étendue plus considérable du territoire et l'accroissement du nombre des habitants amenèrent bientôt le peuple lui-même à substituer celles-ci à celles-là. Des chartes, qui autorisent expressément

(1) Déclaration du congrès de 1774, résolution 10; Story, I, 136, note 2. Comp. Blackstone, I, 155-158.

(2) Voy. ci-dessus, p. 30-31.

(3) Voy. ci-dessus, p. 18.

la participation du peuple au pouvoir législatif, quelques-unes laissaient aux colons le choix entre le système représentatif et l'autre. Mais même la plupart de ces dernières n'admettaient indistinctement, en aucun cas, tous les habitants à légiférer. Si la patente du Rhode-Island de 1643 ne fait aucune distinction expresse parmi les habitants ou planteurs, encore n'est-il ni sûr ni probable que ces termes génériques s'appliquassent aux gens de service ou à gages [1]. La constitution de la Virginie de 1621 n'appelle, parmi les colons, à composer les lois, que les Bourgeois; la charte du Massachusetts de 1629, la charte du Maryland de 1632, les ordres fondamentaux du Connecticut de 1638, la constitution du Rhode-Island de 1641, la charte du Connecticut de 1662, la charte du Rhode-Island de 1663, les chartes de la Caroline de 1663 et de 1665, celles de la Pensylvanie de 1682 et de 1683, les lois jointes à la charte de 1682, la constitution de la Pensylvanie de 1696, la charte de la Pensylvanie et du Delaware de 1701, les unes comme les autres, que les *freemen*, ou, en d'autres termes, les gens au moins libres de toute servitude, citoyens de la colonie, souvent soumis à des conditions strictes d'orthodoxie religieuse [2]. La constitution de la Pensylvanie de 1696 voulait également que le colon admis à voter la loi eût résidé pendant deux ans dans la colonie, et qu'il possédât soit cinquante acres de terre, dont dix au moins fussent exempts de toute charge, soit, de toute autre manière, libre également de toute dette, une fortune égale au moins à cinquante livres de la monnaie du pays [3]. La même constitution et les lois

[1] Poore, II, 1594-1595; et, ci-dessus, I, p. 259-261; comp. note 2.

[2] Poore, I, 249-251, 776, 812, 937; II, 1384, 1392, 1522-1523, 1526-1529, 1535, 1538, 1598; Bancroft, I, 157-158, 257, 264; et ci-dessus, I, p. 267-272. Dans les Ordr. fond. Conn., voy. §§ 1, 7, 10, et, dans la ch. Pic., 1701, voy. § 2. Comp. ci-après, section IV, chapitre VI.

[3] Poore, II, 1532-1533.

jointes à la charte de la Pensylvanie de 1682 exigeaient qu'il fût au moins âgé de vingt et un ans; les lois précitées, qu'il crût en Jésus-Christ et ne fût pas de mauvaise renommée, ni convaincu de commerce inconvenant ou malhonnête, *unsober or dishonest conversation;* la charte de 1683, la constitution de 1696 de la même colonie, et la charte de la Pensylvanie et du Delaware, qu'il fût connu pour sa vertu, sa sagesse et sa capacité [1]; l'acte de concesdu Maine de 1639, les constitutions fondamentales de la Caroline de 1669 et la charte du Massachusetts de 1691, qu'il fût franc tenancier; les concessions du New-Jersey occidental de 1676, qu'il eût la qualité d'électeur et la réputation d'honnête homme [2]. Les constitutions précitées de la Caroline ajoutaient que la franche tenure devait être située dans la circonscription représentée et avoir une contenance au moins égale à cinq cents acres. Mais ce furent surtout les lois coloniales elles-mêmes qui déterminèrent les conditions d'aptitude auxquelles les représentants durent satisfaire. Les définir était une des nombreuses prérogatives que les constitutions et les chartes abandonnaient expressément ou implicitement aux assemblées locales [3]. C'est dans l'œuvre de celles-ci qu'il faut chercher les obligations souvent imposées, de sexe, d'âge, de race, de fortune mobilière ou immobilière, de cens, voire d'orthodoxie religieuse, quand prévalait l'intolérance, alors presque universelle et constante. On peut ramener aux propositions suivantes les règles principales que les lois ordinaires consacraient à définir ces obligations: les représentants devaient être de bonne réputation, d'intégrité connue, majeurs de vingt et un ou de vingt-deux ans, professer la religion officielle ou appartenir à

[1] LL. const. 1682, §§ 2, 34; ch. 1683, § 13; const. 1696; ch. 1701, § 2; Poore, II, 1524, 1526, 1528-1529, 1532-1533, 1538.

[2] Poore, I, 949; II, 1404; Hough, II, 34. Dans les Const. fond. C., voy. § 71.

[3] Stokes, 14, et ci-dessus, p. 16-18.

l'une des communions reconnues par l'État, avoir la qualité de *freeman*, posséder une fortune déterminée soit en biens meubles, soit en terres de franche tenure, situées ou dans la colonie, ou même dans la circonscription qu'ils allaient représenter, être domiciliés dans cette circonscription, et n'exercer aucune fonction publique dépendant du gouvernement, ou, au moins, aucune des fonctions spécialement dites incompatibles avec le mandat législatif, par exemple celles de membre du conseil, de *sheriff*, de procureur de l'État[1].

[1] Albemarle, C., const. 1667; Bancroft, II, 151; Hough, II, 104; — C. S., conv. 1670; conces. 1693; LL. 1720-1721; Grimke, 113-115; Bancroft, II, 167-168; III, 15-16; — Conn., New-Haven, const. 1639; Hough, I, 152; Bancroft, I, 402; comp. Conn., LL. diverses, dans Statutes, Acts and Laws, édit. de 1715, 23, 27-28; — Md., 1634, 1638-1639, 1650, 1660; 1708 c. 7, § 4; 1716 c. 11, §§ 3-9, 15; 1178, c. I, §§ 2-6; 1724 c. 18; 1765 c. 40; dans Bacon; comp. Story, I, 71; — M. B., 1632-1634, 1636, 1637, 1641, 1643, 1644, 1654, 1663, 1667, 1680; Charters and General Laws, édit. de 1814, p. 88-90, 93, 97-98; comp. ch. 1726, dans Poore, I, 955; Story, I, 30; Bancroft, I, 322; — N.-H., 4, Guillaume III; 4, Georges I; Acts and Laws, édit de 1771; — N-J., conces. 1664; N.-J. occid., conces. 1676; N-J., LL., 1683, 1704, 1709, 1710, 1716, 1717, 1725, 1727, 1728, 1730, 1768, 1775; Allinson, p. 5-6, 7, 10, 13, 28, 41, 69-70, 82-83, 306, 481-482; Hough, II, 31, 33; Bancroft, II, 315-316, 356-357; — N.-Y., 1637, 1683. 1691, 1699, 1701, 1702, 1722, 1729, 1737, 1743, 1748, 1751; Van-Shaack, p. 5, 28, 31, 44-45, 47, 128-129, 151, 189, 229, 281-283, 305-306; Bancroft, II, 304-305; Story, I, 76-77; Pie., 1696, 1700, 1705; Acts of Assembly, édit. de 1775, p. 1, 7, 36-40; — R.-I., 1641, 1643, 1648, 1650, 1655, 1657, 1658, 1664, 1666, 1672, 1695, 1721, 1729, 1730, 1733, 1734, 1744, 1745, 1757, 1759, 1761, 1762, 1769; Bartlett, I, p. 213-214, 221, 317, 358, 400-401; II, 25-26, 83, 168-169, 443, 473; III, 309; IV, 295, 430, 484, 500; VI, 21, 211, 295, 335, 602; voy. encore Public Laws des années 1744, 1747 et 1767; — Vie., 1619-1773, *passim;* Hening I à VIII, *passim,* notamm. I, 121, 125, 172, 267, 299-300, 371, 377, 402-403, 411-412, 421, 424, 490, 493-495, 497, 499-500, 505, 508, 516, 540-541, et encore 227, 333-334, 444, 475, 480, 496, 517, 520; II, 12, 15, 20, 31, 145, 156-157, 201, 204-206, 253, et encore 64-65, 75, 108, 158, 202-203, 211, 280; III, 172-175, 236-244; IV, 136, 278-280, 292-293, 470, 475, 477-478, 480-481, 523-524. — Comp.

Comme les représentants du peuple, les électeurs avaient à satisfaire à certaines conditions d'aptitude. Les chartes en déterminent quelques-unes. A diverses époques, dans la Pensylvanie, ou la Pensylvanie et le Delaware, les électeurs devaient avoir la même capacité que les éligibles[1], et tout particulièrement être *freemen*[2]. Dans le Connecticut, sous le régime des ordres fondamentaux de 1638, nul ne votait qu'il n'eût été régulièrement admis parmi les habitants d'un bourg et qu'il n'eût prêté serment de fidélité[3]. La constitution d'Albemarle de 1667 et les constitutions fondamentales de la Caroline de 1669 exigeaient la qualité de franc tenancier[4]. Les constitutions fondamentales ajoutaient que la franche tenure devait être située dans la circonscription électorale, où l'électeur voulait voter, et compter au moins cinquante acres[5]. Aux termes de la charte du Massachusetts de 1691, la condition était alternative : il fallait que l'électeur, au temps de l'élection, eût, sur le territoire de la colonie, une terre de franche tenure d'un revenu au moins égal à quarante shillings, ou possédât, en biens quelconques, une fortune d'une valeur égale à quarante livres sterling[6]. L'obligation de posséder une franche tenure se trouve pareillement formulée dans une commission de 1677 pour la colonie de la Virginie[7]. Elle paraît avoir prévalu partout où subsista le régime de province royale[8]. Dans la Géorgie, pour ne citer qu'un exemple, les électeurs devaient

sur ces lois, Stokes, 126-128, 155; Bancroft, I, 154, 157-158, 251-252, 257, 264, 322-366, 393, 402, 417; II, 67, 114, 151, 168, 189, 206, 246, 367; III, 40, 66; IV, 140; V, 180; Hough, I, 152, 158, 548, 613; II, 31, 33-34, 59-60, 245, 422.

(1) Ch. 1683, § 13; Const. 1696; Poore, II, 1528-1529, 1533.

(2) Ch. 1682, § 14; LL. const. 1682, §§ 2 et 3; ch. 1683, § 13; Const. 1696; ch. 1701, § 2; Poore, II, 1522, 1524, 1528-1529, 1533, 1538.

(3) § 7; Poore, I, 250.

(4) Poore, II, 1405; Bancroft, II, 151; Hough, II, 184. Dans les const. de 1669, voy. § 75.

(5) § 72; Poore, II, 1404.

(6) Poore, I, 949.

(7) Bancroft, II, 234.

(8) Story, I, 81, 95.

posséder cinquante acres au lieu où ils votaient[1]. Dans toutes les colonies, même dans le New-Hampshire, où la commission royale de 1679 donnait, au moins pour la première élection, au gouverneur et au conseil le droit de définir la capacité électorale, l'assemblée législative pouvait sans doute régler par des lois, et, en général, les lois locales déterminèrent avec soin les conditions d'aptitude imposées aux électeurs[2]. Si l'on excepte les dispositions législatives, qui avaient trait à la prohibition d'exercer certaines fonctions, à la réputation, au caractère, ces conditions étaient analogues à celles-là mêmes auxquelles devaient satisfaire les élus[3].

Les représentants du peuple, aux termes des constitutions, étaient élus tantôt par des circonscriptions, *precincts*, formées pour cette élection, tantôt par les bourgs, tantôt par les plantations, division territoriale qui n'existe plus officiellement de nos jours, tantôt par les comtés et les centaines «hundreds», tantôt par les comtés, tantôt enfin par les bourgs et les autres agglomérations. Le premier mode de représentation des habitants fut appliqué dans la Caroline sous le régime des constitutions fondamentales de 1669[4]; le second dans le Massachusetts sous la loi de 1634, dans le Connecticut sous les ordres fondamentaux de 1638, dans le Rhode-Island sous la patente de 1643, sinon suivant les termes exprès de celle-ci, dans la province de New-York sous la commission royale de 1683, et dans le New-Jersey sous celle de 1702[5]; le troisième, dans la Virginie, suivant la constitution de

(1) Stokes, 126-127.

(2) Stokes, 14; — comp. N.-H., com. 1679; Pie et Del., ch. 1701, § 2; Poore, II, 1277, 1538; ci-dessus, I, p. 293, et II, p. 40, note 1.

(3) Voy. ci-dessus, p. 40, note 1, *passim*.

(4) § 77; Poore, II, 1405.

(5) Poore, I, 250-251; Story, I, 40, 55-56, 58, 61; Hough, II, 34, 245. Dans les ordr. fond. de 1638, voy. §§ 7 et 10. Comp., ci-dessus, I, p. 260-261.

1621, et dans le Connecticut, pour le bourg de New-Haven, suivant celle de 1639 [1]; le quatrième, dans la Pensylvanie, sous la charte de 1682 [2]; le cinquième, dans la Pensylvanie et le Delaware, à diverses époques [3]; le dernier enfin, dans le Connecticut, le Rhode-Island, et le Massachusetts, aux termes des chartes respectives de 1662, 1663 et 1691 [4]. Les constitutions n'indiquent pas d'autres divisions territoriales qui fussent représentées au sein de l'assemblée. A défaut de dispositions constitutionnelles, la loi réglait encore la nature, le nombre, la formation des circonscriptions, et la manière de répartir entre elles le nombre des représentants du peuple [5]. Sur ces divers sujets le roi aurait voulu faire prévaloir sa volonté souveraine; mais les représentants du peuple ne cessèrent de résister et finalement l'emportèrent [6]. Il suffira de dire que parfois tout village, et, le plus souvent, tout bourg, formait une circonscription électorale. Sur la répartition du nombre des représentants deux constitutions, les chartes de la Pensylvanie de 1682 et de 1683, offrent pourtant des principes. L'une et l'autre décident qu'elle doit être proposée par le conseil provincial ou conseil d'État, et faite par l'assemblée législative elle-même. La première, d'ailleurs, la veut proportionnelle à l'étendue des circonscriptions, et la seconde, proportionnelle soit à l'étendue des circonscriptions, soit au nombre de leurs habitants [7].

Les procédés les plus divers semblent avoir présidé à la détermination du nombre des représentants du peuple. Tantôt on le

(1) Bancroft, I, 158, 404; Hough, I, 152.

(2) § 16; Poore, II, 1522.

(3) Const. 1696; ch. 1701, § 2; Poore, II, 1532, 1538.

(4) Poore, I, 253, 949; II, 1598; et ci-dessus, I, p. 268.

(5) Stokes, 14, et ci-dessus, p. 40, note 1.

(6) Story, I, 115.

(7) Ch. 1682, § 16; 1683, § 15; Poore, II, 1522, 1529.

trouve fixé par des chiffres constants, abstraction faite du nombre même des habitants et de toute division du territoire de la colonie; c'est le régime du comté d'Albemarle, dans la Caroline, sous la constitution locale de 1665, de la Caroline du Sud sous la convention de 1670, et de la province du New-Jersey sous la commission royale de 1702, la première de ces colonies comptant douze représentants, la seconde vingt, la troisième vingt-quatre[1]. Tantôt, entre deux limites invariables, le nombre des représentants varie proportionnellement à celui des habitants, comme il arrive dans la Pensylvanie, sous la charte de 1682, qui fixe à deux cents l'une des limites, et l'autre à cinq cents[2]. Plus tard, dans la même colonie, sous la charte de 1683, la limite supérieure s'abaisse à deux cents, et c'est au-dessous que s'établissent les variations proportionnelles[3]. Tantôt c'est le nombre de certaines divisions territoriales qui détermine celui des représentants : chaque circonscription élit un député, sous les constitutions fondamentales de la Caroline de 1669; chaque comté, quatre, sous la constitution de la Pensylvanie de 1696; chaque bourg, deux, sous la constitution de New-Haven dans le Connecticut de 1639, ou six, sous la charte du Rhode-Island de 1643; chaque bourg, cité ou autre agglomération, deux au plus, sous la charte du Connecticut de 1662; un bourg spécialement désigné six, chacun de trois autres bourgs également nommés quatre, et chaque autre bourg, cité ou agglomération, deux au plus, sous la charte du Rhode-Island de 1663[4]. Ailleurs, le nombre des représentants ne pouvait être inférieur à celui des membres du conseil, ou était égal à celui des propriétaires de la colonie. De ces dernières dispositions la première se trouve dans les concessions des propriétaires du New-Jersey de

(1) Bancroft, II, 151, 168; Hough, II, 34.

(2) §§ 14 et 16; Poore, II, 1522.

(3) § 15; Poore, II, 1529.

(4) Poore, I, 253; II, 1404, 1532, 1598; Story, 1, 40, 56; Hough, II, 245-246. Dans les const. fond. de 1669, voy. § 71. Comp., ci-dessus, 1, 268.

1664, la seconde dans les concessions des propriétaires du New-Jersey occidental de 1676 (1). Ailleurs encore, l'assemblée législative avait le droit de dire le nombre, et c'était seulement si elle ne le disait point, qu'il se trouvait défini par celui de certaines divisions territoriales. Dans cette hypothèse, aux termes de la charte du Massachusetts de 1691, chaque bourg, comté ou autre agglomération, devait avoir deux représentants, et chaque comté quatre, suivant la charte de la Pensylvanie et du Delaware de 1701 (2). Ailleurs enfin, la constitution accordait quatre représentants à chacun des bourgs qu'elle nommait, et donnait, pour les autres, à l'assemblée législative le droit de fixer le nombre proportionnellement à celui des *freemen;* c'était la disposition des ordres fondamentaux du Connecticut de 1638 (3). D'autre part, suivant une des constitutions précitées, la charte de la Pensylvanie et du Delaware de 1701, — autorisant la séparation, qui se fit plus tard, de la province, la Pensylvanie proprement dite, et des territoires, le Delaware, les deux parties dont la colonie de la Pensylvanie fut d'abord composée, — si la province et les territoires avaient quelque jour des assemblées distinctes, l'assemblée de la province devait avoir deux représentants du bourg de Philadelphie et huit au moins de chacun des trois comtés, et celle des territoires, pour chaque comté, le nombre de représentants que le propriétaire aurait déterminé sur la demande des habitants (4). Des dispositions précédentes peut-être convient-il de rapprocher, à titre de simples exemples, d'autres lois ou constitutions qui, dans la Virginie en 1619, dans le Massachusetts en 1632 et 1634, dans le Maryland en 1638, et, de nouveau, dans la Virginie, en 1662, sans adopter les mêmes chiffres, appliquaient

(1) Bancroft, II, 315; Hough, II, 31-33.

(2) Poore, I, 949; II, 1538. Dans la ch. de 1701, voy. § 2.

(3) § 8; Poore, I, 250-251; Story, I, 55-56.

(4) § 8; Poore, II, 1539-1540.

des méthodes analogues[1]. A titre de curiosité juridique, il importe également de dire qu'à une certaine époque, dans la Virginie, avant 1662, chaque circonscription paraît avoir pu fixer elle-même le nombre de ses propres représentants[2]. Partout, d'ailleurs, où la loi constitutionnelle ne statuait pas par une règle immuable, c'était la loi ordinaire qui statuait, usant de procédés semblables à ceux qui viennent d'être indiqués[3]. Au moins dans les provinces royales, pour la détermination du nombre des représentants, comme pour la formation des circonscriptions, le roi aurait voulu imposer sa volonté souveraine; la résistance constante des colons le fit céder[4].

La loi ordinaire et l'usage déterminaient le plus souvent l'époque des élections, les lieux du scrutin, la manière de convoquer les électeurs, celle de voter, les mesures propres à assurer l'indépendance des votants, la majorité nécessaire pour décider de l'élection, et plus généralement toutes les règles auxquelles les opérations électorales devaient être soumises[5]. Sur tous ces sujets, les constitutions proprement dites ne présentent que de rares dispositions. Sous les ordres fondamentaux du Connecticut de 1638, des fonctionnaires locaux, les constables, après avoir reçu de l'autorité compétente l'ordre de convoquer les électeurs, fixaient, dans chaque bourg, le jour du vote[6]. Dans la Pensylvanie les chartes de 1682 et de 1683 octroyaient au conseil le droit de le fixer[7]. Les constitutions fondamentales de la Caroline de 1669, la constitution de la Pensylvanie de 1696,

(1) Bancroft, I, 154, 251-252, 363 et 366; II, 206; Hough, II, 422.

(2) Bancroft, II, 206.

(3) Stokes, 14; Voy. aussi ci-dessus, p. 40, note 1, et ci-après p. 68, note 2.

(4) Story, I, 115.

(5) Voy. Stokes, 14, et ci-après, p. 48-49.

(6) § 7; Poore, I, 250.

(7) Ch. 1682, §§ 2, 14; 1683, §§ 2, 13; Poore, II, 1520, 1522, 1527-1529.

la charte de la Pensylvanie et du Delaware de 1701, en donnaient elles-mêmes la date[1]. Dans la Caroline, sous les mêmes constitutions de 1669, pour chaque circonscription, un fonctionnaire déterminé de la circonscription même, le *steward*, pouvait changer, à son gré, le lieu du scrutin, à condition qu'il le fît par un avis qui précédât le scrutin, de trente jours au moins[2]. Dans la Pensylvanie, sous les chartes de 1682 et de 1683, le choix des lieux, pour toute la colonie, appartenait au conseil. Plus tard, la constitution de 1696 recommandait que les lieux choisis fussent les plus usuels et les plus commodes[3]. Les ordres fondamentaux du Connecticut de 1638 prescrivaient que les constables de chaque bourg convoquassent les électeurs soit par avis public, soit par avertissement à domicile. La commission du New-Hampshire de 1679 ordonnait qu'au moins pour la première élection la convocation fût faite par acte émané du gouverneur et du conseil et revêtu de leur sceau[4]. Dans la Pensylvanie, sous la constitution de 1696, les *sheriffs* convoquaient les électeurs de leurs comtés respectifs, et présidaient au scrutin, punissables au gré du gouverneur et du conseil, s'ils conduisaient irrégulièrement les opérations électorales[5]. Les électeurs devaient voter par bulletins, dans le New-Jersey occidental vers 1676, dans la Pensylvanie vers 1682, et par bulletins individuels et écrits, dans le Connecticut, dès 1638[6]. Dans la Pensylvanie où les textes constitutionnels réglementaient l'élection avec une précision toute particulière,

(1) Bancroft, III, 40; Poore, II, 1405, 1532, 1538. Dans les const. de 1669, voy. § 75, et dans la charte de 1701, § 2.

(2) § 75; Poore, II, 1405. Sur le *steward*, voy. ci-après, sect. II, chap. III.

(3) Ch. 1682, §§ 2, 14; 1683, §§ 2, 13, 15; Poore, II, 1520, 1522, 1527-1529, 1532.

(4) Poore, I, 250; II, 1277. Dans les ordr. de 1638, voy. § 7. Comp., ci-dessus, I, p. 293.

(5) Poore, II, 1535.

(6) Conn., ordr. fond. 1638, § 7; N-J. occid. conces. 1676; Pic. ch. 1682, § 20; Poore, I, 250; II, 1523; Hough, II, 33.

les lois jointes à la charte de 1682 privaient du droit de suffrage tout électeur qui recevait, en viande, boisson, argent ou autrement, une rémunération de son vote, et de l'éligibilité tout candidat qui promettait ou donnait directement ou indirectement un prix pour son élection[1]. Un texte postérieur, la constitution de 1696, limitant plus clairement la durée de la peine, la fixa également à une année pour les deux coupables. Ce dernier texte assimilait aux autres moyens de corruption la promesse d'exercer le mandat de représentant soit sans salaire, soit pour une rémunération inférieure à celle que fixait la loi[2]. Enfin une seule constitution paraît avoir déterminé la majorité propre à assurer l'élection, et une seule la forme de l'expédition des résultats : la constitution précitée de la Pensylvanie de 1696 n'exigeait que la majorité simple; les ordres fondamentaux du Connecticut de 1638 commandaient que les noms des élus fussent inscrits au verso des instructions adressées aux constables en vue des élections, et que ces listes, certifiées exactes et signées par les constables, fussent adressées par eux à l'assemblée législative[3].

Si des dispositions constitutionnelles qui précèdent, on rapproche les principaux textes de lois ordinaires consacrés à régler les mêmes sujets, quelques brèves propositions suffisent à caractériser la condition faite aux colonies par leurs propres lois. Un agent déterminé, généralement le gouverneur, donnait l'ordre de procéder aux élections. L'ordre était écrit, adressé à certains fonctionnaires des diverses circonscriptions, le plus souvent aux *sheriffs,* et devait être publié dans chacune d'elles. Un délai préfix séparait de l'élection la transmission ou la publication de l'ordre. Il arrivait, d'ailleurs, que, dans chaque circonscription, les autorités locales fussent chargées de fixer le lieu et le moment du vote. Tantôt les fonctionnaires ordinaires de la circonscription, maires,

(1) § 3; Poore, II, 1524.

(2) Poore, II, 1534.

(3) Poore, I, 250; II, 1536. Dans les ordr. fond. de 1638, voy. § 7.

selectmen, *sheriffs* ou autres, tantôt des personnages spécialement nommés ou élus à cet effet, présidaient au scrutin. Les listes électorales leur étaient communiquées. Le serment pouvait être déféré aux électeurs dont la capacité semblait douteuse. Même, en certaines colonies, tous les électeurs devaient prêter un serment préalable dont la loi imposait la formule. Pendant le scrutin et le trajet nécessaire pour s'y rendre ou pour retourner à leurs demeures, voire pendant un certain délai avant et après le scrutin, ils échappaient à toute poursuite civile. Dans quelques colonies encore, à l'origine, l'élection se faisait de vive voix, mais bientôt, sauf peut-être dans les colonies de New-York, de la Géorgie et de la Virginie, le bulletin fut substitué partout à ce procédé trop imparfait. Parfois l'abstention était punie. Diverses peines, surtout des amendes plus ou moins fortes, certaines incapacités politiques, l'annulation de l'élection, réprimaient la corruption et les fraudes. Le résultat du scrutin était transmis, en général, dans un délai déterminé, par des fonctionnaires que la loi désignait, commis de bourg ou autres, soit aux chambres, soit au gouverneur, ou à d'autres fonctionnaires supérieurs que la loi désignait également[(1)].

La condition des représentants élus, comme l'élection elle-même, ne forme l'objet que d'un petit nombre de textes constitutionnels. La loi ordinaire ou la coutume suppléait encore, quand il le fallait, aux constitutions pour la régler. C'est principalement à elle que l'on doit recourir, si l'on veut connaître l'état exact du droit, par exemple, sur la vérification des pouvoirs, le serment des élus, la durée du mandat, la rémunération des représentants du peuple, la manière de pourvoir aux vacances produites parmi les représentants. Sur ces divers sujets pourtant, quelques constitutions fournissent des indications intéressantes. Dans le Connecticut, dès

(1) Voy. ci-dessus, 40, note 1. Comp. Stokes, 243, et Kent, *commentaries*, I, 232. Sur les *sheriffs* et les *selectmen*, voy. ci-après, section II, chap. III.

1638, et, à diverses époques, dans la Pensylvanie, les représentants vérifient leurs propres pouvoirs [1]. A cet effet, dans le Connecticut, avant la réunion générale et régulière de l'assemblée législative, ils sont autorisés à tenir des réunions préparatoires et à y prononcer l'exclusion provisoire de l'élu; l'assemblée législative, à sa première session, statue en dernier ressort; si elle confirme l'exclusion ou l'invalidation, le représentant invalidé et le bourg qui l'a élu peuvent être mis à l'amende, et l'assemblée législative elle-même ordonne une nouvelle élection [2]. Dans la Caroline, à l'ouverture de toute législature nouvelle, avant toute autre occupation, la constitution est lue, et, à peine de ne pouvoir ni voter ni siéger, tout membre de l'assemblée y met sa signature, à la suite du texte, sur les pages d'un livre confié, pour cet objet, à la garde du secrétaire ou greffier; ainsi l'ordonnent les constitutions fondamentales de 1669 [3]. Dans le Massachusetts, avant de siéger, les représentants du peuple doivent, par-devant le gouverneur et le lieutenant-gouverneur, ou deux quelconques des assistants autorisés à cet effet, prêter des serments politiques et religieux et signer des déclarations qu'a établis un acte du Parlement anglais; c'est le régime qu'institue la charte de 1691 [4]. Dans les provinces royales le gouverneur prétend déterminer et souvent il détermine la durée du mandat; mais la résistance du peuple, qui réclame sans cesse les élections fréquentes comme la garantie essentielle de la liberté nécessaire, lui permet rarement de suspendre les élections législatives pendant 7 ans, durée habituelle des pouvoirs de la chambre anglaise des communes. Au début de la révolution, c'est un des griefs allégués par les colons que cette tendance des gouverneurs à prolonger l'existence des

(1) Conn., ordr. fond. 1638, § 9; Pie., LL. const. 1682, § 3; Const. 1696; Pie. et Del., ch. 1701, § 2; Poore, I, 251; II, 1524, 1534, 1538.

(2) Ordr. fond. 1638, § 9; Poore, I, 251.

(3) § 74; Poore, II, 1405.

(4) Poore, I, 949.

législatures au delà du terme, d'ordinaire très court, qui semblait le meilleur aux électeurs (1). Des textes du Connecticut, de la Caroline, de la Pensylvanie, limitent le mandat soit par un chiffre précis, soit par l'indication d'une durée extrême qui ne peut être dépassée : tant qu'ils sont en vigueur, le mandat est d'un an dans le Connecticut et dans la Pensylvanie, de deux ans au plus dans la Caroline (2). L'un au moins des autres textes, celui des concessions du New-Jersey occidental de 1676, attache à la rémunération des représentants une signification digne de remarque : les représentants sont payés, parce qu'ils sont les serviteurs du peuple (3). Tantôt la rémunération est une allocation journalière que les constitutions portent à un chiffre déterminé, par exemple, 1 schilling par jour dans le New-Jersey occidental, 3 dans le Rhode-Island (4) ; tantôt elle se décompose, comme il arrive dans la Pensylvanie, en allocation journalière et en indemnité de route, à savoir, 5 schillings par jour de présence pour le président, 4 pour les membres ordinaires de l'assemblée, et, pour tous, 2 sous par mille franchi, à la venue et au retour, entre le lieu de la réunion et celui de la résidence habituelle (5). Ici la rémunération est payée des mains du trésorier du comté et des deniers du comté (6) ; là, chaque circonscription paye ses représentants (7) ; au fond, sous des formules différentes, c'est la même règle de part et d'autre. Selon un texte de la colonie précitée de la Pensylvanie, quand une vacance est produite par d'autres causes, et

(1) Stokes, 14, 127; Story, I, 115; Bancroft, III, 48.

(2) Conn., const. 1639; C., const. fond. 1669, § 75; Pie., ch. 1682, § 14; ch. 1683, § 13; const. 1696; Pie., et Del., ch. 1701, § 2; Bancroft, I, 402, 417; II, 189; III, 40, 66; IV, 140; Hough, II, 60, 265; Poore, II, 1405, 1522, 1528-1529, 1532, 1538.

(3) Bancroft, II, 357.

(4) R-I., 1665; N.-J. occid. conces. 1676; Bancroft, II, 67, 357.

(5) Const. 1696; Poore, II, 1534.

(6) Pie., const. 1696; Poore, II, 1534. Comp. ci-dessus, note 3.

(7) N.-J. occid., conces. 1676; Bancroft, II, 357.

encore quand un membre de l'assemblée néglige de paraître aux séances, le gouverneur doit, dans le délai de 10 jours après avoir été averti, envoyer au *sheriff* du comté intéressé l'ordre écrit de convoquer sans retard les électeurs[1].

Sur ces divers sujets, les principales règles formulées par les lois ordinaires se résument facilement en quelques courtes observations. Les représentants du peuple avaient coutume de limiter leur mandat à une durée qui rarement dépassait 2 ans. Ils vérifiaient leurs propres pouvoirs, et, même dans les provinces royales, prétendaient le faire, à l'exclusion du gouverneur. En général, avant de prendre séance, ils prêtaient divers serments, quelquefois déférés par des fonctionnaires que le gouverneur déléguait à cet effet. Pendant la durée des sessions et un délai variable, d'ordinaire égal à une semaine ou à 10 jours, avant l'ouverture et après la clôture des débats, ils jouissaient de l'inviolabilité parlementaire, tout au plus suspendue de droit dans les cas de félonie ou de haute trahison. La liberté des discussions leur était garantie. Si, dans la Géorgie, ils ne recevaient et ne voulaient recevoir aucune rémunération, ailleurs le plus souvent ils en touchaient une, fréquemment divisée en indemnité de route et en allocation journalière de présence, plus grande, en principe, pour le président que pour les membres ordinaires, tantôt, du reste, payée par le trésor commun de la colonie, tantôt des deniers de leurs circonscriptions respectives. Enfin, lorsqu'ils venaient à se démettre ou à mourir avant l'expiration de leur mandat, de nouvelles élections avaient lieu sans retard, auxquelles le président de la chambre ou certains fonctionnaires des circonscriptions intéressées, les *sheriffs* notamment, donnaient l'ordre de procéder[2]. Il convient d'ajouter que, dans certaines colonies, par exemple dans le Maryland et le New-Hampshire, les membres du

(1) Const. 1696; Poore, II, 1534. — (2) Voy. ci-dessus, p. 40, note 1.

conseil non élu avaient parfois, à certains égards, une condition semblable à celle des représentants du peuple : ainsi, pendant la durée des sessions, la même rémunération leur était allouée, et l'inviolabilité parlementaire garantie [1].

Le nombre, l'époque, le lieu, la convocation, la durée des sessions législatives, l'organisation du bureau, le pouvoir disciplinaire, la division du travail, les commissions, le nombre des présences nécessaire pour la validité des délibérations, la manière de voter, la majorité requise pour l'adoption des décisions, la prorogation et la dissolution, ont fait, dans plusieurs colonies, l'objet de quelques dispositions constitutionnelles.

Deux textes indiquent simplement, l'un pour le Maine, l'autre pour la Géorgie, que les sessions devaient être tenues de temps en temps [2]. Ailleurs, à diverses époques, il dut y en avoir au moins une, soit chaque année [3], soit tous les deux ans [4], ou deux au moins par an [5]. Le gouverneur dans le Massachusetts, dans le Connecticut le gouverneur avec l'assentiment de la majorité des principaux fonctionnaires, ou, à défaut du gouverneur, la majorité des *freemen*, dans la Caroline la cour du Palatin, et, dans la Pensylvanie, le conseil ou le gouverneur et le conseil, purent ordonner des sessions extraordinaires [6]. La date de l'ouverture des sessions

[1] Ci-dessus, *ibid.* Joignez Story, I, 603, 608, 610.

[2] Me, conces. 1639; Gie., ch. 1732; Poore, I, 373-374, 776; et, ci-dessus, I, p. 336, 341, 345.

[3] Vie., const. 1621; Pie., ch. 1682, § 14; ch. 1683, § 13; const. 1696; Poore, I, 949; II, 1522, 1528, 1532.

[4] C., const. fond. 1669, § 73; Vie., instr. roy. 1676; M. B., ch. 1691; C.S., conces. des prop., 1693; Bancroft, II, 233; III, 15; Hough, II, 233; Poore, II, 1405.

[5] Conn., ordr. fond. 1638, §§ 1, 5, 9; ch. 1662; R.-I., ch. 1663; Poore, I, 249-251, 253; II, 1598. Comp., ci-dessus, I, p. 268.

[6] Conn., ordr. fond. 1638, § 6; C., const. fondam. 1669, § 73; Pie., ch. 1682, § 19; 1683, § 17; const. 1696; M. B., ch. 1691; Poore, I, 250, 949; II, 1405, 1523, 1529, 1532, 1535-1536.

régulières ou périodiques était fixée par plusieurs textes dans la Pensylvanie[1], la Pensylvanie et le Delaware[2], le Connecticut[3], le Rhode-Island[4], le Massachusetts[5], la Caroline[6]. Tout naturellement les autorités qui ordonnaient des sessions extraordinaires en fixaient le temps[7].

L'assemblée du Connecticut se réunissait, sous le régime des ordres fondamentaux de 1638, au lieu que les représentants déterminaient eux-mêmes; celle de la Caroline, sous les constitutions fondamentales de 1669, où le voulait la cour du Palatin; et, sous diverses chartes, celle de la Pensylvanie soit à Philadelphie seulement, soit à Philadelphie, si le gouverneur et le conseil ne choisissaient pas un autre endroit[8]. C'étaient soit le gouverneur seul, soit le gouverneur et le conseil, qui déterminaient le lieu de la réunion, dans toutes les provinces royales[9]. Dans la Caroline, au temps des constitutions précitées, une désignation formelle valait, tant qu'une autre n'avait pas été faite[10].

Les sessions régulières s'ouvraient, tantôt sans convocation[11], tantôt sur un ordre émané soit de l'assemblée elle-même[12], soit des propriétaires de la colonie[13], soit du gouverneur ou du gou-

(1) Ch. 1682, § 14; ch. 1683, § 13; const. 1696; Poore, II, 1522, 1528-1529, 1532.

(2) Ch. 1701, § 2; Poore, II, 1538.

(3) Ordr. fond. 1638, §§ 1, 5; ch. 1662; Poore, II, 249-253.

(4) Ch. 1663; Poore, II, 1598. Comp. ci-dessus, I, p. 268.

(5) Ch. 1691; Poore, I, 949.

(6) C., const. fondam. 1669, §§ 73 et 75; Poore, II, 1405.

(7) Conn., ordr. fond. 1638, §§ 6, 9; M. B., ch. 1691; Poore, I, 250-251, 949.

(8) Ordr. fond. 1638, §§ 6, 9; const. fondam. 1669, § 73; ch. 1682, § 14; ch. 1683, § 13; const. 1696; ch. 1701, § 2; Poore, I, 250-251; II, 1405, 1522, 1528-1529, 1532, 1538.

(9) Stokes, 121.

(10) Const. fond. 1669, § 73; Poore, II, 1405.

(11) C., const. fond. 1669, § 73; Poore, II, 1405.

(12) Pie., const. 1696; Pie., et Del., ch. 1701, § 2; Poore, II, 1535, 1538. Comp. Bancroft, IV, 140.

(13) Md., ch. 1632; C., ch. 1663, § 5; ch. 1665; Poore, I, 812, II, 1384, 1391-1392. Comp., ci-dessus, I, p. 245-246.

verneur et du conseil[1]. En principe, dans les provinces royales, c'était le gouverneur qui convoquait[2]. Si, aux termes de la commission du New-Hampshire de 1679, le roi se réservait de changer la règle, en réalité il ne la changea point[3]. Les autorités auxquelles il appartenait de faire tenir des sessions extraordinaires avaient tout naturellement le droit de les convoquer[4]. Dans la Caroline la convocation, émanée de la cour du Palatin, devait être rendue publique 40 jours avant l'ouverture annoncée de la session[5]. Dans le Connecticut, elle portait toujours ordre de procéder aux opérations électorales. Dans cette dernière colonie, s'il s'agissait de sessions régulières, elle devait être adressée, par l'entremise du secrétaire de la colonie, aux constables des bourgs, au moins un mois avant l'ouverture de la session, tandis que, pour les sessions extraordinaires, le délai pouvait ne pas dépasser 14 jours, et même, à charge de justifier de l'urgence, les autorités compétentes convoquaient légalement à plus brève échéance[6].

Quand le gouverneur et le conseil formaient une chambre spéciale, tantôt c'était le gouverneur, tantôt, par exemple, dans la Géorgie, le lieutenant-gouverneur, ou, en l'absence de ce fonctionnaire, le doyen des conseillers, qui la présidait[7]. Selon quelques textes, soit pour la chambre unique de l'assemblée, soit au moins pour la chambre des représentants, la manière de nommer le président varia. Ici, le chancelier, l'un des grands fonction-

(1) Conn., ordr. fond. 1638, § 6; N.-H., com. 1679; M. B., ch. 1691; N.-J., instr. roy. 1702; Poore, I, 250, 949; II, 1277-1278; Bancroft, III, 48. Comp., ci-dessus, I, p. 298.

(2) Stokes, 154, 184, 190-191, 241-242; Story, I, 95, 109-110; Bancroft, II, 196; III, 48; Hough, II, 60, 105.

(3) Poore, II, 1278. Comp. les notes 1 et 2, ci-dessus, et, ci-dessus, I, p. 293-295.

(4) Conn., ordr. fond. 1638, § 6; Poore, I, 250.

(5) Const. fond. 1669, § 37; Poore, II, 1405.

(6) Ordr. fond. 1638, § 6; Poore, I, 250. Comp. ci-dessus p. 53-54, et ci-après, p. 68, note 2.

(7) Stokes, 124.

naires de l'État, présidait de droit le parlement, l'assemblée, et l'un des vice-chanceliers, ou un mandataire spécial que lui-même déléguait, pouvait le remplacer dans cette fonction [1]. Là, aux sessions convoquées par les *freemen*, ces derniers déféraient librement la présidence; à celles que le gouverneur convoquait, les *freemen* paraissent avoir pu la déférer encore; mais, pour celles-ci, l'interprétation était sans doute que le gouverneur présent présidât, et qu'il fût remplacé, dans le seul cas d'absence ou d'empêchement, par le président élu [2]. Ailleurs, la chambre des représentants élisait son président, ou apparemment sans contrôle [3], ou sous réserve de l'approbation soit du gouverneur, comme il arrivait dans les provinces royales et notamment dans la Géorgie [4], soit, comme il arrivait dans le Massachusetts, du gouverneur, et, le gouverneur empêché, de quelque autre haut fonctionnaire [5]. Dans cette dernière colonie, les choses se passaient ainsi : au premier jour de chaque session, la chambre procédait à l'élection; le gouverneur, ou, en l'absence du gouverneur, le lieutenant-gouverneur, ou, en l'absence de ce dernier, le commandant militaire de la province était consulté; il signifiait, par un message autographe, son approbation ou sa désapprobation, et jusqu'à ce qu'il se déclarât satisfait, l'assemblée continuait les élections et les présentations [6]. Là s'opérait de la même manière le remplacement du président élu et approuvé, si celui-ci venait à mourir ou devenait incapable d'exercer son mandat, avant la fin de la session [7]. Dans la Pensylvanie et le Delaware, sous le régime de la charte de 1701, quels que fussent leur nombre et leur qualité, l'assemblée législative élisait tous ses fonctionnaires [8]. Souvent

(1) C., const. fond. 1669, § 37; Poore, II, 1401.

(2) Conn., ordr. fond., 1638; Poore, I, 251.

(3) Pie., et Del., ch. 1701, § 2; Poore, II, 1538.

(4) Stokes, 126-127.

(5) M. B., ch. 1726; Poore, I, 955-956.

(6) *Ibid.*

(7) *Ibid.*

(8) § 2; Poore, II, 1538.

et peut-être toujours, dans les provinces royales, tandis que les chambres choisissaient leurs agents subalternes, par exemple, les huissiers, le gouverneur nommait leurs secrétaires, commis ou greffiers [1].

Les ordres fondamentaux du Connecticut de 1638 définissaient, avec une certaine abondance et quelque naïveté de langage, les principales attributions du président. On l'y voit autorisé à faire respecter la liberté de parole et à imposer silence aux gens qui parleraient mal à propos ou avec extravagance [2]. Le même acte constitutionnel était peut-être le seul qui donnât, en termes précis, aux représentants une juridiction disciplinaire sur leurs collègues : il leur permettait de frapper d'amende l'arrivée tardive, l'absence, l'attitude ou la conduite désordonnée; si le payement soulevait quelque difficulté, l'assemblée en était informée, et le trésorier de la colonie opérait le recouvrement, comme celui de toute autre amende [3].

On sait que les constitutions fondamentales de 1669 divisaient le parlement de la Caroline en quatre classes ou états qui, pour certaines délibérations, pouvaient siéger séparément. Dans deux autres colonies, la Pensylvanie et le Delaware, une charte permit que l'assemblée répartît elle-même ses membres en commissions sans doute spécialement chargées de préparer les projets de lois [4]. Précédemment deux chartes de la première de ces deux colonies avaient réglé la distribution du temps pour le travail des sessions : durant les huit premiers jours, les députés examinaient les projets présentés par le gouverneur et le conseil, et, au besoin, conféraient avec une délégation formée de 3 membres de chacune des commissions du conseil; puis, le neuvième jour, ils relisaient les

(1) Stokes, 127-128; Bancroft, III, 26.

(2) § 10; Poore, I, 251.

(3) § 9; Poore, I, 251.

(4) Const. fond. 1669, §§ 71-77; ch. 1701, § 2; Poore, II, 1404-1405, 1538. Comp., ci-dessus, p. 15-16, 32.

projets entiers, y compris les exposés de motifs, et statuaient sur l'adoption ou le rejet[1].

Le nombre des membres des chambres dont la présence était suffisante et nécessaire pour la validité des délibérations variait. Dans les provinces royales et notamment dans la Géorgie, pour le conseil, il fut d'ordinaire de trois[2]. Dans quelques colonies, pour l'assemblée collective ou la chambre unique des représentants et des conseillers, la charte le fixait modestement à 7, à savoir, le gouverneur ou le lieutenant-gouverneur, et 6 au moins des assistants ou membres du conseil[3]. Ailleurs le nombre indiqué était ou la majorité[4], ou plus simplement la moitié du parlement entier, formée de la moitié de chacun des ordres ou états[5], ou les deux tiers de tous les membres qui composaient l'assemblée[6]. Parfois il fallait distinguer suivant la nature des sessions ou celle des délibérations. C'est ainsi que, dans le Connecticut, le gouverneur, quatre autres au moins des principaux fonctionnaires et la majorité des députés régulièrement élus des bourgs, devaient assister aux sessions convoquées par le gouverneur, ou par le gouverneur et les principaux fonctionnaires, et la majorité des *freemen* ou de leurs députés aux sessions convoquées par les *freemen* eux-mêmes[7]. Ainsi encore, dans la Pensylvanie, à une époque, la présence de la majorité des membres paraît avoir été suffisante pour les sessions ordinaires; mais celle des deux tiers était exigée

(1) Pie., ch. 1682, § 14; 1683, § 73; Poore, II, 1522, 1528-1529. Comp. ci-dessus, p. 34-36.

(2) Stokes, 124.

(3) M. B., ch. 1629; Conn., ch. 1662; R.-I., ch. 1663; M. B., ch. 1691; Poore, I, 253, 937, 948; II, 1598. Comp., ci-dessus, I, p. 268-269.

(4) Md., ch. 1632; C., ch. 1663, § 5; ch. 1665; Poore, I, 812; II, 1384, 1392. Comp., ci-dessus, I, p. 245-246.

(5) C. const. fondam. 1669, § 78; Poore, II, 1405.

(6) Pie., et Del., ch. 1701, § 2. Comp. Gie., ch. 1732. Voy. Poore, I, 370; II, 1538; et, ci-dessus, I, p. 336-337.

(7) Ordr. fond. 1638, § 10; Poore, I, 251.

pour les sessions extraordinaires [1]. A une autre époque, dans la même colonie, la présence de la majorité avait suffi pour l'expédition des affaires moins importantes, tandis que celle des deux tiers habilitait seule l'assemblée à adopter les lois et à choisir les fonctionnaires [2].

Quelques textes déterminent la manière de voter. On y voit que chaque membre du parlement avait un suffrage, et le donnait par bulletin, soit au moins dans les élections confiées au parlement [3], soit dans toutes les matières importantes, notamment le choix des fonctionnaires et la composition des lois [4]. On y voit également que les décisions se prenaient d'ordinaire à la simple majorité des voix [5]. Les ordres fondamentaux du Connecticut attribuaient au président voix prépondérante en cas de partage, sans indiquer très nettement si, hors de ce cas, il pouvait voter [6]. Dans les provinces royales, où le conseil suivait pourtant, en principe, la procédure de la chambre anglaise des Lords, les conseillers n'avaient pas le droit de voter par procuration, mais, comme les Lords, ils avaient celui de protester contre les décisions de la majorité et d'exiger l'insertion de leur protestation au procès-verbal [7].

Dans la Pensylvanie, à diverses époques, il appartint au gouverneur et au conseil de fixer la durée des sessions [8]. Quelques années auparavant, dans la Virginie, des motifs exceptionnels autorisaient seuls à la prolonger au delà de 14 jours [9]. Si, en prin-

(1) Const. 1696; Poore, II, 1535-1536.

(2) Ch. 1682, § 14; 1683, § 13; Poore, II, 1522, 1528-1529.

(3) C. const. fondam. 1669, §§ 32 et 71; Poore, II, 1401, 1404.

(4) Pie., ch. 1682, § 20; 1683, §§ 13-18; Poore, II, 1523, 1528-1530.

(5) C., const. fondam. 1669, § 51; Pie., const. 1696; Poore, II, 1403, 1536.

(6) § 10; Poore, I, 251.

(7) Stokes, 125. Comp. Blackstone, I, 168.

(8) Pie., ch. 1682, § 19; ch. 1683, § 17; const. 1696; Poore, II, 1523, 1529; II, 1535-1536.

(9) Instr. roy. 1676; Bancroft, II, 233.

cipe, dans les provinces royales le gouverneur ne pouvait permettre aux chambres de s'ajourner elles-mêmes, cependant chacune s'y ajournait librement du samedi au lundi[1]. Les règles, d'ailleurs, sur l'ajournement ou la prorogation, varièrent, suivant les lieux et les temps. Tantôt l'ajournement était illégal, s'il était prononcé sans l'aveu de la majorité des *freemen*[2]; tantôt le gouverneur ajournait et prorogeait à son gré[3], par exemple, dans les provinces royales[4]; tantôt le gouverneur ajournait et prorogeait, à son gré, mais l'assemblée avait le droit de s'ajourner, de sa seule autorité, à deux jours, et à un temps plus éloigné avec l'assentiment soit du gouverneur, soit du lieutenant-gouverneur, en l'absence du gouverneur, soit, le lieutenant-gouverneur absent, du commandant militaire de la province[5]. Où le gouverneur et le conseil fixaient la durée des sessions, évidemment ils les pouvaient proroger[6].

De la dissolution il en était, en général, comme de l'ajournement ou de la prorogation[7]. Malgré les protestations fréquentes des colons, ce fut la règle constante, au moins dans les provinces royales, que le gouverneur pût dissoudre l'assemblée à son gré[8]. Les applications furent fréquentes[9]. On ne trouve guère que trois colonies, où la règle n'ait pas prévalu en droit[10]. Encore, dans la

(1) Stokes, 191, 242.

(2) Conn., ordr. fond. 1638, § 10; Poore, I, 251.

(3) M. B., ch. 1691; N.-J., instr. roy. 1702; C., instr. roy. 1729; Poore, I, 949; Bancroft, III, 48; Hough, II, 105.

(4) Stokes, 127, 184, 190-191, 241-242; Story, I, 95, 109-110; Bancroft, II, 196; III, 48; Hough, II, 60, 105; et voyez, de plus, la note 3, ci-dessus.

(5) M. B., ch. 1726; Poore, I, 956.

(6) Voy. ci-dessus, p. 59, et note 8.

(7) Conn., ordr. fond. 1638, § 10; M. B., ch. 1691; N.-J., instr. roy. 1702; M. B., ch. 1726; Poore, I, 251, 949; Story, I, 115; Bancroft, III, 48.

(8) Stokes, 14, 184, 190-197, 241-242; Story, I, 95, 109-110, 115; Bancroft, II, 196; III, 48; Hough, II, 60, 105.

(9) Voy. notamm. Bancroft, I, 226-228; III, 26, 62-65.

(10) Comm., R. I., Pie., argum. ch. 1662, 1663, const. 1696, *passim;* Poore, I, 252-257; II, 1531-1536,

Pensylvanie, le gouverneur eut-il une sorte de pouvoir indirect de dissolution. Avec l'assistance du conseil, il proposait les sujets de délibération, ou, en autres termes, avait l'initiative des discussions; si donc, après un débat épuisé, il ne voulait pas en ouvrir un nouveau, l'assemblée, élue, en principe, pour une session, se trouvait dissoute de fait [1]. Dans la Caroline, sous le régime éphémère des constitutions fondamentales de 1669, le pouvoir de dissoudre appartenait à la cour du Palatin [2].

En dernière analyse, au moins pour les provinces royales, si l'on tient compte de la prohibition du vote par procuration dans le conseil, et que l'on assimile la chambre des représentants à la chambre anglaise des communes et le conseil à la chambre des Lords, on résume, avec une précision suffisante, les règles essentielles qui présidaient à l'accomplissement des devoirs législatifs des chambres coloniales [3].

Les lois ordinaires ne manquaient pas de présenter tout un corps de dispositions sur la même matière. Les chambres fixaient le temps et le lieu où elles devaient siéger. Elles avaient au moins une session par an. La convocation émanait tantôt du gouverneur, ou, le gouverneur absent ou empêché, du lieutenant-gouverneur assisté de 2 membres du conseil, tantôt des chambres elles-mêmes. Le gouverneur, avec l'assistance du conseil, convoquait, au besoin, des sessions extraordinaires. Les réunions des commissions se tenaient sur l'ordre des chambres. La chambre des représentants élisait son président. Chacune nommait ses autres fonctionnaires, sergents d'armes, huissiers ou autres, et avait notamment un secrétaire ou commis, ainsi choisi d'ordinaire par elle-même, dont la loi déterminait les attributions, le traitement et les frais de bureau.

1595-1603; ci-dessus, I, 262-282; II, 53, 54, 59-60; ci-après, 62; et Bancroft, III, 39-42.

(1) Ch. 1682, § 19; 1683, § 17; const. 1696; Poore, II, 1523, 1529, 1535.

(2) § 73; Poore, II, 1405.

(3) Stokes, 243.

Le président pouvait ou parfois devait faire faire l'appel. Il dirigeait les délibérations, donnant la parole et mettant aux voix. Il veillait à l'observation du règlement et appliquait les peines disciplinaires. Prendre la parole sans permission, murmurer, interrompre, injurier, refuser de regagner sa place sur l'ordre du président, négliger, sans la permission ou du président ou de la chambre, ou au moins sans excuse, d'assister aux séances, étaient autant de fautes répréhensibles et punies. L'amende constituait la peine disciplinaire la plus commune, mais la suspension, même l'exclusion, pouvait être prononcée. Il n'était pas sans exemple que la présence des deux tiers de tous les membres fût requise pour la validité des délibérations. Souvent la simple majorité des votants suffisait pour la validité des décisions. Les chambres s'ajournaient librement à deux jours. En particulier, celle des représentants avait coutume de décider que le consentement des élus du peuple était nécessaire pour toute dissolution, même pour tout ajournement ou toute prorogation de l'assemblée. Elle paraît avoir fait prévaloir cette doctrine dans les colonies de propriétaires et dans les colonies de charte. La loi ordonnait la tenue régulière de procès-verbaux des séances. Enfin il arriva parfois qu'une véritable loi fut jugée indispensable pour permettre l'achat des menus objets, notamment des fournitures de bureau dont les chambres avaient besoin [1].

Un rapide examen des règles qui prévalaient, en cette matière, pendant la période coloniale des États-Unis, dans le droit public de la métropole, montrera, avec quelques différences essentielles, des analogies étroites et nombreuses entre l'organisation du parlement anglais et celle des assemblées des colonies.

Le pouvoir législatif était exercé par deux chambres, sous le

[1] Voy. ci-dessus, p. 40; note 1. Joignez Story, I, 593, et l'acte de la déclaration d'indépendance, §§ 6-8, Poore, I, 4.

contrôle du roi. L'une portait le nom de chambre des lords, l'autre celui de chambre des communes. Le roi siégeait ou pouvait siéger dans la première. Les deux chambres et le roi formaient le parlement. La chambre des lords se composait de prélats, membres de droit, de pairs héréditaires créés par la Couronne, et de quelques pairs électifs représentant la noblesse écossaise. Le roi augmentait à son gré le nombre des pairs héréditaires, et, par là, le nombre même des membres de cette chambre. La chambre des communes, elle, se composait des représentants du peuple élus par les comtés, les bourgs et les cités. Au moins pour ces deux dernières sortes de circonscriptions, la couronnne paraît n'avoir pas été sans quelque pouvoir sur la détermination du nombre des représentants.

Dans les bourgs et les cités, les chartes, les constitutions, les coutumes locales, très nombreuses et variées, définissaient les conditions d'aptitude auxquelles les électeurs étaient tenus de satisfaire. Au dernier état du droit, la résidence pendant un temps préfix avant l'élection était une obligation commune. Dans les comtés, l'électeur devait posséder, sur le territoire même du comté particulier où il voulait voter, une terre de franche tenure d'une valeur déterminée. Nul, en aucun lieu, n'était admis à élire, nul autorisé à siéger dans les chambres, au-dessous de l'âge de 21 ans révolus. La possession d'une terre de franche tenure d'une valeur déterminée fut une condition imposée aux membres des communes, comme à leurs électeurs. Au moins jusqu'à Georges III, la règle, d'ailleurs constamment violée, voulait les représentants choisis parmi les habitants des circonscriptions qu'ils représentaient. Le mandat était, en général, incompatible avec l'exercice des fonctions publiques qui dépendaient du Gouvernement.

Suivant les cas, le chancelier du royaume ou le président de la chambre des communes donnait l'ordre de procéder aux élections. Il l'adressait au commis de la Couronne en chancellerie, lequel le transmettait aux shérifs[1] des divers comtés, et ceux-ci, à leur tour, le faisaient parvenir, dans leurs comtés respectifs, aux maires et baillis des bourgs et cités. Pour les comtés, les shérifs présidaient aux élections, et les maires et baillis, pour les bourgs et cités. La loi ou la coutume fixait les périodes pour la transmission de l'ordre de procéder aux opérations électorales et pour l'accomplissement de celles-ci. Les électeurs devaient d'ordinaire être avertis dans un délai déterminé avant le scrutin. Pour les comtés, les élections se faisaient dans le lieu le plus usuel. Diverses mesures étaient prises, notamment le renvoi des troupes régulières ordonné, et diverses peines, principalement des amendes et certaines déchéances, par exemple celle de l'électorat ou de l'éligibilité, édictées, afin de protéger l'indépendance des électeurs contre toute pression et tout fait de corruption. Sous la foi du serment, électeurs et candidats pouvaient être obligés d'affirmer leur capacité légale; les électeurs encore, de se dire orthodoxes, et d'assurer qu'ils avaient résisté et résisteraient à toute manœuvre corruptrice. Il fut permis d'exiger certains serments, même des électeurs des pairs écossais. Le vote était ou oral ou par mains levées. Dans des délais déterminés, les maires et les baillis envoyaient au shérif du comté les résultats des opérations électorales des bourgs et cités, et le shérif les transmettait, avec les résultats de celles du comté, au commis de la Couronne en chancellerie. Des serments et des peines diverses garantissaient l'impartialité et l'exactitude des fonctionnaires chargés de présider aux élections et d'en transmettre les résultats.

Le roi seul avait le droit de convoquer le parlement et de dire le temps de l'ouverture et le lieu des sessions. La convocation se faisait dans un délai préfix, avant l'ouverture, et dans des formes déterminées. Les chambres se réunissaient d'ordinaire dans la même localité, et siégeaient dans des salles différentes; mais, par exemple,

[1] C'est, on le sait, l'orthographe française du mot anglais «sheriff».

pour donner expressément son approbation aux lois en personne et en plein parlement, le roi avait le droit de les réunir dans la même salle, d'ordinaire le lieu habituel des séances de la chambre des lords. La coutume était que le parlement eût au moins une session par an. Rarement la durée d'une prorogation dépassait quarante jours. Même de très anciennes lois commandaient de tenir au moins une session par an; et des lois plus récentes défendirent au roi de laisser plus de trois années s'écouler sans convoquer les chambres.

Les membres du parlement ne pouvaient siéger ni voter avant d'avoir prêté divers serments d'orthodoxie. Chaque chambre vérifiait souverainement les pouvoirs de ses membres électifs, édictait ses propres règles de discipline, que le président était sans doute chargé d'appliquer, et, au besoin, prononçait la peine de l'exclusion. En principe, c'était le lord chancelier, nommé par le roi, qui présidait la chambre des lords; il y délibérait et y votait. La chambre des communes, sauf à soumettre son choix à l'approbation royale, élisait son président, qui n'avait ni voix consultative ni suffrage, sauf peut-être en cas de partage.

La Couronne paraît n'avoir eu l'initiative officielle d'aucune loi. La chambre des communes se réservait celle des lois de finances, et ne permettait aux lords que d'adopter ou de rejeter ces dernières, sans les modifier. Sous cette réserve, les deux chambres avaient les mêmes droits. Dans chacune, pour la validité des délibérations, un nombre déterminé de membres devaient être présents. Dans chacune encore, en toute matière, la décision de la majorité liait la minorité; mais les lords pouvaient voter par procuration, et les lords de la minorité faire insérer au procès-verbal leur protestation motivée contre les résolutions de la majorité. Dans chacune, le vote était public et formulé de vive voix. Tout attentat contre les membres de l'une ou de l'autre faisait encourir des peines d'une sévérité toute particulière. A tous la liberté de la parole était promise, et, en matière civile, en tout temps pour les lords, au moins pendant le temps des sessions et durant quarante jours avant et après pour les représentants du peuple, l'inviolabilité de la personne garantie. Au moins pendant le temps des sessions, et, depuis Édouard III au moins jusqu'à Charles II, les membres des communes touchèrent une rémunération. Elle fut fixée, sous Édouard III, à une allocation journalière de 4 schellings sterling pour les représentants des comtés, et de 2 pour ceux des bourgs et cités, payable par les circonscriptions respectives.

Les chambres s'ajournaient à leur gré. Le roi seul pouvait les proroger. Il avait, sans aucun doute, le droit de les dissoudre. Des lois expresses fixèrent, d'ailleurs, la durée extrême du mandat des représentants du peuple à trois ans d'abord, puis à sept[1].

CHAPITRE III.

DE LA COMPOSITION, DE L'OBSERVATION ET DE LA CONSERVATION DES LOIS.

Sur l'élaboration des lois ou des actes ayant force de lois, émanés du roi ou des chambres anglaises, il n'y a rien à faire connaître qui concerne spécialement les colonies anglaises d'Amérique. Les propriétaires, eux, composaient leurs ordonnances, à leur fantaisie. Même sur l'élaboration des lois qu'édictaient les assemblées coloniales, peu de dispositions constitutionnelles ont statué. Si la charte du Maryland et deux chartes de la Caroline donnaient aux propriétaires le droit de régler cette matière[2], partout sans doute ou presque partout les assemblées législatives la réglaient elles-mêmes, ou par des lois proprement dites, ou par des règle-

[1] Blackstone, I, 95, 146-182, 186-190, et les autorités citées par cet auteur. Voy. aussi Story, I, 603; les notes de Cooley dans Cooley's Blackstone, édit. de 1879, sur les passages précités de Blackstone; Kent's *Commentaries*, édit. de 1873, I, 235, aux notes.

[2] Md., ch. 1632; C., ch. 1663, § 5; ch. 1665; Poore, I, 812; II, 1384, 1391-1392. Comp., ci-dessus, I, p. 245-246.

ments intérieurs. On lit pourtant, dans la charte de la Pensylvanie de 1682, que les projets, préparés par le gouverneur et le conseil, devaient être publiés et affichés aux lieux les plus fréquentés de toute partie habitée de la colonie, 30 jours avant l'ouverture de la session. Dans la même colonie, la charte de 1683 prescrivait qu'ils fussent affichés et publiés aux endroits les plus fréquentés de tout comté de la province, 20 jours avant [1]. Selon les constitutions de la Caroline de 1669, ils ne pouvaient être adoptés qu'après trois lectures, faites, en pleine assemblée, des jours différents [2]. Plusieurs chartes de la Pensylvanie ou de la Pensylvanie et du Delaware ordonnaient que les lois portassent une formule exécutoire ainsi conçue : «par le gouverneur, avec l'assentiment et l'approbation des *freemen,* en conseil provincial et en assemblée générale [3] », ou «des *freemen,* en assemblée générale» [4]. Les chartes du Connecticut, du Rhode-Island et du Massachusetts, décidaient que les actes législatifs seraient revêtus du sceau de la colonie [5]. Selon plusieurs actes constitutionnels, les lois régulièrement votées devaient être publiées [6], les formes de la publication demeurant parfois abandonnées au gré des propriétaires des colonies intéressées [7]. Enfin, peut-être ne serat-il pas hors de propos de faire observer que, dans les réunions périodiques et fréquentes des habitants des bourgs, les colons de la Nouvelle-Angleterre étaient autorisés à établir et dressaient sou-

(1) Ch. 1682, § 7; ch. 1683, § 5; Poore, II, 1521, 1528. Comp., ci-dessus, p. 35, et note 2.

(2) § 51; Poore, II, 1403.

(3) Ch. 1682, § 15; ch. 1683, § 14; Poore, II, 1522, 1529.

(4) Const. 1696; ch. 1701, § 4; Poore, II, 1535, 1538.

(5) Conn., ch. 1662; R.-I., ch. 1663; M. B., ch. 1691; Poore, I, 255, 952; II, 1599. Comp., ci-dessus, I, p. 270.

(6) Md., ch. 1632; Me., conces. 1639; Conn., ch. 1662; C., ch. 1663, §§ 5 et 6; R.-I., ch. 1663; C., ch. 1665; Pie., ch. roy. 1681; M. B., ch. 1691; Pie., const. 1696; Poore, I, 255, 776, 813, 952; II, 1384, 1391, 1511, 1535, 1599. Voy. ci-dessus, I, p. 245, 270.

(7) Md., ch. 1632; C. ch. 1663; ch. 1665. Comp., ci-dessus, I, p. 245.

vent, à l'usage de leurs représentants, des instructions dont l'assemblée législative tenait apparemment grand compte[1].

Si l'on se reporte, sur cette matière, aux règles formulées par les assemblées coloniales elles-mêmes, on peut tenir pour certaines les propositions qui suivent. Tout projet de loi devait être présenté par écrit. Il arrivait que le renvoi du projet, après discussion, à une commission chargée d'en arrêter une rédaction définitive, fût de droit. Dans les chambres et les commissions, la discussion était libre. De nombreuses lois furent adoptées soit dans un intérêt exclusivement local, soit au profit de simples individus, notamment en matière de voirie, de naturalisation, de partage de successions, de remise de peines. Le texte voté devait être publié. Un imprimeur déterminé avait souvent le privilège exclusif de l'impression et parfois le monopole de la vente. Divers fonctionnaires, ou même les ministres du culte, étaient chargés de faire connaître les dispositions nouvelles au peuple, soit par des lectures publiques, soit par d'autres procédés. Souvent les actes législatifs fixaient le délai après lequel l'application devait commencer. Toujours une formule exécutoire en précédait ou en suivait le dispositif, et elle nommait d'ordinaire les chambres ou la chambre unique de laquelle ils émanaient. Tout particulièrement, dans le Rhode-Island, avant 1664, les habitants des bourgs, réunis dans leurs comices, statuaient, en dernier ressort, sur l'adoption définitive des lois, et pouvaient rapporter celles qu'ils avaient précédemment adoptées. Mais, de bonne heure, presque partout, la loi seule abrogea la loi, et les assemblées elles-mêmes firent procéder à des revisions fréquentes des anciens textes, afin d'abolir les uns et de maintenir les autres, suivant les besoins nouveaux du pays[2].

(1) Bancroft, I, 417; II, 60; IV, 148-149. Comp., ci-dessus, p. 28-29.

(2) Voy. notamment : — C. N., 1741; Potter, Taylor and Yancey, I, 145; — Gie., 1755, 1762; Digest, édit. de 1801, 80, 114; — Conn., Acts and Laws, édit.

La nécessité de respecter les actes du pouvoir législatif était certaine partout. Un texte constitutionnel du Connecticut décidait pourtant, en termes exprès, que, par leurs votes et les lois, les députés des bourgs liaient leurs électeurs [1]. Deux textes d'autres colonies prescrivaient encore que les lois régulièrement faites fussent exécutées selon leur véritable signification [2]. A peine est-il besoin de dire que souvent elles étaient munies de sanctions pénales [3]. Des dispositions précitées il convient de rapprocher deux articles particulièrement intéressants et étranges des constitutions de la Caroline de 1669 : l'un interdisait tout commentaire et toute dissertation sur une partie quelconque de ces constitutions, de la coutume, ou du droit statutaire de la colonie, attendu que l'abondance fort dangereuse des gloses ne mène à rien, « sinon à obscurcir et à embarrasser » [4]; l'autre, pour éviter la multiplicité des règles, « qui, par degrés, change toujours les vrais principes des formes primitives de gouvernement », ordonnait que, cent ans après leur promulgation, tous les actes législatifs du parlement, quels qu'ils fussent, devinssent de plein droit nuls et non

1715, 106; — Md., 1650-1765, *passim*, notamm. 1715, c. 25, §§ 1-7; 1765, c. 37; 1766, c. 24; 1768, c. 18; dans Bacon; — M. B. 1746; Charters and General Laws, 563; — N. J., 1702-1776, *passim*, notamm. 1741, 1750, 1768, 1775; Allinson *passim*, notamm. 221, 298, 301-302, 482; — N. Y., 1772; Van-Shaack, 676-678; — Pie., 1705; Acts of the General Assembly, édit. de 1773, 21-23; — R. I., 1641, 1648, 1650, 1654, 1656, 1660, 1664, 1666, 1678, 1769, *passim*; Bartlett, *passim*, notamm., I, 114, 213, 221, 229, 274, 333, 401-402, 429; II, 27, 64, 184; III, 86, 188, 330-331, 340, 346, 350, 378, 398, 493, 507, 534-535, 558; IV, 86, 195, 209, 226, 234, 257, 408, 417, 444, 463, 472, 524; V, 39, 53, 67, 70, 120, 125, 227, 334; VI, 172, 257, 336, 460, 481, 517; — Vie., 1630, 1632, 1642, 1643, 1657, 1658, 1660, 1680, *passim*; Hening, I, 177, 264, 270-271, 447; II, *passim*, notamm. 43, 108, 142, 148, 171, 501-502. — Comp. Bancroft, I, 200; Stokes, 243-250.

(1) Ordr. fond. 1638, § 8; Poore, I, 250-251.

(2) M. B., ch. 1629; Conn., ch. 1662; Poore, I, 255, 952.

(3) Voy. ci-dessus, p. 12-14, 16-18.

(4) § 80; Poore, II, 1405.

avenus[1]. Trois actes constitutionnels, d'autre part, traitaient de la conservation matérielle des lois, et un quatrième, de celle de son propre texte. Ainsi, les chartes de la Pensylvanie de 1682 et de 1683 prescrivaient que les lois régulièrement adoptées fussent enregistrées ou transcrites sur des registres officiels; la charte de la Pensylvanie et du Delaware de 1701 commandait que, l'approbation du gouverneur reçue, elles fussent aussitôt enregistrées au bureau des archives publiques et gardées à Philadelphie, si le gouverneur et l'assemblée ne désignaient, d'un commun accord, un autre endroit[2]; enfin, suivant les clauses jointes à la charte de la Pensylvanie de 1682, un exemplaire de leur propre texte devait être suspendu dans la salle du conseil provincial et dans les cours publiques de justice, leur texte lui-même être lu, chaque année, à l'ouverture des sessions du conseil provincial, de l'assemblée générale et des cours de justice, et si, après cette lecture, il demeurait en vigueur, un exemplaire rester suspendu dans le lieu des séances de ces divers corps constitués[3].

Aux termes de plusieurs des lois ordinaires, tous les actes législatifs étaient grossoyés, ils étaient transcrits sur des registres officiels, et la garde du texte original, ou des copies authentiques réservées au gouvernement, appartenait à divers fonctionnaires spécialement désignés, au secrétaire de la colonie et aux magistrats des bourgs, par exemple[4].

Dans la métropole, les projets de lois devaient être présentés par écrit. Ils pouvaient être renvoyés à des commissions. En principe, trois lectures avaient lieu, séparées les unes des autres par

(1) § 79; Poore, II, 1405.

(2) Ch. 1682, § 15; ch. 1683, § 14; ch. 1701, § 4; Poore, II, 1522, 1529, 1538.

(3) § 38; Poore, II, 1526.

(4) Voy. ci-dessus, p. 40, note 1, et 68, note 2.

un intervalle raisonnable, et toutes également suivies d'un vote, après une discussion absolument libre. Entre la seconde et la troisième, les projets étaient grossoyés sur parchemin, sans cesser d'être susceptibles de recevoir des modifications de toutes sortes. Il ne fut ni défendu ni rare que des lois eussent pour objet un intérêt exclusivement individuel. L'acte voté par les chambres et approuvé par le roi était conservé aux archives du royaume. L'imprimerie royale tirait d'ordinaire un exemplaire ou une édition officielle, que chacun eut sans doute le droit de reproduire. Aucune autre promulgation n'était nécessaire, «parce que le peuple avait été, par ses représentants, partie à la composition de l'acte». Mais, avant l'invention de l'imprimerie et au moins jusqu'au règne de Henri VII, à la fin de chaque session, le roi envoyait une copie de tous les actes votés au shérif de chaque comté; l'usage voulait que celui-ci en proclamât ou en fît proclamer la teneur à la cour de comté, et qu'ils y fussent gardés, à la disposition de toute personne qui les désirerait lire ou copier[1].

[1] Blackstone, I, 86, 181-186; II, 344-346. La copie était accompagnée d'un ordre de publication et d'exécution : «Ut statuta illa, et omnes articulos in eisdem contentos, in singulis locis ubi expedire viderit, publice proclamari, et firmiter teneri et observari faciat.» Blackstone, I, 186.

DEUXIÈME SECTION.

DU POUVOIR EXÉCUTIF.

CHAPITRE PREMIER.

LE GOUVERNEUR.

Si l'on vit parfois se produire des modes insolites d'organisation du pouvoir exécutif, l'assemblée législative le confiant à une commission qu'elle nommait [1], ou le propriétaire, avant de le confier à un chef unique, le remettant successivement à un conseil d'abord, puis à cinq commissaires, que lui-même choisissait [2], la règle commune et constante, malgré de légères interruptions, fut que ce pouvoir appartînt à un haut fonctionnaire, appelé le plus souvent gouverneur, d'ailleurs assisté d'un conseil d'État ou de gouvernement et d'un nombre variable de fonctionnaires inférieurs [3]. Les propriétaires de colonies eux-mêmes le déléguaient ainsi. Même ceux de la Pensylvanie, qui retenaient pour eux l'appellation de gouverneur, ne faisaient pas autrement : un lieutenant-gouverneur gouvernait d'ordinaire, à leur place, en vertu de leur mandat [4]. La Caroline seule paraît avoir eu, de droit, sous le régime, du reste, éphémère de ses constitutions fondamentales de 1669, comme premier magistrat de l'ordre exécutif, l'un de ses propriétaires, le chef de ceux-ci, celui qui portait le nom fastueux de Palatin [5].

Dans plusieurs colonies, au moment de leur organisation offi-

(1) N.-J. occid. conces. 1676; Bancroft, II, 357. — (2) Pie, LL. 1682, 1685; Hough, II, 216, et ci-dessus, I, p. 172-177. — (3) Voy. ci-après, p. 81-140, *passim*, surtout 81-127. — (4) Pie., et Del., chartes précitées, *passim*. — (5) Const. fondam. 1669, *passim*; Poore, II, 1397-1408, *passim*.

cielle, quand la charte venait d'être octroyée, le roi nomma le premier gouverneur [1]. Parfois d'ailleurs le texte de la charte n'indiqua pas de quelle manière ce premier gouverneur serait remplacé [2]. L'assemblée législative fit çà et là des efforts pour conquérir, mais la couronne retint, dans le plus grand nombre des colonies, la collation de l'emploi [3]. Cette condition fut celle de toutes les provinces royales [4], et, parmi les colonies de charte, dans le dernier état du droit, celle du Massachusetts [5]. Dans les colonies de propriétaires, la nomination appartenait à ces derniers [6]. A peine, dans l'une d'elles, la vit-on, pendant un court espace de temps, émaner du peuple [7]. Dans les colonies de charte, au contraire, ce fut du peuple qu'elle émana le plus souvent. C'était la condition du Connecticut et du Rhode-Island [8]. De bonne heure, pour un temps, dans le Connecticut, le peuple délégua son droit à l'assemblée législative [9]. Cette dernière colonie fut peut-être même la seule où un acte constitutionnel régla la forme matérielle de l'élection. Ses ordres fondamentaux de 1638 prescrivaient que tout membre de l'assemblée, habile à voter,

(1) Voy. notamment M. B., ch. 1629; Conn., ch. 1662; Poore, I, 253, 936.

(2) Note 1, ci-dessus.

(3) Voy. notamment Bancroft, I, 502, 527-530.

(4) N.-H., com. 1679; N.-J., instr. roy. 1702; C., instr. roy. 1729; Stokes, 149; Story, I, 95; Bancroft, II, 196, 245; III, 48; IV, 133; Hough, II, 105; Poore, II, 1275. Comp. ci-dessus, I, p. 286, 294.

(5) M. B., ch. 1691; Poore, I, 948; Stokes, 21; Story, I, 111.

(6) Vie., const. 1621; N.-J., conces. 1664; Albemarle, C., const. 1667; C. S., conv. 1670; C. S., conces. des prop., 1693; C., LL. 1710-1711; Md., LL. 1704, c. 8; 1716, c. 21; 1751, c. 27, § 7; dans Bacon; — Stokes, 20; Story, I, 110; Bancroft, I, 158; II, 151, 168, 315; III, 15, 24; IV, 137, 140. Comp. Gie., ch. 1732; Poore, I, 370-371; et, ci-dessus, p. 14-15.

(7) C. N., conces. des prop., 1705; Bancroft, III, 22.

(8) Conn., ch. 1662; R.-I., ch. 1663; comp. R.-I., L. pat. 1643, et com. 1651; Poore, I, 253; II, 1595, 1599; Story, I, 171; Hough, II, 245; et, ci-dessus, I, 260-261, 271-272.

(9) Ordr. fond. 1638, §§ 1, 2, 3; Poore, I, 249-250; Story, I, 55. Comp., note 8, ci-dessus.

remît aux personnes chargées de recueillir les suffrages un bulletin distinct portant le nom d'un seul candidat, et que celui-là reçût le pouvoir, qui aurait eu la majorité relative [1]. Tout particulièrement dans ces deux colonies de charte, où elle demeura la règle définitive, la nomination par le peuple ou ses représentants paraît avoir été maintenue avec une rare énergie. Aux habitants du Rhode-Island, dès le milieu du XVIIe siècle, le droit de présentation ne semblait nullement une prérogative suffisante [2]. Bien auparavant, des actes du gouvernement anglais, qui subordonnaient la validité de l'élection à l'approbation royale, n'étaient observés ni dans le Rhode-Island ni dans le Connecticut [3]. Il convient d'ajouter que ces actes passent pour n'avoir pas été respectés davantage dans les colonies de propriétaires, auxquelles leurs dispositions étaient également applicables [4]. En réalité, le droit de nommer le chef du pouvoir exécutif fit l'objet de discussions nombreuses entre les colons, les propriétaires et le roi. Presque partout les colons durent d'abord choisir eux-mêmes tous leurs fonctionnaires, comme ils s'empressaient de se donner à eux-mêmes des constitutions et des lois. Puis les règles précitées arrivèrent peu à peu à prévaloir [5].

Les ordres fondamentaux du Connecticut de 1638 prescrivaient que le gouverneur fût choisi parmi les gens qui avaient déjà exercé quelque magistrature de la colonie et qui professaient quelqu'une des religions reconnues par l'État. Ils ne permettaient à personne d'en tenir la charge pendant plus d'une année sur deux [6]. La charte du Connecticut de 1662 et celle du Rhode-Island de 1663 voulaient que le choix portât uniquement sur les *freemen* [7].

(1) § 2; Poore, 250-251.

(2) Bancroft, II, 84. Comp., ci-dessus, I, p. 125-133.

(3) Stokes, 20; Story, I, 112; Bancroft, III, 105; 7-8, Guillaume III, c. 22, § 6.

(4) Ci-dessus, note 3.

(5) Voy. ci-dessus, I, p. 11 à 190, *passim*, et II, 9-11. Comp. Story, I, 30, 56; Bancroft, I, 322; II, 196, 361.

(6) § 4; Poore, I, 250.

(7) Poore, I, 253-254; II, 1599. Comp., ci-dessus, I, p. 267.

La charte de la Géorgie de 1732 et les actes précités du règne de Guillaume III exigeaient qu'avant d'assumer l'exercice de ses fonctions, le gouverneur prêtât un serment, dont la formule était sans doute arrêtée par le roi ou le parlement et la prestation imposée à tous les gouverneurs et commandants militaires représentant le roi dans les colonies [1]. Sous la maison de Hanovre, au moins dans les provinces royales, par-devant trois au moins des membres du conseil, avant d'assumer l'exercice de ses fonctions, il devait prêter plusieurs serments et signer une déclaration. Les serments étaient celui «d'allégeance», engagement de demeurer fidèle au roi; celui d'abjuration, promesse de ne reconnaître aucune autorité à la maison des Stuarts; celui de «suprématie», engagement de ne pas admettre la suprématie du pape; celui d'accomplir fidèlement les devoirs officiels, notamment d'assurer une administration impartiale de la justice; enfin, celui de faire observer les lois relatives au commerce et aux «plantations». Ce dernier et la déclaration furent exigés dès le temps de Charles II. La déclaration, dite déclaration contre la transsubstantiation, n'était pas autre chose que la négation de la présence réelle. Les formules et de la déclaration et des serments ont été conservées; quelques-unes se terminaient par une invocation de la protection divine. Il arriva, d'ailleurs, que, pour l'observation des lois relatives au commerce et aux plantations, plusieurs formules durent être employées, et, à vrai dire, plusieurs serments prêtés. D'autre part, suivant les cas, ensemble ou isolément, l'amende, la destitution, l'incapacité de recevoir de nouveau le même emploi, punissaient la violation de la foi jurée [2]. La charte précitée de la Géorgie prescrivait

(1) Poore, I, 376; Stokes, 20. Comp., ci-dessus, I, p. 340.

(2) 12, Charles II, c. 18; 15, Charles II, c. 7; 25, Charles II, c. 2, § 9; 7-8, Guillaume III, c. 22; 8-9, Guillaume III, c. 20, § 69; I, Georges Ier, c. 2, § 13; 6, Georges III, c. 53; 4, Georges III, c. 15, § 39; Stokes, 151-152, 178-183. Les membres des chambres, dans la métropole, prêtaient les serments

encore qu'une caution suffisante fût fournie pour l'observation de ces actes du parlement qui réglaient le commerce et la navigation [1], et, d'une manière plus générale, pour l'exécution de toutes les instructions envoyées par le roi en vertu de ces actes [2].

Au moins dans la Géorgie, et peut-être dans toutes les provinces royales, le gouverneur choisissait librement le lieu de sa résidence. Des actes constitutionnels ne déterminaient guère que dans trois colonies la durée de ses pouvoirs : les constitutions fondamentales du Connecticut de 1638, la charte de la même colonie de 1662 et celle du Rhode-Island de 1663, la fixaient à une année; elles ajoutaient qu'il conserverait ses fonctions jusqu'à la nomination de son successeur [3]. Quelques textes ne limitaient expressément que la seule durée du premier mandat donné en vertu de leurs dispositions [4]. Dans la Virginie, à une certaine époque, par une sorte d'accident législatif, on trouve un gouverneur nommé à vie [5]. La règle commune à toutes les colonies fut sans doute que l'autorité qui conférait l'emploi en déterminât, à son gré, la durée [6].

La principale fonction du gouverneur était évidemment, dans toutes les colonies, d'assurer l'exécution des lois. Si certaines chartes l'associaient même à l'exercice de la puissance législative et du pouvoir judiciaire, les actes constitutionnels ne donnent, en général, une énumération limitative ni de ses devoirs ni de ses droits. Les instructions du roi ou de conseils choisis par lui, si la

d'allégeance, de suprématie, d'abjuration; ils «souscrivaient et répétaient» la déclaration contre la transsubstantiation, l'invocation des saints et le sacrifice de la messe. Blackstone, I, 162.

(1) Ci-dessus, I, p. 353; II, 75; et ci-après, section IV, chapitre XIV.

(2) Poore, I, 376; Stokes, 20. Comp., ci-dessus, I, p. 353.

(3) Stokes, 164-165; Story, I, 111; Poore, I, 249, 253; II. 1599. Dans les ordr. fond. de 1638, voy. § 1. Comp. ci-dessus, I, p. 271-272.

(4) M. B., ch. 1629; comp. N-H., com. 1679; Poore, I, 937; II, 1275; et, ci-dessus, I, p. 286.

(5) L. 1658-1659; Hening, I, 517; Bancroft, II, 245.

(6) Bancroft, I, 322, 332, 363; III, 67.

nomination émanait du souverain, ou les ordonnances des propriétaires, si elle venait de ces derniers, et, si elle émanait du peuple, les lois faites par l'assemblée législative, définissaient, au besoin, les caractères, et marquaient les limites du mandat [1]. Dans les provinces royales, le nouveau gouverneur apportait ou recevait de la métropole un corps d'instructions, souvent considérable. Celles-ci lui conféraient les titres d'excellence, de capitaine général, de gouverneur en chef, de chancelier, de vice-amiral et *d'ordinaire*, et le constituaient le représentant immédiat du roi [2]. Elles étaient enregistrées, dans la haute cour de chancellerie, et dans la chambre du trésorier, à Whitehall, en Angleterre, et, dans la colonie, au bureau du secrétaire. Lui-même devait les faire lire à la première réunion du conseil, et, au besoin, hors du conseil, suivant les usages établis. Il n'est pas sans intérêt d'ajouter qu'habituellement une proclamation suivait cette lecture, pour maintenir, jusqu'à nouvel ordre, dans leurs charges respectives, les anciens fonctionnaires [3].

Le gouverneur venait-il à violer son mandat, il se rendait passible au moins de destitution. C'était même la règle commune que l'autorité qui le nommait fût libre de le révoquer *ad nutum* [4]. A coup sûr, dans les provinces royales, elle prévalait presque sans discussion [5]. Selon les jurisconsultes anglais, d'ailleurs, les actes que n'autorisaient ni les lois de la métropole, ni celles de la colonie, ni les règles de la justice naturelle, justifiaient la poursuite devant les cours anglaises [6].

(1) Vie., ch. 1609; N.-H., com. 1679; Poore, II, 1275, 1897-1898, *passim*; Stokes, 14, 150-164; Blackstone, n° 108; Story, I, 109; Bancroft, I, 225-226; II, 232. Comp., ci-dessus, I, p. 286.

(2) Comp., ci-après, section II, chapitres II, IV, V; section III, chapitre I; et ci-dessus, section I, *passim*.

(3) N.-H., com. 1679; Stokes, 149, 176-177, 183-184; Story, I, 109; Poore, II, 1275-1276. Comp., ci-dessus, I, p. 287-288.

(4) Bancroft, I, 322.

(5) Stokes, 149; Bancroft, I, 227; II, 249.

(6) Stokes, 11, 233-234.

L'autorité qui nommait le gouverneur déterminait aussi la manière de pourvoir aux vacances, avec cette réserve que là où existait l'emploi de lieutenant-gouverneur, ce personnage avait pour mission essentielle de remplacer son chef empêché [1].

Il faut sans doute généraliser ici une observation déjà plusieurs fois présentée, et affirmer que, si les assemblées législatives tendaient, dans presque toutes les colonies, à empiéter de diverses façons, voire par des lois véritables, sur le domaine du pouvoir exécutif, le droit de régler la condition du chef de ce pouvoir appartenait proprement, en principe, à l'autorité qui le nommait [2]. Mais il importe d'ajouter que, même hors des colonies de charte, ces assemblées se mêlèrent, avec persistance, de la régler. Tantôt elles édictaient, à cet effet, des dispositions qui ne devaient soulever la réprobation ni du roi ni des propriétaires, comme lorsqu'elles exemptaient d'impôts le gouverneur ou qu'elles lui offraient une demeure, qu'elles lui allouaient des frais d'installation ou qu'elles lui reconnaissaient le droit de recevoir des honoraires pour certains actes déterminés, qu'elles lui donnaient une garde ou qu'elles commandaient de le respecter, qu'elles exigeaient de lui quelque serment inoffensif, tiré des Écritures, ou qu'elles lui imposaient celui de faire observer les actes du parlement relatifs au commerce. Tantôt, au contraire, elles formulaient des règles dont le roi et les propriétaires ne s'accommodaient point, et qui, on l'a vu, ne triomphèrent pas hors des colonies de charte. C'est ainsi qu'ailleurs elles revendiquaient vainement et sans cesse, pour elles-mêmes ou pour le peuple, le droit de conférer la charge, de fixer les conditions d'aptitude, d'imposer la résidence dans un lieu choisi par elles, de limiter le mandat à une durée d'ordinaire fort

(1) M. B., ch. 1691; Poore, I, 948, et 948-954, *passim*.

(2) Voy. les notes, p. 77, et note 1, ci-dessus. Comp. Bancroft, I, 225-226, 322, 363; II, 221, 232, 234, 245, 249; III, 49, 60-61, 67, 391-392; IV, 138, 140, 253; Hough, I, 152.

courte, rarement supérieure à une année, enfin de définir toutes les fonctions de la charge. Ce fut surtout la rémunération de celle-ci, qui fit entre les colons, le roi et les propriétaires, l'objet de vifs débats, où, du reste, les colons l'emportèrent. En général, elle était payée au moyen de subsides votés par les chambres locales. Le mode, les échéances, le refus du payement ou la menace du refus, devenaient ainsi, pour ces dernières, le moyen soit d'écarter un maître désagréable, soit de mesurer sa puissance [1]. C'était la condition même des provinces royales. L'attribution d'un revenu permanent à quelque propriétaire, pour lui permettre de rémunérer largement le principal fonctionnaire de la colonie [2], et la promesse législative de fournir à celui-ci, pendant une durée longue et déterminée, un traitement fixé d'avance [3], ne furent que des faits exceptionnels et transitoires. Malgré les protestations, les objurgations, les essais d'intimidation, que la couronne surtout et parfois les propriétaires eux-mêmes ménageaient peu, partout l'autorité qui nommait le gouverneur dut, si elle ne voulait le payer de ses propres deniers, laisser dépendre la rémunération des assemblées coloniales. On vit ces assemblées, tour à tour, suivant les circonstances, abaisser hardiment ou relever la rémunération, la fixer souvent pour la seule année courante, et parfois ne consentir à la payer qu'à la fin de l'année pour laquelle elles l'avaient votée [4].

(1) Voy. ci-après, note 4, et, ci-dessus, I, p. 90-91.

(2) Bancroft, IV, 138.

(3) Bancroft, III, 60-61.

(4) Sur la condition faite au gouverneur par les lois coloniales, voy. notamm. C. S. 1692-1776, *passim*; Grimke, *passim*, notamm. 14-15, 169, 195, 276; — Conn., Acts and Laws, édit. de 1715, *passim*, notamm. 30-31, 133, 179; — Gie., 1760; Digest, édit. de 1801, 65; — Md., 1704, c. 8; 1716, c. 21; 1751, c. 27, § 7; dans Bacon; — M. B., 1647; Charters and General Laws, édit. de 1814, 106; — N.-Y., 1751; Van-Shaack, 308; — Pie., 1712, Acts of the Assembly, édit. de 1775, 65-66; — R.-I., 1640, 1664, 1695, 1702, 1703, 1705, 1707, 1727; Bartlett, I, 101; II, 33, 83-84; III, 309, 451, 475, 525; IV, 26, 388; — Vie., 1619-1680, *passim*; Hening, notamm. I, 124, 172, 196, 226, 280-282, 423, 517, 527, 530, 533-534, 547-549; II, 12-

On ne trouvait pas, dans la métropole, des fonctions absolument analogues à celles soit des gouverneurs des colonies de propriétaires, soit des gouverneurs des colonies de charte, les uns agents et représentants des propriétaires, les autres, en général, du peuple. Il ne paraît même pas y avoir eu, dans les subdivisions administratives de l'Angleterre proprement dite, des fonctionnaires, qui tout à la fois portassent le nom et exerçassent toutes les fonctions du gouverneur de la province royale. Là, le roi moins éloigné n'avait pas besoin de représentants aussi puissants. Les principales de ces subdivisions, les comtés, étaient d'ailleurs plus nombreuses que les colonies d'Amérique, et chacune d'elles sans doute moins étendue que la plus petite de ces colonies. Les prérogatives du gouverneur y furent donc divisées, dans la mesure où la couronne jugeait convenable de s'en départir, entre divers personnages, notamment les lords lieutenants, chefs militaires, et les shérifs, véritables chefs civils des comtés, ces derniers, en Angleterre, agents plus directs du roi, tandis qu'en Amérique ils avaient le gouverneur au-dessus d'eux. Il faudrait plutôt comparer les gouverneurs des provinces royales d'Amérique au gouverneur en chef ou lieutenant qui représentait le roi en Irlande. L'emploi de gouverneur royal n'était pas, du reste, exclusivement propre aux colonies du continent américain; on le trouvait encore établi, par exemple, dans les possessions anglaises, aux Antilles [1].

13, 20, 85, 156, 200, 314; III, 285, 397, 435, 445, 482; — Stokes, 121; Story, I. 30, 55-56, 62, 79, 95; Bancroft, I, 322; II, 221, 234, 245, 357, 361, 429; III, 22, 49, 60-61, 391-392; IV, 253; Hough, I, 152; II, 105, 152, 245. — Voy. encore, sur la condition des colonies suivantes, Conn. après 1690, M.-B., vers 1632, N.-P., entre 1624 et 1633, R.-I., avant 1663, C. N., vers 1710, Md., et Pie., vers 1754, Vie., dès avant Charles II; Story, I, 30 et 62; Bancroft, I, 322; II, 196; III, 24 et 67; IV, 137 et 140. — Comp., ci-dessus, 72-74.

(1) Blackstone, I, 99-104, 117, 339-346, 413; Stokes, 149-234, *passim.*

CHAPITRE II.

LE CONSEIL.

Entre le chef du pouvoir exécutif et les fonctionnaires qui, sous ses ordres, faisaient observer les lois, existait partout un conseil d'État ou de gouvernement. Il portait le nom de conseil des assistants, ou celui de conseil provincial, ou simplement celui de conseil. Sa mission essentielle consistait à conseiller ou à assister le gouverneur [1].

Les actes constitutionnels composaient ce conseil d'un nombre de membres très variable, tantôt de deux pour chaque comté de la colonie [2], tantôt, pour toute la colonie, de six [3], de neuf [4], de dix [5], de douze [6], ou encore, ici, de dix-huit [7], puis de vingt-huit [8], et là, de soixante-douze au plus [9], puis de dix-huit [10]. Dans les provinces royales, quoique le nombre dépendît du bon plaisir du roi, en général il était de quatorze, à savoir, douze conseillers ordinaires, et deux conseillers extraordinaires, le surintendant pour les affaires indiennes et l'inspecteur général des douanes [11]. Dans le Massachusetts, où la charte de 1691 le fixait à 28, le roi

(1) Voy. notam. N.-H., com. 1679: Pie., ch. 1682, § 1; 1683, § 1; const. 1696; Story, I, 109; Bancroft, IV, 134; Poore, II, 1275, 1520, 1527, 1532. Comp., ci-dessus, I, 286-288; II, 31.

(2) Pie., const. 1696; Poore, II, 1532.

(3) Conn., ordr. fond. 1638, § 1; Poore, I, 249; Story, I, 55.

(4) N.-H., com. 1679; Poore, II, 1275. Comp. ci-dessus, I, p. 286-287.

(5) C. S., const. de 1670; R.-I., ch. 1663; Poore, II, 1597; Bancroft, II, 168. Comp., ci-dessus, I, p. 267.

(6) Conn., ch. 1662; Albemarle, C., const. 1667; Poore, I, 253; Bancroft, II, 151.

(7) M. B., ch. 1629; Poore, I, 936.

(8) M. B., ch. 1691; Poore, I, 948.

(9) Pie., ch. 1682, § 2; Poore, II, 1520.

(10) Pie., LL. const. 1682, §§ 1 et 2; Poore, II, 1527-1528.

(11) Stokes, 123, 154, 237.

revendiqua vainement, en 1774, par une loi qui ne put être appliquée, le droit de le faire varier, à son gré, de 12 à 36 [1]. Dans la Pensylvanie, la charte de 1682 divisait les conseillers en quatre commissions, entre lesquelles eux-mêmes devaient se répartir, donnant à chacune d'elles un quart de leur nombre total, soit dix-huit membres [2].

Le mode de nomination fut également variable. Quelques chartes désignaient les personnes qui devaient les premières, pendant un temps déterminé, composer le conseil [3]. Même, dans la première organisation, un certain texte n'en nomma que six membres, laissant le choix de trois au président ou gouverneur et aux six nommés [4]. Parfois deux autorités concouraient à la nomination, les propriétaires pour six membres, et l'assemblée législative pour les six autres [5], ou les propriétaires pour cinq, le choix des cinq autres appartenant sans doute au peuple [6], ou encore le gouverneur proposant les candidats au roi, et ce dernier choisissant [7]. En général, le choix émanait d'une seule autorité à savoir, suivant les lieux, du roi [8], des propriétaires [9], du gouverneur [10], de l'assemblée législative [11], du peuple [12]. Non seulement le

(1) M. B., ch. 1691, *loco cit.;* L. anglaise, 20 novembre 1774; Bancroft, VI, 525. Comp., ci-dessus, I, p. 89-94.

(2) Pie., ch. 1682, § 13; Poore, II, 1521-1522.

(3) M. B., ch. 1629; Conn., ch. 1662; R.-I., ch. 1663; M. B., ch. 1691; Poore, I, 253, 936-937, 948; II, 1597. Comp., ci-dessus, I, p. 267.

(4) C. S., conv. 1670; N.-H., com. 1679; Poore, II, 1275; Bancroft, II, 168. Comp., ci-dessus, I, p. 287.

(5) Albemarle, C., const. 1667; Bancroft, II, 151; Hough, II, 104.

(6) C. S., conv. 1670; Bancroft, II, 168.

(7) Vie., instr. 1692; Bancroft, II, 168.

(8) Bancroft, IV, 134; V, 148-149; VI, 525; Hough, II, 105.

(9) Bancroft, III, 16; IV, 137-140.

(10) M. B., instr., 1686; Bancroft, II, 425. A cet égard, sur la condition du Conn. et du R.-I., vers 1687, du M. B., vers 1692, de la C. S. avant 1695, voy. Bancroft, I, 363; II, 16, 429-430.

(11) M. B., ch. 1691; Poore, I, 948-949.

(12) Pie., ch. 1682, § 2; LL. constit. 1682, § 2; ch. 1683, §§ 2, 14-15. 18; constit. 1696; Poore, II, 1520, 1524, 1527-1530, 1532.

mode ne fut pas toujours le même dans toutes les colonies, mais encore, dans la même colonie, il varia, suivant les époques[1]. Au moins vers la fin de la période coloniale, trois procédés distincts paraissent avoir été appliqués : la nomination par le roi, dans les provinces royales; la nomination par les propriétaires, dans les colonies de propriétaires, à l'exception du Delaware et de la Pensylvanie; enfin, sans doute dans les deux colonies précitées, et, à coup sûr, dans toutes les colonies de charte, à l'exception du Massachusetts où elle appartenait à l'assemblée législative, la nomination par le peuple[2]. Une loi par laquelle, à la veille de la révolution, le parlement l'attribuait au roi, pour cette dernière colonie, ne put être appliquée[3]. D'ordinaire, pour les provinces royales, les instructions remises au gouverneur contenaient les noms des conseillers appelés à l'assister[4].

Dans la Pensylvanie, où le peuple élisait alors le conseil, les chartes de 1682 et de 1683, les lois jointes à la charte de 1682, et la constitution de 1696, traitaient des opérations électorales. Elles en fixaient le temps par une date précise[5], et laissaient soit au propriétaire, soit à son lieutenant, le soin d'en déterminer les lieux[6], ou encore elles ordonnaient que le temps et les lieux fussent ceux de l'élection législative[7], ou que les lieux fussent les plus commodes[8]. Elles définissaient le mode de scrutin, qui devait être le vote par bulletins[9], et la majorité nécessaire, qu'elles

(1) Bancroft, I, 363; II, 151, 168, 425, 429-430; III, 16, 26, 67; IV, 134, 137-140; V, 148-149; VI, 525; Hough, II, 104-105.

(2) Stokes, 123, 237-238; Story, I, 95, 109-110; Bancroft, III, 16, 67; IV, 134, 137, 140; V, 148-149; VI, 525; Hough, II, 105.

(3) Loi anglaise, 20 novembre 1774; Bancroft, VI, 525. Comp., ci-dessus, p. 82.

(4) Stokes, 123, 237.

(5) Ch. 1682, §§ 2, 3; 1683, § 2; Poore, II, 1520, 1527-1528.

(6) Ch. 1682, §§ 2, 3; Poore, II, 1520.

(7) Const., 1696; Poore, II, 1532.

(8) Ch. 1683, § 2; Poore, II, 1527-1528.

(9) Ch. 1682, § 20; ch. 1683, § 18; Poore, II, 1523, 1529-1530.

voulaient être la majorité relative [1]. Elles décidaient que les règles seraient, en général, celles qui présidaient à l'élection de l'assemblée législative [2]. Notamment elles prescrivaient que les électeurs fussent les électeurs mêmes de cette assemblée, ou, en d'autres termes, qu'ils eussent la qualité de *freemen* [3]. La même qualité était exigée des électeurs, dans le Connecticut et le Rhode-Island [4].

Suivant divers textes, c'était parmi les *freemen* que devaient être choisis les conseillers [5]. En général, dans les provinces royales, ils l'étaient parmi les francs tenanciers, et, d'ordinaire, parmi les notables ou les principaux de la colonie [6]. La commission du New-Hampshire de 1679 commandait qu'ils le fussent parmi les habitants de la colonie les plus capables [7]; la constitution du Massachusetts de 1691, qu'ils le fussent parmi les habitants ou les propriétaires de parties désignées de la colonie, la charte elle-même répartissant entre celles-ci le nombre total des conseillers [8]; divers actes de la Pensylvanie, qu'ils le fussent parmi les gens les plus connus, non seulement pour la capacité, mais encore pour la sagesse et la vertu [9], et qu'ils satisfissent aux conditions d'aptitude, auxquelles devaient satisfaire, de leur côté, les membres de la chambre des représentants [10]. Dans cette dernière

(1) Const. 1696; Poore, II, 1536.

(2) Ch. 1682, § 16; ch. 1683, §§ 3, 15; const. 1696; Poore, II, 1522, 1528-1529, 1532. Ci-dessus, p. 43-49.

(3) Ch. 1682, § 2; LL. const. 1882, § 2; ch. 1683, §§ 2, 15, 18; const. 1696; Poore, II, 1520, 1524, 1527-1530, 1532, 1534. Ci-dessus, p. 37-42.

(4) Story, I, 110.

(5) M. B., ch. 1629; Conn., ch. 1662; R.-I., ch. 1663; Pie., ch. 1682, § 2; LL. const. 1682, § 2; const. 1696; Poore, I, 253-254, 937-938; II, 1520-1524, 1532, 1534, 1597. Comp., ci-dessus, I, p. 267.

(6) Stokes, 154.

(7) N.-H., com. 1679; Poore, II, 1275. Comp., ci-dessus, I, p. 287.

(8) Poore, I, 949.

(9) Ch. 1682, § 2; ch. 1683, § 1; const. 1696; Poore, II, 1520, 1527, 1532.

(10) LL. const. 1682, § 34; const. 1696; Poore, II, 1526, 1532-1533. Comp., ci-dessus, p. 40 et note 1.

colonie, sous les chartes de 1682 et de 1683, nul ne pouvait être membre du conseil durant plus de trois années, sans réélection, ni, après trois ans de services, être réélu, sans une interruption d'une année. Cette règle intéressante tendait, selon les textes mêmes, à rendre, par l'expérience, plus grand le nombre des personnes propres aux soins et aux charges du gouvernement [1].

La commission de la province royale du New-Hampshire de 1679 donne la formule d'un serment spécial, que les conseillers étaient tenus de prêter, avant d'entrer en charge. Comme tous les fonctionnaires royaux sans doute, ils devaient ceux d'allégeance et de suprématie, dont le parlement anglais arrêtait les termes; mais ils juraient encore que, Dieu aidant, ils allaient rendre justice à tous les sujets du roi habitant la colonie, accomplir fidèlement, «de leur mieux», leur mandat, ne craindre, ne haïr, ne favoriser personne [2]. En réalité, dans toutes les provinces royales, ils prêtaient, par-devant le gouverneur, ces mêmes serments, auxquels fut ajouté, sous la maison de Hanovre, celui d'abjuration, et ils signaient la déclaration contre la transsubstantiation [3]. Au moins dans la Géorgie, peut-être dans toutes les autres provinces royales, ils juraient aussi de «ne révéler ni directement ni indirectement les délibérations secrètes» [4].

On verra que, dans la Pensylvanie, sous la charte de 1683, le concours d'un tiers des conseillers était indispensable pour l'exercice des principales attributions du gouverneur; la charte ordonnait, en conséquence, qu'un tiers d'entre eux habitât le lieu où le gouverneur résiderait [5].

Un seul texte constitutionnel paraît avoir, par une disposition

(1) Ch. 1682, § 4; ch. 1683, § 3; Poore, II, 1520-1521, 1528.

(2) Poore, II, 1276. Comp., ci-dessus, I, p. 289.

(3) Stokes, 152-153, 177, 238-239. Comp., ci-dessus, I, p. 287. Voy. aussi II, p. 75.

(4) Stokes, 125, 238-239.

(5) Poore, II, 1528, et ci-après, p. 90-92.

spéciale, alloué au conseil une rémunération déterminée. Il fut composé pour la Pensylvanie, où, comme on sait, l'assimilation de ce corps à la chambre des représentants fut recherchée, et il décide que chacun des conseillers devait recevoir, avec une indemnité de route égale à celle des membres, une allocation quotidienne égale à celle du président de cette chambre [1].

Les chartes qui fixèrent la durée du mandat la firent tantôt d'une année [2], tantôt de trois [3]. Sous celles qui la firent de trois, le conseil dut se renouveler par tiers, se divisant, après sa première élection, en trois sections, dont l'une allait demeurer en charge un an, une autre deux, la dernière trois [4]. Le tiers de chacune des commissions appartenait à chacune des séries formées pour le renouvellement partiel du nombre total des conseillers; en d'autres termes, chacune des commissions se renouvelait, chaque année, par tiers, comme le conseil lui-même [5]. Des vacances venaient-elles à se produire avant l'expiration du mandat, la manière de les remplir varia, selon les temps et les lieux. Des instructions royales confièrent, pour la Virginie, le soin d'y nommer, d'abord au conseil colonial lui-même, puis, soit au roi, soit au conseil établi sur le territoire de la métropole pour la haute administration de la colonie, et, enfin, de nouveau, au conseil colonial [6]. Dans les provinces royales, la règle définitive fut que la nomination émanât du roi, mais elle émanait parfois du gouverneur, sauf à devenir non avenue, si le roi ne la ratifiait pas [7] : les vacances devaient être signifiées à ce dernier sans retard, et, si le nombre

[1] Const. 1696; Poore, II, 1534. Comp. ci-dessus, p. 51-52, 82-84.

[2] M. B., ch. 1691; Poore, I, 949. Sur la condition du Conn. et du R.-I., à cet égard, voy. Story, I, 111.

[3] Pie., ch. 1682, §§ 3-4; 1683, §§ 2-3; Poore, II, 1520-1521, 1527-1528.

[4] Pie., ch. 1683, §§ 2-3; Poore, II, 1527-1528.

[5] Pie, ch. 1682, §§ 3, 13; Poore, II, 1520-1521.

[6] 1628, 1636, 1641; Bancroft, I, 197, 201, 203.

[7] Stokes, 237-238; Story, I, 109.

des conseillers se trouvait abaissé au-dessous de sept, le gouverneur le reportait à sept par ses choix provisoires [1]. Dans l'une des provinces ce fut encore, à une époque, la règle que le conseil lui-même proposât trois candidats capables, parmi lesquels le roi choisissait [2]. Ailleurs, dans une colonie, le corps législatif, à la session suivante, disposait de l'emploi vacant [3], et, dans une autre, à la réunion électorale la plus prochaine, le peuple le conférait pour la fin de la durée régulière du mandat [4]. En dernière analyse, ce principe semble avoir prévalu que l'autorité à laquelle il appartenait de renouveler le mandat expiré pourvût aux vacances qui survenaient avant l'expiration [5]. Dans les provinces royales, le roi, par l'entremise du gouverneur [6], ou même sans intermédiaire [7], suspendait ou révoquait les conseillers, à son gré, et le gouverneur pouvait, avec l'assentiment de la majorité de leurs collègues, les suspendre pour mauvaise conduite [8]. A coup sûr dans le Massachusetts, et peut-être dans les autres colonies de charte, l'assemblée législative avait le droit de les destituer [9]. Pour le Massachusetts, la loi anglaise de 1774, qui ne put être appliquée, la privait du pouvoir de les destituer, comme de celui de les nommer [10]. En résumé, le principe fut encore apparemment partout que l'autorité à qui appartenait le droit de nomination eût le droit de révocation, l'assemblée législative révoquant, pour le peuple, où ce dernier élisait le conseil [11]. Enfin, au moins dans les colonies de charte, le conseil pouvait avoir des

[1] Stokes, 123, 153-154.

[2] N-H., com. 1679; Poore, II, 1278. Comp., ci-dessus, I, p. 294.

[3] M. B., ch. 1691; Poore, I, 949.

[4] Pie., ch. 1682, § 3; ch. 1683, § 2; Poore, II, 1520, 1527-1528.

[5] Voy. ci-dessus, p. 82-83.

[6] M. B., instr. 1686; Vie., instr. 1692; Bancroft, II, 425; III, 26.

[7] Stokes, 153; Story, I, 109.

[8] Stokes, 241.

[9] M. B., ch. 1691; Poore, I, 949-950.

[10] Loi anglaise du 4 novembre 1774; Bancroft, VI, 525; VII, 94, 112; et, ci-dessus, 82-83.

[11] Voy. ci-dessus, p. 82-83.

employés ou des agents, nommés par lui, et révocables à son gré [1].

On ne trouve guère que cinq ou six chartes ou constitutions qui aient traité du temps, ou, tout ensemble, du temps et du lieu des sessions du conseil. L'une voulait que le gouverneur ou le lieutenant-gouverneur et les assistants se réunissent au moins une fois par mois, ayant d'ailleurs la faculté de se réunir plus souvent, à leur gré, pour l'expédition des affaires du gouvernement [2]. Une autre ordonnait que les membres du premier conseil fixassent, à leur première réunion, avec l'assentiment nécessaire du gouverneur ou du représentant de ce dernier, le temps et le lieu des réunions suivantes [3]. Une autre encore, par une mesure d'intérêt transitoire, fixait la date de la première réunion des premiers élus [4]. Aux termes d'un quatrième acte, les sessions devaient être tenues au temps et au lieu mêmes où siégeait l'assemblée des représentants du peuple [5]. Celui-ci avait sans doute plus particulièrement trait aux fonctions législatives, dont il n'est pas spécialement question ici. On a vu, ailleurs, que, pour l'exercice de ces fonctions, plusieurs textes imposaient expressément ou implicitement aux chambres de tenir leurs sessions, au même temps et dans la même localité. Pour cet objet, la simultanéité de délibération et l'unité de lieu étaient à ce point utiles, sinon nécessaires, qu'elles durent être d'usage partout [6]. Sauf en cas de nécessité, dans la Pensylvanie, les diverses commissions ne pouvaient siéger simultanément [7]. Suivant une disposition expresse de la charte du Massachusetts de 1691, le gouverneur convoquait ses

(1) Bancroft, VI, 525; VII, 94, 112.

(2) M. B., ch. 1629; Poore, I, 937.

(3) N.-H., com. 1679; Poore, II, 1276. Voy. aussi, ci-dessus, I, p. 288.

(4) Pie., ch. 1682, § 2; Poore, II, 1520.

(5) Pie., const. 1696; Poore, II, 1532, 1534.

(6) Voy. ci-dessus, p. 35-37.

(7) Ch. 1682, § 13; Poore, II, 1521-1522.

assistants, à son gré[1]. La nature même des attributions de ceux-ci doit faire penser que la même règle prévalut dans la plupart des colonies, sinon dans toutes[2]. A coup sûr, elle prévalait au moins dans les provinces royales[3]. Dans une colonie où le conseil tenait des sessions régulières, périodiques, et semble avoir eu une importance toute particulière, une charte donnait au corps entier et aux commissions le droit de se convoquer librement eux-mêmes et de se réunir selon leur bon plaisir[4].

Le gouverneur, chef du pouvoir exécutif, présidait naturellement de droit les conseillers siégeant pour l'assister dans l'exercice des fonctions exécutives[5]. A une certaine époque, dans une colonie, l'appellation de président du conseil, au lieu de celle de gouverneur, fut même son titre officiel[6]. La règle ne souffrit sans doute que des exceptions fort rares et purement temporaires[7], comme il arriva, par exemple, dans la colonie de New-York, où, même siégeant comme simples auxiliaires du pouvoir exécutif, les conseillers eurent peut-être, à une époque, pour président, le grand juge ou le conseiller doyen[8]. A coup sûr, dans quelques colonies, le gouverneur pouvait déléguer la présidence[9]; mais, dans l'une d'elles au moins, il ne la pouvait déléguer qu'à un membre du conseil[10]. Tout naturellement le successeur ainsi dé-

(1) Poore, I, 948.

(2) Voy. ci-dessus, p. 81, et ci-après, 91-94.

(3) Stokes, 125.

(4) Pie., ch. 1682, §§ 6, 13; Poore, I, 1521-1522. Comp., ci-dessus, p. 34-35, et, ci-après, p. 94-95.

(5) N.-H., com. 1679; Pie., ch. 1682, § 6; 1683, § 12; const. 1696; Vie., instr. roy. 1692; Stokes, 125; Bancroft, I, 322; III, 26; Hough, II, 60; Poore, II, 1275, 1521, 1528, 1534. Comp., ci-dessus, I, 285-296, *passim*.

(6) N.-H., com. 1679; Poore, II, 1275. Comp., ci-dessus, I, p. 285-296, *passim*.

(7) Bancroft, VI, 50 et 152. Comp. Hough, II, 60.

(8) Sur la condition de la colonie de N.-Y., à cet égard, vers 1735, voy. Hough, II, 60.

(9) N.-H., com. 1679; Pie., ch. 1682, § 6; 1683, § 12; const. 1696; Poore, II, 1275, 1278, 1521, 1528, 1534. Comp., ci-dessus, I, p. 287.

(10) N.-H., com. 1679; Poore, II, 1275, 1278. Comp. ci-dessus, I, p. 287.

signé remplaçait le président ordinaire, en cas d'absence. Il le remplaçait même, en cas de décès, dans le New-Hampshire, sous la commission de 1679, jusqu'à ce que le roi eût nommé un nouveau chef du pouvoir exécutif[1]. Si le conseil se trouvait absolument sans président, les conseillers, aux termes de la constitution de la Pensylvanie de 1696, en choisissaient un eux-mêmes, dans leurs propres rangs, avec l'adhésion soit des deux tiers, soit au moins de la majorité[2]. Si certains textes donnaient au président du conseil soit double vote[3], soit au moins voix prépondérante en cas de partage[4], une charte lui attribuait jusqu'à trois suffrages, pour toutes les délibérations, sans distinction[5]. Aux termes de la même charte, le gouverneur ou son délégué était maître, à son gré, de présider les commissions ou d'en déléguer la présidence, et, en l'absence de tout autre président, chaque commission se donnait un président provisoire[6].

Plusieurs textes constitutionnels exigeaient la présence d'un nombre déterminé de conseillers pour la validité des délibérations. C'étaient, dans le New-Hampshire, sous la commission de 1679, cinq membres ordinaires et le gouverneur président ou son délégué[7]; dans le Connecticut sous la charte de 1662, dans le Rhode-Island sous celle de 1663, dans le Massachusetts sous celle de 1691, le gouverneur et au moins sept autres des membres[8]; dans la Pensylvanie, sous les chartes de 1682 et de 1683, et sous la constitution de 1696, vingt-quatre membres,

[1] Poore, II, 1278. Comp. ci-dessus, I, p. 287, 294.

[2] Pie., const. 1696; Poore, II, 1535.

[3] Sur la condition de N.-P., à cet égard, vers 1633, voy. Bancroft, I, 322.

[4] Sur la condition de la colonie de N.-Y., à cet égard, vers 1735, voy. Hough, II, 60.

[5] Pie., ch. 1682, § 6; Poore, II, 1521.

[6] Pie., ch. 1682, § 13; Poore, II, 1521-1522.

[7] Poore, II, 1275. Comp., ci-dessus, I, p. 287.

[8] Poore, I, 255, 948; II, 1598. Comp., ci-dessus, I, p. 268.

ou un tiers de tout le conseil, si la délibération ne portait que sur les affaires ordinaires [1], et, au moins les deux tiers, si elle traitait de matières particulièrement importantes, comme l'adoption des projets de lois, l'érection des cours de justice, l'exercice d'une juridiction criminelle, le choix de fonctionnaires, les questions soumises ou renvoyées par la chambre des représentants [2]. La règle qui prévalut définitivement, dans les provinces royales, fut la nécessité de la présence de trois membres au moins [3]. Dans la dernière colonie précitée plusieurs textes exigeaient encore, pour la validité des décisions, l'assentiment d'un nombre déterminé des membres, à savoir, à une époque, la majorité pour les affaires ordinaires, et, pour les affaires dites importantes, les deux tiers, puis, pour toutes, la majorité des membres dont la présence était indispensable pour la validité des délibérations [4]. Aux termes de la charte de 1682 de la même colonie, dans chaque commission, six membres devaient être présents pour l'expédition des affaires, et, de ces six, deux appartenir à chacune des séries formées en vue du renouvellement partiel. Les six membres nécessaires des diverses commissions constituaient ensemble le nombre de vingt-quatre, nécessaire, comme on sait, pour l'expédition des affaires ordinaires dans les réunions du conseil lui-même [5]. Partout sans doute où ni les constitutions, ni les lois ordinaires, ni les règlements du conseil lui-même, ne formulaient une disposition différente, par exemple, dans les provinces royales, les décisions se prenaient à la majorité des voix [6]. Deux des chartes précitées de la Pensylvanie ordonnaient qu'aucune question ne fût résolue, au sein du

(1) Ch. 1682, § 5; 1683, §§ 4 et 11; const. 1696; Poore, II, 1521, 1528, 1535.

(2) Ch. 1682, § 5; 1683, § 4; const. 1696; Poore, II, 1521, 1528, 1535.

(3) Stokes, 125, 153.

(4) Ch. 1682, § 5; 1683, § 14; const. 1696; Poore, II, 1521, 1528, 1535.

(5) Ch. 1682, § 13; Poore, II, 1521-1522. Comp., ci-dessus, et note 1.

(6) Pie., const. 1696; Poore, II, 1536. Voy. aussi Stokes, 239.

conseil ni des commissions, le jour où elle était soulevée, et que les décisions sur les matières importantes, notamment sur le choix des fonctionnaires et l'adoption des projets de lois, fussent prises par vote, les conseillers votant par bulletins [1]. Dans les provinces royales, les résolutions de la majorité pour l'exercice du pouvoir exécutif liaient absolument la minorité, qui n'était même pas admise à exiger que ses protestations fussent insérées aux procès-verbaux [2]. Dans le New-Hampshire, sous la commission de 1679, toutes les décisions devaient porter le sceau du conseil [3]. Dans la Pensylvanie, sous la charte de 1682, les travaux des commissions faisaient l'objet de rapports adressés au conseil entier. Celui-ci examinait toutes les décisions prises par elles, et n'en permettait l'exécution que s'il les approuvait [4].

On sait que la mission principale du conseil était d'aider ou d'assister le gouverneur [5]. Les noms mêmes qu'il portait la caractérisaient suffisamment [6]. Les instructions du roi résolvaient nettement d'ordinaire, dans les provinces royales, tandis qu'ailleurs, en général, les textes constitutionnels laissaient indécise la question de savoir si le gouverneur devait, à peine de nullité, se munir de l'avis ou de l'autorisation de cet auxiliaire pour l'exercice soit de toutes ses attributions, soit au moins de ses attributions les plus importantes [7]. Quelques textes cependant, même hors des provinces royales, fournissent une solution restrictive. On y voit que le gouverneur ne pouvait, sans l'aveu des conseillers, accomplir certains actes de gouvernement d'une importance toute spéciale, à savoir, ceux qui avaient trait à l'administration de la

(1) Ch. 1682, § 20; 1683, § 18; Poore, 1523, 1529-1530.

(2) Stokes, 125. Comp. ci-dessus, p. 59.

(3) Poore, II, 1276-1277. Comp., ci-dessus, I, p. 288.

(4) Ch. 1682, § 13; Poore, II, 1521-1522.

(5) Story, I, 109. V. ci-dessus, p. 72, 81.

(6) Voy. ci-dessus, p. 81.

(7) Stokes, 120, 239-240.

justice, au commerce, au trésor public, à la sécurité de la colonie [1]. On y voit même, pour une autre colonie, que, par l'exercice d'un droit de veto sur tous les actes exécutifs sans distinction, les conseillers pouvaient rendre, à leur gré, leur assentiment nécessaire [2]. Si quelques chartes se bornaient à recommander, en termes plus généraux, l'union du gouverneur et du conseil pour la bonne administration du pays [3], ou encore l'entente entre eux pour l'élaboration de projets ou de règles de gouvernement, sur le mérite desquels le roi statuerait en conseil privé [4], et surtout une application toute particulière du conseil à combattre le vice et à encourager la vertu et les bonnes mœurs [5], d'autres textes énuméraient, avec un certain luxe de détails, les objets pour lesquels le conseil devait plus particulièrement son assistance, au moins quand le gouverneur la demandait. Tels étaient, outre l'exécution fidèle des lois, statuts, et ordonnances, la répression de toute révolte contre le gouvernement établi, la fondation des cités, des ports, des bourgs de marché, la construction des bâtiments et des marchés publics, la création des rues, des routes et des voies nécessaires de grande communication, l'établissement et l'organisation des écoles publiques, le développement des sciences utiles et des grandes inventions [6]. Dans la colonie que ces textes concernaient, le conseil, on l'a déjà vu, était divisé en quatre commissions [7]. La charte de 1682 détermina les attributions spéciales de chacune d'elles : la première, dite commission des plantations, créait les cités, les ports, les bourgs de marché, les chemins de

[1] Pie., ch. 1682, §§ 9, 11; 1683, §§ 6, 7, 9, 12; const. 1696; Poore, II, 1521, 1528, 1534-1535.

[2] C. S., const. 1670; Bancroft, II, 168.

[3] M. B., ch. 1629; Conn., ch. 1662; R.-I., ch. 1663; N.-H., com. 1679; Poore, I, 253, 937; II, 1276, 1597. Comp. ci-dessus, I, p. 267, 286, 289.

[4] N.-H. com. 1679; Poore, II, 1279. Comp. ci-dessus, I, p. 296.

[5] *Ibidem*. Poore, II, 1277. Comp., ci-dessus, I, p. 291.

[6] Pie., ch. 1682, §§ 8-12; ch. 1683, §§ 6-8, 10; const. 1696; Poore, II, 1521, 1528, 1534-1535.

[7] Ci-dessus, p. 82, 91.

grande communication; la seconde, ou commission de la justice et de la sécurité, veillait au maintien de la paix publique; la troisième, la commission du commerce et du trésor, réglait l'exécution de la loi à l'égard du commerce et des finances, encourageait l'industrie, les manufactures, travaillait à développer la prospérité locale, et subvenait aux dépenses de l'État; la quatrième, dite commission des usages, de l'éducation et des arts, avait charge de prévenir les écarts et les scandales dans les mœurs, et de former la jeunesse à la vertu et à la connaissance des sciences utiles et des arts [1]. On a vu déjà quelle part le conseil prenait, dans les diverses colonies, à la composition même des lois [2].

En réalité, la condition du conseil dépendait partout de l'autorité qui le nommait. Cependant plus d'une fois, même hors des colonies de charte, on vit les lois ordinaires en traiter. Les dispositions qu'elles consacraient à la régler confirmaient ou complétaient souvent les constitutions, les contrariaient rarement, et peuvent être ramenées à un petit nombre d'idées. Il arrivait que la loi fixât arbitrairement le nombre même des conseillers. Les colons, qui d'ordinaire acceptaient le même mode de nomination pour ceux-ci que pour le gouverneur, voulurent, à certaines époques, les faire nommer soit par le gouverneur, soit, sur la présentation de ce dernier, par l'assemblée. Quand la fonction fut élective, électeurs et élus durent être également *freemen*. Le refus du mandat pouvait constituer une faute punie. Les conseillers prêtaient divers serments. Parfois la loi leur allouait une rémunération fixe. Parfois elle les exemptait de l'impôt. Elle limitait ou définissait parfois leurs attributions. Ainsi advint-il qu'elle les chargea de déférer aux représentants du peuple les serments auxquels ceux-ci étaient tenus. Souvent le mandat fut annuel. Le con-

[1] Ch. 1682, § 13; Poore, II, 1521-1522. — [2] Voy. ci-dessus, 34-37.

seil avait des sessions périodiques et régulières, et d'autres que le gouverneur convoquait à son gré. Le gouverneur le présidait, parfois avec double suffrage. Le nombre dont la présence était nécessaire variait. Certains actes comportaient l'application de peines disciplinaires. Le conseiller le plus ancien remplaçait le lieutenant-gouverneur mort ou absent (1).

Au conseil proprement dit des assistants, dont la condition ne varia pas essentiellement d'une colonie à une autre, et fut bientôt, dans la Caroline même, ce qu'elle était ailleurs, il est intéressant de comparer plusieurs assemblées, dites cours de propriétaires et grand conseil, qui, dans cette dernière colonie, aux termes des constitutions fondamentales de 1669, coopéraient, soit par leurs avis, soit même par leurs décisions expresses, à l'exercice du pouvoir exécutif.

La colonie devait obéir à la haute direction de huit lords propriétaires. L'un de ceux-ci, supérieur aux autres, portait le nom de Palatin, en souvenir sans doute des propriétaires des anciens comtés Palatins d'Angleterre (2). Sous l'autorité de ce dernier, les principales des fonctions exécutives se divisaient entre les sept autres lords propriétaires, que désignaient, comme elles dési-

(1) Voy. notamm. Conn., Acts and Laws, édit. de 1715, 23-24, 30-32; — Md., 1716, c. 21; dans Bacon; — M. B., 1639, 1641, 1643, 1645, 1649, 1652, 1680, 1756; Charters and General Laws, édit. de 1814, p. 87, 90-91, 105-108, 609; — N.-J., 1775; Allinson, 481; — Pie., 1712; Acts of the Assembly, édit. de 1775, 65-66; — R.-I., 1650, 1664, 1675, 1695, 1703, 1721; Bartlett, I, 217-218; II, 33, 83-84; III, 34, 309, 495; IV, 295; — Vie., 1619-1680, et aussi 1738-1745, *passim;* Hening, I, II, V, *passim;* notamm. I, 117-118, 162, 224, 228, 279, 291, 422, 445, 498, 508, 517, 523, 528-530, 546, et II, 32, 84, 358-359, 392. — Voy. encore, sur la condition du Conn., après 1690, de N.-Y. vers 1735, de la colonie de N.-P. entre 1624 et 1633, du M. B., vers 1692, du R.-I. avant 1663 : Story, I, 30, 62; Bancroft, I, 322, 363; Hough, II, 60; comp. Stokes, 120, 123, 125.

(2) Comp. Blackstone, I, 117-119.

gnaient dans la métropole quelques-uns des plus hauts officiers de la couronne, les appellations diverses de constable, d'amiral, de chambellan, de chancelier, de trésorier, de grand intendant (*high steward*), de juge chef ou grand juge [1]. Trois ordres de noblesse, les mêmes lords propriétaires, les landgraves peut-être ainsi nommés en souvenir des comtes justiciers ou de certains princes d'Allemagne, les caciques nommés ainsi peut-être en mémoire des anciens rois ou chefs de la population indigène de diverses parties de l'Amérique, notamment du Mexique, du Pérou, de Haïti, de l'île de Cuba, et les communes ou les représentants du peuple, étaient les quatre ordres ou états, qui, on l'a vu, composaient l'assemblée législative ou le parlement [2]. Tous quatre concouraient, on le verra, à la formation des cours exécutives ou cours de propriétaires. Comme il y avait huit lords propriétaires, il y avait aussi, indépendamment du grand conseil, dont la composition sera indiquée plus loin, huit de ces cours. Chacun des lords propriétaires présidait habituellement l'une d'elles; et, quoique le nom générique de cours de propriétaires les désignât toutes, chacune portait plus spécialement le titre officiel de celui des huit lords qui la présidait d'ordinaire: c'est ainsi qu'elles se nommaient cour du palatin, cour du constable, cour de l'amiral, cour du chambellan, cour du chancelier, cour du trésorier, cour du grand intendant, cour du grand juge.

La cour du palatin se composait du palatin lui-même et des sept autres lords propriétaires; les autres cours, chacune du lord propriétaire dont elle portait le titre officiel, de six conseillers, et d'un corps de douze auxiliaires, dit collège des assistants [3]. Dans

(1) Poore, II, 1397-1409, *passim*. Comp. Blackstone, I, 355; III, 38, 44, 47, 56, 69; IV, 268.

(2) *Ibidem*. Comp. V[is] cacique et landgrave, Bouillet, dictionnaire universel d'histoire et de géographie, édit. de 1866; Littré, dictionnaire de la langue française, édit. de 1878; Worcester, dictionary, édit. de 1863. Voy., aussi, ci-dessus, 32.

(3) § 28; *ibid.*, 1400.

chaque collège, les assistants devaient être choisis, à l'origine, deux par la cour du palatin, parmi les landgraves, les caciques ou les fils aînés de lords propriétaires; deux par les landgraves, parmi les membres de leur ordre; deux par l'ordre des caciques parmi les caciques eux-mêmes; quatre par l'ordre des communes et deux par la cour du palatin, parmi les membres du parlement, les shérifs, les juges de la cour de justice du comté, les plus jeunes fils de lords propriétaires, ou les fils aînés de landgraves ou de caciques [1]. Les huit collèges ainsi formés servaient d'abord au recrutement des conseillers. La première nomination de ceux-ci dut émaner de la cour du palatin, laquelle put, pour chaque cour, choisir les six conseillers, à son gré, dans les divers collèges, à la seule condition de prendre l'un d'eux parmi les assistants qu'elle-même avait choisis au sein des landgraves, des caciques ou des fils aînés de propriétaires, un autre parmi ceux qu'elle avait choisis dans les catégories de gens où l'ordre des communes faisait lui-même son choix, un parmi les assistants qu'avaient élus les caciques, un parmi ceux que les landgraves avaient nommés, et deux parmi ceux qu'avait nommés l'ordre des communes [2]. Plus tard, une place de conseiller devenait-elle vacante pour une cause quelconque, dans l'une quelconque des cours, le grand conseil devait pouvoir la donner, avec l'assentiment du propriétaire président, à un conseiller d'une autre cour; et, à défaut de tout conseiller qui voulût l'accepter, la cour du palatin l'attribuait à un membre de l'un quelconque des collèges d'assistants. Le grand conseil avait encore le droit de transférer, avec leur assentiment, d'un collège à un autre, des assistants de la même classe ou catégorie, et nommait à toutes les vacances qui se produisaient parmi eux. Qu'il s'agît du remplacement de conseillers ou de celui d'assistants, le successeur était toujours pris au sein de la classe ou catégorie

(1) § 28; *ibid.*, 1400. — (2) § 29; *ibid.*, 1400.

de gens à laquelle le prédécesseur appartenait. Dans aucun cas, une place de conseiller ne devait rester vacante pendant plus de six mois, ni une place d'assistant au delà de la session suivante du parlement[1]. Il convient d'ajouter que le grand conseil pouvait destituer les conseillers pour cause de délit[2].

Des noms particuliers désignaient les conseillers et assistants de chaque cour. C'est ainsi que les conseillers de la cour du constable étaient appelés maréchaux, et les assistants, lieutenants-généraux; les conseillers de la cour de l'amiral, consuls, et les assistants, proconsuls; les conseillers de la cour du chambellan, vice-chambellans, et les assistants, prévôts; les conseillers de la cour du chancelier, vice-chanceliers, et les assistants, conservateurs ou *recorders*; les conseillers de la cour du trésorier, sous-trésoriers, et les assistants, auditeurs; les conseillers de la cour du grand intendant (*steward*), contrôleurs, et les assistants, inspecteurs (*surveyors*); les conseillers de la cour du grand juge, juges du banc, et les assistants, maîtres[3].

Chaque cour devait tenir une session par trimestre. Elle en fixait elle-même la durée, qui ne pouvait dépasser 21 jours. La session trimestrielle avait lieu en mars, juin, septembre et décembre, et s'ouvrait le premier lundi du mois[4]. Le palatin avait le droit de siéger dans toutes les cours. Quand il siégeait, il présidait, le propriétaire, président habituel, passant alors au rang de conseiller ordinaire[5]. Dans sa propre cour, le palatin lui-même et les autres lords propriétaires étaient libres de déléguer leurs fonctions. Là, pour la validité des délibérations et des décisions, il fallait la présence du palatin ou de son mandataire et de trois des autres lords ou de leurs représentants[6]. Dans chacune des autres

(1) § 30; *ibid.*, 1400-1401.

(2) § 31; *ibid.*, 1401.

(3) §§ 35, 38-39, 41, 43-45; *ibid.*, 1401-1402.

(4) § 67; *ibid.*, 1404.

(5) § 34; *ibid.*, 1401.

(6) § 33; *ibid.*, 1401.

cours, en principe, la présence du propriétaire président et de trois conseillers était requise; mais la cour du palatin, suivant les besoins du service, déterminait les espèces ou classes d'affaires qu'elle permettait à trois conseillers d'expédier[1]. Les assistants, eux, assistaient, de droit, à toutes les sessions de leur cour. Ils n'y opinaient que si leur avis était demandé, et n'y votaient jamais. Ils préparaient les affaires, et exerçaient, soit où la cour se réunissait, soit ailleurs, les attributions qu'elle-même définissait et leur confiait[2].

Toutes les décisions émanées de la cour du palatin, ou au moins les chartes, les commissions et les actes de cession, devaient être revêtus du sceau de ce haut personnage, de sa signature ou de celle de son délégué et de celles de trois autres lords propriétaires ou des mandataires de ces derniers[3]. Le palatin lui-même pouvait, suivant toute apparence, adopter librement toute décision pour l'exercice du pouvoir exécutif; mais aucune, même revêtue de son sceau, ne devenait sans doute exécutoire, avant d'avoir été enregistrée dans la cour de propriétaire à laquelle ressortissait plus spécialement la question décidée[4]; de là, ce semble, pour les diverses cours de propriétaires, un véritable droit de veto. La cour du palatin paraît avoir eu le droit de délibérer, d'émettre des avis, et, avec l'assentiment de son chef, de prendre des résolutions en toute matière. Plus particulièrement toutefois elle avait qualité pour convoquer l'assemblée législative, élire ceux des fonctionnaires dont le choix appartenait aux propriétaires, établir les bourgs de port (*port-towns*), employer, par ordres adressés au trésorier, les deniers publics, à l'exception de ceux que le parlement aurait déjà affectés à un usage déterminé, faire opposition aux actes, ordonnances, votes, décision du grand conseil et du parlement, à l'exception des actes portant nomination de propriétaires, de landgraves ou de caciques, et exercer les attributions que les patentes royales conféraient ou conféreraient aux pro-

(1) § 49; *ibid.*, 1402-1403.

(2) § 48; *ibid.*, 1402.

(3) §§ 35, 36; *ibid.*, 1401.

(4) § 36; *ibid.*, 1401.

priétaires[1]. Les autres cours délibéraient, conseillaient, décidaient, suivant des règles précises de compétence. A la cour du constable ressortissaient les affaires qui concernaient l'armée de terre, les armes, l'artillerie, les munitions, les garnisons, les forts, et plus généralement la guerre[2]. La cour de l'amiral s'occupait de celles qui avaient trait aux forts, aux môles, aux rivières navigables, aux établissements et magasins de la marine, aux navires, et, en général, de toutes les affaires maritimes[3]. La cour du chambellan réglait les cérémonies publiques, les préséances, la réception des envoyés diplomatiques, l'enregistrement des naissances, des décès et des mariages, les questions héraldiques, celles que les mariages et les généalogies pouvaient soulever, les modes et usages, les insignes de distinction, les amusements et jeux publics, les mesures destinées à empêcher que, sous prétexte de religion, la liberté de conscience et la paix publique ne fussent violées[4]. La cour du chancelier, elle, gardait le sceau du palatin et l'apposait sur les chartes, commissions et actes de cession, que la cour du palatin paraît avoir seule pu délivrer. D'autre part, les permis d'imprimer, les affaires relatives aux dépêches de l'État, les traités avec les voisins indigènes, et plus généralement les affaires d'État qui n'étaient pas confiées à d'autres cours, lui ressortissaient aussi[5]. Toutes celles qui touchaient au trésor et aux finances de la colonie relevaient de la cour du trésorier[6]. Le commerce intérieur et le commerce étranger, les manufactures, les bâtiments publics, les maisons de travail (*work-houses*), les chemins ou voies de grande communication, les transports par terre et par eau, le drainage, les égouts, les digues, les ponts, les postes, les foires, les marchés, l'assainissement de l'air et de l'eau,

(1) §§ 6, 12, 33; *ibid.*, 1398-1399, 1401. Comp., ci-après, p. 101-102.

(2) § 39; *ibid.*, 1401-1402.

(3) § 41; *ibid.*, 1402.

(4) § 45; *ibid.*, 1402.

(5) § 35; *ibid.*, 1401.

(6) § 43; *ibid.*, 1402.

la salubrité publique, étaient les objets dont s'occupait la cour du grand intendant. Cette cour avait encore spécialement qualité pour mesurer et distribuer les terres du domaine public, désigner l'emplacement et régler l'étendue et la forme des nouveaux bourgs et des nouveaux quartiers. A charge d'évaluer les terres expropriées et d'indemniser les propriétaires dépossédés ou lésés, en observant, dans ces deux opérations, les règles établies par le grand conseil, elle pouvait également faire construire des bâtiments publics, percer ou élargir des voies de grande communication, créer des ouvertures, canaux, digues, écluses et ponts, pour cause d'utilité publique[1]. La cour du grand juge réglait l'enregistrement des actes écrits et des contrats[2]. Enfin, chaque cour, tenant compte, autant qu'il convenait, du rapport du grand jury, auquel il a été déjà fait allusion, veillait à l'exécution des lois dont le sujet la concernait plus spécialement, et donnait, à cet effet, les ordres nécessaires[3]. On sait, d'ailleurs, quelle part toutes prenaient à la composition même des lois[4].

Le palatin ou son délégué, les sept autres lords propriétaires ou leurs délégués, et les quarante-deux conseillers des cours de propriétaires, formaient le conseil supérieur de gouvernement ou grand conseil, ainsi composé de cinquante membres[5]. Celui-ci devait se réunir au moins le premier jeudi de chaque mois, et pouvait s'assembler plus souvent, à son gré. Quand elle jugeait une session opportune, la cour du chambellan avait le droit de le convoquer[6]. Le chancelier, ou, à son défaut, son délégué ou l'un des vice-chanceliers, présidait aux délibérations[7]. Pour la validité de ces dernières la présence de treize membres au moins était nécessaire, parmi lesquels devait se trouver l'un au moins des

(1) § 44; *ibid.*, 1402.

(2) § 38; *ibid.*, 1401.

(3) § 66; *ibid.*, 1404. Comp., ci-dessus, p. 35.

(4) Voy. ci-dessus, p. 35.

(5) § 51; *ibid.*, 1403.

(6) § 55; *ibid.*, 1403.

(7) § 37; *ibid.*, 1401.

propriétaires ou son délégué[1]. On sait le rôle que le grand conseil avait dans la composition des lois[2]. Il avait encore la charge de déclarer la guerre, de faire la paix, de conclure les traités avec les voisins indigènes, de donner les ordres à la cour de l'amiral et à celle du constable, pour la levée, l'emploi, le licenciement des forces de terre ou de mer[3], et d'adresser les mandats à la cour du trésorier, pour l'emploi des sommes dont le parlement aurait prescrit la dépense en vue d'un objet quelconque d'utilité publique[4].

Après avoir vu le mécanisme de ces divers conseils de la Caroline, on pensera peut-être que leur organisation n'était pas d'une simplicité propre à accroître les éléments de durée, déjà si minces, que présentaient les étranges constitutions de 1669[5].

La Virginie eut, à l'origine, des conseils qu'il ne faut considérer ni comme absolument semblables au conseil des assistants, ni comme de tout point différents. Ceux-ci ne résidaient pas tous en Amérique, et n'avaient pas toujours pour mission essentielle et ordinaire d'assister, dans l'exécution des lois, un gouverneur de la colonie. Sous la charte de 1606, chacune des deux colonies projetées de la Virginie devait avoir son président et son conseil établis sur son sol même, et toutes deux, au-dessus des conseils locaux, un conseil commun fixé en Angleterre; le roi se réservait le droit de déterminer le mode de nomination des membres des conseils locaux; il nommait ceux du conseil commun; il se réservait également le pouvoir de composer les lois que les divers conseils seraient chargés d'exécuter; mais, de fait, il paraît avoir permis à ces conseils d'en édicter. Sous les chartes de 1609 et de 1612, propres à la première et unique colonie, qui resta la Virginie proprement dite, un conseil établi en Angleterre, dont le roi autorisait la compagnie des propriétaires à choisir les membres

(1) § 54; *ibid.*, 1403. — (2) Voy. ci-dessus, p. 35. — (3) § 50; *ibid.*, 1403. — (4) § 53; *ibid.*, 1403. — (5) Comp., ci-dessus, I, p. 139-142.

sous réserve de l'approbation royale, put supprimer à son gré le conseil local. La charte de 1609 donnait au conseil résidant dans la métropole, le droit de composer les lois de la colonie; la charte de 1612 ne lui laissa que l'expédition des affaires courantes, la puissance législative passant à la compagnie entière[1]. — Le conseil de la Géorgie, sous la charte de 1732, déléguait le pouvoir exécutif; il ne paraît pas l'avoir exercé[2]. — Le « conseil », formé en Angleterre par la charte de 1620 pour l'administration de la Nouvelle-Angleterre, fut plus improprement encore ainsi nommé. C'était la compagnie même des propriétaires investie de tous les pouvoirs de gouvernement[3].

Le conseil des assistants, si l'on envisage ses fonctions législatives, était manifestement partout une imitation de la chambre anglaise des lords. Si l'on considère ses prérogatives exécutives, il ressemblait fort soit encore à cette chambre que le roi pouvait toujours consulter, en toute matière administrative, soit au conseil privé qui assistait en Irlande le gouverneur en chef ou lieutenant du roi, soit surtout au conseil privé du roi lui-même, que le roi nommait, convoquait, dissolvait à son gré, et dont il avait coutume de prendre l'avis au moins pour les principaux actes de son gouvernement. On se rappelle que des lois du parlement réglaient le choix des membres électifs de la chambre des lords, comme les chartes et les lois locales réglaient, dans les colonies, l'élection des assistants. On sait également que, dans les provinces royales, les assistants furent, sinon héréditaires comme la plupart des pairs anglais, du moins, comme eux, et surtout comme les membres du conseil privé du roi, nommés par la couronne.

(1) Poore, II, 1889-1890, 1899, 1904; et, ci-dessus, I, 11-12, 14-15, 19-22, 26-27.

(2) Ci-dessus, 332-357, *passim*.

(3) Poore, I, 920-931, *passim*, et, ci-dessus, I, 55-57. Comp., ci-après, section IV, chapitre I.

D'autre part, dans ce dernier conseil, au dernier état du droit, quelques hauts fonctionnaires de la couronne siégeaient d'ordinaire, et deux, on se le rappelle, participaient, dans les provinces royales, aux travaux des assistants[1].

CHAPITRE III.

LE LIEUTENANT-GOUVERNEUR ET LES AGENTS SUBALTERNES DU POUVOIR EXÉCUTIF.

Au-dessous du gouverneur et du conseil, les actes constitutionnels établissaient des fonctionnaires de plusieurs sortes : le lieutenant-gouverneur, le secrétaire, les shérifs, les *stewards*, les constables, les *coroners*, les prévôts, les maréchaux, les *recorders*, les commis de comté. Ceux-ci, que les textes mentionnent expressément, n'étaient pas sans doute les seuls que les colonies pussent avoir[2]; mais ce sont les seuls à peu près dont quelques textes aient déterminé l'état par des dispositions spéciales. Encore faut-il ajouter que ces dispositions spéciales se présentent fréquemment sous la forme de simples allusions à des principes qui définissaient, en réalité, la condition soit de plusieurs, soit de tous les fonctionnaires de certaines colonies. Ainsi, après avoir conféré, pour un temps donné, les fonctions de lieutenant-gouverneur à quelque personne désignée par son nom même, les chartes du Massachusetts de 1629, du Connecticut de 1662 et du Rhode-Island de 1663, ajoutaient que le lieutenant-gouverneur serait choisi, dans la suite, comme tous les autres fonctionnaires[3], et prescrivaient qu'il fût, comme le gouverneur, pris parmi les *freemen*[4]. En général, il devait avoir une condition analogue à celle du gouver-

(1) Blackstone, I, 102, 227-232; et, ci-dessus, p. 63, 81.

(2) Voy. ci-après, ch. IV.

(3) Poore, I, 253, 936, 937; II, 1597, 1599. Comp., ci-dessus, I, p. 267-271.

(4) Poore, I, 253, 936; II, 1597. Comp., ci-dessus, I, p. 267.

neur, dont il exerçait, au besoin, les pouvoirs [1]. En particulier, dans les provinces royales, il recevait son mandat du roi; devant le gouverneur ou trois au moins des membres du conseil, il prêtait des serments analogues à ceux du gouverneur lui-même; il pouvait être suspendu par ce dernier; il le remplaçait, comme ailleurs, en cas de mort ou d'absence; quand il le suppléait absent, il était tenu de suivre les ordres qu'il avait pu recevoir de lui, au départ; en cas de mort ou d'absence, lui-même était remplacé par le premier conseiller nommé dans les instructions que le roi avait adressées au gouverneur, ou, si les conseillers avaient reçu leurs fonctions de commissions individuelles et distinctes, par le plus ancien de tous [2]. On se rappelle que, dans les provinces royales, le conseil se composait de douze membres ordinaires et de deux membres extraordinaires; ces derniers n'avaient jamais qualité pour tenir la place du lieutenant-gouverneur [3]. Au moins dans une de ces provinces, la Géorgie, le lieutenant-gouverneur ne touchait un traitement que lorsqu'il remplaçait le gouverneur; sa rémunération égalait alors la moitié de celle du haut fonctionnaire dont il exerçait les fonctions [4].

Sous la charte de 1691, la colonie du Massachusetts avait un secrétaire. La charte ne le mentionne que pour réserver au roi la faculté de le nommer et de le révoquer arbitrairement [5]. — Dans la Caroline, sous le régime des constitutions fondamentales de 1669, chaque comté avait son shérif, qui recevait son mandat de la cour du Palatin, et devait habiter le comté même et y posséder au moins 500 acres de franche tenure [6]. La charte précitée du Massachusetts attribuait au gouverneur le droit de nommer ce magistrat d'origine anglaise, dont l'institution est si an-

(1) Stokes, 21. Comp., ci-dessus, p. 72-80.

(2) Stokes, 152-153, 163-164, 234-237.

(3) Stokes, 123, et, ci-dessus, p. 81.

(4) Stokes, 123.

(5) Poore, I, 948.

(6) §§ 61-62; Poore, II, 1403-1404.

cienne dans le Royaume-Uni[1]. Dans la Pensylvanie, sous les chartes de 1682 et de 1683, puis dans la Pensylvanie et le Delaware, sous celle de 1701, le propriétaire ou son mandataire, le lieutenant-gouverneur, en conférait les fonctions, sur la proposition des *freemen* : à des époques déterminées, chaque année, et encore toutes les fois qu'une vacance survenait à un autre temps de l'année, les *freemen* présentaient, pour chaque emploi vacant, deux candidats; le gouverneur faisait librement son choix; mais si, trois jours après la proposition, il ne s'était pas prononcé, le candidat présenté le premier se trouvait de droit investi du mandat[2]. Selon les termes de la dernière des chartes précitées, chaque comté avait son shérif; dans chacun, les *freemen* faisaient leurs présentations, au temps et aux lieux des élections de l'assemblée législative; et, à défaut de présentations régulières, les shérifs précédemment nommés demeuraient en exercice[3]. Les mêmes chartes fixaient d'abord à un an[4], elles portèrent plus tard à trois, la durée du mandat[5]. Une constitution intermédiaire prescrivait qu'avant d'assumer leur charge, ces fonctionnaires fournissent au gouverneur caution suffisante pour en garantir au roi et au peuple la fidèle exécution, et prêtassent un serment dont elle donnait la formule : ils juraient de servir fidèlement le roi et le propriétaire, dans leurs charges, pour leurs comtés respectifs, — de défendre, de leur mieux, les droits de tous deux, — de signifier et retourner fidèlement les ordres et instructions à eux adressés, pour être transmis, — de répondre des représentants qu'ils se choisiraient, — de ne recevoir d'ordres que des juges légalement autorisés à leur en adresser, — d'exécuter diligemment,

(1) Ch. 1691; Poore, I, 949; et, ci-après, p. 124.

(2) Ch. 1682, § 17; 1683, § 16; ch. 1701, § 3; Poore, II, 1522, 1529, 1538.

(3) Poore, II, 1538.

(4) Ch. 1682, § 17; ch. 1683, § 16; Poore, II, 1522, 1529.

(5) Ch. 1701, § 3; Poore, II, 1538.

fidèlement, et de leur mieux, tous les devoirs de leurs charges, pour l'avantage du roi et du propriétaire, et le bien des habitants de leurs comtés, — enfin de ne toucher que les rémunérations permises par la loi[1]. La mauvaise conduite fut une cause de destitution sous la charte de 1701[2]. La charge devenait-elle vacante avant l'expiration du mandat, le remplacement s'opérait, sous la charte de 1683, comme la nomination primitive[3], et, sous la charte de 1701, le gouverneur nommait un remplaçant qui tenait l'emploi jusqu'à l'échéance régulière[4]. — Dans la Caroline, sous le régime des constitutions de 1669, les subdivisions du comté, qui portaient le nom de circonscriptions, avaient chacune un *steward* ou intendant, qui devait habiter la circonscription même et y posséder au moins 300 acres de franche tenure[5]. — Dans le New-Jersey on trouvait des constables que le peuple choisissait directement[6]. On en trouvait encore un, sous le régime des constitutions précitées de 1669, dans chacune des subdivisions territoriales de la Caroline, que ces constitutions appelaient des colonies : les francs tenanciers l'y choisissaient annuellement ; il devait y posséder plus de 100 acres de franche tenure, et y commandait à tous les fonctionnaires inférieurs, nommés comme lui et pour la même durée, que la cour de comté, une autorité locale de grande importance, jugeait nécessaires[7]. La constitution de la Pensylvanie de 1696 donne la formule du serment des constables des bourgs ou comtés : ils juraient d'accomplir, de leur mieux, les devoirs de leur charge, pour leurs bourgs ou comtés respectifs, pendant le cours d'une année, ou jusqu'à l'installation de leurs successeurs, ou jusqu'à décharge légale[8]. — Les *co-*

(1) Const. 1696; Poore, II, 1533.

(2) Ch. 1701, § 3; Poore, II, 1538.

(3) Ch. 1683, § 16; Poore, II, 1529.

(4) Ch. 1701, § 3; Poore, II, 1538.

(5) § 63; Poore, II, 1404.

(6) N.-J., conces. 1676; Bancroft, II, 357.

(7) § 91; Poore, II, 1406.

(8) Poore, II, 1533-1534.

roners sont mentionnés dans les chartes de la Pensylvanie de 1682, de 1683, de 1701, et dans la constitution de 1696. Pour la nomination, la durée du mandat, la destitution, la collation des emplois vacants avant la fin du mandat, leur condition était analogue à celle des shérifs [1]. Notamment sous la constitution de 1696, ils prêtaient le même serment que ces derniers [2]. Déjà sans doute ils avaient, comme ils l'ont encore, la charge de certaines enquêtes, surtout des enquêtes après décès. — La charte du Massachusetts de 1691 fait allusion aux prévôts et aux maréchaux. Le gouverneur les nommait, avec l'aveu du conseil, et ils semblent avoir été particulièrement préposés à l'exécution des décisions de justice [3]. — La constitution de la Pensylvanie de 1696 et la charte de la Pensylvanie et du Delaware de 1701 mentionnent des commis de comté. La première ordonnait simplement qu'ils fussent tenus de fournir caution comme les shérifs. Aux termes de la seconde, l'emploi devenant vacant, les juges de paix du comté devaient présenter trois candidats au gouverneur, lequel choisissait dans le délai de 10 jours; faute de choix régulier, le premier candidat présenté recevait l'emploi; l'indignité seule mettait fin au mandat [4]. — Dans la Caroline, sous les constitutions de 1669, un fonctionnaire, appelé *recorder*, ou, en d'autres termes, conservateur ou *enregistreur*, était chargé, dans chacune des circonscriptions de la colonie [5], d'enregistrer les actes constitutifs de droits immobiliers. La cour du grand juge le choisissait entre trois candidats, sur la présentation des francs tenanciers de la circonscription entière. Il devait posséder au moins trois cents acres de franche tenure sur le territoire de

(1) Ch. 1682, § 17; 1683, § 16; const. 1696; ch. 1701, § 3; Poore, II, 1522, 1529, 1533, 1538; Bancroft, IV, 140, 253.

(2) Poore, II, 1533; et, ci-dessus, p. 106-107.

(3) Poore, I, 949.

(4) Const. 1696; ch. 1701, § 3; Poore, II, 1534-1535, 1538. Comp., ci-dessus, p. 106.

(5) Comp. ci-dessus, p. 107.

celle-ci, et pourvu que sa conduite demeurât bonne, il conservait son mandat, sa vie durant [1]. — Enfin, au temps même de ces constitutions fondamentales de 1669, dans la Caroline, le gouvernement de chaque bourg devait appartenir à un maire, à douze *aldermen*, sorte d'adjoints, et à un conseil de vingt-quatre membres, sorte de conseil municipal : les habitants domiciliés et les propriétaires nommaient le conseil; la cour du palatin choisissait les *aldermen* parmi les membres du conseil, et le maire, parmi les *aldermen* [2].

On voit qu'à l'égard de ces divers fonctionnaires les textes constitutionnels sont sobres d'explications. Les lois et les usages de la métropole et des colonies elles-mêmes fournissent des notions plus précises. Pour ne parler que des lois coloniales, il ne suffirait pas sans doute de faire observer ici, par exemple, que le lieutenant-gouverneur était essentiellement le remplaçant éventuel du gouverneur [3], le secrétaire d'État et les commis des comtés principalement chargés de la garde des archives locales, l'institution anglaise des shérifs et des constables implantée dans presque toutes les colonies, le shérif réellement le chef du pouvoir exécutif dans le comté, et le constable surtout invité à tenir la main à l'exécution des règles de police. Il faut analyser, avec plus de soin, les nombreux documents où se trouve définie la condition du grand nombre de fonctionnaires que ces lois établissaient au-dessous du gouverneur et de son conseil de gouvernement.

Le lieutenant-gouverneur était d'ordinaire assimilé au gouverneur que son mandat même l'obligeait à remplacer, en cas d'empêchement [4].

(1) §§ 82-83; Poore, II, 1405. Comp., ci-dessus, p. 107.

(2) § 92; Poore, II, 1406.

(3) Voy. ci-dessus, p. 31, 78, 104-105.

(4) Voy. notamm. Conn., L., 1707; Statutes, Acts and Laws, édit. de 1715, p. 133; — M. B., 1647; Charters and General Laws, édit. de 1814, p. 106; — Pie., 1712; Acts of Assembly, édit. de

Les shérifs commandaient à la police. Ils assistaient aux incendies, se rendaient au lieu des naufrages, et assuraient la conservation des épaves. Ils dressaient et transmettaient aux autorités compétentes la liste des jurés. Ils convoquaient le jury et parfois les cours. Ils devaient être présents à certaines audiences de celles-ci. Ils signifiaient les actes judiciaires. Parfois ils faisaient les enquêtes. Ils recouvraient les amendes et les frais de justice. Ils présidaient aux saisies, aux ventes publiques, aux opérations de certains partages. Ils avaient la charge des arrestations, la surveillance des prisons, la garde des prisonniers, même le droit de mettre en liberté sous caution. Ils notifiaient ou distribuaient les sommations ou contraintes des trésoriers. Souvent ils établissaient la liste des imposables. Çà et là, ils levaient eux-mêmes des impôts. Ils percevaient tous ceux dont la recette n'était pas confiée aux percepteurs proprement dits, et rendaient compte de la perception soit aux trésoriers, soit aux juges de paix, comptables eux-mêmes envers les trésoriers. Ils faisaient faire et surveillaient les élections, tout particulièrement celles de la chambre des représentants, et notifiaient aux autorités compétentes les résultats des scrutins. Ils recevaient, lisaient en public, ou faisaient publier, de quelque autre manière, parfois à défaut des ministres du culte ou en concurrence avec ceux-ci, tous les documents dont la promulgation était de droit. Ils transmettaient aux intéressés les ordres du gouvernement. Tantôt ils tenaient plus spécialement la main à l'observation des lois qui concernaient la religion; tantôt et plus généralement ils veillaient à l'exécution de toutes les lois [1].

Ce furent quelquefois les juges de paix qui, à défaut des shé-

1775, p. 65-66; — R. I., 1664, 1695; Bartlett, II, 33, 83-84; III, 309. — Comp. Stokes, 123.

(1) C. N., 1738, 1770, 1774; Potter, Taylor and Yancey, I, 241-242, 246, 251, 264; — C. S., 1712, 1720, 1731, 1736, 1737, 1740, 1744, 1769, 1776; Grimke, p. 15, 22-24, 27, 31-32, 41-42, 44, 71, 74, 76, 84, 89, 98-99, 110, 124-127, 148, 163, 187-189, 271, 273; — Md., 1702, c. 1, § 15; 1704, c. 34, § 4; 1713,

rifs, durent veiller au maintien de l'ordre, tenir la main à l'exécution des règles de police, et procéder aux arrestations. Plus souvent, à défaut des shérifs, ou en concurrence avec eux, ou sous leurs ordres, ou en vertu d'une mission exclusivement personnelle, suivant les lieux, on voyait les constables commander à la police, organiser le service de sûreté, se rendre aux incendies, exercer une surveillance toute spéciale et des pouvoirs coercitifs d'une rigueur même extrême sur les esclaves et les serviteurs, assurer l'exécution soit des lois relatives aux marchands forains et aux colporteurs, soit de celles qui prescrivaient l'observation du dimanche et la répression du blasphème, rechercher et dénoncer les crimes et les délits, présider aux perquisitions et aux arresta-

c. 2, §§ 2-6; 1715, c. 24, § 4; c. 25, § 1; c. 28, §§ 2-3; c. 41, §§ 9, 11; c. 46, §§ 6-7, 9, 10-12; 1716, c. 16, §§ 2-4; 1719, c. 12, §§ 5-6; 1722, c. 12, § 1; 1723, c. 15, § 8; 1724, c. 21, §§ 2, 4; 1729, c. 7, § 2; 1736, c. 6, § 1; 1742, c. 7, §§ 3-7; 1751, c. 14, §§ 4, 11; 1752, c. 7, § 2; 1763, c. 18, §§ 22-23, 28, 30-31, 42, 115, et *passim;* dans Bacon; — M. B., 1698, 1699, 1725, 1730, 1736, 1738, 1742, 1745, 1758, 1772; Charters and General Laws, édit. de 1814, p. 322-323, 332, 338-339, 441-442, 446, 480, 511, 518, 540-541, 557-558, 675; — N.-H., 13, Guillaume III; 13, Anne; 5, Georges I; Acts and Laws, édit., de 1771, p. 12-13, 52-53, 65; — N.-J., 1709, 1747-1748; Allinson, p. 6-7, 156-158; — N.-Y., 1709, 1737, 1748, 1772, 1773; Van-Shaack, p. 78-79, 199-201, 283-284, 667-668, 759-761, 796-798; — Pie., 1705, 1717, 1724, 1729, 1752, 1764, 1767; Acts of Assembly, édit. de 1775, p. 37-39, 55-57, 83, 131-132, 168, 238, 306, 341; — R.-I., 1718, 1744, 1757; Bartlett, IV, 240; V, 99; VI, 49; comp. Public Laws de 1719 et de 1747; — Vie., 1619-1763, *passim;* Hening, I à VIII, *passim*, notamm. I, 223-224, 257-259, 264-266, 271-272, 284, 297, 302, 305, 313, 320, 330, 333, 341, 392, 411-412, 442, 445, 448, 450, 452, 465, 467, 471, 484, 521, 523, 532, 545, 550-551; II, 21, 78-79, 81, 87, 146, 163, 247-248, 258, 289, 353-354, 389-390, 489; III, 172-175, 236-244; — voy. encore, sur la condition de la Virginie vers 1662, du Massachusetts vers 1691, de la Pensylvanie et du Delaware vers 1754, la charte même du Massachusetts de 1691, et Bancroft, I, 204, et IV, 140, 253; — joignez Bancroft, II, 204, 305; VI, 525; VII, 94, 112; — voy. également ci-après, *passim;* — comp., d'ailleurs, ci-dessus, p. 46-50, 52, 64-65, 67-71, 105-107.

tions, intenter certaines actions pénales, assister aux audiences de justice, signifier et exécuter certains actes judiciaires, procéder aux saisies, et notamment, sauf à rendre compte au trésorier, opérer celles qui avaient pour objet le recouvrement de l'impôt, recouvrer certaines amendes, percevoir des redevances fiscales, toucher les contributions auxquelles l'Église avait droit, dresser les listes des imposables, établir ou notifier le rôle du jury, transmettre aux autorités compétentes le résultat de certaines élections, inviter les électeurs à faire celles des conseils paroissiaux, convoquer certaines assemblées, et particulièrement, où elles étaient d'usage, les réunions périodiques des habitants des bourgs. Cette énumération montre assez qu'en certains lieux et pour certains actes, les constables furent souvent les simples auxiliaires ou subordonnés des shérifs[1].

Aux *coroners* incombait la charge de faire les enquêtes sur les morts volontaires ou accidentelles. Ils pouvaient interroger les mourants, et, au besoin, ordonner l'exhumation des cadavres. Un jury, qu'ils convoquaient, assistait à leurs opérations. Ils eurent encore mission de procéder à d'autres enquêtes dans les pour-

[1] C. N., 1741; Potter, Taylor and Yancey, p. 131-134; — C. S., 1731, 1732, 1733, 1737, 1738, 1739, 1740, 1741, 1742, 1743, 1744, 1747, 1751, 1753, 1754, 1769; Grimke, p. 129, 135, 154, 163, 168, 175, 181, 192, 194-196, 199-201, 206, 213-214, 226, 236, 245-246, 274; — Conn., Statutes, Acts and Laws, édit. de 1715, p. 20-22, 99; — Gie., 1759, 1762; Digest, édit. de 1801, p. 62, 81; — Md., 1715, c. I, §§ 1-2; c. 15, §§ 3 et 6; 1719, c. I, § 4; c. 12, §§ 6-7; dans Bacon; — M. B., 1640, 1646, 1652, 1654, 1658, 1662, 1692, 1697, 1712, 1725; Charters and General Laws, édit. de 1814, p. 50, 58, 71-72, 83, 98, 250-252, 299, 398, 441; — N. H., 12, Guillaume III; 13, Anne; 2 et 5, Georges I; 10, Georges II; 11, Georges III; Acts and Laws, édit. de 1771, p. 9-10, 12-13, 55-56, 60, 140, 262; — N. J., 1768; Allinson, p. 303-305; — N.-Y., 1693, 1709, 1737, 1739, 1743, 1744, 1753, 1754, 1773; Van-Shaack, p. 18-20, 78-79, 199-201, 206, 236, 245-246, 321-322, 344-345, 761-763; — R.-I., 1638, 1665, 1701; Bartlett, I, 65; II, 118; III, 424-425; — Vie., 1642, et 1660 à 1773, *passim*; Hening, I, 246, 344; et II à VIII, *passim*; — comp., ci-dessus, p. 110.

suites criminelles, de signifier certains actes de justice, même de les signifier tous et de convoquer le jury ordinaire, à défaut des autorités plus spécialement compétentes, ou quand celles-ci se trouvaient partie intéressée (1).

Des inspecteurs ou surveillants « *overseers* » des pauvres, généralement organisés en corporation revêtue de la personnalité civile, levaient, sous le contrôle et avec l'autorisation des juges de paix, ou percevaient des impôts, recevaient des dons et recouvraient des amendes, dont l'objet était de servir à l'entretien des pauvres, et la valeur limitée d'ordinaire à un taux que la loi déterminait. Ils avaient réellement sous leur surveillance tous les pauvres, voire tous les enfants errants. Ils louaient ou achetaient des maisons, pour fournir un abri aux gens sans asile. Quand les familles ne le faisaient pas, eux-mêmes, le plus souvent avec l'assistance de deux juges de paix, mettaient en apprentissage, jusqu'à l'âge de 21 ans pour les garçons et de 18 pour les filles, les enfants indigents. Ils pouvaient obliger au travail tous les indigents désœuvrés. Ils avaient des réunions périodiques, devaient tenir une comptabilité régulière, et rendaient compte de l'exécution de leur mandat à des commissions nommées par les électeurs du lieu. Parfois des fonctions analogues compétèrent aux juges de paix (2).

(1) C. N., 1715: Potter, Taylor and Yancey, I, 111; — C. S., 1706; Grimke, 8-11; — M. B., 1700, 1717, 1728, 1736, 1739; Charters and General Laws, édit. de 1814, 347-351, 418, 444, 511, 521; — N. H., 4 Georges I; Acts and Laws, édit. de 1771, I, 131-135, — N. J., 1772; Allinson, 679-680; — Pie., 1705, 1717, 1752; Acts of Assembly, édit. de 1775, 55-56, 83, 238; — R. I., 1647, 1747; Bartlett, I, 195; V, 227; comp. Public Laws de 1747; — Vic., 1660-1773, *passim;* Hening, II à VIII, *passim*, notamm. II, 325, 355, 419, 449; — comp., ci-dessus, p. 110-112.

(2) Voy. notamm. C. S., 1712, 1722, 1737, 1748; Grimke, p. 104-106, 117-118, 151, 245; — N. H., 5, Georges I; 6, Georges III; Acts and Laws, édit. de 1771, p. 138-139, 199-200; — N. Y., 1741, 1754, et encore 1751-1773, *passim;* Van-Shaack, *passim*, notamm. 224, 343-344; — Pie., 1766, 1771; Acts of Assembly, édit. de 1775, 323, 404-406; — comp., ci-dessus, 111-112, et, ci-après, 114-115.

Sous le nom de commissaires, des agents du pouvoir exécutif reçurent dans quelques colonies, et particulièrement dans les subdivisions de trois d'entre elles au moins, le Massachusetts, la Pensylvanie et la Virginie, les attributions les plus variées. Avec une compétence judiciaire, qui les constituant, au civil et au criminel, les juges des petites causes, les fit, dans la Virginie par exemple, les prédécesseurs des juges de paix, ils eurent mandat d'exercer une surveillance de police, de corriger les enfants, de procéder à certaines arrestations, de célébrer les mariages, de reviser le rôle de l'impôt, ou même de lever des contributions, d'établir, de vérifier ou de régler la situation du trésor. Ils tenaient registre de leurs actes, et en devaient compte tantôt aux juges de paix eux-mêmes, tantôt à ce jury, dit grand jury, dont la principale mission était, on le verra, de prononcer sur les mises en accusation[1]. Un mandat analogue fut, à certaines époques, confié, dans le Maryland, à des commissaires, dits commissaires des cours de comté, qui assistaient aux audiences de ces cours, ou même y jouaient le rôle de véritables juges, cumulant ainsi des attributions exécutives et des fonctions judiciaires. Il arriva, d'ailleurs, que les cours de comté, hors du Maryland, quelle que fût l'appellation de leurs membres, eurent le droit de lever des impôts. Parfois encore elles purent nommer les agents inférieurs du pouvoir exécutif, notamment les constables et les surveillants[2].

A des fonctionnaires que, sous divers nom, et, en particulier, sous celui de *selectmen* ou hommes de choix, on trouve établis, à

[1] Ci-après, section III, chapitre II.

[2] Voy. notamm. M. B., 1646, 1647, 1651, 1654, 1684; Charters and General Laws, édit. de 1814, 66-68, 93, 152; — Pie., 1724, 1732; Acts of Assembly, édit. de 1775, 131-133, 173-174; — Vie., 1619-1680, *passim*; Hening, I-II, *passim*, notamm. I, 132, 162-163, 168-169, 224, 265, 273, 297, 310, 330, 336, 350, 372, 376, 388, 402, 435, 454, 480, 546, 550; II, 13, 15-16, 21, 70; — joignez Md., 1704, c. 34, § 1; 1748, c. 20, §§ 1-2; 1776, c. 11, § 9; dans Bacon; et, ci-dessus, p. 111-113.

certaines époques, dans la Nouvelle-Angleterre, et là, surtout dans le Massachusetts et le New-Hampshire, compétaient, avec la surveillance et la protection des écoles, des fous, des idiots, de la santé publique, plusieurs fonctions dont d'autres colonies ou les mêmes, à des époques différentes, investirent d'autres corps de fonctionnaires. Il faut citer l'organisation et le commandement de la police, l'établissement et la réparation des routes et des grands chemins, le soin d'assurer ou d'imposer quelque labeur aux pauvres sans travail et de mettre en apprentissage les enfants indigents, la répartition de l'impôt local, la délivrance des ordres pour le recouvrement de l'impôt, la levée des contributions pour l'entretien du culte, le devoir de tenir la main à l'observation du dimanche, la convocation des habitants des bourgs à leurs réunions périodiques, l'exécution des règlements que ces assemblées populaires composaient. A défaut des *selectmen*, ce furent parfois les juges de paix qui durent convoquer ces dernières [(1)].

Dans la Nouvelle-Angleterre encore, et, surtout, dans le Massachusetts, sous les *selectmen*, des *tithingmen* aidaient à faire observer la loi du dimanche, inspectaient les auberges, les cabarets, et, en général, tous les lieux ouverts au public avec l'autorisation révocable de l'autorité locale, dénonçaient les délits aux juges de paix, et devaient tout particulièrement veiller à la répression du vagabondage et du blasphème [(2)].

Dans le New-Hampshire, les *watchmen* ou hommes de garde, choisis et commandés par les *selectmen*, faisaient les rondes de

(1) Voy. notamm. M. B., 1694; Charters and General Laws, édit. de 1814, 276-277; — N. H., 12, Guillaume III; 13, Anne; 4 et 5, Georges I; 28 et 33, Georges II; 6 et 11, Georges III; Acts and Laws, édit. de 1771, 9-10, 46-48, 55-56, 63, 138-139, 184, 194-195, 197-198, 260; — comp. Bancroft, I, 417; II, 60, 426; IV, 148-149; VI, 525; — voy. aussi, ci-dessus, 28-29, 110-114, *passim*, et, ci-après, p. 123.

(2) Voy. notamm. M. B., 1698; Charters and General Laws, édit. de 1814, p. 316-317.

sûreté, et formaient véritablement le corps des agents inférieurs de la police [1].

Le prévôt-maréchal, et ses délégués dans les paroisses, sur le territoire des provinces royales de la Géorgie et de la Caroline, le sergent général et les sergents de bourgs sur celui de la colonie du Rhode-Island, paraissent n'avoir guère été que les agents d'exécution de la justice criminelle. Dans la Géorgie pourtant, comme ailleurs les shérifs, le prévôt-maréchal et ses délégués présidaient aux élections, ou devaient au moins en transmettre les résultats aux autorités compétentes. A certaines époques, dans certaines colonies, des maréchaux signifiaient les actes et exécutaient toutes les décisions des cours et notamment recouvraient les amendes de justice [2].

Un président, un trésorier, un conseil des gardiens de la prison ou de la maison de correction, généralement nommés par les juges de paix, ou par les juges de paix et les *selectmen,* gardaient et administraient ce lieu et ses dépendances, dans les diverses subdivisions des colonies, et rendaient compte de leurs actes soit au peuple, soit à l'autorité de laquelle ils recevaient leur mandat [3].

Dans certaines colonies, un inspecteur général du domaine public pour le roi, et dans les subdivisions administratives de toutes, particulièrement dans les comtés, la plus usuelle de ces subdivisions, des surintendants, surveillants, inspecteurs ou commissaires des terres ou des routes et grands chemins, présidaient à la mensuration, au bornage, au partage, à l'adjudication du domaine public. Ils avaient sous leur garde les routes, chemins, ponts et rivières, qu'ils faisaient réparer aux frais des localités voisines. Ils

(1) Voy. notamm. N. H., 33, Georges II; Acts and Laws, édit. de 1771, p. 194-195.

(2) Voy. notamm. C. N., 1738; Potter, Taylor and Yancey, I, 127-128; — R. I., 1638 1647, 1659, 1702; Bartlett, I, 65, 197-198, 417; III, 446-447; — comp. Stokes, 127: — voy. aussi, ci-dessus, 110-112.

(3) Voy. ci-après, section IV, ch. x.

levaient ou au moins répartissaient les impôts nécessaires pour cet objet. Ils fixaient le temps où le travail devait être accompli. Ils invitaient ou obligeaient à y prendre part les habitants du voisinage, souvent tenus de fournir ou la somme nécessaire, ou une somme déterminée de labeur personnel. Ils procédaient, d'ailleurs, de la même manière, à l'exécution de tous les travaux publics. En général, chaque subdivision avait plusieurs de ces agents, et ceux-ci tenaient des réunions périodiques pour l'accomplissement de leur mandat. Une mission analogue fut parfois confiée à des fonctionnaires de l'ordre judiciaire proprement dit, aux cours dites de comté, ou aux juges de paix[1].

Un trésorier général ou receveur général était préposé, dans plusieurs colonies, à la garde du trésor. Toutes les recettes devaient lui être remises, tous les déboursements lui être demandés. Les créances étaient poursuivies à sa requête, les ordres pour le recouvrement de l'impôt délivrés en son nom. Il ne pouvait laisser sortir des deniers du trésor que sur l'injonction écrite des autorités compétentes, désignées par la loi, lesquelles furent le plus souvent, et selon les cas, les chambres, le conseil de gouvernement, ou les juges de paix. Il tenait registre de toutes ses opérations. Quand

[1] Voy. notamm. C. S., 1721, 1723, 1736-1737; Grimke, 111, 120-121, 148; — Conn., Statutes, Acts and Laws, édit. de 1715, 110; — Gie., 1755, 1757, 1759, 1762, 1764, 1765, 1766, 1767, 1770; Digest, édit. de 1801, 44, 49, 62, 79, 84, 92, 104, 117-118, 128, 138, 152, 162; — Md., 1704, c. 21, §§ 3-8; 1724, c. 14, §§ 2-3; 1732, c. 17, §§ 2-3; 1736, c. 17; 1750, c. 14; 1753, c. 16; 1756, c. 12; dans Bacon; — M. B., 1693, 1734; Charters and General Laws, édit. de 1814, 267-269, 439-440; — N.-H., 7, Georges I; Acts and Laws, édit. de 1771, 161-162; — N.-J., 1730, 1753, 1774; Allinson, 95, 197, 386-403; — N.-Y., 1708, 1732, 1744, 1745, 1747, 1751, 1752, 1753, 1756, 1756-1773 *passim;* Van-Shaack, *passim*, notamm. 75, 165-168, 246-248, 258-261, 262-265, 303-305, 309-310, 312-313, 354, 383-384; — Pie., 1700, 1772; Acts of Assembly, édit. de 1775, 11, 444-449; — Vie., 1619-1773, *passim;* Hening, I à VIII, *passim*, notamm. I, 125, 335, 404, 436, 452, 518-519; II, 99-100, 103, 235; — comp. ci-après, sect. IV, chapitre x.

il quittait sa charge, ses comptes devaient être soumis aux chambres; une commission parlementaire les examinait et en faisait l'objet d'un rapport. Le receveur général de la Pensylvanie eut, à certaines époques, des délégués ou représentants dans les divers comtés de la colonie. Au moins dans les subdivisions administratives, bourgs ou comtés, du Connecticut, du Massachusetts et du New-Jersey, on vit des trésoriers inférieurs préposés à la garde du trésor local, opérant ses recouvrements même contre les percepteurs retardataires, déboursant ses deniers sur l'ordre des cours de justice, des juges de paix, des inspecteurs des pauvres, ou d'autres autorités constituées, suivant les cas, même du peuple réuni en assemblée régulière, tenus enfin de rendre leurs comptes, chaque année, soit au peuple régulièrement assemblé, soit à des commissions spéciales, soit aux répartiteurs des impôts, soit aux cours de justice ou aux juges de paix [1].

Dans les subdivisions administratives de plusieurs colonies, des assesseurs ou répartiteurs répartissaient l'impôt, et des percepteurs ou collecteurs en opéraient le recouvrement. Les uns et les autres tenaient registre de leurs opérations. Les assesseurs avaient des réunions annuelles pour l'établissement du rôle. Il arrivait que celui-ci dût être soumis aux juges de paix, voire, en assemblée régulière, aux francs tenanciers du lieu. Naturellement les assesseurs le transmettaient aux collecteurs. Ces derniers versaient entre

[1] Voy. notamm. C. S., 1737-1738, 1740, 1769; Grimke, 153, 167, 271; — Conn., Statutes, Acts and Laws, édit. de 1715, 23, 114-115; — M. B., 1640, 1642, 1647, 1651, 1667, 1692, 1699, 1773; Charters and General Laws, édit. de 1814, 69, 72-73, 106, 198-199, 245-246, 341, 682; — N.-J., 1770, 1774; Allinson, 447-449, 567; — Pie., 1705, 1724, 1756, 1769; Acts of Assembly, édit. de 1775, 41, 137-138, 262-263, 354; — R.-I., 1641, 1644, 1729, 1731, 1757, 1759; Bartlett, I, 119, 197; IV, 429-430, 446; VI, 109, 182-183, 213, 222-223; comp. Public Laws de 1730 et de 1767; — Vie., 1660-1773, *passim*; II à VIII *passim*, notamm. IV, 135-136, 148, 150-151, 433, 435-436.

les mains du trésorier les sommes perçues, intentaient ou provoquaient les poursuites contre les contribuables retardataires, et rendaient compte de leur mandat soit au trésorier lui-même, soit aux juges de paix, soit au peuple. Souvent, d'ailleurs, c'était aux juges de paix que devait être adressée la dénonciation des noms des retardataires, et qu'appartenait sans doute le droit d'ordonner la poursuite. D'ordinaire un recours fut ouvert à tous les contribuables contre les opérations et des assesseurs et des collecteurs devant ces mêmes juges réunis en cour dite cour de sessions ou cour de sessions trimestrielles de la paix[1].

Dans certaines colonies, peut-être dans toutes, le secrétaire, ou secrétaire général, ou greffier général, qui assistait, on l'a vu, aux séances de l'une ou l'autre des chambres, avait la garde des archives, et parfois, à la manière de nos notaires, relevait, dressait ou recevait certains actes pour les particuliers. Dans les subdivisions administratives de toutes les colonies, particulièrement dans les bourgs et les comtés, un secrétaire ou commis greffier du lieu gardait les archives locales. Il dressait encore ou recevait, comme le secrétaire général, pour les particuliers, divers actes, notamment ceux de dernière volonté; il enregistrait ces actes et toutes les mutations de biens immobiliers; il détenait parfois le rôle de l'impôt et pouvait en donner copie; il aidait, au besoin, les fonctionnaires compétents à appliquer les lois de finances; il établissait

[1] Notamm. M.B., 1707, 1710, 1711, 1720, 1721, 1730, 1735, 1751, 1756, 1761, 1773; Charters and General Laws, édit. de 1814, 383, 391-392, 427-428, 432, 472, 474-479, 503, 587, 610, 643, 682; — N.-H., 21, Georges II; Acts and Laws, édit. de 1771, 192; — N.-J., 1716-1717, 1760, 1769; Allinson, 35-38, 235-236, 323-332; — N.-Y., 1697, 1709, 1760, 1773; Van-Shaack, 25, 78, 388-390, 761-763; — Pie., 1717, 1724; Acts of Assembly, édit. de 1775, 83-84, 131-133; — R.-I., 1718; Bartlett, IV, 236-237; — Vie., 1619-1773, *passim*; Hening, I à VIII, *passim*, notamm. I, 342-343, 356; II, 13, 15-16, 358, 389, 443; III, 24, 64-66, 90, 92, 111, 152, 195-196, 232, 234-235, 351-353, 493.

et transmettait, chaque année, aux autorités qui en devaient user, certaines listes, notamment celle des orphelins et des apprentis [1].

Au-dessous du conseil de gouvernement de la colonie entière, certaines subdivisions politiques de quelques colonies, les bourgs de la Nouvelle-Angleterre, en particulier, eurent des conseils d'administration locale, investis, dans la localité même, de toute la puissance exécutive. Le nombre des membres variait. Leur condition était ce que le peuple la faisait. Ils appliquaient les règlements que le peuple lui-même composait [2].

Çà et là encore, et particulièrement sur le territoire de la colonie de New-York, l'administration locale des bourgs, cités ou villages, relevait tout entière de maires et de conseils analogues à nos maires et à nos conseils municipaux [3].

De nombreuses fonctions, dans l'ordre exécutif, étaient, on vient de le voir, confiées même aux juges de paix [4].

Enfin, sans avoir un rang bien déterminé dans la hiérarchie des fonctionnaires, des agents nommés par les assemblées locales

(1) Notamm. C. S., 1698, 1736, 1737, 1745, 1746; Grimke, 3-4, 148, 201-202, 211; — Conn., Statutes, Acts and Laws, édit. de 1715, 23; — Md., 1704, c. 21, § 4; c. 34, §§ 2-3; c. 62, §§ 1, 4; 1713, c. 4, §§ 4-5; 1715, c. 25, § 1; c. 39, § 22; c. 41, §§ 9, 11-12; c. 47, §§ 7, 9; c, 48, §§ 3, 11; 1716, c. 1, §§ 3, 6; 1723, c. 17; 1728, c. 23, §§ 5-6; 1731, c. 15, § 3; 1742, c. 10, §§ 2, 4; 1747, c. 3, §§ 10-11, et c. 23, § 8; 1748, c. 7, §§ 2-4; 1752, c. 7, § 2; 1763, c. 18, §§ 55, 93; dans Bacon; — M. B., 1697, 1715, 1720, 1721, 1725; Charters and General Laws, édit. de 1814, 305, 407-408, 431-432, 443; — N.-H., 4, Guillaume III; Acts and Laws, édit. de 1771, 20-21; — N.-Y., 1750, 1759; Van-Shaack, 292-293, 377; — Pie., 1705, 1712, 1715; Acts of Assembly, édit. de 1775, 31-32, 64-65, 79-80; — R.-I., 1641, 1642, 1647, 1648, 1702, 1705, 1752; Bartlett, I, 110, 122-124, 195-196, 211; III, 445, 451; IV, 438; V, 340; comp. Public Laws de 1730 et de 1767; — Vie., 1619-1773, *passim*; Hening, I à VIII, *passim*.

(2) Voy. ci-dessus, p. 28-29.

(3) Md., 1732, c. 5; dans Bacon; — N.-Y., 1691, 1706, 1708, 1717, 1724, 1726, 1751-1773, *passim*; Van-Shaack, *passim*, notamm. 8-9, 71, 75, 105, 135-136, 141.

(4) Ci-dessus, 110-120, *passim*.

représentaient quelques colonies, et peut-être toutes, auprès de la cour de Londres. Il n'est pas certain que le gouvernement anglais les ait accrédités toujours à titre officiel; mais, de fait, plusieurs de ces agents, parmi lesquels il faut tout particulièrement nommer Franklin, jouèrent un rôle considérable[1].

Pour conclure sur ces divers fonctionnaires, un certain nombre de dispositions étaient communes à tous ou à plusieurs. — La loi coloniale fixait souvent le nombre des titulaires des emplois publics de l'ordre exécutif, et rarement elle manquait de définir les modes de nomination. Si, par exception, elle reconnaissait au roi le droit de nommer le prévôt maréchal, elle confiait le choix des autres agents du pouvoir à quelque autorité établie et vivant dans les colonies, au gouverneur assisté du conseil de gouvernement, à ce conseil seul, aux chambres, et, de préférence, lorsqu'il s'agissait de fonctionnaires locaux des subdivisions administratives des colonies, à quelque autorité de ces subdivisions elles-mêmes, aux commissaires du comté ou du bourg, aux cours locales de justice, aux juges de paix, aux greffiers ou *recorders*, aux assesseurs, au maire et au conseil des anciens du lieu, aux *selectmen*, enfin tout particulièrement aux électeurs. En vérité, dans toutes les colonies, quelques fonctionnaires supérieurs et tous les agents inférieurs paraissent avoir été au moins passagèrement électifs; dans plusieurs, pour la collation des magistratures des simples subdivisions surtout, l'élection demeura la règle. S'il arrivait que la loi coloniale établissant ce mode fût d'accord avec la charte, les colons mettaient à la défendre une ardeur toute particulière. Ainsi il est certain qu'au début de la guerre de l'émancipation le roi essaya sans succès de transférer du peuple au gouverneur et au

[1] Voy. notamm. Gie., 1761, 1763, 1764, 1765, 1768, 1770, 1773; Digest., édit. de 1801, 74, 85, 92, 118, 151, 158, 180-181; — N.-Y., 1716, 1719, 1726; Van-Shaack, 105, 113, 145; — Vie., 1660-1680, *passim;* Hening, II, *passim*, notamm. 422, 430-431.

conseil le choix des shérifs du Massachusetts. Où le mandat était électif, déjà prévalait çà et là, pour divers emplois, ce principe que les faits de corruption électorale devaient déterminer l'application d'amendes, voire l'incapacité temporaire d'exercer les fonctions frauduleusement briguées ou obtenues. Où le choix n'appartenait pas au peuple, celui-ci fut parfois admis du moins à présenter des listes qui limitaient le nombre et désignaient les noms des candidats. — Les conditions d'aptitude étaient le plus souvent définies avec soin. Parmi les plus usuelles et les plus importantes, il faut mentionner la possession d'une étendue, fixée ou non, de terres de franche tenure, et la résidence actuelle ou d'une durée déterminée, soit dans la colonie, soit dans la subdivision dans laquelle l'emploi était tenu. Pour quelques fonctions particulièrement onéreuses, par exemple celles d'assesseur, de collecteur, de constable, des motifs d'exemption existèrent, dont le principal fut l'exercice des mêmes fonctions ou de fonctions analogues, soit pendant une durée déterminée, soit dans une certaine période avant la nouvelle investiture. Il arriva qu'à défaut d'exemption légitime le refus du mandat constituât un fait délictueux, surtout puni de peines pécuniaires, par exemple, d'amendes. D'autre part, l'exercice de quelques fonctions, notamment de celles de constable, affranchissait d'obligations auxquelles les simples particuliers ne pouvaient se soustraire, par exemple, des corvées pour les travaux publics. L'interdiction au moins limitée du cumul prévalait, en certains lieux, avec des définitions naturellement précises des incompatibilités. — Des serments ou des affirmations solennelles de formes diverses, qui obligeaient par-dessus tout à exercer le mandat suivant les lois, avec zèle et loyauté, étaient presque toujours imposées, au moment de l'entrée en charge. — La nature même du mandat fut d'ordinaire, comme on l'a vu, soigneusement définie. Pour quelques emplois cependant, ceux de shérif et de constable, entre autres, des colonies se bornèrent quelquefois à référer aux statuts ou à la coutume de la métropole. Même les définitions, que donnaient les lois coloniales, ne différaient pas toujours essentiellement de celles que fournissait le droit anglais. Où les premières sont relativement explicites et développées, une certaine confusion semble naître de ce que la différence dans les noms des fonctionnaires ne répondait pas toujours, on se le rappelle, à une différence essentielle dans les fonctions. La confusion pourtant est peut-être plus apparente que réelle : tantôt les mêmes fonctions étaient confiées à des fonctionnaires de noms différents, mais dans des colonies différentes; tantôt elles leur furent données dans la même colonie, mais ils y différèrent de nom dans des temps et des lieux différents, ou, s'ils y exerçaient les mêmes attributions dans les mêmes lieux et à la même époque, les uns n'agissaient sans doute le plus souvent qu'à défaut ou sous les ordres des autres, ou encore tous n'étaient pas les subordonnés et les auxiliaires immédiats des mêmes autorités [1]. — Il y eut des fonctionnaires qui, pour l'exécution de leur mandat, avaient le droit de requérir non seulement la force publique, mais encore l'assistance des particuliers. — L'usurpation de certaines fonctions, de celles de shérif par exemple, était punie. Plusieurs pouvaient être déléguées à des représentants ou substituts que les agents représentés choisissaient eux-mêmes. — La durée du mandat, rigoureusement limitée, dépassait rarement une année. — Une rémunération déterminée était généralement allouée, à laquelle venait parfois s'ajouter, en particulier pour les shérifs, une indemnité éventuelle de route. — Le principe de la responsabilité pécuniaire du fonctionnaire existait presque partout, avec l'obligation de fournir une caution ou garantie préalable, qui assurât la fidèle exécution des devoirs de charge. Même, indépendamment de tout dommage pécuniaire causé à l'État ou aux particuliers, les actes abusifs, les omissions répréhensibles, la simple négligence, faisaient encourir des

[1] Voy. ci-dessus, p. 110-120, *passim*.

amendes plus ou moins fortes. — Des vacances se produisaient-elles avant le temps fixé pour l'expiration du mandat, la règle fut souvent la délégation provisoire à des substituts ou remplaçants, qui devaient sortir de charge à l'arrivée de ce terme. Cette délégation émanait d'ordinaire de fonctionnaires plus élevés, notamment du gouverneur, du conseil, de divers juges, en particulier des juges de paix, ou encore, en certains cas, des assesseurs. — Enfin, dans les bourgs de la Nouvelle-Angleterre, le peuple lui-même put varier le nombre à l'infini, et modifier, à son gré, la qualité et la condition des fonctionnaires locaux [1].

Si l'on excepte le lieutenant-gouverneur, simple successeur éventuel du gouverneur, il n'y a presque aucun de ces agents inférieurs du pouvoir exécutif, shérifs, constables et autres, dont les auteurs des chartes et ceux des lois coloniales n'aient emprunté le nom et les principales fonctions au droit anglais. — Le nom et les fonctions de quelques-uns, par exemple des shérifs, des *coroners,* des *tithingmen,* remontaient, dans la métropole, à la plus haute antiquité, à la période saxonne elle-même. D'autres, moins anciens, n'étaient pas pourtant de création récente : Philippe et Marie avaient créé les surveillants des grandes routes, Élisabeth ceux des pauvres. — Dans la nature des charges l'analogie était frappante, pour ne pas dire l'identité absolue. Chaque paroisse de la métropole avait ses surveillants des pauvres, qui levaient certains impôts au profit des pauvres incapables de travailler, subvenaient aux besoins de ceux-ci, fournissaient du travail aux autres et les obligeaient à le faire, mettaient en apprentissage, jusqu'à l'âge de 21 ans, avec l'assistance de deux juges de paix, les enfants indigents. Dans chaque paroisse encore, les surveillants des grands chemins veillaient à l'entretien de ces chemins, et, pour cet objet, imposaient aux habitants, concurremment ou non,

(1) Voy. ci-dessus, p. 28-29, 110-121, et les autorités citées aux notes.

des corvées et des redevances pécuniaires. Si pour les impôts dus à la couronne, le roi avait, dans toutes les colonies, des commissaires, receveurs ou percepteurs, de nombreux agents, commissaires, inspecteurs ou receveurs des divers impôts, devaient en assurer, dans la métropole, la répartition et la perception. En général, chaque comté anglais avait plusieurs *coroners* chargés de procéder aux enquêtes sur les naufrages, la découverte des épaves et celle des trésors, et particulièrement, avec l'assistance de jurés, aux enquêtes sur les morts subites ou violentes. Ils pouvaient faire incarcérer les meurtriers présumés. Ils remplissaient les fonctions des shérifs dans les cas où ceux-ci étaient de quelque manière partie intéressée, et par conséquent suspects. Peut-être en concurrence avec les shérifs et les constables, ou sous eux, veillaient-ils aussi au maintien de l'ordre. Les hauts constables, dans les centaines, et, sous eux, dans les bourgs et les paroisses, les petits constables, maintenaient la paix publique, assurant nuit et jour le service de la police, autorisés, au besoin, à forcer les maisons, à saisir et emprisonner les gens, et nommant, suivant les usages locaux, leurs auxiliaires, les hommes de garde ou *watchmen*. Les *tithingmen*, parfois confondus avec les petits constables, exerçaient plus spécialement dans les *tithings* des fonctions analogues. Au moins à certaines époques, ils administrèrent, en réalité, ces subdivisions du royaume. Les maires, *aldermen*, et conseils de cités, administraient certaines cités. Les shérifs, véritables chefs civils des comtés, assistés notamment des baillis et des geôliers que parfois ils nommaient et dont ils répondaient, appelaient les électeurs à certaines élections, présidaient à celles-ci, convoquaient le jury, signifiaient certaines assignations et certaines décisions de justice, exécutaient les arrêts des cours, saisissaient les biens dévolus à la couronne, pouvaient arrêter et emprisonner pour le maintien de l'ordre, poursuivaient et incarcéraient les criminels. Certaines cours avaient des maréchaux, plus particulièrement pour exécuter quelques-unes de leurs décisions, et notamment pour veiller à la garde de certains prisonniers. — L'analogie était grande jusque dans les modes de nomination et les règles de la tenure des emplois. La nomination procédait, dans la métropole, tantôt du roi, nommant absolument à son gré, comme il arrivait sans doute pour les nombreux agents des finances; tantôt du roi choisissant sur une liste de trois candidats que lui présentaient certains hauts fonctionnaires, par exemple pour les shérifs; tantôt de certaines autorités locales, des constables, des juges de paix, du jury, des gardiens de l'église, comme il arrivait pour les surveillants des grands chemins, les surveillants des pauvres, les *tithingmen*, les constables eux-mêmes; tantôt enfin du peuple, notamment pour les *coroners*, et probablement, en général, pour les maires et les *aldermen*. Parmi ceux qui tenaient leur mandat de l'élection, les *coroners*, par exemple, devaient posséder une certaine étendue de terre et n'avaient pour électeurs que les francs tenanciers. Plusieurs de ces divers fonctionnaires paraissent avoir été électifs à l'origine, qui cessèrent de l'être plus tard, comme les shérifs et les *tithingmen*. Pour les uns, comme les *coroners*, la tenure était, en principe, à vie, sauf au roi à révoquer dans certains cas déterminés. Pour d'autres, comme les constables, l'autorité locale, qui nommait, révoquait à son gré. Pour d'autres encore, comme les surveillants des pauvres et les shérifs, le mandat était, en principe, annuel. Le refus de certaines fonctions, par exemple de celles de shérif, fut un acte jugé répréhensible et puni. Toutefois, après un an d'exercice, ces dernières pouvaient être refusées pendant trois années consécutives. Celles-ci engageaient, dans certains cas, même à l'égard des simples particuliers, la responsabilité pécuniaire de l'agent du pouvoir. Mais, pour les modes de nomination et la tenure des emplois, l'analogie n'allait pas jusqu'à l'identité. Une différence essentielle, et, si l'on peut s'exprimer ainsi, progressive, paraît ressortir de l'examen des textes : la tendance du gouvernement anglais, pendant la période coloniale des États-Unis, dans la métropole même, était de rendre sans cesse plus étroite la subordination des agents du pouvoir exécutif à la couronne, alors que les colonies s'efforçaient de les faire dépendre sans cesse davantage du peuple; par exemple, l'élection devenait un mode de nomination moins usuel, dans la métropole, tandis que les colonies s'appliquaient à la maintenir et à la développer; la métropole s'écartait donc de plus en plus des plus anciennes traditions de la nation anglaise, et les colons se rattachaient à elles, avec une énergie toujours croissante [(1)].

CHAPITRE IV.

LA FORCE ARMÉE.

De nombreux textes traitaient de la force armée, l'un des plus puissants agents, peut-être l'agent le plus puissant de l'exécution des lois.

Les colonies avaient, toutes, leurs milices ou armées locales [(2)]. C'était la condition, même, des provinces royales [(3)]. Partout, dans les colonies comme en Angleterre, le roi déclarait la guerre, faisait la paix, et pouvait se dire généralissime [(4)]. Le droit de lever et d'organiser les troupes appartenait, dans les provinces

(1) Blackstone, I, 112, 115-117, 339-349, 355-365; III, 43, 285, 412-425; IV, 413; voy. aussi les notes de Cooley, dans Cooley's Blackstone; comp. Chase's Blackstone, édit. de 1882, p. 85-114, 1044-1046.

(2) C. ch. 1584; Vie., ch. 1606, 1609; N.-A., ch 1620; M. B., ch. 1629; Me., conces. 1639; Conn., ch. 1662; R.-I., ch. 1663; C., ch. 1663, §§ 14 et 15; Me., conces. 1664; C., ch. 1665; Me., conces. 1674; N.-H., com. 1679; Pie., ch. roy. 1681; M. B., ch. 1691; C., instr. roy., 1729; Poore, I, 256, 778, 785, 787, 814, 927, 941, 953; II, 1276-1277, 1379, 1384, 1388, 1395, 1514, 1600, 1889, 1891 1900-1901; Bancroft, I, 199-200, 417; II, 73; IV, 138; Hough, II, 105. Comp. ci-dessus, I, p. 250-251, 274-275, 290-291.

(3) Story, I, 110; Bancroft, IV, 133.

(4) Story, I, 129.

royales, au roi, qui l'exerçait par l'entremise de son représentant, le gouverneur [1], aux propriétaires dans les colonies de propriétaires [2], et, dans les provinces de charte, à l'assemblée législative [3]. Dans les provinces royales et dans une colonie de charte, le Massachusetts, le gouverneur représentant le roi, les propriétaires dans les colonies de propriétaires, l'assemblée législative dans les colonies de charte, hormis le Massachusetts, commandaient à l'armée et à la marine locales, et en nommaient les officiers [4]. Dans les provinces royales, les nominations se faisaient avec l'assentiment du conseil [5]. On sait qu'en vertu d'une disposition formelle de sa charte, au temps où la Géorgie n'avait pas encore la condition de province royale, ses troupes devaient obéir à l'autorité supérieure du gouverneur royal de la Caroline du Sud [6]. En vérité, il n'était pas rare surtout que le roi prétendît subordonner au gouverneur de la province voisine les forces des colonies où le gouverneur tenait son mandat de l'élection [7].

A l'origine, les gouverneurs royaux avaient autorité, dans leurs provinces, sur l'armée royale, comme sur les milices locales. Plus

(1) N.-H., com. 1679; Poore, II, 1276-1277; Stokes 159, 184; Story, I, 110; Bancroft, II, 425. Comp., ci-dessus, I, p. 290-291.

(2) C., ch. 1584; Vie., ch. 1606; N.-A., ch. 1620; M. B., ch. 1629; Md., ch. 1632; Me., conces. 1639; Conn., ch. 1662; C., ch. 1663, § 15; Me., conces. 1664; C., ch. 1665; Me., conces. 1674; Pie., ch. roy. 1681; Poore, I, 256, 778, 785, 814, 787, 927, 941; II, 1376-1377, 1384, 1388, 1395, 1514, 1889, 1891; Bancroft, IV, 138. Comp., ci-dessus, I, p. 250-251.

(3) R.-I., ch. 1663; Poore, II, 1600. Comp. ci-dessus, I, p. 274.

(4) Vie., ch. 1609; M. B., ch. 1629; Md., ch. 1632; Me., conces. 1639; Conn., ch. 1662; C., ch. 1663, § 15, et ch. 1665; R.-I., ch. 1663; N.-H. com. 1679; Pie., ch. roy. 1681; M. B., ch. 1691; Poore, I, 256, 778, 814, 941, 953; II, 1276, 1384, 1388, 1395, 1514, 1600, 1900-1901; Stokes, 160, 186; Story, I, 110-111. Comp. Bancroft, III, 67-68. Voy. ci-dessus, I, p. 250-251, 274-275, 290-291. Voy. aussi 22, Georges II, c. 33.

(5) Bancroft, IV, 133. Comp. Hough, II, 105.

(6) Ch. 1732; Poore, I, 377; et ci-dessus, I, p. 345.

(7) Stokes, 165-166, 184.

tard la métropole crut indispensable d'assurer l'unité du commandement pour cette armée, la seule, on le verra, qu'elle eût absolument à sa discrétion : un commandant en chef de toutes les forces royales du continent américain fut donc nommé, sous lequel, des généraux de brigade commandaient aux groupes détachés dans les diverses circonscriptions militaires du continent; les gouverneurs ne retinrent que le droit de donner à ces groupes, en certains cas bien déterminés, et, en l'absence des généraux commandants, des ordres, de l'exécution desquels les officiers devaient toujours compte à leurs supérieurs ordinaires [1]. Des matelots de la marine royale à leur bord, il en était comme des soldats à terre : en principe, les gouverneurs royaux n'y exerçaient sur eux aucune autorité; mais, à terre, les matelots devaient obéissance à toutes les lois auxquelles obéissaient les simples particuliers [2]. Si le gouverneur avait, dans les provinces royales, le titre et les fonctions de vice-amiral, en vertu d'une commission spéciale enregistrée à la haute cour anglaise d'amirauté et au bureau du secrétaire de la province, la surveillance et l'entretien des rivières et cours d'eau, la répression de la pêche par engins prohibés, celle de la piraterie en temps de paix, le devoir de faire délivrer, en temps de guerre, par les cours compétentes, des lettres de marque aux corsaires, la protection des naufragés et la garde des épaves, la perception des redevances maritimes dues à la couronne, l'exécution des lois maritimes et commerciales, furent, à peu près, les seules attributions que cette commission lui conférât. Il les exerçait, suivant les lois anglaises, au prix des redevances usuelles, en personne ou par des représentants que lui-même se choisissait, et sous le contrôle de la haute cour d'amirauté, à laquelle tous ses actes pouvaient être déférés [3]. De ceux-ci, d'ailleurs, il rendait compte, chaque année, entre la Saint-Michel et la Toussaint, s'il en était requis, au roi et aux autorités compé-

(1) Stokes, 160-161, 185-188. — (2) Stokes, 161-162. — (3) Stokes, 185.

tentes, ou, faute de le faire, il perdait sa commission [1]. Cette commission spéciale de vice-amiral était, on le voit, plutôt civile que militaire. Mais il importe d'ajouter qu'à défaut de la marine royale la marine militaire levée par les autorités locales fut, comme la milice, dans chaque colonie, sous les ordres du gouverneur, commandant en chef des forces locales de terre et de mer.

Dans les diverses colonies les autorités habiles à lever et à organiser les troupes l'étaient également à prendre toutes les mesures nécessaires pour la défense du pays, soit contre la guerre étrangère, soit contre l'émeute [2]. Dans la Caroline, sous les constitutions de 1669, si le grand conseil le jugeait nécessaire, tous les habitants *freemen*, entre dix-sept et soixante ans d'âge, devaient porter les armes et fournir un service régulier [3]. Divers textes de colonies diverses autorisaient, au besoin, la substitution du gouvernement militaire au gouvernement civil, ou l'application de la loi martiale. L'insurrection [4], la guerre et l'insurrection [5], la guerre, l'insurrection et la violation des règlements militaires [6], ou, plus généralement encore, les nécessités de la défense [7], furent, suivant les temps et les lieux, les motifs décisifs et suffisants de la substitution. Tantôt l'assemblée législative [8], tantôt les propriétaires [9], tantôt le gouverneur, comme il arrivait no-

(1) Sur cette commission et ces attributions du gouverneur, voy. Stokes, 166, 168-177, 185. Comp. 11 et 12, Guillaume III, c. 7.

(2) Voy. ci-dessus, 127-128. Joignez Stokes, 159.

(3) § 116; Poore, II, 1408.

(4) Me., conces. 1639, 1664, 1674; Poore, I, 778, 784, 787.

(5) Vie., ch. 1609; M. B. ch. 1691; Gie., ch. 1732; Story, I, 110; Poore, I, 377, 953; II, 1901. Comp. ci-dessus, p. 9, et I, 354.

(6) Md., ch. 1632; C., ch. 1663, § 16; ch. 1665; Poore, I, 814; II, 1388-1389, 1396. Comp., ci-dessus, I, p. 250.

(7) N.-A., ch. 1620; M. B., ch. 1629; Conn., ch. 1662; R. I. ch. 1663; Poore, I, 256, 925, 941; II, 1600; Stokes, 159. Comp., ci-dessus, I, p. 275.

(8) Gie., ch. 1732; Poore, I, 377. Comp., ci-dessus, I, p. 345, 353-354.

(9) C., Me., Md., notes 4 et 6, ci-dessus.

tamment dans les provinces royales [1], tantôt le gouverneur, assisté du conseil [2], appréciaient l'urgence et appliquaient cette loi d'exception. En temps de guerre, au moins dans les provinces royales, le gouverneur pouvait déléguer tous ses droits, à cet égard, pour le gouvernement des équipages, soit à bord, soit dans les ports de la colonie, aux commandants de navires qu'il nommait [3]. Dans quelques colonies, d'ailleurs, les principes pour l'application de la loi martiale devaient toujours être ce qu'ils étaient en Angleterre même [4].

Aux termes des constitutions fondamentales de la Caroline de 1669, au moins en temps de guerre effective, quand le lord propriétaire constable se trouvait au sein de l'armée, et le lord propriétaire amiral, sur mer, ils prenaient respectivement la direction des troupes de terre et de mer. Sous le constable et l'amiral, les six conseillers de leurs cours respectives, ou ceux que la cour du palatin désignait librement pour ce service, tenaient alors les emplois de grands officiers de l'armée ou de la flotte, et ceux-ci eux-mêmes avaient sous leurs ordres, dans l'armée de terre, les lieutenants généraux, et, dans celle de mer, les proconsuls [5].

En temps de guerre encore, le commandant supérieur avait dans plusieurs colonies, peut-être dans toutes, le droit d'exercer tous les pouvoirs habituellement reconnus aux chefs d'armée [6].

(1) Vie., ch. 1609; N.-A., ch. 1620; M. B., ch. 1629; notes 5 et 7, p. 130. Sur la condition des provinces royales, à cet égard, voy. Stokes 159; Story, I., 110.

(2) M. B., ch. 1691; note 5, p. 130; Story, I, 110.

(3) 22, Georges II, c. 33; Stokes, 160.

(4) C., Me., Md., N.-A., Vie.; notes 4 à 7, p. 130. Comp. Stokes, 159, et, ci-après, p. 138.

(5) §§ 40 et 42; Poore, II, 1403. Comp., ci-dessus, p. 96-101.

(6) Md., ch. 1632; C., ch. 1663, § 15; ch. 1665; N.-H., com. 1679; Pie., ch. roy. 1681; Poore, I, 814; II, 1276-1277, 1388-1395, 1396, 1514; Stokes, 159. Comp. ci-dessus, I, p. 250, 290-291.

Notamment il mettait à mort ou épargnait, à son gré, les prisonniers [1]. Au besoin, pour juste cause, il pouvait encore envahir les terres des ennemis et y exterminer ceux-ci, Indiens ou autres [2]. Cependant un texte constitutionnel du Rhode-Island lui interdit d'attaquer les Indiens sur le territoire d'autres colonies, sans le consentement de ces dernières [3]; puis, après une loi locale qui décidait que nul ne serait tenu de servir, hors des limites de la colonie, dans une guerre offensive [4], la charte du Massachusetts de 1691 formula ce principe que les habitants ne pouvaient être transportés ni obligés d'aller au delà, pour cause de service militaire, sans leur assentiment, ou, au moins, sans l'aveu du corps législatif [5].

L'organisation des troupes locales et le régime de la loi martiale sont parmi les objets pour lesquels les assemblées coloniales firent le plus grand nombre de règles. En général, elles prétendaient avoir seules le droit de prescrire les mesures de défense, de veiller à l'érection et à la conservation des places fortes, d'ordonner la levée des troupes, de régler la composition, l'armement, la discipline des corps. Le service était obligatoire, dans quelques lieux, pour tous les hommes de seize à cinquante ans, presque partout pour tous ceux de seize à soixante. Ils le fournissaient par périodes de manœuvres. Les chambres fixaient ces périodes et déterminaient les procédés de convocation. Le plus souvent l'exercice de certaines fonctions publiques formait seul une cause suffisante d'exemption; parfois pourtant la loi respectait

(1) Md., ch. 1632; C., ch. 1663; § 15; ch. 1665; Pie., ch. roy. 1681; Poore, II, 1388, 1395-1396, 1514; Stokes, 159, 184; Story, I, 110. Comp., ci-dessus, I, p. 250.

(2) M. B., ch. 1629; Conn., ch. 1662; R.-I., ch. 1663; Poore, I, 256, 941; II, 1600-1601; Stokes, 159, 184; Story, I, 110. Comp., ci-dessus, I, p. 275.

(3) Ch. 1663; Poore, II, 1601. Comp., ci-dessus, I, p. 275.

(4) M. B., code 1641; Bancroft, I, 417.

(5) Poore, I, 953.

les doctrines prohibitives de certaines sectes, notamment de celle des quakers, sauf à substituer, s'il le fallait, au service personnel une redevance pécuniaire. Les poursuites et les procédures civiles ne devaient pas faire obstacle à l'accomplissement du service. Il arrivait que le soldat fût tenu de s'armer à ses propres frais. Souvent les armes restaient en son pouvoir et à sa charge, hors du temps du service actif, sous la sanction de revues, d'inspections, et finalement de peines diverses. La répartition en régiments, bataillons ou escadrons, et compagnies, paraît avoir été commune. Les cadres se composaient d'ordinaire de colonels, de lieutenant-colonels, de majors, de capitaines, de lieutenants, d'enseignes, de sergents. Le gouverneur avait le commandement en chef des forces de la colonie. Tantôt tous les officiers, sans distinction de grade, tantôt et le plus souvent au moins tous les officiers supérieurs, recevaient leur mandat du gouverneur, ou du gouverneur et du conseil, ou d'un commun accord du gouverneur, du conseil et de l'assemblée, ou du choix de la seule assemblée législative. Il n'était pas rare que les officiers subalternes fussent nommés par les officiers supérieurs du corps, ou même par les habitants de leurs circonscriptions militaires respectives, sur lesquels pesait l'obligation de servir. Tantôt la loi autorisait, tantôt elle prohibait le logement des soldats chez les particuliers contre le gré de ces derniers. Les troupes ne pouvaient être, en général, conduites hors des limites de la colonie, sans le consentement des chambres locales. Celles-ci définissaient, d'ailleurs, volontiers, dans de véritables codes, tous les droits et les devoirs du soldat en activité. En temps de paix, la prison, et surtout les amendes, punissaient les fautes contre la discipline. C'était d'ordinaire au constable qu'incombait le soin de faire exécuter ces peines; et, au besoin, la saisie des biens assurait l'exécution des peines pécuniaires. Au moins en temps de guerre, la désertion entraînait la condamnation capitale, prononcée par des cours militaires ou spéciales. Le soldat ne touchait une rémunération qu'en activité. Des pensions étaient parfois promises aux blessés et aux veuves des combattants morts au champ d'honneur. L'usage de la loi martiale fut réglé avec soin, et rarement admis hors des lieux de camps et de garnisons.

Ce furent, en vérité, comme il devait arriver, les assemblées coloniales, élues, toujours présentes, actives, puissantes, qui eurent bientôt les milices à leur discrétion. Tout naturellement aussi, les colons soldats se prêtaient plus volontiers à protéger les libertés locales qu'à soutenir l'autorité du roi ou celle des propriétaires. Dès 1679, le gouvernement anglais formait le projet de les mettre tous sous le commandement supérieur d'un seul chef, qu'il entendait nommer et investir, à l'exclusion de tout autre fonctionnaire, du pouvoir de requérir la force armée. Le projet paraît n'avoir même pas eu alors un commencement d'exécution. La métropole le reprit, et en essaya l'application, vers 1721. Ce fut un vain effort : à quelque autorité spéciale que dût appartenir le droit de lever et de commander les troupes, les colonies voulaient fermement être seules à prescrire et à contrôler l'exercice du droit. Elles prétendaient même que la métropole ne pût, sans leur assentiment, employer sa propre armée sur leur territoire. On vit, dès 1652, la Virginie soutenir que la contraindre à subir l'érection de forts et le stationnement de garnisons serait un acte abusif. Surtout, quand le ministère anglais tenta, non seulement d'envoyer ses troupes aux colonies, mais encore de les y loger, à son gré, chez les particuliers, et d'obliger ces derniers à leur fournir des provisions, il rencontra une résistance formidable. Les provinces royales elles-mêmes résistèrent, notamment la Caroline du Sud et la Géorgie. En quelques lieux, plutôt tournée que vaincue, l'opposition, après une longue durée, céda à des compromis. Ailleurs elle demeura inflexible, et, là, l'obstination du gouvernement anglais à vouloir l'écraser ne fut pas étrangère aux scènes de violence qui ouvrirent la guerre de l'indépendance. En vertu d'actes émanés du roi seul, ou du parlement anglais, qui ne comptait pas un député des colonies, envoyer une armée régulière en Amérique, l'y installer, de force, chez les particuliers, obliger ceux-ci à lui donner le nécessaire, c'était, pensaient les colons, imposer, sans leur consentement et sans celui de leurs représentants, à des sujets anglais, un usage de leurs biens, des dommages, des dépenses, que des sujets anglais ne devaient pas subir contre leur gré. La résistance fut donc une conséquence de la doctrine de droit, nettement entrevue de bonne heure, on le sait déjà, et plus tard formulée avec énergie, qui n'admettait pas, dans les colonies, une domination indépendante de la volonté des colons [1]. Les membres du congrès de 1774 n'hésitèrent pas à déclarer que cette installation de troupes régulières et permanentes, dans les colonies, en temps de paix, constituait une franche illégalité. A vrai dire, la métropole n'adopta ces mesures extrêmes, dont les colons ne voulurent pas s'accommoder, qu'au temps où ces derniers se disposaient à revendiquer tous les privilèges des citoyens anglais, et elle ne les adopta guère qu'afin d'étouffer de pareilles revendications. Mais ces mesures, dont une prompte expérience démontra l'inefficacité, violation nouvelle de ces privilèges mêmes auxquels les colons prétendaient, devinrent un nouveau grief. Il est superflu d'insister. On aura achevé d'apprendre ce qu'il importe de connaître ici du régime militaire des colonies, si l'on observe que leurs habitants, aussi peu disposés à subir des enrôlements involontaires qu'à fournir une hospitalité forcée, ne consentaient pas à subir les procédés constamment suivis en Angleterre pour le recrutement de la marine royale, et qu'à diverses reprises ils exigèrent la libération de quelques-uns de leurs con-

(1) Comp., ci-dessus, p. 16 20.

citoyens incorporés de force dans quelque équipage de navire de guerre [1].

[1] Sur la condition de l'armée, voy. C. S., 1746; Grimke, 205-207; — Conn., 1708, 1709, 1710; Statutes, Acts and Laws, édit. de 1715, 138-139, 149-150, 151-155; comp. 5, 78-84; — Gie., 1755, 1756, 1757, 1758, 1760, 1761, 1763, 1764, 1765, 1766, 1768, 1770, 1773; Digest, édit. de 1801, 43, 47, 49, 52, 54, 65-66, 73-74, 104, 115, 119-124, 134, 154, 157-158, 161, 181, 191-192; — Md., 1650, c. 26, §§ 1, 3; 1692 à 1776 *passim*, notamm. 1704, c. 23, § 2; c. 42, § 5; c. 62, § 5; c. 78; 1715, c. 43, §§ 1-6, 8, 10, 14-16, 19-20; 1717, c. 2, §§ 3-4; 1722, c. 15; 1732, c. 17, § 2; 1733, c. 7, §§ 2-12, 14, 16-17; 1735, c. 16, § 4; 1748, c. 1; 1751, c. 20; dans Bacon; — M. B., 1649, 1656, 1663, 1664, 1666, 1668, 1671, 1672, 1675, 1693, 1699, 1700, 1712, 1730, 1763; Charters and General Laws, édit. de 1814, 42, 106, 157-164, 166, 168-170, 260, 262, 267, 333, 342-343, 372, 399, 481-482, 653; — N.-H., 4 et 5, Georges Ier; 27, Georges II; Acts and Laws, édit. de 1771, 92-100, 148-150, 178-180; — N.-J., 1704, 1709, 1710, 1711, 1714, 1722, 1730, 1738, 1739, 1746, 1747, 1758; Allinson, 5, 9, 14, 31, 67, 97, 111, 139-147, 218-219; — N.-Y., 1691, 1692, 1694, 1695, 1696, 1701, 1702, 1703, 1706, 1708, 1709, 1710, 1711, 1712, 1713, 1715, 1716, 1717, 1720, 1721, 1724, 1728, 1741, 1751, 1772, et encore 1728-1773, *passim*; Van-Shaack, 5-6, 10, 16, 21, 23-24, 41, 46, 50, 56, 59, 69, 72, 78, 81, 84, 85-86, 89, 101, 104, 107, 118, 127, 133, 147, 210-211, 674-678, et encore 147-678, *passim*; — R.-I., 1638-1776, *passim*, notamm. 1638, 1639, 1640, 1642, 1643, 1647, 1650, 1655, 1656, 1658, 1664, 1665, 1666, 1667, 1669, 1671, 1673, 1676, 1677, 1682, 1701, 1702, 1705, 1706, 1713, 1714, 1730, 1736; Bartlett, I à VII, *passim*, notamm. I, 61, 64, 68-69, 77, 79, 80, 94, 102, 104, 120-122, 153-155, 187, 218, 221, 226, 318, 320-321, 346-347, 381, 402-403; II, 51-52, 114-115, 171-172, 196, 282, 405-406, 409-410, 531-533, 537-539, 549, 567-569, 576-577, 584-585; III, 117-118, 430-432, 438, 444, 450, 453-454, 506, 517-519, 524, 557; IV, 119, 149, 155, 173, 178, 201, 238, 396, 426, 437-438, 500, 517, 538, 548, 556, 573, 575-576; V, 3, 40-41, 57, 88, 156, 188, 227, 404, 418, 472, 562; VI, 22, 27, 34, 49-51, 59, 67-68, 75, 80, 91, 106, 120-121, 129, 145-146, 148, 154, 178, 181, 188-190, 207, 213, 239, 259; VII, 257, 269, 310, 317, 327-328, 356, 358, 384, 410, 417, 432, 477, 606; Joignez Public Laws de 1744, 1747, 1767; — Vie., 1619-1773 *passim*; Hening, I à VIII, *passim*, notamm. I, 127, 173, 174, 176, 186, 189, 191, 198, 218-219, 226, 255, 263, 401-402, 441, 518, 525, 527; II, 126, 238, 304, 339, 403; III, 17-22, 82-84, 89, 100,

Ces enrôlements forcés étaient ou implicitement admis, ou même parfois réglementés, dans quelque mesure, par des lois expresses de la métropole. Malgré les récriminations qu'ils soulevèrent, ils paraissent avoir été plus agréables au peuple anglais et à ses représentants que le système, imaginé un instant et bientôt abandonné, d'une véritable conscription ou inscription maritime. De nombreuses lois furent votées par le parlement pour organiser, entretenir, discipliner la marine royale. Sans doute parce qu'elle formait nécessairement, eu égard à la situation géographique du royaume, une force considérable et permanente, la protection nationale par excellence, les chambres en étudiaient, jusqu'à la minutie, les règles de discipline. En ce qui concerne l'armée de terre, au contraire, surtout pour l'établissement des cours martiales et la délimitation de leurs pouvoirs, la couronne semble avoir eu une puissance presque discrétionnaire. Cette armée était, il le faut dire, peu nombreuse, et souvent composée, en partie, de mercenaires étrangers. Le parlement conservait, d'ailleurs, de quelque manière, la haute main sur elle et un contrôle efficace sur la puissance disciplinaire du roi : un acte annuel maintenait les troupes régulières, déterminait et allouait la solde, fixait les lieux de garnison; si les chambres ne le renouvelaient au bout de l'année, l'armée de terre se trouvait dissoute; c'était un des articles de la pétition des droits de 1688 et du bill des droits de 1689 qu'une armée permanente ne pût être maintenue, en temps de paix, contre le gré du parlement. — Auprès des troupes régulières, permanentes, la métropole eut, surtout depuis Charles II, une milice dont quelques règles d'organisation doivent être retenues. Elle se composait, dans chaque comté, d'hommes tirés au sort. La durée du service fut d'abord de trois ans, puis de cinq;

115, 119, 126; IV, 21, 60, 118, 126, 335-336;—Story, I, 136, note 2; comp. Bancroft, III, 465; IV, 229-231, 268-270, 291, 319; V, 249; VI, 6, 15, 55, 71, 81, 201, 233, 309, 317, 526; VII, 98.

mais il n'était dû, en principe, que par périodes d'instruction ou de manœuvres, au moins quand rien ne troublait la paix publique. Dans chaque comté, le lord lieutenant, ses propres lieutenants, les grands propriétaires désignés par des commissions de la couronne, commandaient à cette armée auxiliaire. Elle ne pouvait être obligée de sortir du comté, sinon pour réprimer une insurrection ouverte, et, en aucun cas, du royaume. En général, elle fut soumise à une discipline facile; cependant, en activité de service, hors des simples périodes d'exercices, elle paraît avoir subi les principes plus stricts du gouvernement de l'armée régulière. Il va sans dire que les règles de son organisation relevaient essentiellement des chambres. — La marine royale, l'armée régulière, la milice, avaient également pour généralissime le roi. C'était, il faut le rappeler, une loi commune à toutes les troupes, et l'un des articles de la pétition des droits de 1627, qu'elles ne pussent être logées chez les particuliers contre le gré de ceux-ci. Divers avantages furent, du reste, garantis à la marine et à l'armée régulière, et probablement auraient été, dans certains cas, étendus à la milice. — Quant à la loi martiale proprement dite, véritable substitution de l'autorité militaire à l'autorité civile, elle paraît n'avoir été régulièrement applicable qu'en temps de guerre et que dans la mesure où les opérations stratégiques en rendaient l'application nécessaire. Il semble même que le Parlement eût seul le droit d'en permettre l'usage[1].

[1] Blackstone, I, 408-421; IV, 436-437; Cooley's Blackstone, aux notes; Cooley, *Constitutional limitations*, édit. de 1878, 378-379; Kent, I, 341, à la note. On trouvera une traduction de la Pétition des Droits de 1627 et du Bill des Droits de 1689 dans l'ouvrage de nos confrères et amis, F. R. et P. Dareste, *Les Constitutions modernes*, édit. de 1883, I, 43-52.

CHAPITRE V.

DU DROIT DE GRÂCE.

Les principales prérogatives du pouvoir exécutif ont été indiquées, au sujet des divers fonctionnaires auxquels elles furent départies. Il suffit de se référer, sur elles, aux chapitres précédents. Mais quelques textes traitent particulièrement d'un attribut qui mérite d'être distingué des autres, avec soin, parce qu'il tend moins à l'exécution qu'à la suspension de la loi, et que, suivant les temps, les lieux et les cas, l'exercice en fut confié, dans les colonies anglaises d'Amérique, à différents dépositaires de l'autorité publique. Il s'agit du droit de grâce. Dans les provinces royales, en général, ce droit appartint, sous certaines réserves, au gouverneur, lequel pardonnait les offenses, à l'exception de la trahison et du meurtre volontaire, et, lorsqu'elles ne dépassaient pas une valeur pécuniaire égale à dix livres, remettait l'amende et la confiscation : là, le roi, lui, faisait grâce, à son gré, et le gouverneur était toujours autorisé à surseoir à l'exécution de la peine jusqu'à ce que la volonté royale fût connue [1]. Dans les colonies de propriétaires, au moins pour les offenses commises contre les lois et les ordonnances locales, c'était aux propriétaires que le droit appartenait. Ce fut la règle, à l'origine, dans plusieurs, qui devinrent plus tard des provinces royales; elle paraît être demeurée en vigueur dans celles que des propriétaires ne cessèrent pas de régir [2]. Dans une de ces dernières cependant, la Pensylvanie, un texte faisait une distinction : pour les cas de trahison et d'homicide volontaire, les

(1) Stokes, 121, 158; Story, I, 110.

(2) Md., ch. 1732; Me., conces. 1639; C., ch. 1663, § 5; ch. 1665; Pie., ch. roy. 1681; Poore, I, 777, 813; II, 1384, 1392, 1511. Comp. ci-dessus, I, p. 246, 250-251.

propriétaires ne pouvaient que différer l'exécution, et le roi prononçait sur la grâce [1]. Cette colonie avait, on le voit, à cet égard, le régime même des provinces royales. Aucune règle formelle ne semble avoir été édictée par les chartes des colonies de charte.

Si des commissions et des chartes on passe aux lois ordinaires des colonies, un très petit nombre de ces dernières seulement méritent de fixer l'attention. Par exemple, dans la Caroline du Sud, au temps où elle était province royale, une disposition décidait que le roi pourrait absoudre, à son gré, les félonies suivant la loi anglaise, tandis qu'une autre permettait au juge criminel de retarder pendant 30 jours l'exécution de la peine capitale; dans le Connecticut et le Massachusetts, colonies de charte, des textes attribuaient à l'assemblée seule le droit de grâce, et au gouverneur celui de suspendre, avec l'assentiment de trois membres du conseil, l'exécution de toute peine; dans le Massachusetts, même, à une certaine époque, un sursis de quatre jours entre la condamnation et l'exécution fut de droit [2].

Dans la métropole, la loi déterminait certains cas où le sursis était de droit. En principe, le roi, à son gré, y différait l'exécution ou même faisait remise de la peine [3].

(1) Ch. roy. 1681; Poore II, 1511.

(2) C. S., 1712, 1769; Grimke, 31-33, 270; — Conn., Statutes, Acts and Laws, édit. de 1715, 23, 46; — M. B. 1641; Charters and General Laws, édit. de 1814, 81, 89; — Stokes, 121.

(3) Blackstone, I, 269; IV, 316, 337, 376, 394-402.

TROISIÈME SECTION.

DU POUVOIR JUDICIAIRE.

CHAPITRE PREMIER.

DE LA PARTICIPATION DU ROI, DES PROPRIÉTAIRES, DES ASSEMBLÉES COLONIALES, DES FONCTIONNAIRES PROPREMENT DITS, DU BARREAU, À L'EXERCICE DU POUVOIR JUDICIAIRE.

Plusieurs juridictions, assistées d'un ministère public et d'un barreau, les unes siégeant en Angleterre, les autres en Amérique, le roi en conseil, les propriétaires, le gouverneur, le conseil des assistants, les assemblées législatives des colonies, des cours diverses et des juges de paix, rendaient la justice aux colons. Cette organisation, il est aisé de le constater, fut assez fidèlement copiée sur les juridictions, dont étaient justiciables les habitants de la métropole et de quelques-unes de ses dominations d'Europe, le roi en conseil, le parlement, les propriétaires, des cours supérieures, des cours inférieures, les juges de paix, procédant avec l'assistance de procureurs de la couronne et d'avocats. Ce n'est pas à dire que toutes les juridictions de la métropole aient été imitées dans les colonies, mais la plupart des juridictions coloniales furent empruntées à ses lois et à ses usages. Un exposé préalable et sommaire de quelques-unes des règles de son système d'organisation judiciaire facilitera une comparaison qui s'impose.

Aux habitants de la métropole le roi avait pu sans doute, tout à fait à l'origine, rendre la justice, soit seul, soit assisté de conseillers. De bonne heure, il délégua le soin de l'administrer à diverses cours, ne réservant à sa seule personne aucun pouvoir, et ne gardant pour lui-même en conseil que celui de juger, en appel, les instances fondées sur l'insanité ou la faiblesse d'esprit.

Le conseil privé qui, on le sait [1], assistait le roi en Angleterre, comme, dans les colonies, le conseil des assistants le gouverneur, paraît n'avoir eu, isolé du roi, aucune compétence. Mais quelques-uns des hauts fonctionnaires de la couronne, qui pouvaient être appelés à y siéger, avaient individuellement dans le royaume entier, les principales prérogatives des juges de paix.

On sait que, sous les rois saxons, l'assemblée des principaux de la nation, qui était le corps législatif, était aussi la cour supérieure de justice de tout le royaume. Dès les premiers rois normands, elle semble avoir perdu la plupart de ses attributs judiciaires. Au dernier état du droit, le Parlement formant deux chambres, le pouvoir de mettre en accusation certains hauts personnages, que les lords devaient juger, restait seul à la chambre des communes; mais celle des lords était devenue et demeurait la plus haute cour du royaume, devant laquelle, en dernier ressort, les décisions de toutes les autres pouvaient être portées par voie soit d'appel proprement dit, soit de pourvoi en cassation.

Dans l'île de Man le droit anglais reconnaissait aux propriétaires une juridiction d'appel sur toutes les décisions des cours inférieures de l'île. Il leur avait conféré, dans les comtés palatins, soit pour eux-mêmes, soit pour leurs délégués ou représentants, tout pouvoir sur l'administration de la justice.

Les principales des cours supérieures de la métropole étaient la haute cour de chancellerie, la haute cour d'amirauté, la chambre haute des évêques, la cour des plaids communs, la cour du banc du roi; les principales des cours inférieures, les cours d'amirauté, diverses cours ecclésiastiques subordonnées à la cour de chancellerie et à la chambre des évêques, les cours d'assises et de *nisi prius*, celles d'*oyer* et *terminer* et de libération générale, celles des sessions

[1] Comp., ci-dessus, p. 81, 92-94, 103-104.

trimestrielles de la paix, les cours de conscience, les cours de *leet* ou *vues de Frankpledge*, les cours de baron ou de baronnie, de centaine, de bourg, de cité, de comté[1]. On n'a pas à nommer ici certaines juridictions anglaises que la désuétude avait atteintes, peut-être dès avant la fondation des colonies d'Amérique, ou dont l'existence se liait étroitement aux règles de la chevalerie et de la féodalité. Il paraîtra sans doute tout simple au lecteur que les colonies ne les aient pas adoptées[2]. Il semble d'ailleurs que, même dans la métropole, parmi les cours qui viennent d'être nommées, quelques-unes de celles qui se rattachaient par leur origine au système féodal, comme les cours de baronnie, ou aux plus anciennes traditions saxonnes ou normandes, comme les cours de

[1] La composition même de quelques-unes de ces cours explique suffisamment, comme on le verra, leurs dénominations. Comp., ci-après p. 144-148. Les autres doivent leurs noms à des considérations différentes. La cour des plaids communs était, parmi les cours supérieures, la juridiction civile de droit commun, spécialement chargée de statuer sur les causes civiles ou les plus communes. La cour du banc du roi connaissait, au nom et sur l'ordre du roi, des principales causes criminelles. Les cours d'assises et de *nisi prius* jugeaient parfois avec l'assistance et dans les assises d'un jury spécial, dit d'assises, particulièrement appelé à décider, sans doute sur les lieux mêmes, des différends relatifs aux fonds de terre, et elles résolvaient certaines questions, qui pouvaient être également résolues par les cours supérieures, quand celles-ci, à leurs sessions normales, ne les trouvaient pas déjà tranchées (*nisi prius*...) par la juridiction inférieure. Les cours d'*oyer* et *terminer* et de libération générale devaient, à un moment et dans un lieu donnés, *ouïr* et *terminer* tous les différends de certaines sortes, et libérer ou condamner tous les détenus non encore jugés. Les cours des sessions trimestrielles de la paix tenaient, surtout pour la conservation de la paix, des sessions trimestrielles. Les cours de conscience prononçaient surtout en équité et en conscience, et souvent suivaient la foi ou la conscience des plaideurs ou des témoins, en leur déférant un serment décisoire. Les cours de baron ou de baronnie étaient parfois tenues par les barons, et toujours dans les baronnies. Les cours ou *vues de frankpledge* avaient dû, à l'origine, voir, examiner, passer en revue ou connaître les hommes libres, cautions mutuelles (*frankpledge*), sous les rois saxons, de la bonne conduite de leurs pairs et concitoyens. Les cours de centaine, de bourg, de cité, de comté, avaient pour ressort les divisions territoriales du royaume ainsi nommées.

[2] Voy., ci-dess., I, p. 10-190, *passim*.

centaine et celles de *leet* ou *vues* de *Frankpledge*, virent peu à peu leur influence décliner et leur autorité passer aux autres cours, particulièrement aux cours de comté et à celles des sessions trimestrielles de la paix. Quelques chartes essayèrent d'implanter en Amérique ces cours chancelantes, sans pouvoir, selon toute apparence, leur y donner autre chose qu'une existence nominale dans une durée éphémère [1].

La chambre des évêques se composait naturellement des prélats du royaume. Le chancelier tenait les audiences de la haute cour de chancellerie; le lord grand-amiral ou son délégué celles de la haute cour d'amirauté. La cour des plaids communs et la cour du banc du roi avaient, chacune, un juge président et trois juges assistants. Divers fonctionnaires de la hiérarchie cléricale présidaient aux débats dans les cours ecclésiastiques; le seigneur ou l'intendant (*steward*), l'élu soit du seigneur, soit de la couronne, dans les cours de baronnie, de *leet* ou de *Frankpledge,* et de centaine; le shérif, dans les cours de comté; des juges détachés de quelque cour supérieure, ou des commissaires de la couronne, les uns et les autres parfois assistés des juges de paix, dans les cours d'assises et de *nisi prius*, d'*oyer* et *terminer* et de libération générale; deux juges de paix ou un plus grand nombre, dans les cours de sessions trimestrielles de la paix, même dans les cours de cité ou de bourg; enfin, des magistrats municipaux et des membres de la commune, dans les cours de conscience.

La cour des plaids communs, les cours de comté, les cours de conscience, paraissent n'avoir exercé qu'une juridiction civile; les cours d'*oyer et terminer* et de libération générale, qu'une juridiction criminelle. Les autres semblent avoir combiné, dans des mesures différentes, l'administration de la justice civile et celle de la justice criminelle. En général, les cours supérieures jugeaient, sur

(1) Voy., ci-après, ch. I, *passim;* comp., section IV, les chapitres qui traitent de la noblesse, du régime des biens, des subdivisions administratives.

appel, les décisions des cours inférieures; mais souvent elles pouvaient être saisies sans intermédiaire, ou évoquer elles-mêmes les causes pendantes au-dessous d'elles.

Sur quelques traits de la compétence il y a lieu d'insister un peu. — La haute cour de chancellerie était par excellence la juridiction dite d'équité. Son pouvoir très considérable s'étendait presque à tout, au civil. En principe, pour toutes les juridictions et toutes les causes, elle délivrait les assignations. Elle connaissait, au moins pour l'application du droit, sinon pour l'examen des faits, de certains différends qui intéressaient la couronne ou divers fonctionnaires, et, en appel, sans réserve, des décisions des cours d'amirauté. D'autres affaires, notamment les litiges fondés sur les fidéicommis de propriété foncière, soit entre vifs, soit à cause de mort, paraissent avoir relevé d'elle seule, en vertu d'une interprétation relativement large, mais particulièrement équitable, de certaines lois. Divers mandats de justice, par exemple la tutelle des mineurs et des fous, émanaient d'elle. Des moyens, soit de coercition, soit d'investigation, d'une efficacité particulière, et des formes de procéder d'une simplicité relative, qu'elle seule avait le droit d'employer, faisaient dépendre de son assistance ou lui permettaient d'interrompre et d'empêcher, suivant les cas, l'exécution des arrêts d'autres cours, ou encore lui procuraient, en concurrence avec celles-ci, la connaissance d'un nombre presque indéfini de litiges, notamment, pour n'en citer que peu de sortes, de ceux dans lesquels quelque fraude était alléguée, et de ceux qui touchaient soit à une reddition de comptes, soit à quelque obligation de faire, ou qui pouvaient engendrer, devant d'autres juridictions, des lenteurs abusives et des procédures trop compliquées. — Les cours d'amirauté jugeaient les causes dites maritimes. — Les causes ecclésiastiques proprement dites, les causes dites matrimoniales, en général les causes dites testamentaires, et particulièrement, parmi ces dernières, la vérification des testaments et la nomination des administrateurs et des curateurs de successions, ressortissaient, soit aux cours ecclésiastiques, sauf appel à la cour de chancellerie, soit, s'il y avait matière à reddition de comptes, concurremment à la cour de chancellerie et aux cours ecclésiastiques. — Les attributs des cours ecclésiastiques n'appartinrent pas, dans les colonies, aux membres du clergé. Ce furent sans doute la variété plus grande des sectes et leur égalité fréquente devant la loi qui y firent conférer ces attributs, comme on le verra, soit au gouverneur, soit à diverses cours civiles[1]. Mais, il ne faut pas l'oublier, le gouverneur était parfois l'élu et le représentant du roi, que l'église anglicane, on le sait, reconnaissait pour son chef visible[2]. — En particulier, parmi les cours civiles ordinaires, les cours de conscience semblent n'avoir pas pu porter leur compétence au delà du recouvrement des dettes inférieures ou au plus égales à 40 schellings. — Sous des noms différents, les cours de *leet* et les *vues* de *Frankpledge* semblent avoir été une seule et même juridiction. Leur principale mission était de veiller à la défense de la paix publique; notamment, à cet effet, elles réprimaient les menues offenses et dénonçaient les autres aux autorités compétentes. — Les cours de baronnie, chargées de punir les délits proprement dits, jugeaient encore, au civil, les litiges qui mettaient en question le droit de propriété sur des terres sises dans la baronnie, et, au-dessous d'une valeur déterminée, peu considérable, connaissaient de diverses autres actions. — Les juges de paix paraissent n'avoir guère exercé que dans les cours de sessions trimestrielles de la paix, réunis au nombre de deux au moins, la juridiction proprement contentieuse. Là, soit à titre gracieux, soit à titre contentieux, ils avaient certains pouvoirs, notamment sur les chemins, les débits de boisson, les bâtards, les pauvres, les apprentis; ils y administraient, d'ailleurs, aux catholiques quelques-unes des

(1) Voir ci-après, p. 157 et suiv. — (2) Blackstone, I, 279-280, et ci-dessus, p. 72-74.

sévérités d'une législation peu tolérante. — Enfin, divers actes de la compétence, soit de la cour de chancellerie, soit des juges de paix, semblent avoir été de juridiction purement gracieuse et avoir pu s'accomplir même hors de l'audience.

Le barreau existait. La loi en réglait la condition. La défense devait être libre, et l'avocat, en général, librement choisi, sans que le nombre des conseils du plaideur fût limité, si ce n'est dans certains cas exceptionnels, où il le fut à deux.

Un procureur général et un avoué général, *attorney general, solicitor general,* d'ordinaire pris parmi les membres les plus distingués du barreau, représentaient l'État dans les procès; ils intentaient et poursuivaient l'action publique en son nom. Parfois des commissaires ou conseillers du roi, également choisis parmi les avocats les plus connus, les remplaçaient ou les assistaient, d'ailleurs sans abandonner le barreau.

Cinq observations, celles-ci communes aux diverses juridictions soit de la métropole, soit de ses dominations d'Europe, compléteront les notions qu'il importait de donner ici. En général, les recours contre les décisions de justice devaient être formés dans des délais déterminés. Il n'était pas rare que, par des appels successifs, un même litige pût être porté devant deux ou trois cours, avant d'être soumis à la chambre des lords. Assez fréquemment, au moins pour certaines affaires, le plaideur avait le choix entre deux juridictions de noms différents, mais de compétence concurrente. Les cours de justice pouvaient être créées par le roi ou le parlement dans les autres parties du royaume, par les propriétaires dans les comtés palatins, et, dans certaines îles, Man, Jersey, Guernesey, Sark, Alderney, soit par les propriétaires, soit par le peuple ou ses représentants, fonctionnaires proprement dits ou autres. Enfin la cour n'était pas, par essence, une juridiction relativement élevée, nécessairement confiée, en commun, à deux ou plusieurs personnes; c'était simplement, comme l'enseigne Blackstone, le lieu, diversement nommé suivant la nature des pouvoirs judiciaires qui s'y exerçaient, où se rendait la justice[1].

Pour plusieurs colonies, le roi, en son conseil privé, exerça, de bonne heure, une juridiction d'appel. Pour quelques-unes, aux termes de certains textes, il se l'était réservée expressément sur toute décision émanée d'une autorité judiciaire quelconque[2]. Plus souvent il ne prétendit l'avoir, ou, au moins, ne l'exerça que sur les décisions les plus importantes des plus hautes cours de justice. C'est ainsi qu'à des époques diverses, au civil, 50 livres dans le New-Hampshire[3], 100 dans la Virginie[4], 200 dans le New-Jersey[5], 300 dans le Massachusetts[6], 500 dans la province de New-York[7], furent la valeur litigieuse qui autorisait l'appel. La règle définitivement reçue, au moins dans les provinces royales, paraît avoir été que le recours fût toujours permis soit pour les instances qui intéressaient le roi lui-même, mettant en jeu, par exemple, des redevances dues à la couronne, soit contre les sentences qui portaient condamnation à une amende supérieure à 200 livres sterling, soit encore contre toutes celles des décisions du gouverneur et du conseil et de la cour de chancellerie qui statuaient sur des litiges où l'intérêt engagé excédait 500 livres sterling[8]. Si le taux propre à en rendre l'exercice licite put varier d'une colonie à l'autre, la faculté même de l'appel au roi en

(1) Blackstone, III et IV, *passim*, notamm. III, 23-86, 92-102, 106-109, 271-273, 341, 351, 403, 429-455; IV, 259-274, 282, 290, 296, 308-309, 356, 411-414, 416, 420, 422, 424, 441. Joignez, I, 63-67, 106-109, 115-120, 147-148, 229-232, 267-269, 279-280, 305-306, 349-354; II, 54-55, 90-91, 327-338, 503-504, 508.

(2) Me., conces. 1654 et 1674; Pie., ch. roy. 1681; Poore, I, 784, 786; II, 1511; Story, I, 110.

(3) Com. 1679; Poore, II, 1276. Comp. ci-dessus, I, p. 289-290.

(4) Instr. 1683; Bancroft, II, 248-249.

(5) Bancroft, III, 49; Hough, II, 34.

(6) Ch. 1691; Poore, I, 951.

(7) Instr. roy. 1702; Hough, II, 60.

(8) Stokes, 26, 194, 224-225. Comp. ci-après, p. 149, 157-159.

conseil privé, bien établie dès la fin du XVIIe siècle, malgré la résistance de quelques parties de l'Amérique anglaise et notamment en dépit de la Nouvelle-Angleterre, ne cessa plus dès lors de s'exercer [1]. On la vit même admise, sans considération de taux, pour des instances où intervenaient certaines pénalités particulièrement graves [2]. Ainsi, de fait, dans les poursuites criminelles, des requêtes à fin soit de libération définitive, soit de mise en liberté sous caution, paraissent avoir été souvent adressées au roi dans son conseil et suivies d'effet [3]. Au dernier état du droit, la couronne put réellement invoquer, avec force, et au civil et au criminel, une pratique conforme de longue durée. Au surplus, elle alléguait volontiers que, sans sa juridiction d'appel, elle serait trop exposée à voir la loi anglaise facilement changée par les cours coloniales, et des jugements éventuellement rendus qui diminueraient l'autorité du souverain. On aura une idée précise de la portée considérable que cette juridiction atteignait particulièrement dans les provinces royales, si l'on observe que le gouverneur et le conseil, formant la cour la plus élevée, y connaissaient, en appel, des décisions de toutes les autres [4].

Certains textes constitutionnels réglaient les délais et quelques conséquences de l'appel au roi. Selon la commission du New-Hampshire de 1679, lorsque, pour tout autre fait que l'homicide volontaire, une décision de la justice criminelle infligeait la perte de la vie ou d'un membre, le condamné devait être conduit à la métropole avec toutes les pièces du procès, ou au moins l'exécution demeurer suspendue jusqu'à ce que le roi dans son conseil eût ordonné d'y procéder [5]. Au civil, sous la même commission, l'appelant fournissait bonne caution pour le payement des frais,

(1) Story, I, 122-123; Bancroft, III, 103.

(2) *Ibidem.*

(3) Stokes, 5-6.

(4) Story, I, 122-123; et, ci-après, p. 157-159.

(5) Poore, II, 1276. Comp., ci-dessus, I, p. 290.

lesquels restaient à sa charge, s'il venait à être débouté [1]. Il en était de même de l'appelant, au civil, dans la province de New-York [2]. Au civil encore, suivant la charte du Massachusetts de 1691, le délai d'appel, limité à 14 jours, commençait à la prononciation ou à la signification de la sentence; caution suffisante était exigée de l'appelant pour le payement des dépens, des frais de l'appel, de la valeur litigieuse, voire des dommages-intérêts auxquels pouvait donner lieu la confirmation; et, l'appel ne suspendant pas l'exécution de la sentence, l'intimé lui-même devait bonne caution pour la restitution éventuelle de l'objet litigieux [3]. La limitation du délai à 14 jours et l'obligation de garantir le payement de la condamnation éventuelle et des frais prévalurent dans les provinces royales. Le greffier ou gardien des actes de la cour, qui avait jugé en première instance, y donnait copie des pièces essentielles de la procédure; le secrétaire de la colonie, le commis de la couronne, ou un notaire ou protonotaire royal, certifiait l'authenticité de la copie et scellait l'acte du sceau de la colonie; puis, les pièces étaient transmises sans retard au conseil du roi, et, autant qu'il se pouvait, il fallait que la sentence finale fût rendue dans le délai d'un an après la formation de l'appel [4].

Le roi exerçait parfois toute la juridiction de premier et de dernier ressort, fût-elle surtout ou même purement répressive. Aux termes de plusieurs textes, des personnes dépendant de la colonie venaient-elles à commettre quelque spoliation ou violence au préjudice, soit d'autres sujets anglais, soit de sujets d'États, de nations ou de rois amis, il pouvait, sur la plainte des parties lésées, ordonner par proclamation, publiée où ce serait nécessaire, que le dommage causé fût réparé, dans un délai déterminé, et, à supposer que la réparation ne fût pas fournie, déclarer les coupables hors sa loi et protection, laissant les parties

[1] Comp. ci-dessus, I, p. 290. — [2] Instr. roy. 1702; Hough, II, 60. — [3] Poore I, 951. — [4] Stokes, 225-229.

lésées se faire justice (1), même allant, au besoin, jusqu'à mettre hors sa protection les terres ou la colonie entière des coupables (2). C'était sans doute, suivant les cas, ou le même droit ou un pouvoir arbitraire de répression qu'il entendait se réserver, sous le régime de la charte royale de la Pensylvanie de 1681, qui interdisait aux propriétaires et aux habitants de la colonie d'entretenir une correspondance avec un roi, un prince, un État, une nation quelconque en guerre contre lui, et de guerroyer, ou de faire un acte quelconque d'hostilité contre un roi, un prince, un État ou une nation à lui unie par des traités ou des liens d'amitié (3). La charte du Rhode-Island de 1663 autorisait et même engageait les colons à lui soumettre tous les différends qui viendraient à s'élever entre cette colonie et les colonies voisines (4). Dans le New-Hampshire, au moment où l'administration politique passa aux mains d'un gouverneur royal, les prérogatives diverses auxquelles prétendait le propriétaire de la colonie se trouvèrent transformées, on l'a vu, en simple droit sur le sol, contredit d'ailleurs par de franches usurpations ou des cessions irrégulières; la nouvelle charte, maintenant en possession les occupants et cessionnaires illégitimes, les condamna à payer au légitime propriétaire une redevance de six sous pour chaque livre et de la valeur primitive des terres cédées et de la plus-value qu'eux-mêmes avaient produite; si l'exécution de cette transaction soulevait des difficultés, le gouverneur et le conseil des assistants devaient les régler, ou, faute de pouvoir parvenir à une entente, les soumettre, avec leur opinion, au roi, qui prononcerait, suivant l'équité, après avoir pris l'avis de son conseil (5). L'acte de concession du Maine de 1639 et la charte du

(1) C., ch. 1584; Vie., ch. 1606; N.-A., ch. 1620; M. B., ch. 1629; Conn., ch. 1662; R.-I., ch. 1663; Poore, I, 256, 930, 941; II, 1381-1382, 1601, 1892. Comp., ci-dessus, I, p. 275-276.

(2) C., ch. 1584; Poore, II, 1381-1382.

(3) Poore, II, 1514.

(4) R.-I., ch. 1663; Poore, II, 1603. Comp., ci-dessus, I, p. 281.

(5) Com. de 1679; Poore, II, 1278-1279. Comp., ci-dessus, I, p. 98-99, 295-296.

Massachusetts de 1691 réservaient encore au roi, pour qu'il l'exerçât soit en personne, soit par des délégués, la juridiction, surtout maritime, dite des cours d'amirauté [1]. La seconde de ces deux chartes permettait que la délégation se fît par commissions revêtues du grand sceau d'Angleterre, ou du sceau du grand amiral, ou de celui des commissaires auxquels les fonctions de grand amiral auraient été confiées [2], et que, dans tous les cas, la décision du délégué fût portée en appel devant le roi lui-même en conseil [3]. Dans ces diverses hypothèses c'était, on le voit, la nature du litige, au lieu de l'importance de la valeur litigieuse, qui déterminait la compétence.

Certains juristes anglais, Blackstone par exemple, allant plus loin que les textes de chartes ou de traités de droit qui viennent d'être cités, tenaient volontiers que le roi en conseil avait juridiction entière et exclusive sur les différends entre colonies, et, tantôt à l'exclusion de toute autre autorité, tantôt en concurrence avec des cours de la métropole, juridiction d'appel sur toutes les décisions des cours coloniales, sans exception.

La compétence si étendue, que les actes de la couronne et les avis de certains hommes de loi attribuèrent au souverain, sans intervention préalable des chambres anglaises ni des assemblées coloniales, paraît n'avoir excité une longue opposition ni dans celles-là ni dans celles-ci. Elle faisait pourtant aux colons, on le sait, une condition très différente de celle des habitants de la métropole. Toutefois les colonies d'Amérique n'étaient pas les seules que les juristes anglais soumissent au moins à cette juridiction d'appel, si large, du roi en conseil : ils ne traitaient pas autrement les îles de Man, de Jersey, de Guernesey, de Sark, d'Alderney [4].

(1) Poore I, 780, 954.

(2) Poore, I, 954.

(3) Stokes, 275.

(4) Comp., Blackstone, I, 63, 67, 106-107, 109, 231-232, 267-269; III, 37-44, 50-51, 55-57, 69-70; IV, 411. Voyez aussi ci-dessus, p. 141-142.

Dans plusieurs circonstances, les jurisconsultes anglais admettaient, au-dessous, ou même, suivant les cas, à l'exclusion du roi jugeant avec l'assistance du conseil privé, la compétence de diverses cours de la métropole pour prononcer des décisions de justice, dont l'exécution pouvait être poursuivie dans les colonies ou atteindre, de quelque manière, les colons. Ainsi en était-il, par exemple, lorsque les plaideurs acceptaient cette compétence, ou lorsque la colonie dans laquelle le débat s'élevait n'avait pas de cours compétentes régulièrement organisées, ou encore, suivant quelques-uns, sans doute sauf appel au roi en conseil, lorsque le conflit surgissait entre colonies différentes, ou enfin lorsque la couronne et quelque colonie se trouvaient en différend sur l'interprétation de la charte coloniale [1].

Les propriétaires eurent parfois une juridiction d'appel sur les décisions des cours ou des juges inférieurs de la colonie. Un acte de concession du New-Hampshire la faisait illimitée [2]. Le plus ancien acte de concession du Maine l'établissait pour tous les cas où, en Angleterre même, un appel eût été permis [3]. Celui-ci prescrivait que le recours fût formé dans le délai de 40 jours à compter soit de la prononciation, soit de la signification du jugement attaqué [4]. Le même acte réservait aux mêmes personnages la juridiction complète d'amirauté pour tous les cas où le roi et le grand amiral s'abstiendraient de l'exercer [5]. A l'origine, dans la Virginie, les propriétaires avaient le droit de juger toutes les causes civiles qui permettaient la condamnation à l'amende, à l'emprisonnement et à d'autres peines corporelles [6]. D'autre part, quelques chartes les autorisaient à former de véritables subdivi-

(1) Stokes, 5-9. Comp., ci-dessus, p. 148-152.

(2) Conces. 1635; Poore, II, 1273-1274.

(3) Conces. 1639; Poore, I, 777.

(4) Conces. 1639; Poore, I, 777.

(5) Poore, I, 777, 780. Comp. ci-dessus, p. 141-145, 151-152.

(6) LL. roy. 1606; Bancroft, I, 123.

sions féodales du territoire, telles que des seigneuries, des baronnies, des manoirs, et à y organiser des cours féodales de justice qu'ils tenaient eux-mêmes, s'ils ne préféraient les tenir par l'entremise de délégués [1]. Les textes ne définissaient le plus souvent la compétence de ces cours que par une assimilation plus ou moins expresse à celle des cours de même nom établies dans la métropole. Ainsi, plusieurs indiquaient simplement, par exemple, que dans les manoirs pouvaient siéger des cours de baron et des cours ou vues de *frankpledge* [2], ou des *leet-courts*, des cours de baron, et plus généralement toutes les cours féodales que les seigneurs féodaux avaient le droit de tenir en Angleterre [3]. Si les propriétaires voulaient déléguer ces attributions judiciaires, quelques textes ordonnaient que la délégation fût faite à certains fonctionnaires ou sujets déterminés, ici à des sénéchaux [4], là à des intendants « *stewards* » [5], ou de part et d'autre aux seigneurs des subdivisions [6]. A leur tour, dans la Pensylvanie, les personnes, ou seigneurs inférieurs, qui recevaient des terres en manoirs, les pouvaient diviser en manoirs secondaires, et, avec l'assentiment des propriétaires, établir, pour ces nouvelles subdivisions, des cours de baron et des vues de *frankpledge*, dont la compétence devait être absolument semblable à celle des cours féodales que les propriétaires eux-mêmes étaient autorisés à créer [7]. De plein droit, aux termes des constitutions fondamentales de la Caroline de 1669, dans chaque seigneurie, baronnie, ou manoir, le seigneur local tenait, en son propre nom, une *court-leet* de com-

(1) Md., ch. 1632; C., ch. 1663, § 14; ch. 1665; Pie., ch. roy. 1681; Poore, I, 816; II, 1388, 1395-1396, 1514-1515. Comp. ci-dessus, I, p. 255.

(2) C., ch. 1663, § 14; ch. 1665; Pie., ch. roy. 1681; joignez Md., ch. 1632; Poore, *loc. cit.*, et ci-dessus, I, p. 255.

(3) Me., conces. 1639; Poore, I, 780.

(4) Md., ch. 1632; Poore, I, 816; et, ci-dessus, I, p. 255.

(5) C., ch. précitées; voy., ci-dessus, notes 1 et 2.

(6) Notes 4 et 5, ci-dessus.

(7) Ch. roy. 1681; Poore II, 1514-1515.

pétence générale et illimitée. En principe, cette cour jugeait sans appel; si pourtant une partie n'habitait pas la seigneurie, la baronnie ou le manoir, et n'en était ni vassale ni sujette, celle-ci pouvait, à charge de payer quarante schellings au profit des lords propriétaires, former appel devant d'autres juridictions de la colonie, à savoir, de la cour de seigneurie ou de baronnie à la cour de comté, et de la cour de manoir à la cour de circonscription [1]. L'autorité judiciaire des seigneurs inférieurs fut quelquefois non seulement une imitation permise par les textes, mais encore une délégation volontaire de celle des propriétaires eux-mêmes. La proposition est vraie au moins de la Pensylvanie, où le vassal ne jugeait qu'avec l'autorisation expresse de son suzerain, revêtue du sceau de ce dernier [2].

Le pouvoir de réprimer certains faits appartint, à l'origine, en Angleterre même, pour la Nouvelle-Angleterre, à la compagnie des propriétaires, et, pour la Virginie, au conseil de direction de la compagnie. Des personnes qui étaient aux gages de celle-ci, ou qui avaient promis de se rendre et de travailler, pour elle, outre-mer, rompaient leurs engagements; d'autres qu'elle avait envoyées, à ses frais, et qu'elle employait en Amérique, s'y révoltaient ou y commettaient divers méfaits; d'autres encore, que le gouvernement de la colonie expédiait au loin, avec des navires, pour des voyages de découverte, ou à la recherche de provisions, ou plus généralement pour les affaires des colons, rentraient par fraude en Angleterre sans la permission du gouverneur; d'autres enfin, revenues de la colonie, tenaient, à l'égard de cette dernière ou de ses pouvoirs constitués, «des propos vils et scandaleux, propres à détourner des projets d'immigration, à léser la colonie, à jeter sur le roi et le royaume le mépris et la déconsidération»; traduites devant la compagnie ou les autres autorités compétentes,

(1) §§ 16, 24; Poore, II, 1399-1400. — (2) Ch. roy. 1681; Poore, II, 1514.

plusieurs avaient gardé devant leurs juges une attitude irrespectueuse ou insolente[1]. De pareils actes étaient intolérables dans un gouvernement bien ordonné[2]. Pour les prévenir désormais par la menace d'une répression suffisante, les textes permettaient au président de la compagnie, au mandataire ou représentant de celui-ci[3], à tout personnage que la compagnie aurait désigné à cet effet[4], ou à l'un quelconque des membres du conseil[5], de faire arrêter les coupables. La compagnie, ou le conseil, ou deux au moins des membres de l'une ou de l'autre, devaient ou pouvaient les interroger sous la foi du serment, les obliger à promettre, sous bonne caution, de tenir une conduite meilleure à l'avenir, les punir suivant les lois du royaume d'Angleterre, s'ils ne préféraient les renvoyer soit au gouverneur, soit au représentant du gouverneur et au conseil de la colonie même, autorisés à sévir, selon les lois et les ordonnances appliquées à l'administration de la colonie[6].

A une certaine époque, l'assemblée législative fut investie du droit de statuer, en appel, dans le Connecticut, sur les décisions de toutes les juridictions inférieures de la colonie, et, dans la Virginie, tantôt sur toutes ces décisions, tantôt sur celles-là seules ou même seulement sur les principales de celles qu'avaient pu rendre le gouverneur et le conseil[7]. Les ordres fondamentaux du Connecticut de 1638 lui donnaient, au criminel, une compétence illimitée[8]. Plusieurs actes constitutionnels attribuèrent simplement, dans la Pensylvanie, à la chambre des représentants, le droit de mettre en accusation, et au conseil celui de juger les

(1) Vie, ch. 1612; N.-A., ch. 1620; Poore, I, 929-930; II, 1906-1907.

(2) Vie, ch. 1612; Poore, II, *loc. cit.*

(3) Vie, ch. 1612; N.-A., ch. 1620; Poore, *loco cit.*

(4) N.-A., ch. 1620; Poore, I, *loc. cit.*

(5) Vie., ch. 1612, *loco cit.*

(6) Vie, ch. 1612; N.-A., ch. 1620; Poore, *loco cit.*

(7) New-Haven, Conn., const. 1639; Stokes, 21-22; Bancroft, I, 229; II, 248-249; Hough, I, 152; II, 423.

(8) § 10; Poore, I, 251.

gens accusés par elle [1]. L'un de ces derniers ajoutait que le droit devait être exercé par vote et le vote se faire par bulletins [2]. Il y a lieu de penser que, dans les diverses colonies, de tous les pouvoirs judiciaires qui avaient pu être attribués à l'assemblée, la chambre des représentants retint ce seul droit de mise en accusation, et que bientôt les seules personnes contre lesquelles elle eut la faculté de l'exercer furent les fonctionnaires dont la nomination émanait du peuple, le droit de juger ces fonctionnaires restant seul au conseil [3].

Une des plus anciennes chartes de la Virginie décidait qu'à défaut d'instructions émanées des propriétaires, qui limitassent les attributions judiciaires du gouverneur, chef du pouvoir exécutif, ce dernier était autorisé à juger toute affaire, même au criminel, et, au criminel, même capitale [4]. Plus tard, dans la même colonie, on le trouve investi au moins du droit de présider toutes les cours locales [5]. Dans une autre, il est seul chargé de juger plus spécialement, avec les instances de la compétence commune des cours de chancellerie, ou, si l'on veut, avec celles qui, dans la métropole, auraient ressorti à la compétence du lord haut chancelier, les affaires d'amirauté et les différends ecclésiastiques [6]. Parfois il exerce, même hors de l'audience, toutes les fonctions du chancelier. Elles lui sont généralement confiées, dans les provinces royales [7]. Dans ces provinces, sauf la Caroline du Sud, il tenait toujours et seul les audiences de la cour dite de chancellerie, tandis que c'était un juge ordinaire, nommé par le roi, qui y tenait celles de la cour des affaires maritimes dite de vice-

[1] Ch. 1682, §§ 19-20; ch. 1683, § 17; const. 1696; ch. 1701, § 2; Poore, II, 1523, 1529, 1535, 1538.

[2] Ch. 1682, §§ 19-20; Poore, II, 1523.

[3] Comp. notes 1 et 2 ci-dessus, et, ci-après, section IV, le chapitre sur les fonctionnaires. — [4] Ch. 1609; Poore, II, 1901.

[5] Instr. 1692; Bancroft, III, 26.

[6] C., instr. 1729; Stokes, 185; Story, I, 95; Hough, II, 105.

[7] Story, I, 67; Bancroft, II, 252-253.

amirauté[1]. Mais partout, le plus souvent, c'est avec l'assistance du conseil qu'il juge. Il est investi, avec elle, dans quelques colonies, à leur origine, d'une compétence absolue et illimitée[2], et, plus tard, d'une juridiction d'appel sur les décisions rendues par les cours inférieures[3]; dans d'autres, simplement d'une juridiction d'appel sur les différends où la valeur litigieuse dépasse une somme déterminée, ici, 100 livres[4], et là, 300[5]; dans plusieurs, et, parmi les provinces royales, spécialement dans la Caroline du Sud, de toute la juridiction des cours de chancellerie[6]; dans le Massachusetts enfin, tout particulièrement de la juridiction de *probate*, qui consiste essentiellement à prononcer sur l'authenticité ou la validité des actes de dernière volonté, et à nommer, en cas de besoin, des administrateurs ou des curateurs aux biens dépendant de successions[7]. Au dernier état du droit, dans les provinces royales, la juridiction d'appel du gouverneur et du conseil sur les décisions des cours inférieures était universellement admise; le recours devait être formé dans le délai de 14 jours après la prononciation ou la signification du jugement de première instance, et l'appelant fournir caution pour le payement des frais et des condamnations éventuelles; l'appel était toujours permis contre celles des sentences des juridictions inférieures qui intéressaient le roi, et, par exemple, contre celles qui statuaient sur des redevances dues à la couronne, tandis qu'il ne

(1) Stokes, 185, 191, 233. Comp. 157, note 6, ci-dessus. Voy. également, ci-dessus, p. 151-152.

(2) Conn., ordr. fondam. 1638, § 1; N.-H., com. 1679; Poore, I, 249; II, 1275-1276. Sur la condition de la Virginie, à cet égard, vers 1662, voy. Bancroft, II, 204. Comp., I, ci-dessus, p. 288-289.

(3) Sur la condition du Rhode-Island, à cet égard, sous la charte de 1643, voy. Hough, II, 245, et, sur celle du New-Hampshire, après 1680, Hough, II, 1.

(4) N.-J., instr. 1702; Bancroft, III, 49; Hough, II, 34.

(5) Sur la condition de New-York, sous le régime provincial, voy. Hough, II, 60.

(6) Stokes, 191, 240; Bancroft, IV, 133; V, 149. Comp., ci-dessus, note 1.

(7) Ch. 1691; Poore, I, 951.

l'était contre les autres que si la valeur du litige dépassait 300 livres sterling; les commissions royales prescrivaient fréquemment les règles de la procédure; le gouverneur présidait à la nouvelle instance; les juges du premier débat pouvaient être présents, et, sinon voter, du moins défendre ou expliquer leur propre décision[(1)].

Le conseil semble avoir eu, en divers lieux, le droit de juger, de sa seule autorité, même sans intervention du gouverneur, certains actes ou différends. Ici, on le trouve autorisé à punir toute désobéissance aux ordres de l'autorité et à vider tout différend touchant «au soin et au bon gouvernement» de la colonie[(2)]. Là, on voit une de ses commissions, la première, celle des plantations, prononcer sur les difficultés que ses propres actes pouvaient soulever; la seconde, la commission de la justice et de la sécurité, réprimer tous les faits de mauvaise administration de la justice; le corps entier des conseillers lui-même, châtier tout emploi des deniers publics contraire aux instructions du gouverneur, des assistants de ce dernier, ou du pouvoir législatif[(3)]. Parfois encore, pour certaines instances le gouverneur ou l'un des membres du conseil siégeait indifféremment. Ainsi il arrivait que des cours ou commissions extraordinaires fussent chargées de juger les faits de piraterie : c'était le gouverneur, ou, pour le gouverneur empêché, le doyen du conseil, qui en tenait ou en présidait les audiences[(4)]. Au moins dans les provinces royales, les membres du conseil avaient, sur toute l'étendue de la colonie, la juridiction et les pouvoirs de juges de paix[(5)].

Dans la Caroline, sous le régime des constitutions fondamen-

(1) Stokes, 26, 185, 222-225, 240; Hough, II, 60.

(2) N.-H., com. 1679; Poore, II, 1275-1276. Comp., ci-dessus, I, p. 291-292.

(3) Pie., ch. 1682, §§ 11, 13; ch. 1683, § 9; const. 1696; Poore, II, 1521-1522, 1528, 1535.

(4) Stokes, 231-232, 283; 11-12, Guillaume III, c. 7; 6, Georges Ier, c. 19; 8, Georges Ier, c. 24; 2, Georges II, c. 28; comp. 28, Henri VIII, c. 15; 4, Georges Ier, c. 11.

(5) Stokes, 240.

tales de 1669, les conseils qui participaient, comme on le sait, à l'exercice du pouvoir exécutif, participaient également à celui du pouvoir judiciaire. D'abord le grand conseil jugeait tout différend soit entre les diverses cours de propriétaires, soit entre les membres de la même cour, sur leurs attributions ou leurs actes respectifs [1]. Il jugeait encore, soit en première instance, soit en appel, toutes les causes qui concernaient le palatin ou l'un quelconque des lords propriétaires, et toutes celles qui, touchant aux intérêts d'un conseiller d'une cour quelconque, auraient, abstraction faite de la qualité de ce plaideur, relevé, par leur nature, de la compétence de sa cour [2]. Pour la trahison, le meurtre, et plus généralement pour toute offense punissable de mort, une commission donnée, au moins deux fois l'an, chargeait l'un ou plusieurs des membres du grand conseil, d'aller dans les divers comtés, juges ambulants, tenir des assises avec les shérifs et les quatre juges de paix du comté. En principe, cette cour d'assises prononçait sans appel; cependant, à charge de payer 50 livres sterling, au profit des lords propriétaires, toute partie pouvait en appeler à la cour de propriétaires compétente [3]. Ces juges ambulants étaient ceux auxquels le grand jury remettait le rapport dont il a été précédemment question [4]. Les cours de propriétaires, elles, paraissent avoir pu juger, au moins sur appel et en dernier ressort, tous les différends relatifs aux objets pour lesquels elles devaient ou conseiller le chef du pouvoir exécutif, ou soit composer elles-mêmes, soit appliquer des règles de gouvernement, ou faire exécuter les lois [5]. En toute cause criminelle, elles pouvaient, soit avant, soit après la sentence d'une juridiction inférieure, diminuer les amendes et

(1) § 51; Poore, II, 1403. Comp., ci-dessus, p. 95-102.

(2) § 52; Poore, II, 1403. Comp., ci-dessus, p. 95-102.

(3) *Ibidem.*

(4) Voy. ci-dessus 35.

(5) Const. fondam., 1669, *passim*, notam. § 46; Poore, II, 1402; comp. ci-dessus, 95-102.

suspendre l'exécution des peines [1]. Spécialement la cour de l'amiral possédait les attributions ordinaires des cours d'amirauté. Elle était encore autorisée à tenir audience, même à déléguer des mandataires, dans les ports ou les bourgs de ports, pour vider les litiges commerciaux [2]. D'autre part, la cour du grand juge jugeait, en appel, au civil et au criminel, toutes les causes d'appel, qui n'étaient pas expressément attribuées à d'autres cours de propriétaires [3]; et, au criminel, elle avait seule qualité pour condamner un Landgrave ou un cacique, sur le verdict d'ailleurs émané d'un jury des pairs de l'accusé [4]. On a vu et l'on verra encore que, dans la même colonie, les shérifs et les intendants « *stewards* » faisaient partie de certaines cours de justice [5].

Auprès de ces divers personnages et corps constitués, dont ce n'était ni le seul ni même le principal mandat de rendre la justice, on trouvait de véritables fonctionnaires de l'ordre judiciaire, surtout, et, en général, uniquement chargés de la rendre. Les moins élevés portaient d'ordinaire le nom de juges de paix; les plus élevés formaient le plus souvent, ou seuls, ou avec le concours d'autres fonctionnaires, des cours désignées par des appellations plus ou moins caractéristiques.

Peu de dispositions constitutionnelles sont consacrées à la juridiction des juges de paix, l'une des plus anciennes que les colonies anglaises d'Amérique aient connues [6]. Aucune charte ne lui a même, croyons-nous, donné nettement une compétence propre et exclusive, si quelques-unes, comme on le verra, associaient les juges de paix à l'œuvre de certaines cours, dont elles définissaient les pouvoirs [7].

Les textes constitutionnels peu nombreux qui concernent les

(1) § 47; Poore, II, 1402.
(2) § 41; Poore, II, 1402.
(3) § 38; Poore, II, 1401.
(4) § 27; Poore, II, 1402.
(5) Ci-après, 162.
(6) Voy. ci-après, 166-170.
(7) Ci-dessus, 160 et ci-après, 162-164.

cours sont de deux sortes. Ceux-ci règlent la condition de quelques cours spécialement déterminées; ceux-là donnent pour telle ou telle colonie le principe essentiel de l'organisation de toutes les cours, sans établir entre elles des distinctions de noms ni d'attributions.

Les constitutions fondamentales de la Caroline de 1669, par exemple, sont de la première sorte. Elles établissent des cours de circonscription et des cours de comté. La circonscription était une subdivision régulière d'une subdivision plus grande de la colonie, le comté. Chacune avait sa cour de circonscription composée d'un intendant «*steward*» et de quatre juges de paix. La cour jugeait, sur appel, les causes venues de la cour de manoir [1]. Elle pouvait juger, au civil, toutes les causes, et, au criminel, toutes encore, à l'exception de celles susceptibles de déterminer l'application de la peine de mort ou concernant les nobles. Elle prononçait sans appel, au civil, en matière mobilière, tant que la valeur du litige ne dépassait pas 50 livres. Au delà en matière mobilière, dans tous les cas en matière immobilière, au civil, et, dans tous les cas encore, au criminel, à charge toujours de payer 50 livres sterling au profit des lords propriétaires, toute partie avait toujours le droit d'appeler à la cour de comté [2]. Celle-ci était composée d'un shérif et de quatre juges de paix. Elle jugeait, sur appel, les causes venues, on l'a vu, des cours de circonscription et des cours de seigneurie ou de baronnie [3]. Au civil, elle prononçait sans appel en matière mobilière, quand la valeur du litige ne dépassait pas 200 livres sterling. Au delà en matière mobilière, dans tous les cas en matière immobilière, au civil, et encore dans tous les cas, au criminel, à charge de payer 20 livres sterling au profit des lords propriétaires, toute partie avait le droit d'appeler à la cour de propriétaires compétente [4].

(1) Comp. 154-155.

(2) § 63; Poore, II, 1404. Comp. ci-dessus, 155, 160.

(3) Comp., ci-dessus, et p. 153-155.

(4) §§ 61-62; Poore, II, 1403-1404; et, ci-dessus, 160.

Indépendamment des deux cours précitées, les actes constitutionnels mentionnent, surtout pour les provinces royales, toute une série de juridictions. Il faut citer d'abord les cours d'amirauté ou de vice-amirauté qui paraissent avoir pris, au XVIIIe siècle, des prérogatives toutes nouvelles. Fermement établies au moins dans les provinces royales, et composées d'un juge, d'un greffier (*register*), et d'un agent d'exécution, le maréchal, elles y eurent alors pour principale attribution de faire respecter les actes par lesquels le parlement anglais réglait le commerce maritime ou les impôts des colonies. A cet effet, elles condamnaient à de lourdes amendes ou confiscations. Appel pouvait être interjeté soit à la haute cour anglaise d'amirauté, soit au roi en conseil. Si, d'ailleurs, les principes attribuaient à la colonie dans laquelle elles étaient prononcées le tiers du produit des condamnations, en fait les fonctionnaires du roi le dilapidaient. Il convient d'ajouter que la plainte pour la violation de ces actes du parlement relatifs au commerce et aux impôts pouvait, au gré du plaignant, être portée devant les autres juridictions de la colonie. Les mêmes cours d'amirauté ou de vice-amirauté jugeaient toutes les causes maritimes. En temps de guerre, elles devenaient cours des prises, et, sur l'ordre du gouverneur, leurs juges donnaient des lettres de marque aux corsaires. C'étaient les instructions royales qui réglaient d'ordinaire la condition de ces cours, qu'à raison de leur rapacité, de leur puissance et de la nature particulière de leur compétence, le colon avait généralement en horreur [1]. Dans les affaires ordinaires, au civil, une seule ou plusieurs cours supérieures prononçaient, en appel, sur les décisions des juridictions inférieures. Des cours inférieures, en nombre variable, et d'une compétence générale, jugeaient sans

[1] Stokes, 135, 185, 233, 270-275, 360-361, 371; Bancroft, IV, 133, 148, 420; comp. 4, Georges III, c. 15, §§ 41-42, 46; 8, Georges III, c. 22.

appel, quand la valeur du litige ne dépassait pas 40 schellings, et, à charge d'appel, au delà. Si tout particulièrement l'une de celles-ci, la cour de conscience, dépassait la compétence qu'avait la cour anglaise du même nom, elle paraît cependant n'avoir pu juger au delà du taux encore modique de 8 livres [1]. Le pouvoir des cours supérieures s'étendait sur toute la colonie; en principe, au contraire, toute cour inférieure avait un ressort limité, paroisse, comté, ou circonscription territoriale de quelque autre sorte. Les cours supérieures portaient le nom de cours suprêmes, ou de cours générales, ou de cours du banc du roi et de plaids communs; les cours inférieures, celui de cours de comté, de district, de conscience. En général, pour les audiences des cours inférieures, deux juges devaient siéger ensemble. Toute cour supérieure avait un juge chef ou président et un nombre variable de juges assistants. Les juges de paix tenaient les audiences des cours inférieures; des juges spéciaux celles des cours supérieures. S'il arrivait qu'une colonie n'eût pas de cours inférieures proprement dites, la cour générale ou suprême, alors la cour unique, parcourait le territoire dans des tournées d'assises civiles. Au criminel, tantôt une cour spéciale statuait, tantôt la juridiction appartenait aux cours supérieures [2].

Les principes essentiels d'organisation que la lecture des textes constitutionnels permet de poser pour la plupart des cours, ou pour toutes sans distinction, se résument assez exactement dans quelques courtes propositions. Le roi et les propriétaires, qui pouvaient déléguer leurs propres attributions de l'ordre judiciaire, les pouvaient évidemment déléguer à des cours [3]. Celles-ci furent créées tantôt par le roi, ou ses représentants, tantôt par les pro-

(1) Ci-dessus, 146.

(2) Stokes, 25-26, 131-133, 136, 255-268.

(3) Voy. ci-dessus, p. 141-156. Comp. p. 73, 82-83.

priétaires, tantôt par l'assemblée législative[1]. La règle semble avoir été qu'elles fussent librement instituées par l'assemblée législative dans les colonies de charte[2], par le roi, ou ses représentants, le gouverneur et le conseil, dans les provinces royales[3], par les propriétaires dans les colonies de propriétaires[4], sauf peut-être la Pensylvanie, où le peuple, toujours ardent à diminuer les prérogatives de ses maîtres, revendiqua et sans doute parvint à exercer, au moyen de ses représentants, le droit d'établir toutes les juridictions[5]. Il n'était pas rare qu'une cour se composât d'un seul juge[6]. Le nom même s'appliquait en général à des corps formés de fonctionnaires exclusivement chargés de rendre la justice, quoiqu'il désignât parfois, on l'a vu, des juridictions dans lesquelles siégeaient, même seuls, des fonctionnaires dont les attributions principales étaient de l'ordre exécutif[7]. En dernière analyse, la définition la plus exacte de la cour de justice, même pour les colonies, était celle que Blackstone en donnait pour la métropole[8].

Tel fut le régime que créaient les textes constitutionnels proprement dits. Dans le système d'organisation judiciaire établi ou confirmé par les lois ordinaires des colonies, on trouve, au plus bas degré de la hiérarchie, des juges de paix; au-dessus de ceux-ci, des cours inférieures plus ou moins nombreuses, et diversement nommées suivant les lieux, cours de maires et de conseils municipaux, de conscience, de plaids-communs, de probate, de

(1) M. B., ch. 1691; Poore, I, 951. Comp. Bancroft, III, 48; IV, 131; V, 86.

(2) M. B., ch. 1691; Poore, I, 951; Stokes, 25-26.

(3) N.-J., instr. 1702; N.-Y., instr. 1763; Stokes, 157; Story, I, 82, 110; Bancroft, III, 48; IV, 131; V, 86.

(4) Gie., ch. 1732; Poore, I, 375; Bancroft, IV, 137. Comp., ci-dessus, I, p. 350.

(5) Bancroft, III, 45.

(6) Voy. ci-dessus, p. 157, 163.

(7) Voy. ci-dessus, 148-161. Comp. Hough, II, 60.

(8) Voy., ci-dessus, p. 147-148.

circuit, de comté, de session; puis, des cours plus élevées, qui portaient les noms de cour du commissaire général, de cour de chancellerie, de cour d'amirauté, de cour provinciale ou générale, de cour suprême ou supérieure; enfin, au sommet de la hiérarchie, le gouverneur et son conseil de gouvernement, l'assemblée législative, le roi en son conseil privé.

A la compétence des juges de paix ressortissaient, au criminel, surtout les délits, et, en particulier, le blasphème, la violation des lois et règlements sur l'observation du dimanche, les infractions aux règles de police. Parfois ils jugeaient des actes plus graves, tels que la désobéissance aux lois prohibitives et fort sévères, qui visaient les ministres de la religion catholique, persécutée, çà et là, à certaines époques, avec une grande rigueur. Sans cesse, et presque partout, ils prononçaient sur les méfaits, quelle qu'en fût la gravité, dont les esclaves s'étaient rendus coupables. Au civil, ils connaissaient des différends entre maîtres et apprentis, serviteurs ou esclaves, des difficultés relatives à l'entretien des pauvres, de celles que la garde ou l'entretien des routes pouvait faire naître, de l'usurpation des fonds de terre, de toutes les réclamations pour les créances inférieures à une valeur déterminée. D'autres attributions leur appartinrent encore parfois, qui n'étaient pas d'une nature proprement litigieuse, divers pouvoirs de chancellerie, la vérification des testaments, la nomination d'administrateurs des biens dépendant de successions ab intestat. Le plus souvent, au criminel, leurs décisions n'étaient pas sans appel; il arrivait qu'elles le fussent au civil, quand le litige ne dépassait pas une valeur déterminée, par exemple, 20 livres[1].

[1] C. N., 1741, 1749; Potter, Taylor et Yancey, I, 143, 183-184; — C. S., 1692-1776, *passim;* Grimke, *passim*, notamment 2-3, 5-6, 9, 12, 14-15, 20, 22-23, 31, 36-39, 41-44, 58-60, 113, 115, 121-122, 135, 153, 165-177, 191-193, 197, 208-209, 213-215, 220, 225, 234, 236, 247; — Conn., Statutes, Acts and Laws, édit. de 1715, 15-16, 99, 105-106; — M. B., 1692, 1693, 1697, 1731, 1733, 1736, 1757, 1763,

Les cours de maires ou de conseils locaux paraissent avoir eu, au civil, tantôt la connaissance des affaires sommaires ou de mince importance, tantôt celle des affaires qui, sans être nécessairement insignifiantes, n'excédaient pas du moins un certain taux. Au criminel, leur compétence ne s'arrêtait qu'aux crimes dont la peine était la mort ou la mutilation. A une époque, dans le Rhode-Island, elles eurent le droit de vérifier les testaments et de nommer des administrateurs aux successions ab intestat[1].

Les cours de plaids-communs étaient souvent composées de deux ou plusieurs juges de paix. Quelques colonies en avaient une dans chacun de leurs comtés. Au moins pour l'application du droit coutumier, elles semblent avoir eu en premier ressort, et peut-être parfois sans appel, une compétence générale et presque illimitée. Elles connaissaient, çà et là, des différends entre marchands, marins, étrangers. Elles partageaient avec d'autres juridictions, suivant les lieux, le droit de statuer sur les procès où les orphelins et les apprentis étaient intéressés, et celui de nommer des administrateurs aux successions ab intestat. Elles prononçaient, en appel, sur les décisions émanées des juges de paix ju-

1767, 1772; Charters and General Laws, édit. de 1814, 217-218, 239, 252, 259, 268, 300, 487, 491, 507, 612, 658, 662, 669-670, 674-675; — N.-H., 11 et 12, Guillaume III; 13, Anne; 4, Georges I; 10, Georges II; Acts and Laws, édit. de 1771, 5-10, 69-70, 137; Voy. aussi LL. temporaires, 1771, 42-43; — N.-J., 1738-1739, 1775; Allinson, 99-102, 468, 470, 474; — N.-Y., 1699, 1709, 1732, 1737, 1739, 1750, 1759, 1771, 1772; Van-Shaack, 26-28, 78, 171, 194-196, 204, 292-293, 298, 307, 614-616, 678-679; — Pie., 1700-1772, *passim*; Acts of Assembly, édit. de 1775, *passim*, notamm. 1, 3, 4-5, 7, 9, 11, 15, 43-44, 59, 80-89, 110, 166, 204, 207, 429-430; — R.-I., 1704, 1730; Bartlett, III, 503; IV, 437; Public Laws de 1730, 202; — Vie., 1660-1773, *passim*; II à VIII, *passim*. — Ci-dess., 161.

(1) C. N., 1715, 1722; Potter, Taylor et Yancey, I, 111-114, 116-118; — N.-Y., 1709, 1759, 1772; Van-Shaack, 78, 377, 648-654; — R.-I., 1640, 1647, 1651; Bartlett, I, 106, 237. Voy. encore, sur la condition du R.-I., à cet égard, Story, I, 62, 65-66.

geant individuellement, et, concurremment avec ces derniers, elles connaissaient des actions pour usurpation de fonds de terre (1).

Les cours des orphelins, quelquefois elles-mêmes composées de juges de paix, avaient pour mission, dans les lieux relativement rares où on les trouvait, de statuer sur tout différend qui intéressait des orphelins, de recevoir les comptes des administrateurs de successions, de surveiller, et, au besoin, de reviser les partages des hérédités testamentaires et ab intestat (2).

Dans quelques colonies, à certaines époques, la vérification des testaments, la nomination d'administrateurs aux successions ab intestat, de tuteurs aux mineurs et aux fous, la défense des intérêts des fous et des faibles d'esprit, les partages de successions et de communautés, l'autorisation de vendre, pour le payement des dettes, les biens de l'hérédité, l'apurement des comptes soit des administrateurs de successions ab intestat, soit des exécuteurs testamentaires, appartenaient à des cours spéciales, dites de probate, qui se composaient tantôt de trois juges de paix, tantôt d'un juge de la cour de comté assisté de deux juges de paix, tantôt d'un juge unique et spécial (3).

Une juridiction analogue appartint, dans le Maryland, à des cours dites de commissaires. Un commissaire général de la colonie

(1) C. N., 1762; Potter, Taylor et Yancey, I, 211-212, 217; — C. S., 1736, 1737, 1769; Grimke, 144-145, 268-270; — Gie., 1760, 1763, 1766, 1767, 1773; Digest, édit. de 1801, 63, 86, 90-91, 128-129, 142-145; — M. B., 1692, 1697, 1701; Charters and General Laws, édit. de 1814, 218-219, 300, 365; — N.-H., 11, Guillaume III; Acts and Laws, édit. de 1771, 5-6; — N.-J., 1704, 1709, 1715; Allinson, 5, 78, 485-489; — N.-Y., 1750; Van-Shaack, 292-293; — Pie., 1715; Acts of Assembly, édit. de 1775, 81; — R.-I., 1729, 1730, 1752; Bartlett, IV, 428, 432; V, 365; voy. aussi Public Laws de 1730 et de 1767.

(2) Pie., 1700, 1705, 1713; Acts of Assembly, édit. de 1775, 12, 33, 70-73.

(3) Conn., Statutes, Acts and Laws, édit. de 1715, 24, 128; — M. B., 1693, 1720, 1736, 1752, 1760, 1776; Charters and General Laws, édit. de 1814, 253, 427, 515, 592-593, 635, 695; — N.-H., 4, Georges Ier; 6, Georges III; Acts and Laws, édit. de 1771, 90-91, 203.

paraît avoir eu toutes ces cours sous sa surveillance. Elles se composaient, dans les divers comtés, de substituts ou commissaires délégués que désignait le commissaire général, et elles rendaient compte de leurs travaux aux cours de comté [1].

Les cours de comté furent, à l'origine, notamment dans la Virginie, formées de juges de paix. Plus tard, un juge spécial, assisté de deux juges de paix, tint les audiences de chacune d'elles. Au criminel, ces cours de comté connaissaient, par exemple, des poursuites intentées contre certains fonctionnaires, et elles durent parfois appliquer les peines édictées contre les catholiques. Au civil, surtout à l'origine, et à défaut d'autres juridictions compétentes, elles avaient une compétence très étendue, presque illimitée, en matière de testaments et de successions. Çà et là, elles conservèrent encore plus tard le droit de nommer les administrateurs de successions et les tuteurs. Au civil, et peut-être même au criminel, le principe commun paraît avoir été qu'elles fussent compétentes pour juger, dans leurs comtés respectifs, toutes les affaires qui n'étaient pas expressément attribuées à d'autres juridictions. C'étaient, en autres termes, les cours de droit commun [2].

(1) Md., 1715, c. 24, §§ 4, 14; c. 39, §§ 2, 7, 18, 29, 34, 39; 1722, c. 10, § 5; 1763, c. 18, §§ 106-107, 125-127; dans Bacon.

(2) C. N., 1741, 1764; Potter, Taylor and Yancey, I, 152-153, 222; — Conn., Statutes, Acts and Laws, édit. de 1715, 3, 4, 24; — Md., 1704, c. 21, §§ 3, 5, 6; 1713, c. 10; 1714, c. 4, §§ 4, 5; 1715, c. 14, § 2; c. 15, § 1; c. 26, § 13; c. 28, § 7; c. 39, § 10; c. 41, §§ 1, 2; c. 43, §§ 11, 13; c. 44, §§ 31-32; c. 48, § 12; 1716, c. 11, § 9; 1723, c. 15, § 2; 1728, c. 7, § 2; 1729, c. 24, §§ 12-13; 1742, c. 19; 1748, c. 15; c. 20, § 3; 1751, c. 14, §§ 4, 6, 8; 1752, c. 1, §§ 2, 7; 1756, c. 6, §§ 6-8; c. 9, §§ 2, 3, 6; 1763, c. 18, § 56; c. 21, § 6; c. 22, § 5; c. 23, §§ 5-6; dans Bacon; — M. B., 1639, 1641; Charters and General Laws, édit. de 1814, 91-92; — N.-J., 1740; Allinson, 119-120; — N.-Y., 1737; Van-Shaack, 194-196; — Pie., 1772; Acts of Assembly, édit. de 1775, 115-116; — Vie., 1619-1773, *passim;* Hening, I à VIII, *passim*, notamm. I, 266-267, 272-273, 302, 304-305, 310, 328, 336, 348, 356, 398-399, 447-449, 456, 462, 466-467, 469-477, 522; II, 11, 64-65, 99, 70, 72, 90, 179, 298, 358, 389; — comp. Md., 1704, c. 34,

Les cours de sessions étaient ainsi nommées, parce qu'elles tenaient des sessions fixes et périodiques, tantôt mensuelles, plus souvent et presque toujours trimestrielles, d'où le nom plus usuel encore de cours de sessions trimestrielles. On les appelait aussi, suivant la nature de leurs attributions, cours de sessions trimestrielles ou générales de la paix, de jugement, d'assises, de libération ou mise en liberté. Souvent ce furent les juges de paix qui en tinrent ou en présidèrent les audiences. Une juridiction d'appel sur les décisions des cours de comté, la connaissance des différends qui concernaient les orphelins et les apprentis, la suppression de certains dommages par celle des établissements nuisibles ou insalubres, qui les causaient, par exemple, des abattoirs, la répression des actes qui portaient atteinte à la paix publique, telle était la compétence la plus ordinaire de ces cours [1].

Les cours de circuit paraissent n'avoir guère existé que dans la Caroline du Sud; encore on ne les y trouve que vers la fin de la période coloniale. Des juges de la cour suprême en tenaient les audiences, dans les divers circuits judiciaires de la colonie, exerçant vraisemblablement, sauf appel à la cour suprême elle-même, une juridiction intermédiaire entre celle de cette cour et celle des juges inférieurs, par exemple, des juges de paix [2].

§ 1; 1716, c. 11, § 9; 1748, c. 20. §§ 1-2; dans Bacon.

(1) C. N., 1762; Potter, Taylor et Yancey, I, 211-212, 217; — C. S., 1712, 1731, 1767, 1769; Grimke, 100, 128, 261-262, 269; — M. B., 1693-1769, *passim;* Charters and General Laws, édit. de 1814, *passim,* notamment 268, 326, 334, 337, 365, 505, 507, 612, 642, 660; — N.-H., 11, Guillaume III; 13, Anne; 4, Georges I; Acts and Laws, édit. de 1771, 5, 34-35, 63; — N.-J., 1704, 1775; Allinson, 5, 485-489; — Pie, 1705, 1715, 1722; Acts of Assembly, édit. de 1775, 49, 74, 112-114; — R.-I., 1639, 1640, 1641, 1729, 1747; Bartlett I, 71, 90, 103, 113, 115, 124; IV, 427; V, 226; voy. aussi Public. Laws de 1730 et de 1747; — Vie., 1619-1660, *passim;* Hening, I, *passim,* notamment 125, 127, 132, 163, 168-170, 185-187, 224, 273, 304, 398.

(2) C. S., 1768-1769, 1778; Grimke, 268-273, 291; — comp. N.-J., 1775; Allinson, 481.

La cour de chancellerie, établie dans plusieurs colonies, était une cour supérieure de justice. Elle avait divers pouvoirs pour la protection des orphelins, notamment le droit de changer les tuteurs. Elle connaissait, au delà d'une valeur déterminée, ou de toutes les affaires civiles, ou, plus particulièrement, des affaires dites d'équité. Parfois elle pouvait suspendre ou évoquer les procédures pendantes devant les cours de comté. Des juges spéciaux de chancellerie la composaient ou la présidaient, dans certains lieux[1].

Les cours provinciales ou générales, supérieures ou suprêmes, n'avaient, en principe, au civil, qu'une juridiction d'appel. Il arrivait pourtant qu'elles partageassent avec d'autres la juridiction de première instance, dans les différends qui touchaient à la minorité, à la tutelle, aux successions. Sur appel, au moins quand la valeur du litige dépassait une somme déterminée, elles connaissaient, au civil, des décisions de toutes les cours inférieures, quelles que fussent celles-ci, plaids-communs, cours de vice-amirauté, cours de comté, cours de probate, ou autres. Au criminel, elles revisaient, sur appel, les arrêts des cours inférieures, ou jugeaient directement les délits ou crimes d'une certaine importance. D'ordinaire un juge président et trois ou quatre juges assistants les composaient[2].

(1) C. N., 1762; Potter, Taylor et Yancey, I, 219; — C. S., 1720, 1746; Grimke, 110-111, 212; — Md., 1715, c. 41, § 7; 1723, c. 8, § 5; dans Bacon; — M. B., 1692, 1693; Charters and General Laws, édit. de 1814, 222-223, 275-276; — R.-I., 1712; Bartlett, IV, 137; — Vie., 1710-1755, *passim;* Hening, IV, V, VI, *passim.*

(2) C. N., 1715, 1762; Potter, Taylor et Yancey, I, 111-114, 211-212; — Conn., 1710; Statutes, Acts and Laws, édit. de 1715, 167-169; — Md., 1713, c. 4, § 3; 1715, c. 41, § 2; c. 44, §§ 31-32; 1716, c. 11, § 9; 1756, c. 9, §§ 2, 6; 1763, c. 22, § 4; — M. B., 1692, 1699, 1701, 1757, 1770; Charters and General Laws, édit. de 1814, 219-221, 330, 365, 670-671; — N.-H., 11 et 13, Guillaume III; Acts and Laws, édit. de 1771, 5-7, 26-27; — N.-J., 1741, 1747-1748, 1760; Allinson, 124, 159-160, 220; — Pie., 1700, 1705, 1715, 1722, 1767; Acts of Assembly, édit. de

Une compétence analogue à celle qu'avaient, dans quelques colonies, les cours de probate, fut parfois confiée soit au gouverneur seul, soit au seul conseil des assistants. Souvent les membres de ce dernier eurent individuellement la qualité et les droits des juges de paix. A diverses époques, dans plusieurs colonies, le gouverneur et les assistants formèrent ensemble une haute juridiction, qui jugeait, au criminel, directement, les cas les plus graves, sur appel la plupart des autres, et au civil, sur appel, au moins quand la valeur du litige dépassait une somme déterminée, les décisions de toutes les cours coloniales, cours de comté, cours de probate, cours de sessions, cours de chancellerie, même cours provinciales ou supérieures. Parfois encore ils furent eux-mêmes la cour de chancellerie, ou composèrent la cour d'amirauté dont la compétence la plus ordinaire s'appliquait, dans l'ordre civil, aux affaires maritimes et commerciales, et, dans l'ordre criminel, aux actes de piraterie et aux crimes et délits commis en mer. Peut-être ne sera-t-il pas sans intérêt de faire observer ici, au passage, que, de bonne heure, quelques colonies, notamment le Connecticut et le Massachusetts, se donnèrent de véritables codes de droit maritime [1].

1775, 17, 33, 81, 114-115, 338; — R.-I., 1735, 1747; Bartlett, IV, 513; V, 226; voy. aussi Public Laws de 1744 et de 1747; — Vie., 1660-1710 et 1738-1755, *passim*; Hening, II, III, V et VI, *passim*, notamment, II, 63-67, 169, 265-266, 362, 397; III, 513, 546; — comp. Md., 1729, c. 3, § 2; 1730, c. 16; dans Bacon.

(1) C. N., 1715; Potter, Taylor et Yancey, I, 111-114; — C. S., 1712; Grimke, 1, 27, 49, 52; — Conn., Statutes, Acts and Laws, édit. de 1715, 23-24, 99, 105-106; — Md., 1702, c. 1, § 20; 1713, c. 4, § 3; 1721, c. 14, § 3; 1729, c. 3, § 2; dans Bacon; — M. B., 1666, 1685, 1692, 1693; Charters and General Laws, édit. de 1814, 42, 94, 232, 253; — N.-H., 11 et 13, Guillaume III; 26, Georges II; Acts and Laws, édit. de 1771, 6-7, 26-27, 175-176; — N.-J., 1713-1714; Allinson, 26-27; — N. Y., 1700; Van-Shaack, 36-38; — R.-I., 1640, 1647, 1649, 1650, 1655, 1658, 1664, 1680, 1682, 1683, 1697, 1725, 1729, 1738; Bartlett, I, 149, 191, 194-195, 211-218, 222-223, 305; II, 26-27, 31, 63, 71; III, 88, 119-125, 126; IV, 204, 364, 428; voy. aussi Public Laws,

L'assemblée législative eut plus d'une fois, surtout à l'origine, une compétence analogue à celle que possédaient, dans quelques colonies, le gouverneur et le conseil. Elle connut même, en appel, des décisions du gouverneur et du conseil réunis. Au criminel, c'était souvent elle qui prononçait la mise en accusation pour les cas qu'elle devait juger au fond. En certaines occurrences, particulièrement lorsque la poursuite atteignait des fonctionnaires, la règle prévalait déjà, qui donnait le pouvoir d'accuser à la chambre des représentants du peuple, et celui de juger à l'autre (1).

Enfin, plusieurs lois réservaient au roi la juridiction d'amirauté ou mettaient l'autorité du roi en son conseil au-dessus de celle des plus hautes cours des colonies, même du gouverneur et du conseil colonial réunis. Au moins si la valeur du litige dépassait une somme déterminée, et, dans certains cas, quelle que fût cette valeur, il jugeait en conseil, sur appel, leurs décisions. Dans le Rhode-Island et le New-Hampshire, par exemple, à une époque, le

de 1730, et Digest. de 1744; — Vie., 1619-1710, *passim;* Hening, I à III, *passim*, notamment I, 6, 23-24, 43, 58, 62, 64, 125, 272, 477, 537; II, 58-65, 210; III, 291. — Voy. encore sur la condition du Connecticut vers 1638, de la colonie de New-York au XVIIe siècle, du Rhode-Island, notamment avant 1663, de la Virginie vers 1662 et 1683 : Story, I, 55, 62, 66; Bancroft, II, 204, 248-249, 252-253; Hough, II, 59, 245, 423. — Sur les codes maritimes du Connecticut et du Massachusetts-Bay, voy. Story, I, 60. — Sur la juridiction d'amirauté, comp. Stokes, 231-233; 28, Henri VIII, c. 15; 11 et 12, Guillaume III, c. 7; 4, Georges I, c. 11; 6, Georges I, c. 19, § 3; 8, Georges I, c. 24; 2, Georges II, c. 28, § 7. — Comp., ci-dessus, 157-159.

(1) Md., 1715, c. 39, §§ 2, 27, 39, 40; 1726, c. 9, § 2; dans Bacon; — M. B., 1634, 1641, 1642, 1651, 1654; Charters and General Laws, édit. de 1814, 43-44, 47, 92, 199; — Pie., 1705; Acts of Assembly, édit. de 1775, 39; — R.-I., 1705, 1729; Bartlett, III, 550-551; IV, 430; — Vie., 1619-1710, *passim;* Hening, I à III, *passim*, notamm. I, 375-376, 405, 519-520; II, 65-66, 108, 159-162, 169, 265-266, 272, 304, 362, 375-376, 405, 519-520; III, 546. — Comp. Pie., ch. 1682, §§ 19-20; ch. 1683, § 17; const. 1696. — Joignez, sur la condition du Connecticut, du Massachusetts-Bay et de la Virginie, à diverses époques, Marshall, 163; Story, I, 26, 44, 56; Bancroft, I, 155, 229; II, 248-249; Hough, I, 152; II, 423. — Comp., ci-dess., 156-157.

recours n'était permis, en principe, que si la valeur du litige excédait 300 livres sterling [1].

Un certain nombre de textes mentionnent l'institution du ministère public. Un procureur général de la colonie représente celle-ci ou l'Etat devant la justice, et intente l'action publique. Parfois ce procureur général (*attorney general*) est assisté d'un procureur général auxiliaire ou avoué général (*solicitor general*), qui dresse sans doute pour l'État les actes de procédure. Au-dessous du procureur général, des procureurs locaux le remplacent dans les diverses circonscriptions judiciaires, et y exercent ses fonctions, auprès des cours locales, sur son ordre et sous sa surveillance [2].

Le barreau existe, dans les anciennes colonies, et y subit une réglementation légale. A certaines époques, en certains lieux, l'assistance de l'avocat est même de rigueur. Le plaideur n'a pas toujours la liberté cependant d'avoir un nombre indéterminé de con-

[1] Md., 1702, c. 1, § 20; dans Bacon; — M. B., 1642, 1651, 1654, 1692, 1693, 1701, 1742; Charters and General Laws, édit. de 1814, 46-47, 222-223, 275-276, 356-362, 536; — N.-H., 11, Guillaume III; Acts and Laws, édit. de 1771, 4; — Pie., 1715, 1722; Acts of Assembly, édit. de 1775, 14, 114-115; — R.-I., 1706, 1719, 1768, 1771, 1775; Bartlett, III, 562; IV, 249-250; VI, 566; VII, 33, 355; voy. aussi Acts of assembly de 1768; — Vie., 1680-1710, *passim;* Hening, III, *passim,* notamment 513, 546; — voy. encore, sur la condition des colonies de Connecticut, Massachusetts-Bay, Rhode-Island, Virginie, à cet égard, à diverses époques, Marshall, 163; Story, I, 66, 122-123. — Ci-dess., 148-153.

[2] C. N., 1743; Potter, Taylor et Yancey, I, 169; — C. S., 1692-1790, *passim;* Grimke, *passim,* notamment 28, 30, 38, 44, 90, 116, 130, 226, 271, 273; — Conn., 1708; Statutes, Acts and Laws, édit. de 1715, 135; — Md., 1715, c. 41, § 9; 1748, c. 48, §§ 7-8, 10, 13; 1721, c. 14, § 1; 1722, c. 12, § 4; 1747, c. 23, § 7; dans Bacon; — M. B., 1663, 1701, 1706, 1715; Charters and General Laws, édit. de 1814, 98, 369, 381, 406; — N.-H., 3, Anne; Acts and Laws, édit. de 1771, 50-51; — N.-Y., 1695, 1699; Van-Shaack, 22, 31; — Pie., 1722; Acts of Assembly, édit. de 1775, 117; — R.-I., 1650, 1760; Bartlett, I, 225-226; VI, 262; voy. aussi Public Laws de 1767; — Vie., 1619-1773, *passim;* Hening, I à VIII, *passim,* notamment I, 275-276, 302, 313, 330, 340, 419, 482-483, 495-496; — Joignez Stokes, 136.

seils, ni même toujours d'en avoir plus de deux; mais il les choisit librement[1].

Une observation commune aux juridictions créées soit par les chartes ou constitutions, soit par les lois ordinaires, trouve naturellement sa place ici et clora ce chapitre. Des pouvoirs semblables furent parfois, on vient de le voir, accordés à des corps judiciaires qui différaient par le nom et la composition. Cette confusion apparente peut recevoir plusieurs explications plausibles : ou ces corps ne siégaient pas dans les mêmes colonies; ou, dans les mêmes colonies, ils exercèrent leurs fonctions dans des circonscriptions différentes; ou si, dans les mêmes colonies, dans les mêmes circonscriptions, et au même moment, comme il arriva, à coup sûr, pour quelques-uns, ils eurent une compétence véritablement concurrente, ce trait d'organisation judiciaire était, on le sait, familier aux Anglais, et les colons devaient facilement l'emprunter à la métropole. Le lecteur se rappelle qu'une observation, analogue au fond, sinon identique dans les termes, a déjà été présentée au sujet de divers fonctionnaires de l'ordre exécutif[2].

CHAPITRE II.

LE JURY.

Le jury était une des plus anciennes institutions des colonies anglaises d'Amérique. On le voit, dans la Virginie, autorisé, dès l'origine, à juger toutes les affaires capitales, au moins au criminel ordinaire[3], et, quelques années plus tard, même sous le régime de la loi martiale[4]. Au criminel, dans la Caroline, les

(1) Voy. les autorités et les textes cités, 174, note 1, ci-dessus.

(2) Voy. ci-dessus, p. 123. Comp. 147.

(3) LL. roy., 1606; Bancroft, I, 123.

(4) Sur la condition de la Virginie, à cet égard, vers 1620, voy. Bancroft, I, 157.

constitutions de 1669 prescrivaient, comme on sait, que les landgraves et les caciques fussent jugés par lui[1]. Les concessions du New-Jersey occidental de 1676 n'autorisent que lui seul à arrêter, à emprisonner, à priver de la vie, de la liberté ou d'un bien quelconque[2]. Les constitutions de la Caroline lui donnent réellement le droit de juger, dans toute cour, toute cause qui concerne un *freeman*[3], et les concessions également précitées du New-Jersey occidental, celui de connaître de toute affaire[4]. Dans le New-Jersey occidental, les juges proprement dits ne siégeaient, en vérité, que pour l'assister[5]. Au criminel, les mêmes constitutions de la Caroline ordonnaient, au moins pour le procès des landgraves et des caciques, qu'il se composât des pairs de l'accusé[6]. Sous elles, auprès de quelques cours, la possession d'une certaine étendue de terres de franche tenure était une condition rigoureuse d'aptitude : le texte mentionne 50 acres pour les cours de circonscription, 500 pour les cours de propriétaires, 300 pour les membres du jury d'accusation et 200 pour ceux du jury de jugement des cours de comté ou des cours d'assises[7]. Les lois constitutionnelles de la Pensylvanie de 1682 voulaient les jurés choisis parmi les gens sans reproche, et, autant qu'il serait possible, parmi les pairs ou égaux et concitoyens ou voisins des parties intéressées; elles admettaient de justes motifs de récusation; et confiaient aux shérifs le soin d'établir les listes[8]. Les mêmes fonctionnaires dressaient celles-ci, suivant toute apparence, dans les provinces royales[9]. Parmi les colonies de charte, dans le Massachusetts au moins, c'étaient les habitants francs tenanciers qui les établissaient, et, à la veille de la révolution de

(1) § 27; Poore, II, 1400. Comp. ci-dessus, 161.

(2) Story, I, 80; Hough, II, 33.

(3) § 111; Poore, II, 1408.

(4) Bancroft, II, 357; III, 426.

(5) Bancroft, II, 357.

(6) § 27; Poore, II, 1400.

(7) § 68; Poore, II, 1404. Comp. ci-dessus, 160, 162.

(8) § 8; Poore, II, 1524.

(9) Voy. 177, note 1 ci-après.

1776, le roi essaya vainement d'attribuer aux shérifs le droit de les établir[1]. Les constitutions de la Caroline de 1669, les concessions du New-Jersey occidental de 1676, les lois constitutionnelles de la Pensylvanie de 1682, prescrivaient que le nombre des membres fût de 12[2]. Dans la Pensylvanie pourtant, une distinction prévalait, au criminel : si l'affaire comportait l'application de la peine de mort, un premier groupe de 24 prononçait sur la mise en accusation, et ne pouvait l'ordonner qu'avec l'assentiment de 12 au moins; puis, un second, celui-ci de 12, statuait définitivement sur la culpabilité et l'application de la peine[3]. Au moins dans les cours inférieures des provinces royales, au civil, le nombre des jurés paraît avoir varié suivant l'importance pécuniaire du litige : trois prononçaient au-dessous de 40 schellings, 12 au-dessus, jusqu'à 8 livres. Là, et dans ces cours, au moins à une époque, peut-être la compétence des jurés ne dépassait-elle pas cette dernière somme. Dans la Caroline, les décisions étaient prises à la majorité des voix[4]. Dans la Pensylvanie encore, pour le jury d'accusation, le chef individuellement, par une formule très explicite, et les autres membres, trois par trois, par une simple allusion au serment de leur chef, juraient de chercher, avec soin, la vérité, de la dire et de ne pas dire autre chose; les membres du jury de jugement, eux, prêtaient serment de juger, en toute conscience et sincérité, suivant les preuves, au criminel, les différends entre le roi et l'accusé nommé, et, au civil, les litiges entre le demandeur et le défendeur, dont ils rappelaient également les noms[5]. Au dernier état du droit, toutes les colonies en étaient venues à employer les

(1) Bancroft, VI, 525; VII, 94, 112.

(2) Poore, II, 1404, 1524; Bancroft, II, 357. Dans les const. de 1669, voy. § 69, et dans les LL. de 1682, § 8.

(3) LL. const. 1682, § 8; Poore, II, 1524.

(4) Const. fondam. 1669, § 69; Poore, II, 1404.

(5) Const. 1696; Poore, II, 1534.

jurés à peu près pour toutes les affaires civiles et criminelles. Par la lettre même des instructions royales ou par la tolérance du Roi, jusque dans les provinces de celui-ci, ils siégeaient, à coup sûr, on l'a vu, auprès des cours inférieures, et probablement auprès de toutes les cours, à l'exception d'une seule, la cour d'amirauté ou de vice-amirauté, d'où ils furent certainement exclus. Cette exclusion, très propre à favoriser l'oppression, ne manqua pas d'accroître la haine des colons contre la cour d'amirauté, déjà odieuse à raison de la nature de sa compétence [1].

Les colonies usèrent souvent du concours du jury, selon les coutumes et les règles que suivait la métropole elle-même [2]. A vrai dire pourtant, celles de leurs lois ordinaires qu'elles consacrèrent à en régler l'usage sont fort nombreuses. On ne trouve guère que la colonie de New-Haven dans le Connecticut, où le ministère des jurés paraisse avoir été d'abord proscrit. Loin de l'interdire, les plus anciennes lois de la plupart des autres colonies le garantissaient aux plaideurs, particulièrement en matière criminelle, et souvent même en matière civile. Dès avant le milieu du XVIIe siècle, dans le Massachusetts, il était de droit, au criminel, à la requête de l'accusé, et, au civil, à celle de toutes les parties [3]. De bonne heure, en vérité, il fut partout d'un emploi constant, au criminel, et très fréquent, au civil. Les jurés participaient notamment à l'exercice de la juridiction des juges de paix, des cours de comté, des cours de sessions, des cours de plaids communs. Au civil, la loi distinguait soigneusement d'ordinaire les causes qui relevaient d'eux de celles dont ils ne devaient pas connaître. Mais fréquemment, ou ils eurent le droit de tout juger, ou, dans la plupart des causes, pour ne pas dire dans toutes, leur compétence put être revendiquée par les parties. Au crimi-

(1) Comp., Stokes, 25-26, 131-133, 136, 255-268, et, ci-dessus, p. 163.

(2) Voy. note 1, ci-dessus, et ci-après, p. 182-183.

(3) Code de 1641; Bancroft, I, 417.

nel, deux groupes différents prononçaient : le premier, ou grand jury, décidait de la mise en accusation; le second, ou petit jury, rendait le verdict définitif. Dans les diverses circonscriptions de justice, la liste était dressée tantôt par les shérifs, tantôt par les *selectmen* ou d'autres autorités locales. Elle fut tantôt annuelle, ou refaite chaque année, tantôt permanente, sauf à subir sans doute les radiations et à recevoir les additions nécessaires. La loi fixait les conditions d'aptitude, parmi lesquelles on voit sans cesse figurer l'obligation d'avoir la qualité de *freeman*, et celle de payer une somme certaine d'impôts ou de posséder une fortune mobilière ou immobilière déterminée, et, par exemple, pour la fortune immobilière, une quantité déterminée de terres de franche tenure, sises dans la circonscription même où le mandat allait être exercé[1]. Il semble que, parmi les personnes qui satisfaisaient aux conditions requises, les électeurs aient pu parfois choisir celles dont la liste se composerait. Les cours de justice ayant coutume, pour la plupart, de siéger par sessions périodiques et régulières, un tirage au sort, accompli par-devant le peuple tout entier ou certains fonctionnaires, désignait, avant chaque session, les jurés qui devaient y faire le service. Tantôt l'obligation de servir menaçait, sans interruption de temps, selon les chances du tirage, toutes les personnes inscrites sur la liste; tantôt la loi prescrivait que nulle ne fût tenue de servir plus d'une fois ou dans l'année, ou dans toute période de deux ou trois ans. Selon les lieux, les *selectmen*, les constables, les *coroners*, les juges de paix, ou les shérifs, prévenaient et convoquaient les personnes désignées. Si elles se rendaient à la convocation, elles ne pouvaient, le service durant, être mises en arrestation que pour cause de crime. Faisaient-elles défaut, la peine commune et constante était une amende variable. Une règle, d'ailleurs, également constante

[1] Comp., ci-après, section IV, ch. VI et X.

et commune, leur allouait une rémunération pécuniaire, qui parfois au moins demeurait à la charge des parties. Pour chaque procès un nouveau tirage au sort désignait ceux des jurés de la session qui siégeraient.

Au criminel, le grand et le petit jury se composaient d'un nombre de membres, variable, suivant les colonies, ou, dans la même colonie, suivant les époques, et le plus souvent sans égard à la nature des affaires. Dans une colonie, sous une loi donnée, le même nombre prononçait l'accusation et rendait le verdict définitif; mais il arrivait fréquemment que le nombre des membres du petit jury, invariable dans toutes les affaires, différât de celui également invariable, dans toutes, des membres du grand jury. Au civil, celui des membres du jury unique variait selon la nature des affaires litigieuses ou celle des cours. Soit au criminel, soit au civil, le nombre de 12 fut d'un usage fréquent. Au criminel, l'accusé pouvait toujours et le ministère public paraît avoir pu habituellement faire des récusations. Au civil, le droit, limité d'ailleurs, de récuser, appartenait souvent aux deux parties. Il semble que, dans certains lieux, à certaines époques, soit au criminel, soit au civil, 36 et parfois 72 récusations aient été permises pour toute affaire. Autant qu'il était possible, les jurés devaient être du voisinage du lieu qu'habitait le prévenu ou de celui dans lequel le crime avait été commis. Avant de siéger, chacun prêtait un serment ou une affirmation solennelle, dont la loi fournissait la formule, et dont la partie essentielle était l'engagement de faire justice, suivant les preuves, avec impartialité. La violation de l'engagement, ou même la simple acceptation de présents, rendait passible de peines plus ou moins sévères. Le mandat fut, en général, de prononcer simplement sur les faits. Le plus souvent le verdict, prononcé même après une seule délibération, s'imposait, sans discussion, au respect des parties et des magistrats. Des lois du Connecticut, qui furent longtemps observées, autorisaient pourtant les cours à exiger deux et même trois délibérations.

Il convient d'ajouter ou de rappeler que le ministère des jurés ne fut pas uniquement employé dans les audiences proprement dites de justice : un jury spécial, convoqué par les *coroners*, assistait ces fonctionnaires, et prononçait la décision dans les enquêtes faites pour reconnaître si une mort subite ou prématurée avait, ou non, les caractères d'une mort naturelle; d'autre part, à certaines époques, dans certaines colonies, le grand jury fut chargé d'indiquer annuellement aux cours des orphelins les noms des orphelins abandonnés, de surveiller l'application que faisaient de la loi les cours de comté en matière de testaments et de successions, voire de rechercher, soit pour les signaler aux chambres ou à d'autres autorités, soit pour les poursuivre, au criminel, toutes les violations, ou les violations les plus fréquentes de la loi [1].

[1] C. N., 1762; Potter, Taylor et Yancey, I, 216; — C. S., 1712, 1721, 1731, 1739-1740, 1744, 1751, 1769; Grimke, 32, 35-36, 46-48, 116, 123-127, 162, 163, 200, 223, 270-272; — Conn., Statutes, Acts and Laws, édit. de 1715, 2-3, 25-26, 46, 87, 91; — Gie., 1756, 1757, 1760, 1770; Digest, édit. de 1801, 46-47, 64, 158; — Md., 1715, c. 37, §§ 1-9; 1719, c. 3, §§ 2-3; 1760, c. 16, §§ 2-3, 5; 1765, c. 34; dans Bacon; — M. B., 1634, 1641, 1672, 1684, 1692, 1695, 1699, 1716, 1742, 1760; Charters and General Laws, édit. de 1814, 144-147, 195, 199, 214, 221, 232, 282-283, 332, 417, 538, 624-626, 633; — N.-H., 11, Guillaume III; 13, Anne; 4, Georges I; 5, 27 et 31, Georges II; Acts and Laws, édit. de 1771; voy. aussi Lois Temporaires de 1768, 26-35; — N.-J., 1713-1714; Allinson, 24; — N.-Y., 1699, 1710, 1719, 1726, 1741, 1770; Van-Shaack, 26, 81, 112, 145, 216, 221, 511; — Pie., 1700, 1705, 1718, 1767, et encore 1705-1752, *passim;* Acts of Assembly, édit. de 1775, *passim*, notamm. 7, 10, 17, 28, 43, 59, 73, 80, 89, 115, 239-248, 339, 521; — R.-I., 1640, 1655, 1657, 1658, 1662, 1663, 1664, 1680, 1702, 1726, 1737, 1742, 1743, 1745, 1747, 1750, 1754, 1762; Bartlett, I, 124, 307, 358, 414; II, 27, 83; III, 87, 447; IV, 376, 538; V, 378; VI, 342; voy. aussi Public Laws de 1730, Digest de 1744, et Public Laws de 1744, et de 1767; — Vie., 1619-1773, *passim;* Hening, I à VIII, *passim*, notamm. I, 146, 273, 303-304, 313-314, 463, 521; II,

L'usage immémorial du jury, au criminel, en principe, devant toutes les juridictions, et, au civil, pour les questions de fait, devant presque toutes,—la division en grand et petit jury, ou jury d'accusation et jury de jugement,—la charge donnée presque toujours au shérif, et, dans certains cas exceptionnels, au *coroner,* aux commis des cours, à des commissaires désignés par celles-ci, de dresser la liste générale du comté, de former, pour chaque session, une liste spéciale de 48 à 72 noms, en général de 48 seulement, et de convoquer les jurés,—le devoir d'obtempérer à la convocation, sous peine d'emprisonnement ou d'amende,—l'obligation, imposée comme condition d'aptitude, de posséder une certaine fortune, et particulièrement, selon les cas, à titre soit de franche tenure, soit de quelque tenure inférieure, même de simple bail à long terme, une terre d'un revenu annuel, net, déterminé,—le tirage au sort des jurés de chaque affaire, dont le nombre variant de 12 à 24 fut ordinairement de 12, depuis la plus haute antiquité,—l'ordre de n'admettre parmi eux que des hommes libres habitant le comté du domicile du défendeur, ou celui de la situation des biens litigieux, ou celui sur le territoire duquel le litige était né,—sont autant de traits caractéristiques et certains de l'ancien droit de la métropole. La loi ou la coutume anglaise permettait encore soit au ministère public, soit aux parties, des récusations, qui, dans certains cas, pouvaient s'élever à 48 ou à 72, ou, en autres termes, exclure toute la liste de la session. Elle obligeait les jurés à prêter le serment individuel de faire jus-

64, 73-74, 108, 406, 422;—voy. encore sur la condition du Connecticut, du Massachusetts, du New-Jersey, du Rhode-Island, de la Virginie, à cet égard, à diverses époques: Story, I, 25, 44, 47, 56, 58, 65-66, 76, 80; Bancroft, I, 123; Hough, 1, 152-153. — Comp. la déclaration du congrès de 1774, résol. 5, où le congrès affirmait que les colons avaient droit au grand et inestimable privilège d'être jugés, suivant la coutume anglaise par leurs pairs du voisinage; Story, I, 136, note 2. Voy. aussi l'acte de déclaration d'indépendance, § 20, dans Poore, I, 4.

tice en toute impartialité, suivant les preuves. S'ils le violaient, se laissaient corrompre, ou même simplement acceptaient des présents, elle les condamnait à des peines d'une sévérité d'abord extrême, qui s'adoucit graduellement, sans exclure jamais pourtant l'amende ni la prison. Elle les affranchissait de toute arrestation pour cause civile, pendant la durée de la session, et paraît leur avoir alloué leurs dépenses nécessaires. Elle autorisait assez facilement les cours soit à demander de nouvelles délibérations, soit à soumettre le verdict à un nouveau jury. Elle associait, d'ailleurs, des jurés, on l'a vu, aux enquêtes des *coroners*. On voit qu'il n'y avait presque pas un trait de l'organisation coloniale du jury qui ne fût imité du droit anglais (1).

CHAPITRE III.

DE LA CONDITION DES FONCTIONNAIRES DE L'ORDRE JUDICIAIRE ET DES MEMBRES DU BARREAU.

Quelques textes constitutionnels traitent de la condition des fonctionnaires de l'ordre judiciaire, ou des officiers publics spécialement chargés de l'administration de la justice. Les uns visent tous ces fonctionnaires, les autres plus particulièrement deux ou trois catégories ou classes spéciales.

Dans la Caroline, sous les constitutions fondamentales de 1669, les juges de paix tenaient leur mandat de la cour du palatin; ils le recevaient du peuple, dans le New-Jersey occidental, sous les concessions de 1676, et, dans la Pensylvanie sous les chartes de 1682 et de 1683, comme les shérifs, soit du propriétaire, soit du gouverneur, sur la présentation du peuple; dans les provinces royales, le gouverneur les choisissait avec l'assentiment du con-

(1) Voyez notamm. Blackstone, I, 348; III, 288-289, 349-385, 402-405; IV, 140, 284, 302-306, 349-364, 375-376, 387-393, 414, 441.

seil[1]. Au moins dans ces provinces, le roi nommait tous les juges des cours supérieures[2]. Il y nommait également tous les membres des cours d'amirauté ou de vice-amirauté, juges, greffiers, maréchaux[3]. Dans la Pensylvanie, sous les chartes de 1682 et 1683, les juges, autres que les juges de paix, étaient choisis par le propriétaire ou le gouverneur, sur la présentation du conseil[4]. Pour tous les juges sans distinction, d'ailleurs, le propriétaire ou le gouverneur y devait, comme pour les shérifs, à peine de perdre toute option, faire son choix, dans le délai de trois jours après la présentation[5]. Dans la Caroline, sous les constitutions fondamentales de 1669, les juges de paix, membres de la cour de circonscription, étaient tenus d'habiter la circonscription de la cour et d'y posséder chacun 300 acres de franche tenure[6]; les juges de la cour de comté, eux, d'habiter des circonscriptions différentes, sur le territoire du comté, et de posséder, chacun, dans sa circonscription respective, 500 acres de franche tenure[7]. Dans les provinces royales, même les juges des cours supérieures furent d'ordinaire essentiellement révocables au gré du roi[8].

Les textes constitutionnels qui visaient, en réalité, tous les fonctionnaires de l'ordre judiciaire, statuaient au moins, de quelque manière, sur le mode de nomination, la durée du mandat et la rémunération. A des époques diverses, on trouve ces fonctionnaires

(1) Poore, II, 1403-1404, 1522, 1529; Bancroft, II, 357; Stokes, 25-26, 131-133, 136, 255-268. Voy. dans les const. de 1669, §§ 61-62, dans la ch. de 1682, § 17, et, dans celle de 1683, § 16. Comp., ci-dessus, 73, 82-83, 106.

(2) Stokes, *loco cit.* Voy. note 1, ci-dessus.

(3) Stokes, 135, 185, 233, 270-275, 360-361, 371; Bancroft, IV, 133, 148, 420. Comp. 4, Georges III, c. 15, §§ 41-42; 8, Georges III, c. 22.

(4) Ch. 1682, § 17; ch. 1683, § 16; Poore, II, 1522, 1529.

(5) Poore, *loco cit.*, notes 1 et 4, ci-dessus. Comp., ci-dessus, p. 106.

(6) § 63; Poore, II, 1404.

(7) §§ 61-62; Poore, II, 1403-1404.

(8) Stokes, 25-26, 131-133, 136, 255-268.

nommés, suivant les lieux, par le roi, par les propriétaires, par le gouverneur, par l'assemblée législative ou directement par le peuple [1]. Notamment la nomination par les propriétaires fut le mode usité dans le Maine sous l'acte de concession de 1639, dans la Caroline sous la charte de 1663, dans le New-Jersey sous les concessions de 1664, dans la Pensylvanie sous la charte royale de 1681, et celles octroyées par Penn en 1682 et 1683 [2]. La nomination par le gouverneur ou par le gouverneur et le conseil prévalut dans la Virginie, sous les instructions de 1662, et dans le Massachusetts, sous la charte de 1691 [3]. L'assemblée législative nommait dans le New-Jersey occidental sous les concessions de 1676 [4]. Le peuple élisait, dans le Rhode-Island, sous les lettres-patentes de 1643 [5]. Au dernier état du droit, comme pour la plupart des autres fonctionnaires, la nomination procéda du roi ou du gouverneur royal dans les provinces royales, des propriétaires ou des gouverneurs les représentant dans les colonies de propriétaires, du peuple ou du corps législatif dans les colonies de charte [6]. En particulier dans les provinces royales, avant l'entrée en charge, des serments devaient être prêtés par-devant le gouverneur ou les personnages que le gouverneur et le conseil déléguaient à cet effet. Les instructions royales ou les lois de la métropole en fournissaient le plus souvent les formules [7]. C'était le roi qui, dans les provinces royales, fixait et payait la rémunération, sans la fournir, bien entendu, de ses deniers personnels [8]. En 1763, presque au terme

(1) Bancroft, I, 367, 417; II, 357; III, 103; IV, 140, 427-428, 440-441; V, 86; Hough, II, 33.

(2) Ch. 1663, § 5; ch. 1682, § 17; ch. 1683, § 16; Poore, I, 777; II, 1384, 1511, 1522, 1529; Bancroft, II, 316.

(3) Poore, I, 949; Bancroft, II, 204.

(4) Bancroft, II, 357; Hough, II, 33.

(5) Poore, II, 1595.

(6) Stokes, 25-26, 82, 158; Story, I, 110; Bancroft, IV, 133. Comp., ci-dessus, 73, 82-83, 121-122, et, ci-après, section IV, ch. VIII.

(7) Stokes, 157-158.

(8) Bancroft, IV, 131.

de la période coloniale, le bureau du trésor de la couronne proposa d'étendre ce régime à toutes les colonies. Pour quelques-unes l'effet suivit la proposition; mais partout où l'application fut tentée, elle souleva de vives protestations, et la résistance de la métropole à ces dernières ne paraît pas avoir été étrangère à la révolution de 1776 (1). La durée du mandat fut fixée à deux ans par les constitutions du New-Jersey occidental de 1676 (2). Dans la Pensylvanie, sous la charte de 1683, la mauvaise conduite seule rendait passible de destitution (3). Certaines instructions royales mirent à la discrétion du roi la détermination de la durée et celle des causes de déchéance (4). En vérité, la tendance du roi lui-même fut de rendre partout, vers le terme de la période coloniale, le mandat essentiellement révocable à son gré, *ad nutum*. Plus d'une fois manifestée par des actes, elle doit être comptée également parmi les griefs qui amenèrent l'émancipation des États-Unis (5). On peut tenir, d'ailleurs, pour certain, sans parler encore de la thèse toute différente soutenue par le peuple, que, dans les colonies de propriétaires, ces derniers, tout comme le roi l'avait justement au moins dans les provinces royales, prétendaient avoir et exercer un droit absolu de révocation. Au fond, l'autorité qui nommait voulait fixer la durée des fonctions, déterminer et payer le salaire. Plus généralement encore l'autorité, habile à créer les juridictions, pensait pouvoir en nommer tous les agents et régler de tout point la condition de ceux-ci (6). Mais le roi vint peu à peu à vouloir faire tout dépendre de sa seule volonté (7). Il suffit d'ajouter que, dans la Pensylvanie, la charte royale de 1681 donnait au propriétaire le droit de créer les fonctions judi-

(1) Bancroft, IV, 427-428; V, 85-86; VI, 420-421.

(2) Bancroft, II, 357.

(3) § 16; Poore, II, 1529.

(4) N.-Y., instr. 1763; Bancroft, IV, 427-428, 440-441; V, 85. — (5) Bancroft, *loco cit.*

(6) Comp. N.-J., instr. 1702; Bancroft, III, 48; IV, 137.

(7) Bancroft, VI, 420-421.

ciaires[1]; que la constitution de 1696 le transféra à l'assemblée législative[2]; que, dans le Massachusetts, le gouverneur qui nommait à ces fonctions, avec l'assentiment du conseil, devait faire ses propositions à ce dernier, sept jours au moins avant la nomination[3]; enfin, que dès 1643, dans une colonie de charte, le peuple put révoquer à son gré[4].

Des lois ordinaires des colonies un certain nombre statuaient plus spécialement sur la condition des juges de paix, des juges des cours de comté, des procureurs généraux et des procureurs inférieurs, des commis ou greffiers des cours, enfin du barreau, cet antique et commun auxiliaire des fonctionnaires proprement dits de l'ordre judiciaire.

Les juges de paix étaient le plus souvent élus par les habitants des circonscriptions judiciaires, où ils devaient exercer leurs fonctions. Rarement la durée de leur mandat dépassait une année.

Les juges spéciaux des cours de comté recevaient leur mandat ou de divers fonctionnaires du comté, ou de l'assemblée législative, à laquelle les électeurs purent parfois présenter des listes de candidats qui limitaient le choix.

La plupart des cours, pour ne pas dire toutes, avaient chacune un commis ou greffier. Quelquefois le gouverneur, le plus souvent la cour même, nommait cet agent. La loi en déterminait d'ordinaire les attributions et le salaire. Avec le soin de copier et d'enregistrer les jugements et d'en signer les expéditions, sa principale attribution paraît avoir été de déférer les serments aux parties et aux témoins. Il n'était pas très rare, d'ailleurs, qu'on le vît autorisé par la loi même à se donner des aides ou des suppléants.

Si d'ordinaire le procureur général et les procureurs inférieurs étaient nommés, comme tous les fonctionnaires de l'ordre judi-

(1) Poore, II, 1511.

(2) Poore, II, 1533-1535.

(3) Ch. 1691; Poore, I, 949.

(4) L. Pat., 1643; Poore, II, 1595.

ciaire, il arriva pourtant que certaines cours désignèrent les personnes qui devaient exercer auprès d'elles les fonctions du ministère public.

L'autorisation de plaider fut donnée, dans certains lieux, tantôt par le gouverneur, tantôt par les cours devant lesquelles le demandeur se proposait d'en user, l'admission à l'exercice de la profession d'avocat dépendant ainsi du bon plaisir d'autorités diverses. Parfois, d'autre part, toutes les règles de la profession se trouvaient définies dans une simple allusion aux usages que suivait la métropole. Pour insister sur quelques dispositions caractéristiques, si certaines lois très anciennes interdisaient la rémunération de la plaidoirie, elles firent bientôt place à d'autres qui l'autorisèrent ou la réglèrent; en principe, l'avocat ne pouvait cumuler l'exercice de sa profession avec la charge de juge, de commis de cour, voire de shérif; il donnait ses consultations et plaidait sous la haute surveillance des cours, souvent autorisées à lui enlever son titre, surtout quand elles-mêmes le lui avaient conféré.

Un assez grand nombre de lois locales et des usages constants faisaient soit à tous les juges, soit, en général, à tous les fonctionnaires de l'ordre judiciaire, une condition que quelques courtes indications suffiront à caractériser. Il ne semble pas que les règles formulées par les chartes pour la nomination de ces fonctionnaires aient été souvent trop ouvertement contredites par des textes formels. On les voyait donc, suivant les lieux, nommés par le roi, les propriétaires, le gouverneur représentant du roi ou des propriétaires, l'assemblée législative ou le peuple[1]. On se rappelle que, dans la Pensylvanie, le peuple obligeait le propriétaire ou le gouverneur à porter son choix sur les habitants de la colonie[2]. De bonne heure, dans le Massachusetts, sous le code de 1641, le peuple lui-même put choisir les juges parmi les habitants des bourgs où les emplois se trouvaient vacants. Quelle que fût sans doute l'autorité qui

[1] Comp., ci-dessus, p. 185-187. — [2] Comp., ci-dessus, I, p. 178.

eût conféré le mandat, le gouverneur fut parfois chargé d'en faire une délégation provisoire, pendant le temps de l'absence ou de la maladie ou de quelque autre incapacité. Le juge, empêché ou non, ne pouvait, en principe, le déléguer lui-même. En certains lieux, à certaines époques, la charge du magistrat fut annuelle. Il était payé, et sa rémunération parfois formée des deniers provenant des amendes et des confiscations ordonnées par la justice. Il prêtait, avant d'entrer en charge, divers serments, dont la loi empruntait parfois les formules à la métropole, et dont une des parties essentielles fut d'ordinaire l'engagement de faire justice, suivant le droit et sans partialité. Certaines lois lui imposaient l'obligation de présenter à diverses autorités, après chaque session, un rapport sur les affaires qui y avaient été jugées. La parenté avec l'une des parties, l'intérêt personnel, la participation aux débats du procès dans une autre juridiction, formaient autant de causes de récusation. La vénalité, diversement punie, entraînait, avec d'autres conséquences, la déchéance et l'incapacité.

La Couronne, on l'a vu, prétendait, surtout vers la fin de la période coloniale, réduire à sa merci l'ordre judiciaire tout entier. Il est impossible de trop dire qu'elle se heurta partout à une résistance obstinée des colons, et que, dans une colonie de charte, le Massachusetts, où elle porta son principal effort, celui-ci avorta. Dans quelques colonies, comme la rémunération des fonctionnaires de l'ordre exécutif, et par les mêmes motifs, celle des fonctionnaires de l'ordre judiciaire souleva les disputes les plus vives, qui se terminèrent de la même manière, par l'échec du roi. En réalité, les assemblées locales auraient voulu partout la fixer et la payer. Ce paraît avoir été la tendance, même hors des provinces royales, d'établir ou de maintenir, concurremment d'ailleurs avec l'élection, l'inamovibilité, ou, suivant la formule reçue, le mandat d'une durée égale à la bonne conduite, *quamdiu se bene gesserint*. L'opinion réclamait au moins cette inamovibilité, avec une ardeur toute particulière, là où la collation des charges appartenait à la Couronne [1].

Quand le roi refusait aux colons la principale garantie de l'indépendance des juges, il les traitait autrement que ses sujets d'Europe. Sans doute c'était lui qui, en principe, dans la métropole, nommait les fonctionnaires de l'ordre judiciaire, les juges de paix non exceptés; mais, au moins pour les juges des cours supérieures, la tenure à vie, ou durant la bonne conduite, y prévalait depuis Guillaume III; peut-être même à certaines époques, les procureurs généraux eux-mêmes y jouirent-ils de cette inviolabilité. Lorsque la révocation ne fut plus librement permise au roi, à peine les chambres eurent-elles le droit de l'exiger arbitrairement, sous la condition, d'ailleurs peu favorable à l'arbitraire, qu'elles la demandassent d'un commun accord. Depuis le même Guillaume III, les mêmes juges des cours supérieures touchaient une rémunération, fixée sans doute par les chambres, qui, au moins dès la première année du règne de Georges III (1760),

[1] Sur la condition des fonctionnaires de l'ordre judiciaire, voy., C. N., 1741; Potter, Taylor et Yancey, I, 142-143; — C. S., 1712, 1731, 1740, 1790; Grimke, 100, 124-129, 163, 181, 201, 252, 272; — Gie., 1756, 1773; Digest, édit. de 1801, 14, 193; — Md., 1715, c. 39, §§ 2, 40; 1719, c. 4, §§ 2, 3; 1763, c. 23, § 20; dans Bacon; — M. B., 1641, 1650, 1662, 1685, 1692, 1763; Charters and General Laws, édit. de 1814, 50-51, 143, 222, 654, 656-657; — N.-H., 13, Guillaume, III; Acts and Laws, édit. de 1771, 24-25; — N.-Y., 1745; Van-Shaack, 255-257; — Pie., 1701, 1710, 1715; Acts of Assembly, édit. de 1775, 18, 58, 81; — R.-I., 1650, 1655, 1664, 1683, 1737, 1738, 1741, 1744, 1747, 1749; Bartlett, I, 232, 321; II, 26-27; III, 125-126; IV, 538, 550; V, 22-24, 76-79, 279, 317; voy. aussi Digest de 1744, et Public Laws de 1747 et de 1767; — Vie., 1619-1660, *passim*; Hening, I, *passim*, notamment, 4, 261, 295, 303-305, 357, 408, 448-449, 463, 484, 490, 523; — voy. encore, à cet égard, sur la condition du Connecticut, du Maryland, du Massachusetts, de la Pensylvanie et du Delaware, à diverses époques, Story, I, 40, 44, 56; Bancroft, I, 417; II, 204, 305; IV, 131, 137, 373, 427-428; V, 85-86; VI, 420-421; — comp. Bancroft, IV, 133, 148; VII, 94; ci-dessus, p. 79; ci-après, section IV, ch. VIII; et l'acte de la déclaration d'indépendance, §§ 10-11, dans Poore, I, 4.

devint immuable, leur mandat durant. Les fonctionnaires proprement dits de l'ordre judiciaire prêtaient les serments d'allégeance, de suprématie, d'abjuration, souscrivaient la déclaration contre le papisme et juraient encore de rendre la justice avec impartialité. Si la récusation du juge, possible à l'époque de Bracton et de la Fleta, cessa de l'être plus tard, la vénalité le rendait passible de peines sévères, notamment de lourdes amendes et de la déchéance perpétuelle de l'aptitude aux fonctions de judicature. Les avocats et avoués devaient le serment professionnel proprement dit, et, à l'exception de la promesse d'impartialité, les mêmes serments et la même déclaration que les juges. Pour être admis à la barre, ils subissaient des examens plus ou moins sévères, ou avaient à justifier d'un stage plus ou moins long, accompli dans l'étude d'un homme de loi. Leur admission paraît avoir dépendu, dans une certaine mesure, des cours mêmes auprès desquelles ils voulaient exercer. Ils restaient soumis au contrôle disciplinaire de celles-ci sanctionné par diverses peines, notamment l'exclusion, l'amende, la prison. Le payement de leurs honoraires, toléré, ne pouvait être judiciairement réclamé. On le voit, la condition du corps judiciaire fut, à divers égards, dans les colonies ce qu'elle était dans la métropole même, et par quelques-unes de leurs revendications contre la couronne les colons ne faisaient guère que poursuivre une assimilation plus complète [1].

CHAPITRE IV.

DES PRINCIPALES RÈGLES HABITUELLEMENT SUIVIES POUR L'ADMINISTRATION DE LA JUSTICE.

Les règles que suivaient les juridictions coloniales pour l'admi-

[1] Voy. notamm. Blackstone, I, 23-26, 266-268, 349-355, 368, 390-392; III, 25-29, 41-72, 361; IV, 117, 123-124, 139-140; Story, II, 406-407; Kent, I, 293-294; et, ci-dessus, 75.

nistration de la justice, étaient déterminées, ou pouvaient l'être, par les propriétaires dans les colonies de propriétaires, par le roi dans les provinces royales, par l'assemblée législative dans les colonies de charte. En principe, l'autorité habile à créer les juridictions elles-mêmes le fut également à définir toutes ces règles [1]. Mais parfois, au lieu de les définir en termes exprès, elle fit ou laissa simplement prévaloir quelque loi ou coutume de la métropole ou des colonies. Ainsi la procédure des cours d'amirauté ou de vice-amirauté était, en principe, celle de la haute cour anglaise d'amirauté; la procédure des cours de chancellerie, celle de la haute cour anglaise de chancellerie; la procédure des cours supérieures, celle de la cour anglaise des plaids communs. Dans les provinces royales notamment, pour les cours de chancellerie, l'identité subsistait, soit que le gouverneur siégeât seul, soit qu'il siégeât avec l'assistance du conseil. Au contraire, la procédure des cours inférieures fut, en général, réglée par l'acte qui les créait. D'autre part, en réalité, au criminel, la procédure ordinaire de la métropole devait être appliquée dans toutes les cours [2].

Les règles sur la compétence des diverses juridictions, sur les formalités de l'appel, et sur l'assistance du Barreau, ont trouvé naturellement leur place au cours d'un chapitre précédent, auquel il suffit de référer pour elles [3]. Les autres sont encore en certain nombre dans les textes constitutionnels eux-mêmes, et doivent être rapportées ici.

Il fallait que la justice fût rendue conformément aux lois de la métropole [4], ou suivant les lois expresses de la colonie régulièrement faites et suffisamment publiées, et, à défaut de dispo-

(1) Comp., ci-dessus, 73, 82-83, 185; et, ci-après, section IV, ch. VIII.

(2) Stokes, 25-26, 131-136, 185, 191-199, 233, 255-268, 270-275, 360-361, 371. Comp. Md., ch. 1632; C., ch. 1663, § 5; ch. 1665; Pie., ch. roy. 1681; Poore, I, 813; II, 1384, 1392, 1511; et, ci-dessus, I, p. 246.

(3) Ci-dessus, section III, ch. I.

(4) Vic., const. 1621; Bancroft, I, 158.

sition précise des lois humaines, selon la parole de Dieu [1]. Les cours d'amirauté et de vice-amirauté appliquaient la loi et la coutume de la métropole, ou, au besoin, les usages maritimes des autres nations [2]. La vie, l'honneur, la liberté, les biens de toute personne, étaient mis sous la protection perpétuelle de la loi [3]. Nul ne pouvait être obligé de se défendre, par-devant les autorités judiciaires, contre une plainte ou une action que la loi n'autorisait point [4]. Celle-ci devait dire les faits punissables et régler l'application des peines [5]. Toute personne, étrangère ou non, ayant ou non sa résidence habituelle dans la colonie, avait le droit d'obtenir justice sans partialité ni délai [6]. Sous aucun prétexte, dans aucune cour, il n'était licite de juger deux fois le même procès [7].

D'anciennes chartes de la Caroline décidaient qu'en aucune matière il ne serait permis d'actionner les habitants de la colonie, hors de la colonie même, ou, tout au moins, hors de l'Angleterre proprement dite et du domaine de Galles, à l'exclusion des autres dominations de la couronne [8]. Plus tard ce fut la prétention des colons que les crimes commis dans les colonies, quels que fussent les accusés, dussent y être jugés. La couronne invoqua et parfois mit en vigueur la thèse contraire, tout particulièrement pour le procès des actes de ses propres fonctionnaires, soldats, agents des douanes, employés des finances. Les colons ne man-

(1) Conn., ordr. fondam. de 1638-1639, § 1; Poore, I, 249.

(2) Ci-dessus, 145, 152, 157-158, 163, 192.

(3) N.-J. conces. 1664; N.-J. occid. conces. 1676; Bancroft, II, 315, 357; Hough, II, 33.

(4) Pie et Del., ch. 1701, § 6; Poore, II, 1539.

(5) Vie, LL. roy., 1606; ch. 1612; N.-A., ch. 1620; Me., conces. 1639; Pie, LL. const. 1682, §§ 5, 17, 37; Poore, I, 777-778, 925; II, 1525-1526; Bancroft, I, 123.

(6) Pie, LL. const. 1682, § 5; Poore, II, 1524.

(7) C., const. fondam. 1669, § 64; Poore, II, 1404.

(8) Ch. 1663, § 17; ch. 1665; Poore, II, 1389, 1397.

quèrent pas de protester, et la discussion durait encore, lorsque la révolution de 1776 éclata [1].

Certaines lois constitutionnelles commandaient que les débats fussent concis, en anglais, en termes simples et usuels, pour faciliter l'intelligence des litiges et rendre plus prompte l'expédition des affaires [2]. Sous l'empire des mêmes lois, il fallait que le premier acte de toute instance fût une plainte ou demande, adressée à la cour compétente, 14 jours au moins avant l'audience; le défendeur recevait, au moins 10 jours avant celle-ci, sommation de comparoir, et, à son domicile même, copie de la demande; la cour déboutait le demandeur qui ne déclarait pas solennellement qu'en conscience il croyait sa cause juste [3]. Devant toute juridiction, tout individu était autorisé à comparoir librement, en personne ou par représentant, et à plaider lui-même ou par le ministère d'un ami [4]. Au criminel, l'accusé pouvait aussi librement que l'accusateur produire des témoins [5]. Les cours avaient le droit de déférer le serment ou l'affirmation solennelle, pour découvrir la vérité, dans toute instance pendante devant elles [6]. Une charte ajoutait que le serment serait prêté suivant les lois du royaume [7]. Une autre, plus explicite, ordonnait que tout témoin promît solennellement de dire la vérité, toute la vérité, et la vérité seule. Cette dernière condamnait le faux témoin aux peines pécuniaires, dont la déposition mensongère avait ou aurait pu rendre passibles les prévenus ou les plaideurs; elle l'obligeait à réparer le dommage causé; elle prescrivait qu'il fût publiquement exhibé comme faux témoin, et tenu désormais pour incapable de

(1) Bancroft, VI, 280-288. Comp., l'acte de déclaration d'indépendance, § 21, dans Poore, I, 4.

(2) Pie, LL. const. 1682, § 7; Poore, II, 1524.

(3) § 5; Poore, II, 1524.

(4) *Ibidem*, § 6, *loc. cit.*

(5) Pie et Del., ch. 1701, § 5; Poore, II, 1538.

(6) M. B., ch. 1691; Gie., ch. 1732; Poore, I, 375, 951; et, ci-dess., I, 350; et, ci-après, 275.

(7) Gie., ch. 1732, *loc. cit.*; et, ci-dessus, I, 350.

témoigner devant les cours et les autorités de la colonie[1]. Des lois jointes à la même charte décidaient que les gens injustement poursuivis, ou emprisonnés à tort, obtiendraient, contre leurs dénonciateurs ou leurs accusateurs, une condamnation au double du dommage éprouvé[2]. Ces mêmes lois autorisaient à libérer sous caution les prévenus, lorsque l'accusation n'était pas une accusation capitale fondée sur des preuves irrécusables ou sur de graves présomptions[3]. Mais elles voulaient que l'assemblée législative édictât des peines sévères contre toute violation des lois, et, en particulier, contre divers actes particulièrement «désagréables à Dieu» : le blasphème, le juron, le mensonge, les conversations profanes, les paroles obscènes, l'ivrognerie, l'acte de boire à la santé, l'inceste, la sodomie, le rapt, le viol, la fornication, d'autres actions impures, «indignes même d'être nommées», et encore la trahison, le meurtre, le duel, la félonie, la sédition, les coups et blessures, l'invasion violente de la propriété, toute violence contre les personnes ou les biens, les représentations théâtrales, le jeu des cartes, des dés, le port de masques, les luttes d'ours et de chiens, les combats de taureaux ou de coqs, et, plus généralement, tous les actes propres à porter le peuple à la rudesse, à l'irréligion, à la licence. Le texte en donnait ce motif que, si l'administration négligente et corrompue de la justice attirait sur les magistrats la colère de Dieu, la dépravation et la licence du peuple appelaient sur le peuple lui-même et le pays tout entier l'indignation divine[4]. Aux termes de ces mêmes lois, les amendes devaient être modiques; certains biens, notamment les marchandises et les objets nécessaires au commerce, en demeuraient affranchis[5]; tout coupable de félonie était tenu de réparer au double le tort causé, son patrimoine entier répondant

(1) Pie., LL. const. 1682, § 26; Poore, II, 1525.

(2) *Ibidem*, § 12; Poore, II, 1524.

(3) Pie., *ibid.*, § 11; Poore, II, 1524.

(4) *Ibidem*, § 37; Poore, II, 1526.

(5) *Ibidem*, § 18; Poore, II, 1525.

du payement de cette dette, et, s'il n'avait pas les moyens de la payer, l'obligation pesant sur lui de travailler dans la prison commune ou dans quelque établissement public de la colonie, jusqu'à ce que son labeur les lui eût fournis [1]; le traître, le meurtrier, et, en général, l'individu reconnu coupable de quelque offense capitale, perdait ses biens, que le plus proche parent de la partie lésée recueillait jusqu'à concurrence d'un tiers, et le plus proche parent du coupable lui-même pour le surplus [2].

En abandonnant tout son avoir, sous les concessions du New-Jersey occidental de 1676, le banqueroutier ou failli pouvait reprendre l'exercice de son commerce ou de son industrie, sans être passible, même sur ses biens futurs, de nouvelles poursuites ou réclamations pour les dettes antérieures à la cession [3]. Un peu plus tard, sous la charte de la Pensylvanie de 1681, afin que nul débiteur ne pût trop facilement soustraire à la poursuite de ses créanciers sa personne ou sa fortune, tout individu qui se proposait de quitter la colonie devait annoncer son départ, trois semaines d'avance, par avis publié dans un lieu de marché, et obtenir du juge de paix compétent un certificat le déclarant libre de toute dette, faute de quoi le capitaine du navire sur lequel il partait devenait responsable du dommage [4]. Un texte constitutionnel de la même colonie décidait encore, vers la fin du XVIIe siècle, que, si le débiteur n'avait pas d'enfants légitimes, tous les biens seraient saisissables, et que, dans l'autre hypothèse, les deux tiers des terres échapperaient absolument aux saisies [5]. Bien auparavant, la charte de la Vir-

(1) Pie., LL. const. 1682, § 24; Poore, II, 1525. Il nous paraît certain que le texte donne au mot «felons» le sens qui était généralement attaché à ce mot ou au mot «felony» dans la langue du droit criminel anglais. Comp., Blackstone, II, 254; IV, 98, 121, 134, 216, 310.

(2) *Ibidem*, § 25, *loc. cit.*

(3) Hough, II, 33.

(4) § 20; Poore, II, 1517.

(5) LL. const. 1682, § 14; Poore, II, 1525.

ginie de 1612, en vue d'éviter à la colonie de graves mécomptes, recommandait à la justice d'accueillir, avec toute la bienveillance que la loi et l'équité permettraient, les réclamations en payement d'apports formées contre les gens qui refusaient ou négligeaient de payer à la compagnie des propriétaires les contributions pécuniaires promises par écrit [1].

Les lois précitées de la Pensylvanie prescrivaient que les frais ou honoraires de justice fussent, dans tous les cas, modérés, et les chiffres arrêtés par l'assemblée législative; qu'un tableau du tarif demeurât suspendu dans toute cour de justice; que tout fonctionnaire de l'ordre judiciaire, coupable d'avoir demandé une somme supérieure aux frais ou honoraires réguliers, encourût, avec la destitution, l'obligation de payer, sous forme d'amende, le double de la somme indûment perçue, et que la moitié de l'amende fût attribuée à la partie lésée [2].

Dans la Caroline, sous les constitutions de 1669, les cours de comté et de circonscription devaient tenir, chaque trimestre, une session dont elles déterminaient la durée, sans pouvoir la prolonger au delà de vingt et un jours. Les sessions fixées, pour les cours de comté, à janvier, avril, juillet, octobre, et, pour celles de circonscription, à février, mai, août et novembre, s'ouvraient le premier lundi du mois [3]. Particulièrement dans les provinces royales, au moins pour les cours supérieures, le nombre des sessions paraît avoir été limité à 4 par année [4]. En général, les cours siégeaient publiquement [5]. Enfin elles pouvaient recevoir de l'assemblée législative le droit de faire exécuter elles-mêmes leurs propres décisions [6].

Les assemblées coloniales, toujours si portées à développer leur

(1) Poore, II, 1905.

(2) Pie., LL. const. 1682, § 9; Poore, II, 1524.

(3) § 67; Poore, II, 1404.

(4) Stokes, 25-26, 131-133, 136, 255-268. — (5) Pie., LL. const. 1682, § 5; Poore, II, 1524.

(6) M. B., ch. 1691; voy. Poore, I, 951.

propre pouvoir au détriment de celui des propriétaires et de la métropole, devaient avoir à cœur de régler, avec un soin tout particulier, cette matière particulièrement importante de l'administration de la justice. Elles lui consacrèrent des dispositions nombreuses.

La loi fixait le temps et le lieu des sessions. Les cours de commissaires, par exemple, tenaient audience au moins tous les deux mois; et les cours de sessions, on l'a vu, avaient des sessions absolument fixes et périodiques[1]. Parfois il appartenait au gouverneur et au conseil de convoquer les juges. Pour la validité des délibérations, la présence d'un nombre déterminé de ceux-ci était requise. Si une session pouvait être interrompue ou suspendue, c'étaient encore eux qui, en nombre déterminé, prononçaient l'interruption ou la suspension. Le magistrat avait la police de ses audiences. Par une conduite irrégulière ou incorrecte, les hommes de loi, admis à exercer devant lui, se rendaient passibles d'amende ou de suspension immédiate; et, soit en lui refusant les égards dus, soit en commettant sous ses yeux, dans le prétoire, des actes de violence contre les tiers, les simples particuliers encouraient l'amende, la prison, même le fouet.

La justice était rendue au nom du roi. Il fallait qu'elle le fût impartialement, sans épices ni délai, et selon la loi. On a vu que la vénalité était sévèrement punie[2]. Au criminel surtout, l'examen des faits et des témoins devait être promptement accompli, les textes prescrivant même parfois que la sentence intervînt dans le cours de l'année, ou même à la session qui suivait la mise en accusation. En particulier, la loi expresse de la colonie ou de la métropole, ou celle de Dieu manifestée dans les Écritures saintes, pouvait seule autoriser à frapper un homme dans ses membres, sa vie, sa famille ou ses biens. Encore fallait-il que la condamnation fût précédée d'un débat régulier.

(1) Voy. ci-dessus, p. 169. — (2) Voy. ci-dessus, p. 189, 191.

Les procès relatifs aux fonds de terre s'engageaient au lieu de la situation des biens litigieux, les autres à celui de la demeure d'une des parties, le plus souvent du défendeur, ou, si plusieurs défendeurs soutenaient le litige, de l'un d'eux, au choix du demandeur. Les parties pouvaient parfois, d'un commun accord, attribuer juridiction aux autorités judiciaires soit du lieu où le litige avait pris naissance, soit même d'un lieu quelconque. Au criminel, le débat se déroulait soit dans la circonscription judiciaire où avaient été commis les actes criminels, soit dans celle où les prévenus avaient été saisis.

L'instance s'ouvrait, au civil, par une assignation, et, le plus souvent, au criminel, par une accusation que le grand jury produisait de son propre mouvement, ou qu'il formulait, à la requête de quelque autorité judiciaire déterminée, notamment du gouverneur et du conseil, de quelque cour de justice, du procureur général. L'accusation portait, dans la première hypothèse, le nom de *presentment,* et, dans la seconde, celui d'*indictment.* Même pour certaines instances de la simple compétence des juges de paix, l'acte introductif dut précéder de sept jours au moins la comparution des parties. Parfois l'accusé pouvait se refuser à toute défense, et il échappait à la poursuite, si l'acte d'accusation ne mentionnait pas le nom de la partie privée plaignante.

Au civil, la preuve testimoniale n'était pas toujours admise; elle l'était toujours au criminel. La loi déterminait les formalités de la prestation et l'autorité variable du témoignage oral. Pour ne rappeler ici que les dispositions principales, les témoins prêtaient d'ordinaire le serment de dire toute la vérité et la vérité seule; la corruption et le faux témoignage faisaient encourir des poursuites pénales, quelquefois conduites et réglées selon les lois anglaises, et le parjure et le faux l'incapacité même de témoigner en justice; au moins au civil, le nombre des témoins payés fut limité dans certains cas; à défaut de preuves directes et suffisantes, la condamnation, ou tout au moins la condamnation à la peine capitale, ne pouvait être prononcée que sur la déposition de deux ou trois personnes; l'accusé avait d'ordinaire des moyens coercitifs de produire les témoignages à décharge; au civil et au criminel, le témoin régulièrement averti et défaillant était condamné à l'amende, voire à la prison, et éventuellement à la réparation du dommage causé; même les juges de paix purent imposer cette amende; au criminel, le témoin à charge dut plus d'une fois fournir une caution, ou, à défaut de caution, subir un emprisonnement qui assurât la comparution aux débats. Souvent les règles de la preuve écrite elle-même furent déterminées avec grand soin.

Certaines lois défendaient qu'un ordre d'arrestation pour cause civile pût être exécuté contre les parties ou les témoins qui se rendaient aux audiences de justice.

Il en était qui ordonnaient que, dans les poursuites graves, l'accusé eût copie des charges plusieurs jours, par exemple trois jours, avant les débats.

Les principaux actes réputés délictueux ou criminels furent le jeu, défendu tantôt sans réserve, tantôt seulement à certaines gens ou dans certains lieux, les combats de coqs, les courses de chevaux, ou au moins les paris engagés à l'occasion de ces combats ou de ces courses, l'ivrognerie, le vagabondage, le faux témoignage, l'incendie, le vol, le duel, le meurtre, le blasphème. l'idolâtrie, la sorcellerie, les coups portés par l'enfant à son père ou à sa mère, ou par le descendant à l'ascendant, l'adultère, la bigamie, la sodomie, l'inceste, l'injure ou la diffamation contre le gouvernement de la métropole, la haute trahison. Certaines lois admirent une définition de ce dernier crime et une manière de le prouver, qui méritent d'être indiquées, leurs dispositions prescrivant que les seuls éléments constitutifs du crime fussent l'attentat contre la vie du roi, l'acte de fomenter la guerre contre lui, la contrefaçon du sceau royal, et les seules preuves tenues pour suffisantes, l'aveu en pleine cour ou la déposition conforme de deux témoins.

Les peines que les textes mentionnent le plus fréquemment sont l'amende, la confiscation partielle ou totale des biens, le fouet, la prison, les galères, la marque, la mort. De cette dernière, surtout à l'origine, ils faisaient un véritable abus : on la trouvait édictée pour châtier, non seulement l'incendie et le meurtre, mais encore l'idolâtrie, le blasphème, la sorcellerie, le faux témoignage, l'adultère, et les actes de violence commis, ou même simplement les imprécations prononcées, par les descendants contre leurs ascendants. Sans doute, ces dispositions si rigoureuses n'étaient pas toujours suivies à la lettre. A une certaine époque, au moins dans le Rhode-Island, un mode remarquable de répression atteignait l'auteur de la mort accidentelle : l'instrument qui avait déterminé celle-ci était confisqué et le produit de la vente consacré à une fin pieuse (*deodand*). Parfois des circonstances de temps aggravèrent le châtiment, ou des avertissements durent précéder la poursuite : ainsi l'ivrognerie fut punie avec une sévérité toute particulière le dimanche, et il n'était pas sans exemple qu'avant la poursuite pour la fornication ou l'adultère les ministres du culte ou les administrateurs des biens de l'église paroissiale, le conseil de fabrique, eussent à avertir les coupables et à les rappeler au devoir. D'autre part, on vit, en divers lieux, le nombre des coups de fouet strictement limité, les amendes immodérées prohibées, la torture avant la condamnation, la peine du bannissement et celle de l'esclavage, interdites. Quelques lois défendirent que plus de deux peines fussent appliquées au même délit ou au même crime. Enfin nul ne devait être puni deux fois pour le même acte dans des instances différentes.

Au civil et au criminel, de nombreuses lois admirent la prescription. Les délais usuels varièrent de 6 mois à 20 ans. Au civil, le terme le plus long s'appliquait d'ordinaire aux actions immobilières, et l'incapacité d'agir formait cause de suspension. Quelquefois, soit au civil, soit au criminel, dans cette matière de la prescription, la loi coloniale référa simplement aux dispositions de la loi anglaise.

Les arrêts de certaines cours étaient soigneusement enregistrés et conservés; ces cours portaient le nom de cours de record; la loi les désignait.

La loi fixait les frais de justice; les juges les taxaient. En principe, le payement demeurait à la charge de la partie condamnée. Quelquefois pourtant, au criminel, il incombait même à la partie acquittée; mais, si celle-ci jurait ne pouvoir les payer, elle ne devait pas être retenue.

Dans certains lieux, la partie acquittée eut un recours en dommages-intérêts contre le plaignant, si la poursuite ne reposait pas sur une cause raisonnable; la plainte déraisonnable entraîna même parfois la condamnation du plaignant à la prison.

En général des règles précises déterminaient les formes et les délais de l'exécution des décisions de justice.

L'arrestation, qu'elle suivît une condamnation déjà prononcée ou qu'elle servît de précaution dans une poursuite projetée ou engagée, était habituellement subordonnée à des conditions sévères, et, irrégulièrement opérée, elle fut souvent punie. Certains textes la prohibèrent formellement le dimanche, et, pour les gens soumis au service militaire, pendant les périodes d'exercices. En principe, la libération sous caution, au moins avant la sentence, fut, on peut le dire, admise dans toutes les poursuites criminelles, sauf celles qui avaient pour objet les crimes passibles de la peine capitale. Elle le fut, même après la sentence, dans les poursuites civiles, sauf celles où l'incarcération avait été ordonnée pour cause de dette. Suivant les cas, c'étaient les cours supérieures ou inférieures de justice, les juges de paix, ou les shérifs, qui l'accordaient. Quand elle ne devait pas être octroyée, les textes commandaient au moins d'accélérer les débats et la décision définitive des juges sur le fond.

Tantôt, selon des formes et des conditions déterminées, le débiteur malheureux put faire abandon de ses biens, ou obtenir, par concordat ou autrement, la remise totale ou partielle de sa dette; tantôt la rigueur des textes allait jusqu'à frapper de la servitude temporaire, et la loi ordonnait assez habituellement de retenir en prison tout débiteur qui refusait de payer. Il faut considérer comme des dispositions exceptionnelles celles qui prohibèrent l'emprisonnement pour dette, dans le New-Jersey occidental, ou l'interdirent, dans le Massachusetts, quand le débiteur ne paraissait pas avoir dissimulé une partie de ses biens. D'ordinaire, la dissimulation faisait encourir l'incarcération immédiate. La détention demeurait aux frais du créancier, quand le prisonnier n'avait aucune ressource. Certains textes défendirent de le confondre avec les criminels de droit commun, ou si, sous la garantie d'une caution, il promettait de ne pas fuir, autorisaient à adoucir pour lui le régime de la maison d'arrêt. L'incarcération elle-même devenait çà et là impossible, lorsque le serment ou quelque autre preuve déterminée démontrait l'insolvabilité absolue. En principe, la simple libération de la personne ne dégageait pas les biens futurs. Les assemblées législatives semblent d'ailleurs avoir souvent ordonné l'élargissement de tous les débiteurs.

A titre de simples curiosités juridiques, on peut des dernières dispositions qui précèdent rapprocher quelques règles, aux termes desquelles, à l'origine, les colons furent déchargés, dans la Virginie, des engagements qu'ils avaient assumés en Europe, et affranchis, dans la Caroline du Nord, durant les cinq premières années de leur séjour, de toute poursuite à raison des dettes qu'ils avaient contractées hors de la colonie.

L'exécution sur les biens fut suspendue, dans certains cas, pendant 31 jours après l'arrêt. En quelques lieux au moins, elle paraît avoir été restreinte d'abord aux meubles, et seulement à ceux des absents ou des gens qui cachaient leurs ressources. Elle s'appliqua, de bonne heure, à tous les biens des absents, et partout, peu après, à tous ceux des débiteurs présents eux-mêmes. Parfois la saisie des meubles dut précéder celle des immeubles. Jusqu'à concurrence d'une quantité ou d'une valeur déterminée, la loi déclarait certains biens insaisissables : les armes, les munitions, les gens de service ou les esclaves, les outils, les effets de maisons, les vêtements, le grain. Il arriva même qu'elle fit échapper toutes les terres à l'expropriation pour le recouvrement des amendes judiciaires et à la peine de la confiscation, ou à cette dernière peine, au moins si le propriétaire ne s'était pas rendu coupable de haute trahison. Quand elle permettait la saisie, elle en réglait minutieusement les délais et toutes les péripéties. Quelquefois les aliénations faites en fraude des créanciers se trouvèrent frappées de nullité radicale. Pour empêcher le débiteur de soustraire trop facilement aux poursuites sa personne ou sa fortune, plusieurs textes prescrivaient que nul ne pût quitter la colonie sans avoir donné d'avance, pendant un temps déterminé, avis public de son départ, et rendaient responsables du dommage causé les capitaines de navires qui emmenaient des colons, au mépris de cette prohibition. Les shérifs et les maréchaux furent les agents ordinaires de l'exécution sur les biens.

De nombreux textes donnaient les formules sacramentelles et plus ou moins strictement obligatoires des actes de justice.

Il importe, enfin, de faire observer que, si la loi établissait souvent et presque toujours les principales règles de la procédure civile et de la procédure criminelle, fréquemment aussi le soin de déterminer au moins les règles secondaires ou de moindre importance appartenait aux juges eux-mêmes. On vit d'ailleurs parfois, pour certaines juridictions, la loi définir toute la procédure par une simple allusion aux usages de juridictions analogues de la métropole; ainsi fit-elle, par exemple, en certains lieux, pour la juridiction d'amirauté et celle de chancellerie [1].

[1] En général sur les règles qui présidèrent à l'administration de la justice et sur la condition des fonctionnaires de l'ordre judiciaire, voy. notamm. C. N., 1715, 1741; Potter, Taylor et Yancey, I, 95, 131; — C. S., 1692-1776, *passim*, notamm. 1712, 1720, 1721, 1731, 1736, 1737, 1741, 1769; Grimke, notamm. p. 26, 32, 38, 59-60, 62, 78-79, 80, 91, 116-117, 129-131, 133, 139, 146-147, 167, 173, 215, 249-250, 252, 269, 272, 276; — Conn., Statutes, Acts and Laws, édit. de 1715, 2, 26-27, 59, 64; — Gie., Digest, édit. de 1801, 22-24; — Md., 1696, c. 16, § 3; 1713, c. 4, §§ 2, 4, 5; 1714, c. 4, §§ 2-4, 8; 1715, c. 37, §§ 5, 10; c. 48, §§ 1-2; 1716, c. 20, § 2; 1722, c. 5; 1728, c. 24, § 2; 1731, c. 15, § 3; 1732, c. 5; 1752, c. 13, § 2; 1760, c. 16, §§ 6-7; 1763, c. 18, §§ 26, 117; c. 22, § 2; — M.-B., *passim*, notamm. 1635, 1639, 1641, 1642, 1647, 1662, 1668, 1675, 1701, 1705; Charters and General Laws, édit. de 1814, *passim*, notamm. 43-45, 47, 50, 81, 92, 142-143, 155, 199, 208-209, 214, 223, 237, 292, 302-303, 356-368, 379, 413, 424, 488, 502, 510, 615-616, 659, 675; — N.-H., 11 et 13, Guillaume III; 4, Georges I; Acts and Laws, édit. de 1771, 8, 25-27, 108-109, 113-121, 126-127; — N.-J., 1713-1714; Allinson, 22-24; — N.-Y., 1727, 1744; Van-Shaack, 146, 240-243; — Pie., 1700-1772, *passim*; Acts of Assembly, édit. de 1775, notamm. 10-11, 17, 72, 74, 89, 91-93, 97, 102, 114, 160, 205-206, 261, 334, 339, 369, 391, 407, 410, 412-413, 460-461, 467; — R.-I., 1638, 1640, 1647, 1648, 1657, 1701, 1722, 1730, 1733, 1741-1756, *passim*; Bartlett, notamm. I, 63, 90, 207-209, 358; III, 435; IV, 321, 442, 484; V, 24, 41, 56, 99, 212, 227, 310, 316-317, 365, 378; — Vie., 1619-1773, *passim*; Hening, I à VIII, *passim*, notamm. I, 23, 67, 69, 167, 213, 272, 315, 435, 457, 477, 503, 519-520; 1660-1680, II, 63-67, 169, 265-266, 362, 397; — voy. encore, à cet égard, sur la condition du Connecticut, du Massachusetts, du New-Jersey, de New-York, de la Pensylvanie, du Rhode-Island, à diverses époques, Story, I, 32-33, 43-44, 58-60, 65; Bancroft, I, 367, 417; II, 204, 316, 357; III, 48, 103; IV, 131, 140, 373, 427-441; V, 86; VI, 420-421; Hough, I, 151; II, 33.

En particulier, sur les faits punis et les peines, voy. notamm. C. N., 1740; Potter, Taylor et Yancey, I, 143; — C. S., 1692-1776, *passim*; Grimke, *passim*, notamm. 25, 30-31, 33, 38-39, 42, 56, 59-60, 68, 74, 79, 86, 93, 130, 147-148, 167, 234, 236, 251, 263, 283; — Conn., Statutes, Acts and Laws, édit. de 1715, 12, 43; — Gie., 1764, 1765; Digest, édit. de 1801, 93-98, 111-113; — Md., 1715, c. 27, §§ 1-3; 1723, c. 16, §§ 2-9, 13; 1749, c. 12, §§ 1, 4, 5-6; — M. B., 1638, 1639, 1646, 1670, 1678, 1692, 1693, 1694, 1696, 1698, 1719, 1730, 1734, 1742, 1746, 1763; Charters and General

Quoiqu'elle fît plus d'une fois des lois d'expédient ou de cir-

Laws, édit. de 1814, 58-62, 118-119, 180, 193-194, 237-238, 259, 277, 294, 321, 422, 470-471, 493, 541-542, 560-563, 593, 655; — N.-H., 13, Guillaume III; 5 et 8, Georges I; 27, Georges II; Acts and Laws, édit. de 1771, 16, 146, 163-164, 183; — N.-J., 1704, 1748, 1760, 1761; Allinson, 3-4, 181, 234-235, 241; — N.-Y., 1708, 1745; Van-Shaack, 72-73, 253-254; — Pie., 1700, 1705, 1718, 1720-1721; Acts of Assembly, édit. de 1775, 3, 10, 12, 16, 25-27, 88-96, 102-103; — R.-I., 1647, 1650, 1655, 1702, 1721, 1725, 1728, 1749, 1754; Bartlett, I, 173, 228-230, 311-312; III, 452-453; IV, 294, 367, 418; V, 279, 378, 403; voy. aussi Public Laws de 1730 et de 1767; — Vie., 1619-1773, *passim;* Hening, I à VIII, *passim*, notamm. I, 126, 167, 193-194, 240, 310, 436; voy. encore, à cet égard, sur la condition du Connecticut, du Massachusetts et du Rhode-Island, à diverses époques, Story, I, 33, 44, 59, 66-67, 114.

En particulier, sur la prescription au civil et au criminel, voy. notamm. C. N., 1715, 1748, 1759; Potter, Taylor et Yancey, I, 96-97, 114, 179, 195-197; — C. S., 1692-1776, *passim;* Grimke, *passim*, notamm. 4, 20, 24, 36, 54-55, 71-74, 78, 80, 82, 84, 88, 90, 96, 98, 102-103, 110, 172, 175, 186, 188, 189-192, 194-195, 201, 216, 220, 234, 247-249, 251-253, 270, 286; — Gie., 1758, 1767; Digest, édit. de 1801, 54-56, 138-140, 573-577; — Md., 1715, c. 23, §§ 2-6; 1723, c. 16, §§ 11, 13; 1729, c. 24, §§ 21-22; c. 25, §§ 4-5; — M. B., *passim*, notamm. 1739, 1748, 1752, 1754, 1760, 1770; Charters and General Laws, édit. de 1814, *passim*, notamm. 175, 215, 260, 306, 408, 426, 522, 566, 590, 605-606, 622, 671-672; — N.-H., 10, Georges II; Acts and Laws, édit. de 1771, 137; — N.-J., 1727-1728; Allinson, 72; — Pie., 1702, 1705; Acts of Assembly, édit. de 1775, 46-47, 69-70; — R.-I., 1726, voy. Public Laws de 1730; — Vie., 1619-1773, *passim;* Hening, I à VIII, *passim*, notamm. I, 86, 301-302, 312, 485; — voy. encore, à cet égard, sur la condition de la Caroline du Nord, de la Géorgie et du Rhode-Island, à diverses époques, Stokes, 24; Story, I, 66, 96.

En particulier sur les saisies, voy. notamm. C.S., 1744, 1759, 1783; Grimke, 187-189, 252, 315; — Conn., Statutes, Acts and Laws, édit. de 1715, 4; — Gie., 1757, 1761; Digest, édit. de 1801, 67-72, 119; — Md., 1715, c. 40, §§ 2, 4, 7; 1729, c. 8, §§ 2, 4-6; — M.B., 1641, 1644, 1647, 1650, 1662, 1672, 1675, 1692, 1696, 1701, 1727; Charters and General Laws, édit. de 1814, 49-51, 155, 192-193, 216-217, 292-293, 367, 464; — N.-H., Acts and Laws, édit. de 1771, 90-92, 126-128, 144-145; — N.-J., 1743, 1771; Allinson, 129-132, 356-364; — N.-Y., 1751, 1753; Van-Shaack, 298-303, 316-317; — Pie., 1700, 1701, 1705, 1722, 1729; Acts of Assembly, édit. de 1775, 8, 11, 13, 18, 44-45, 49-52, 121, 166; — R.-I., 1650, 1718, 1744; Bartlett, I, 227; IV, 238, 549; voy. aussi Public Laws de 1719 et Digest de 1744; — Vie., 1619-1773, *passim;* He-

constances, afin de les élargir, moyennant l'abandon de leurs biens, la métropole paraît avoir facilité moins que ses colonies l'élargissement des débiteurs incarcérés[1]. Cependant elle ne se bornait pas, comme ses colonies le faisaient très probablement, à permettre, dans la plupart des instances criminelles, à divers fonctionnaires, particulièrement aux shérifs, aux coroners, aux juges de paix, d'accorder la libération sous caution, elle autorisait encore

ning, I à VIII, *passim*, notamm. I, 259, 294, 297, 304, 362, 408, 442, 447, 484; — comp. 5, Georges II, c. 7; Stokes, 371, 393-412; Story, I, 45, 47, 51, 60, 67, 77.

En particulier, sur la condition des débiteurs, voy. notamm. C. N., 1759, 1773; Potter, Taylor et Yancey, I, 205-206, 255-260; — C. S., 1712, 1759; Grimke, 42, 75, 82, 247-253; — Conn., Statutes, Acts and Laws, édit. de 1715, 5-6, 48; — Gie., 1759, 1760, 1761, 1764, 1765, 1766, 1767, 1773; Digest, édit. de 1801, 61, 66, 70, 93, 115, 134-136, 144-145, 189; — M. B., 1641, 1654, 1748, 1763; Charters and General Laws, édit. de 1814, 48-49, 564-565, 649-651; — N.-H., 13, Anne; 4 et 5, Georges I; Acts and Laws, édit. de 1771, 50, 109, 147-148; voy. aussi Lois temporaires de 1771, 47-49; — N.-J., *passim*, notamm. 1733, 1771; Allinson, 99, 356-364; — N.-Y., 1743-1773, *passim*, notamm. 1743, 1748, 1750, 1751, 1753, 1754-1755; Van-Shaack, 231, 281, 298, 308, 316, 344, 348, 351; — Pie., 1700, 1705, 1729, 1730, 1765; Acts of Assembly, édit. de 1775, 17, 52-53, 162-165, 170-171, 310-311; — R.-I., 1647, 1731, 1739, 1745, 1747, 1749, 1758, 1761, 1762, 1767; Bartlett, I, 181; IV, 455; V, 227, 279; VI, 177, 294, 343, 465, 539; voy. aussi Public Laws de 1731, 1747, 1767, et Digest de 1744; — Vie., 1619-1773, *passim*; Hening, I à VIII, *passim*, notamm. I, 200, 243, 294, 346, 436-437; — joignez Story, I, 60; Bancroft, I, 229, 466; II, 152, 357; III, 360.

En particulier, sur la mise en liberté sous caution, voy. notamm. C. N., 1715; Potter, Taylor et Yancey, I, 95; — C. S., 1712-1773, *passim*; Grimke, *passim*, notamm. 23, 42, 58-59, 96, 110, 189, 270, 273; — Conn., Statutes, Acts and Laws, édit. de 1715, 55; — Gie., 1670; Digest, édit. de 1801, 21; — Md., 1715, c. 28, §§ 2-7; c. 46, § 53; 1753, c. 17; dans Bacon; — M. B., 1650, 1659, 1672, 1692, 1693, 1705, 1716; Charters and General Laws, édit. de 1814, 51, 132, 192-193, 214, 259-260-379, 473; — N.-J., 1741; Allinson, 120-122. — New-York, 1728, 1729, 1737, 1744; Van-Shaack, 149, 153, 194-196, 242; — Pie., 1705; Acts of Assembly, édit. de 1775, 49; — R.-I., Bartlett, IV, 418, et Public Laws de 1730; — Vie., 1619-1773, *passim*, notamm. 1645, 1657, 1658, 1661, 1666; Hening, I à VIII, *passim*, notamm. I, 305, 448; II, 79, 247.

(1) Comp., ci-dessus, I, 183 et 333.

certains magistrats, au moins les juges de la cour du banc du roi, à l'octroyer même dans les procès les plus graves. D'autre part, plus timide que les colons, elle ne dépassait pas, dans la saisie des terres, la simple attribution de la jouissance d'une partie aux créanciers, tout en rendant cette attribution exclusive de l'incarcération du débiteur. Peut-être pensait-elle avoir et avait-elle, en effet, moins d'intérêt qu'un peuple nouveau à laisser ou à rendre facilement, dans tous les cas, la plus large indépendance à l'activité de chacun. Son amour inné de la liberté individuelle reprenait pourtant l'avantage, et elle croyait devoir pousser presque jusqu'à l'excès les égards pour le défendeur ou l'accusé, quand les droits certains de créanciers n'étaient pas en jeu, et que le ministère de quelques-uns des plus hauts fonctionnaires de la couronne, agissant sous les yeux mêmes du roi, diminuait le péril de l'abus. Peut-être encore ce furent des souvenirs de règles féodales qui, dans son attachement traditionnel aux formes du passé, la détournaient d'une grande faveur pour l'aliénation forcée des fonds de terre et l'exécution simultanée sur les terres et la personne.

Si l'on excepte ces différences, d'ailleurs importantes, que d'analogies offraient entre elles les constitutions, les lois, les coutumes, qui, soit dans la métropole, soit dans les colonies, réglaient surtout l'administration de la justice! N'était-ce pas aussi au nom du roi que la justice se rendait en Angleterre? La métropole n'avait-elle pas attribué, même pour quelques-unes de ses dominations d'Europe, aux propriétaires, et, pour l'Angleterre proprement dite, peut-être d'abord au roi, plus tard, à coup sûr, au parlement, le droit de dire les règles des procédures des cours? N'avait-elle pas établi des sessions de justice périodiques, s'ouvrant à jour fixe, et se renouvelant, pour certaines cours, au moins chaque trimestre? N'admettait-elle pas la publicité des débats? Ne donnait-elle pas la police des audiences au magistrat, autorisé à infliger l'amende, la prison, ou d'autres peines corporelles, soit aux simples assistants, soit aux hommes de loi? Ne recommandait-elle pas la rapidité des instances et n'essayait-elle point de la favoriser? N'interdisait-elle pas les épices et ne punissait-elle pas la vénalité? La distinction entre le *présentment* et l'*indictment,* au criminel; l'ouverture de l'instance, au civil, par une assignation suffisamment explicite; la faculté ou la nécessité de diverses communications entre les parties, et notamment, au criminel, l'obligation de dénoncer à l'accusé, en temps utile, deux, cinq ou dix jours, suivant les cas, avant le procès, les charges, les noms des témoins et ceux des jurés; les délais nécessaires pour la défense garantis au défendeur, et quelquefois, par exemple, celui de quinze jours, entre l'assignation et les débats; l'attribution de la compétence, selon les cas, au juge du domicile du défendeur, à celui de la situation des biens litigieux, ou à celui dans le ressort duquel le litige avait été créé, ou le crime commis, ou le prévenu arrêté; la permission de comparoir, au moins au civil, soit en personne, soit par procureur; les procédures spéciales pour assurer, au besoin, même au civil, la comparution du défendeur : ce sont là des traits non douteux de l'ancienne loi ou coutume anglaise. Il en faut dire autant de l'admission de la preuve orale, dans tous les débats, au criminel, et au civil dans des instances et suivant des règles déterminées; de la réglementation de la preuve écrite; des moyens de démonstration du crime, parfois strictement définis, et, par exemple, pour la haute trahison, limités à l'aveu du prévenu en pleine cour et au témoignage concluant et conforme de deux témoins sur le même acte ou des actes de même sorte; du droit reconnu aux cours, au moins au civil, de déférer le serment aux parties; de celui concédé à l'accusé aussi pleinement qu'à l'accusateur de produire ses témoins, et des moyens coercitifs mis à sa disposition pour les contraindre à paraître; de l'absence des témoins cités punissable, même au civil, au moins d'emprisonnement ou d'amende; du serment imposé aux témoins de dire la seule vérité et la vérité entière; de l'application au faux témoignage de peines sévères, excessives d'abord, puis graduellement adoucies, sans demeurer jamais en deçà de l'emprisonnement et de l'incapacité de témoigner en justice; de l'immunité promise contre toute arrestation pour cause civile aux parties et aux témoins pendant toute la durée des débats. Il n'y avait peut-être pas un des crimes ordinairement châtiés par les colonies, que la métropole n'eût réprimé, à quelque époque, sans excepter ceux qui paraissent avoir dû, comme la sorcellerie, une sévérité toute particulière à une certaine exagération du sentiment religieux. Peut-être n'y avait-il pas une des peines que la législation des colonies employait, qui n'eût été admise, à quelque époque, dans celle de la métropole. On trouve dans cette dernière, surtout à l'origine, le même usage immodéré de la peine de mort, le même goût pour les châtiments excessifs et pour les raffinements du supplice. D'autre part la métropole, elle aussi, permettait la confiscation, la laissant longtemps absolue, avant de la réduire à n'atteindre que la seule personne du condamné. Elle aussi ne cessa pas d'approuver ce genre de confiscation particulier et remarquable, qui saisissait pour des fins pieuses, l'instrument de la mort accidentelle. Elle aussi était venue progressivement à définir avec soin les crimes et leurs peines, à réprouver les amendes immodérées, les châtiments cruels et extraordinaires, même les cautions excessives. N'avait-elle pas encore strictement énuméré, par exemple, les éléments constitutifs de la haute trahison, et compté parmi les principaux l'attentat contre la vie du roi, l'excitation à la guerre contre lui, la contrefaçon du sceau royal? Si elle ne fixait pas toujours soigneusement dans des textes les frais de justice, elle chargeait pourtant certains agents des cours de les modérer, et autorisait le juge à punir les extorsions commises par les hommes de loi. Les frais étaient mis d'ordinaire à la charge du condamné; des dommages-intérêts souvent considérables, à celle du demandeur ou du plaignant téméraire ou de mauvaise foi; l'obligation généralement reçue, pour l'auteur du préjudice causé, de le réparer, parfois même au double et au triple, voire de réparer, au moins au simple, celui qui provenait même simplement de retards, d'ailleurs injustifiables, apportés dans les instances judiciaires; l'action privée, au moins pour la réparation du dommage, facilement admise en concurrence avec l'action publique. L'agent ordinaire de l'exécution des décisions de justice fut le shérif. L'arrestation était généralement soumise à des réserves précises et souvent nombreuses. On a vu que la métropole autorisait l'incarcération du débiteur qui refusait de payer; s'il dissimulait ses biens, elle le châtiait rigoureusement; parfois elle annula les aliénations auxquelles il avait pu consentir en fraude des droits des créanciers; elle fit parfois de la cession volontaire et complète des biens une cause de libération de la personne, si le créancier n'exigeait pas le maintien de l'incarcération, sauf à lui, s'il l'exigeait, à en payer tous les frais; elle ne donnait pas, du reste, en principe, à cette cession l'effet de libérer les biens à venir. Elle aussi facilitait les arrangements qui garantissaient contre toute poursuite nouvelle les biens futurs et la personne du commerçant malheureux. Elle réglait avec soin la saisie des biens. Elle l'avait, elle aussi, limitée d'abord aux meubles, dont elle paraît n'avoir pas cessé d'exiger la discussion préalable. Elle aussi avait déclaré certains biens insaisissables, notamment au moins une partie du bétail, des marchandises, des instruments de travail, le vêtement nécessaire, voire des sommes modiques. Elle aussi admettait, soit au civil, soit au criminel, diverses prescriptions, généralement plus longues en matière réelle ou immobilière qu'en matière mobilière ou personnelle. Enfin, pour l'autorité et la conservation des décisions de justice, elle consacrait la distinction en cours de record et cours non de record.

Ces divers principes, communs en général à toutes les juridictions, assuraient une protection suffisante, même au profit de l'étranger, à tous les droits que la loi reconnaissait. Il n'y a pas lieu sans doute d'insister davantage, et, par exemple, d'énumérer les différences qui distinguaient les unes des autres ces procédures des cours anglaises d'amirauté, de chancellerie, des plaids communs, auxquelles certains textes se bornaient, on l'a vu, à référer pour les colonies[1]. Il suffira de dire que, la cour d'amirauté obéissant à quelques-unes des règles romaines empruntées par le moyen âge à l'œuvre de Justinien, et les cours de chancellerie et des plaids communs profitant plus librement des progrès accomplis par la loi ou la coutume nationale, ces dernières semblent avoir eu des procédures tout ensemble plus simples et plus efficaces. Sans doute encore, des principes qui viennent d'être rapportés, plusieurs pouvaient être communs à toutes les nations civilisées. Mais tous ne l'étaient pas. L'analogie n'apparaît pas, du reste, seulement dans les formules un peu générales auxquelles la comparaison a dû être bornée ici : si le lecteur portait l'examen jusque dans les mille détails de l'application des principes, il ne manquerait pas de la retrouver souvent tout à fait saisissante. Ne fut-il pas tout naturel que, pour cette matière si particulièrement délicate de l'administration de la justice, le peuple nouveau fît de larges emprunts au peuple antique et civilisé qui lui avait donné naissance[2]?

[1] Ci-dessus, 192, 204. — [2] Comp., Blackstone, III et IV, *passim*.

QUATRIÈME SECTION.

DES DISPOSITIONS COMMUNES AUX TROIS POUVOIRS.

DIVISION DU SUJET.

A cette section ont été renvoyées les règles qui sont communes aux trois pouvoirs, ou qui ne sont propres exclusivement à aucun d'eux [1]. Il s'agit de celles qui, ne touchant exclusivement à l'organisation d'aucun des trois, émanaient pourtant, en général, du pouvoir législatif, et s'imposaient, en tant qu'elles étaient régulièrement adoptées par lui, au respect des deux autres [2]. Les unes appartiennent réellement au droit public des colonies, car elles président aux rapports des citoyens avec l'État, ou à l'administration du gouvernement. Si les autres sont du domaine du droit privé, elles servent, du moins, de précédents à des principes inscrits dans les constitutions modernes de diverses parties de la fédération américaine, et, par conséquent, doivent tout aussi nécessairement être exposées ici [3]. Ni les unes ni les autres peut-être ne se prêteraient à une classification qui n'aurait rien d'arbitraire. Celle, par exemple, qui les diviserait en deux catégories, dont la première concernerait l'état des personnes, la seconde la condition des biens et particulièrement des terres, n'échapperait pas à la critique, puisque, de toute évidence, on ne saurait faire connaître complètement ni la condition des biens ni l'état des personnes, sans dire les droits des personnes sur les biens. Il convient cependant de ne pas procéder tout à fait au hasard, dans les développements

(1) Voir ci-dessus, p. 7-8.

(2) Comp. ci-dessus, p. 68-69, 76, 81, 104, 193, 195, 198.

(3) Comp. ci-dessus, *Introduction*, p. III.

qui vont suivre. Or les personnes soumises, en fait ou virtuellement, soit aux chartes, soit aux chartes et aux lois des colonies, se divisaient en propriétaires qui n'habitaient pas nécessairement les colonies et en habitants. Les habitants, à leur tour, étaient ou des indigènes ou des colons d'origine étrangère, ceux-ci esclaves, serviteurs, habitants libres, citoyens, nobles, fonctionnaires. Les règles respectives qui définissaient les principaux caractères de la condition de ces diverses personnes traitaient plutôt des classes de la nation que de la nation entière. Plusieurs d'entre elles ne concernaient nullement les biens. D'autres règles touchaient plus spécialement à ces derniers; c'étaient celles qui statuaient sur les testaments, les successions, le régime de la propriété et particulièrement de la propriété des terres. Un certain nombre avaient trait plutôt aux intérêts ou à la condition de la nation entière qu'aux classes qui la composaient, à savoir, les règles sur les élections, l'agriculture, le commerce, les monnaies, l'impôt, l'instruction publique, la religion. Enfin quelques-unes concernaient les rapports des colonies entre elles. Ces considérations fournissent, sinon une classification parfaite, qui n'expose à aucune redite, du moins un ordre raisonnable et suffisant, que l'on suivra, en s'occupant successivement des classes des personnes, des biens, des intérêts collectifs de la nation ou de colonies entières, des rapports mutuels des colonies [1].

[1] Les recueils de lois coloniales qui seront cités au cours de cette quatrième section sont ceux-là mêmes qui l'ont été tant de fois dans les trois premières. Afin d'éviter de surcharger les notes d'indications que le lecteur peut trouver aisément en se reportant à quelques pages en arrière, on s'abstiendra désormais d'indiquer les titres, les lieux de publication, les dates des éditions, quand on n'aura pas à référer simultanément, pour la même colonie, à deux recueils différents, si, d'ailleurs, entre les différents recueils d'une même colonie qui auront pu être déjà employés, aucune confusion ne paraît possible. Le lecteur se rappelle qu'en général, pour chaque colonie, les textes cités ont été empruntés à un seul recueil. Comp. ci-dessus, p. 7, note 1, et p. 7-207, *passim*, aux notes.

CHAPITRE PREMIER.

DE LA CONDITION DES PROPRIÉTAIRES DE COLONIES.

Souvent les propriétaires formaient, on l'a vu, de véritables associations ou compagnies[1]. Si une charte, celle de la Nouvelle-Angleterre de 1620, limitait le nombre des associés à quarante[2], la plupart laissaient à la compagnie le droit de le fixer[3]. C'était d'ailleurs la compagnie elle-même qui recrutait ses membres au temps de ses assemblées générales, ordinaires et obligatoires[4]. Cette règle prévalait pour toutes les colonies, sauf la Virginie, pour laquelle, sous l'empire de la charte de 1609, le choix paraît avoir appartenu concurremment à l'assemblée générale des associés et au président assisté de trois au moins des membres du conseil de l'association[5]. La compagnie déterminait souverainement les conditions de l'admission; mais, à l'origine, aux termes mêmes des chartes, dans les colonies les plus anciennes, elle exigeait de tout nouvel associé une contribution pécuniaire[6]. On sait, d'autre part, que, dans la Géorgie, elle fit interdire par le roi à toute personne à laquelle elle-même aurait cédé quelque terre ou confié des fonctions rétribuées, l'affiliation, et aux affiliés l'acceptation de récompenses pour les services rendus à l'association[7]. Deux chartes lui permettaient d'exclure de ses rangs les membres juste-

(1) Ci-dessus, I, 9-38, 53-59, 71-73, 182-189.

(2) Poore, I, 923.

(3) Vie., ch. 1612; M. B., ch. 1629; Conn., ch. 1662; R.-I., ch. 1663; Gie., ch. 1732; Poore, I, 253-254, 370, 374, 936-938; II, 1597-1598, 1601-1602, 1904-1906. Comp., ci-dessus, I, p. 266, 269-336, 338.

(4) Note 3 ci-dessus.

(5) Poore, II, 1899. Comp., ci-dessus, I, p. 15, 21; II, 102-103.

(6) Comp. Vie., ch. 1609; ch. 1612; Poore, II, 1897, 1905; et, ci-dessus, 196.

(7) Ch. 1732; Poore, I, 372, 375. Comp. ci-dessus, I, p. 184, 339-340, 348-349.

ment réputés indignes[1], et, à titre d'exemple de juste cause d'indignité, l'une de ces chartes mentionnait le refus ou l'omission de payer, dans le délai de six mois après l'échéance, la contribution promise[2]. L'exclusion devait toujours être prononcée en assemblée générale[3]. Au moins pour l'élection, dans plusieurs colonies, au jour régulièrement déterminé, la présence du gouverneur ou du lieutenant-gouverneur et de six assistants du gouverneur, soit de sept personnes, suffisait, au besoin, à constituer l'assemblée[4].

Le président de la compagnie n'est guère mentionné que dans trois actes. Le premier, la charte de la Virginie de 1609, l'autorisait à se donner, en cas d'absence ou de maladie, avec l'assentiment de la majorité des membres d'un conseil des associés, un mandataire ou représentant[5]. Le second, la charte précitée de la Nouvelle-Angleterre de 1620, faisait de lui un fonctionnaire électif, élu pour la durée que la compagnie aurait fixée[6]. Le troisième, la charte de la Géorgie de 1732, ne lui attribuait qu'un mandat essentiellement transitoire, et en quelque sorte impersonnel : les membres d'un conseil des associés[7] devaient, à tour de rôle, présider les réunions générales; si le roulement soulevait quelque difficulté au temps d'une assemblée, les associés présents la résolvaient, à la majorité des voix; nul ne pouvait présider deux réunions successives, à moins d'être, à la seconde, le seul présent des membres du conseil. Sous cette charte, le président avait toujours le droit de voter, et, en cas de partage, voix prépondérante[8].

On sait que d'ordinaire la compagnie formait une personne

(1) Vie., ch. 1609; ch. 1612; Poore, II, 1899, 1905.

(2) Vie., ch. 1612; Poore, II, 1905.

(3) Vie., ch. 1609; ch. 1612; *loco citato.*

(4) M. B., ch. 1629; Conn. ch. 1662; R. I., ch. 1663; Poore, I, 253, 937; II, 1598. Comp., ci-dessus, I, p. 268-269; II, 58, 81.

(5) Poore, II, 1899.

(6) Poore, I, 924.

(7) Ci-après, 218-220.

(8) Poore, I, 371; et, ci-dessus, I, 338-339.

morale, et qu'ainsi elle pouvait acquérir, posséder, vendre, ester en justice, et, en général, accomplir tous les actes de la vie civile permis aux individus sujets du roi[1]. La plupart des chartes ne distinguaient pas les actes accomplis dans la métropole de ceux qui l'étaient dans les colonies; mais la charte de la Géorgie procédait autrement : dans la métropole, elle ne permettait que pour un nombre déterminé d'années ou de générations l'acquisition et la possession de biens d'une valeur supérieure, ne tolérait que jusqu'à concurrence de 1,000 livres seulement de revenu annuel, déduction faite de toutes charges, l'acquisition à titre perpétuel, et n'autorisait que pour une durée au plus égale à 31 ans, à compter de la convention, la location, la donation, la cession faite par la compagnie[2].

La compagnie avait d'ordinaire un sceau dont elle arrêtait et modifiait, à son gré, la forme, et dont les actes émanés d'elle devaient porter l'empreinte[3].

Pour l'expédition de ses affaires, la compagnie tenait des assemblées de ses membres au lieu qu'elle même indiquait[4]. Les associés se réunissaient sur la convocation du président[5], ou d'une personne désignée à cet effet par eux-mêmes[6], ou sur celle soit du gouverneur, soit du lieutenant-gouverneur autorisé à cet effet par son chef, le gouverneur[7]. Si toutes les réunions

(1) Vie., ch. 1609; N.-A., ch. 1620; M. B., ch. 1629; Conn., ch. 1662; R. I., ch. 1663; Poore, I, 252, 369, 924, 936; II, 1597, 1897. Comp., ci-dessus, I, p. 21, 56, 72, 108, 132, 184, 266, 334-336.

(2) Ch. 1732; Poore, I, 369-370. Comp., ci-dessus, I, p. 335.

(3) Vie., ch. 1609; N.-A., ch. 1620; M. B., ch. 1629; R.-I., pat. 1643; Conn., ch. 1662; R.-I, ch. 1663; Gie., ch. 1732; Poore, I, 253, 370, 924, 936; II, 1597, 1898. Comp. I, p. 261, 267, 336, ci-dessus.

(4) Gie., ch. 1732; Poore, I, 370. Comp. I, p. 336, ci-dessus. Joignez notes 5, 6, 7, ci-après.

(5) Vie., ch. 1609; N.-A., ch. 1620; Poore, I, 924; II, 1898.

(6) N.-A., ch. 1620; Poore, I, 924;

(7) M. B., ch. 1629; Conn., ch. 1662; R.-I., ch. 1663; Poore, I, 253, 937; II, 1598. Comp. I, p. 268, ci-dessus.

nécessaires ou utiles étaient permises pour toutes les colonies [1], la charte de la Virginie de 1612 ordonnait de tenir annuellement au moins quatre assemblées générales [2], les chartes du Connecticut de 1662 et du Rhode-Island de 1663 annuellement au moins deux [3], et la charte de la Géorgie de 1732, chaque année, au moins une [4]. Il convient d'ajouter que, dans le Connecticut et le Rhode-Island, ces assemblées obligatoires et ordinaires, assez improprement dites générales, se composaient simplement d'un nombre déterminé et restreint de délégués des associés [5].

Comme il paraissait que réunir tous les associés ne serait pas toujours chose facile, les chartes de la Virginie de 1606, de 1609 et de 1612, et celle de la Géorgie de 1732, attribuèrent, au moins pour l'intervalle de temps compris entre les assemblées générales permises ou ordonnées, et sans doute pour les questions encore indécises, les unes la totalité, les autres au moins une partie des pouvoirs sociaux, à un conseil ou à des conseils, dont elles définissaient avec soin la condition [6]. — Sous la charte de 1606, chacune des colonies projetées de la Virginie avait son conseil spécial, et les deux colonies un conseil supérieur et commun. Le roi se réservait de nommer les membres du conseil commun, et de déterminer le mode de nomination des membres des conseils inférieurs. Chacun des trois conseils comptait treize membres et apposait à ses actes son propre sceau, dont la charte donnait l'effigie et l'exergue. Aucun ne fut nécessairement composé d'abord de membres de la compagnie. La première nomination

(1) Vie., ch. 1609; N.-A., ch. 1620; M. B., ch. 1629; Conn., ch. 1662; R.-I., ch. 1663; Gie., ch. 1732; Poore, I, 253, 370, 924, 937; II, 1598, 1898-1899. Comp., ci-dessus, I, p. 268, 336.

(2) Poore, II, 1905.

(3) Poore, I 253; II, 1598. Comp., ci-dessus, I, p. 268; II, 53.

(4) Poore, I, 370. Comp., ci-dessus, I, p. 336.

(5) Note 3, ci-dessus. Comp. p. 44, 216, et, ci-après, 227.

(6) Poore, I, 370-371; II, 1890, 1898, 1904. Comp., ci-dessus, I, p. 332-356.

pour les conseils inférieurs émana du conseil supérieur, qui porta son choix sur des gens de l'aristocratie, absolument indépendante des colons ordinaires. Ces conseils inférieurs reçurent le droit de nommer et de destituer leurs présidents, de prononcer contre leurs membres la peine de l'exclusion, et de pourvoir aux vacances qui viendraient à se produire après la première nomination[1]. Mais, on le sait, une seule colonie prit naissance sous la charte de 1606, et, sous les chartes de 1609 et de 1612, un seul conseil paraît avoir subsisté, formé uniquement de membres choisis parmi les associés. Le roi fit la première nomination, laissant aux associés le soin de nommer aux vacances. Le conseil unique compta dès lors cinquante-trois membres, tous astreints à prêter serment, comme conseillers du roi devant le lord chancelier, ou le lord grand trésorier du royaume, ou le lord chambellan de la cour. Le président convoquait, à son gré, les réunions sous la charte de 1609; sous celle de 1612, une séance au moins dut être tenue chaque semaine, pour l'expédition des affaires ordinaires. Sous la charte de 1609, le conseil avait encore des attributions illimitées; sous celle de 1612, il ne conserva que l'expédition des affaires courantes et l'exécution des décisions de la compagnie, les affaires les plus importantes, en particulier, l'emploi et l'aliénation des terres, la nomination des fonctionnaires et la confection des lois, demeurant désormais réservés aux assemblées générales des associés[2]. — La Géorgie, elle, n'eut dès l'origine, qu'un seul conseil, dit conseil commun, qui compta d'abord quinze membres, et plus tard vingt-quatre. La charte nomma les quinze premiers; la compagnie devait choisir les autres, et, à la réunion générale et annuelle du troisième jeudi de mars, pourvoir aux emplois vacants. Les conseillers étaient choisis parmi

[1] Poore, II, 1890; LL. Roy., 1606; Bancroft, I, 123.

[2] Poore, II, 1890, 1898-1899, 1904-1905. Comp., ci-dessus, I, p. 13-58; II, 102-103.

les associés et nommés à vie. Avant d'assumer leurs charges, ils juraient, devant le président, d'accomplir fidèlement leur mandat. Ils pouvaient se démettre par écrit, et les associés les destituer pour mauvaise conduite ou infidélité dans l'exercice des fonctions. La charte leur donnait spécialement mandat de nommer les principaux agents, d'employer l'argent et les biens de la compagnie au profit de la colonie, et leur permettait de passer, par actes revêtus de leur sceau, les conventions et contrats nécessaires. La présidence de leurs réunions était déférée comme celle des assemblées de la compagnie entière. La présence de huit membres au moins, y compris le président, était exigée pour la validité des délibérations, et l'assentiment de la majorité des présents pour la validité des décisions. Enfin, aucun ne pouvait recevoir une rémunération de ses services (1).

Formés ou non en compagnie, les propriétaires recevaient la propriété absolue du sol et de tous ses accessoires, les mines, les chasses, les pêcheries de toutes sortes, les marais, les cours d'eau, la mer elle-même jusqu'à une certaine distance des côtes (2). Deux actes y joignaient les biens sans maître, les épaves, et l'un de ceux-ci même le produit des condamnations prononcées contre les gens qui se rendaient à la colonie ou en revenaient (3), tandis que l'autre laissait aux inventeurs la moitié de l'ambre gris trouvé dans la colonie (4). Les terres que le roi avait déjà cédées à d'autres personnes, ou que les sujets d'autres princes ou États occupaient

(1) Poore, I, 371-372, 374, 376. Comp., ci-dessus, I, p. 336-340, 346-349, 352-353; II, 73, 103, 215.

(2) C., ch. 1584; Vie., ch. 1606; ch. 1609; ch. 1612; N.-A., ch. 1620; M. B., ch. 1629; N.-H., conces. 1629; Md., ch. 1632; N.-H., conces. 1635; Me., conces. 1639; Conn., ch. 1662; C., ch. 1663, § 2; ch. 1665; R. I., ch. 1663; C., const. fondam. 1669, § 114; Pie., ch. roy. 1681; Gie., ch. 1732; Poore, I, 255-256, 373, 775, 811-812, 926, 934-935; II, 1379-1380, 1382-1383, 1390-1391, 1408, 1509-1510, 1602-1603, 1889, 1897-1898, 1903-1904. Comp., ci-dessus, I, p. 243-245, 278-281, 343-344.

(3) Me., conces. 1639; Poore, I, 776.

(4) C., const. fondam. 1669, § 114; Poore, II, 1408.

réellement, étaient seules exceptées de la donation [1]. Elles ne l'étaient toutefois, dans une colonie au moins, le Maine, sous l'acte de concession de 1639, qu'à charge, pour les personnes qui pouvaient invoquer une concession antérieure, de faire renouveler leur titre, en payant une légère redevance aux nouveaux concessionnaires [2]. De cette attribution absolue du sol, les constitutions fondamentales de la Caroline de 1669 tiraient cette conséquence qu'à peine de confiscation des biens, voire de bannissement perpétuel, nul ne pourrait posséder ni réclamer des terres, sous prétexte de vente, de donation ou d'autre convention, s'il ne les avait reçues des lords propriétaires [3]. Maîtres absolus, d'ailleurs, des objets donnés, les propriétaires en disposaient, à leur gré, par aliénation ou autrement [4]. Mais la cession faite par le roi n'allait pas sans certaines redevances. — D'abord, les propriétaires subissaient des obligations que les textes définissaient par des allusions aux services féodaux : ils devaient au roi la foi et l'hommage en libre et commune tenure, *in free and common soccage* [5], ou en libre et commune tenure, non à titre de dépendance immédiate de la couronne, *in free and common soccage, non in capite* [6], ou en libre et commune tenure, non à titre de dépendance immédiate de la couronne, ni par service de chevalerie, *in free and common soccage, non in capite, nor by knight's service* [7]. Ces for-

(1) C., ch. 1584; Vie., ch. 1612; N.-A., ch. 1620; M. B., ch. 1629; Poore, I, 926, 932; II, 1379, 1904.

(2) Poore, I, 783. Comp., ci-dessus, I, p. 83-85, et II, 151.

(3) § 112; Poore, II, 1408.

(4) Vie., ch. 1606; ch. 1609; ch. 1612; M. B., ch. 1629; N.-H., conces. 1629; Md., ch. 1632; Me., conces. 1639; Conn., ch. 1662; C., ch. 1663, §§ 2-4; R. I., ch. 1663; Me., conces. 1664; C. ch. 1665; Me., conces. 1674; Pie., ch roy. 1681; Poore, I, 256-257, 775-776, 812-813, 934-935; II, 1271-1272, 1383, 1391, 1510, 1602-1603, 1889-1890, 1897-1898, 1903-1904. Comp., ci-dessus, I, p. 242-245, 253-255, 279-281, 348-349.

(5) M. B., ch. 1691; Poore, I, 935.

(6) Vie., ch. 1606, 1609, 1612; Gie., ch. 1732; Poore, I, 373; II, 1892, 1898, 1904. Comp., I, p. 344, ci-dessus.

(7) N.-A., ch. 1620; M. B., ch. 1629;

mules, un peu différentes les unes des autres, avaient toutes, au fond, la même signification : elles mettaient hors de discussion le devoir de la foi et de l'hommage ; elles excluaient la tenure militaire avec ses services simplement éventuels; et, sans la définir jusque dans les plus petits détails, elles établissaient une tenure civile, relativement élevée, «honorable, digne d'hommes libres», qui ne pouvait comporter que des services d'une quotité et d'une échéance, ou, au moins, d'une quotité déterminée [1]. Les chartes, au surplus, complétant ces formules, disaient, et l'on verra plus loin, ce que furent les services ou redevances que la couronne imposa [2]. — En second lieu, les propriétaires étaient astreints, suivant une charte, à faire connaître, de temps en temps, les progrès de la colonie à l'un des principaux secrétaires d'État et aux commissaires anglais du commerce et des plantations, et à fournir, chaque année, un compte écrit des sommes qu'ils avaient reçues et déboursées, au chancelier d'Angleterre, au président de la chambre des communes, aux commissaires du grand sceau d'Angleterre, au juge président de la cour du banc du roi, au maître des requêtes, au juge président des plaids communs, au premier baron de l'Échiquier, ou à deux au moins de ces personnages [3]. — En troisième lieu, il leur fallait payer au roi une fraction déterminée de tous les objets de certaines espèces qui seraient trouvés dans la colonie, tantôt la moitié [4], ou un quart [5], ou un cinquième de tout l'or et de tout l'argent [6], tantôt un cinquième

N.-H., com. 1629; Md., ch. 1632; Me., conces. 1639; Conn., ch. 1662; C., ch. 1663, § 2; R.-I., ch. 1663; Me., conces. 1664; C., ch. 1665; Me., conces. 1674; Pie., ch. roy. 1681; Poore, I, 257, 776, 784, 786, 812, 926, 935; II, 1271, 1383, 1391, 1510, 1602. Comp., ci-dessus, I, p. 244, 280, 344.

(1) Blackstone, II, 60-63, 78-79.

(2) Comp., ci-après, p. 222-224.

(3) Gie., ch. 1732; Poore, I, 372, 376. — Comp. I, p. 341, 352, ci-dessus.

(4) C., ch. 1665; Poore, II, 1391.

(5) C., ch. 1663, § 4; Poore, II, 1383.

(6) C., ch. 1584; Vie., ch. 1609, ch. 1612; N.-A., ch. 1620; M. B. ch.

de tout l'or, de tout l'argent et de tout le cuivre [1], ou de tout l'or, de tout l'argent et de toutes les pierres précieuses [2], tantôt un cinquième du produit net des mines d'or et d'argent, de tout l'or et de tout l'argent trouvés hors des mines, et le produit annuel de la pêche des perles [3]. Une dette d'un autre genre grevait les propriétaires de la Géorgie : à compter de la dixième année révolue après l'occupation ou l'emploi, ils étaient contraints de verser au roi, en monnaie courante de la Caroline du Sud, la somme annuelle de 4 schellings par 100 acres, pour toutes les terres occupées ou employées dans la colonie [4]; le roi se réservait de confier la perception et l'usage de cet impôt à des fonctionnaires spéciaux de son choix; et, provisoirement, il autorisait son inspecteur royal des terres de la province de la Caroline du Sud à examiner et à mesurer les domaines imposables, non sans lui défendre, à peine de destitution, d'exiger des simples particuliers une rémunération de ce travail [5]. Pour quelques-unes des colonies, les textes ajoutaient à ces redevances, éventuellement considérables, des tributs périodiques presque insignifiants, dont la seule fin dut être de marquer officiellement la reconnaissance de la souveraineté du roi : deux peaux de castor à remettre, chaque année, le 1er janvier, au château de Windsor [6], ou quarante peaux de castor livrables, chaque année, dans le délai de quatre-vingt-dix jours après une mise en demeure [7], ou deux flèches indiennes livrables annuellement, le mardi de la semaine de

1629; N.-H., conces. 1629; Md., ch. 1632; Conn., ch. 1662; R.-I., ch. 1663; Pie., ch. roy. 1681; Poore, I, 257, 812, 926, 935; II, 1271, 1380, 1510, 1602, 1898, 1904. Comp., ci-dessus, I, p. 245, 280.

(1) Vie., ch. 1606; Poore, II, 1890.

(2) M. B., ch. 1691; Poore, I, 944.

(3) Me., conces. 1639; Poore, I, 776.

(4) Ch. 1732; Poore, I, 373. Comp. I, p. 344, ci-dessus.

(5) Poore, I, 375-376. — Comp., ci-dessus, I, p. 351.

(6) Pie., ch. roy. 1681; Poore, I, 1510.

(7) Me., conces. 1664, conces. 1674; Poore, I, 784, 786.

Pâques[1], ou 20 marcs de monnaie légale anglaise annuellement payables, le jour de la Toussaint[2]. — A leur tour, les propriétaires qui aliénaient une terre avaient la faculté de lui imposer, à leur propre profit, des redevances ou des charges, indépendamment de celles qui, soit au profit de la couronne, soit au bénéfice des cédants, pouvaient être de droit[3]. Il ne sera pas sans doute hors de propos d'ajouter que, dans la Caroline, sous les constitutions fondamentales de 1669, tous les revenus ou produits attribués aux lords propriétaires se divisaient en dix parts, dont chacun des lords propriétaires recevait une et le palatin trois, à charge pour ce dernier, si ses fonctions étaient exercées par un délégué, de céder à celui-ci un tiers de sa portion ou une des dix parts[4].

On a vu que les propriétaires furent associés de diverses manières à l'exercice des pouvoirs du gouvernement[5]. Si l'on voulait résumer dans de courtes formules la définition de leur puissance politique, la lettre de plusieurs chartes permettrait de dire qu'ils avaient tous les droits, les privilèges, les juridictions et les prérogatives, même les droits régaliens, susceptibles d'être cédés par une charte royale à des sujets du roi[6]. Quelques-uns de ces actes indiquaient, d'ailleurs, que l'objet de cette attribution de

(1) Md., ch. 1632; Poore, I, 812. Comp., ci-dessus, I, p. 244-245.

(2) C., ch. 1663, § 4; Poore, II, 1383.

(3) Voy. ci-après, chap. IX.

(4) § 115; Poore, II, 1408. Comp., ci-dessus, p. 155, 160, 162, 220, et ci-après, chap. IX.

(5) Ci-dessus, I, 11-38, 53-59, 67-73, 83-87, 96, 108-109, 118-120, 132-133, 137-138, 151-153, 159-163, 166-167, 184-187, 241-257, 262-282, 332-357; II, 1-212, *passim*.

(6) C., ch. 1583; Vie., ch. 1606, ch. 1609, ch. 1612; M.B., ch. 1629; N.-H., conces. 1629; conces. 1635; Md., ch. 1632; Me., conces. 1639; Conn., ch. 1662; C., ch. 1663, § 3; ch. 1665; R. I., ch. 1663; Pie., ch. roy. 1681; Gie., ch. 1732; Poore, I, 257, 373, 776, 784, 786, 812, 934; II, 1271, 1273, 1383, 1391, 1510, 1602-1603, 1889-1890, 1897, 1903-1904. Comp., ci-dessus, I, p. 241-257, *passim*, surtout 244; voy. aussi 280, 343.

droits était réellement le bien de la colonie, ou encore que les droits concédés, privés ou publics, devaient, sauf celui de propriété sur le sol et la faculté de nommer les fonctionnaires, être exercés suivant les instructions et sous la surveillance des lords et autres commissaires, auxquels le gouvernement de la métropole avait confié, en Angleterre, la haute administration des colonies ou «plantations étrangères»[1]. Mais, en vérité, suivant une autre définition également exacte, sinon même préférable, à charge de ne pas méconnaître la suprématie de la métropole et d'exécuter les conditions auxquelles la concession avait pu être subordonnée, les propriétaires possédaient tous les droits ordinaires du roi que celui-ci ne s'était pas expressément réservés[2]. Or on a vu dans quelle large mesure le roi leur abandonnait les attributs de la souveraineté : à la charge de la foi et de l'hommage dus au souverain et de quelques redevances en nature, ils étaient rois eux-mêmes[3].

On sait que dans la Caroline, sous les constitutions fondamentales de 1669, tout propriétaire pouvait avoir un mandataire ou délégué[4]. Le mandat était contractuel ou légal. — Le mandat contractuel se conférait par acte écrit ou signé de la main, et scellé du sceau du mandant, et enregistré dans le grand conseil. A l'exception de l'approbation des actes du parlement et du choix des landgraves et des caciques, il était valable pour l'exercice de toutes les fonctions[5]. Toujours essentiellement révocable, il devait cesser de plein droit au bout de quatre ans[6], et devenait ou demeurait sans valeur, tant que le mandant majeur se trouvait sur le territoire de la colonie[7]. Le tuteur du propriétaire en état de minorité avait le droit de le conférer, comme le propriétaire

(1) Voy. 224 note 6, et notamm. Me., 1639; Poore, I, 777. Comp., ci-dessus, I, 127-129, 258.

(2) Story, I, 68-69. Comp. Bancroft, I, 251. Voy. aussi Blackstone, I, 111, 108; Stokes, 19.

(3) Voy. 224, note 5.

(4) Voy. 15-16, 98-102, 224.

(5) SS 10, 56, 76; Poore, II, 1398-1399, 1403-1405.

(6) *Ibid.*, S 56; Poore, II, 1403.

(7) *Ibid.*, S 57; Poore, II, 1403.

majeur lui-même [1]. Les conseillers de sa cour pouvaient seuls recevoir d'un lord propriétaire ordinaire mission de le représenter [2], et seuls, dans l'ordre suivant, les derniers à défaut des premiers, le plus âgé des propriétaires présents sur le sol de la colonie, ou l'un quelconque des héritiers apparents, majeurs de vingt et un ans, et personnellement présents, d'un lord propriétaire, ou l'un quelconque des landgraves, membres du grand conseil, la délégation volontaire de la charge du palatin [3]. — Le mandat légal avait pour objet la représentation nécessaire d'un propriétaire qui ne pouvait ou ne voulait se choisir un représentant. S'agissait-il d'un propriétaire mineur, un tuteur le représentait de droit. S'il s'agissait de propriétaires majeurs et absents, le propriétaire ordinaire était représenté par le plus âgé des nobles de sa Cour [4], et le palatin par le plus âgé des propriétaires ou des landgraves ou des caciques présents, les derniers ne venant à représentation qu'à défaut des premiers [5]. — Aux règles qui précèdent doivent être comparées celles qui présidaient, dans la Pensylvanie, à la tutelle du propriétaire mineur. En cas de mort ou à défaut de tuteurs nommés par le père défunt, le conseil provincial choisissait des commissaires gardiens, au nombre de trois au plus. L'un d'eux, principal tuteur, non seulement veillait, avec le concours des autres, à la conservation des biens du mineur, et rendait compte de sa gestion, chaque année, au conseil provincial, lui-même comptable envers le pupille devenu majeur, ou, en cas de décès survenu pendant la minorité, envers le plus proche héritier, mais encore exerçait, pour l'administration de la colonie, tous les pouvoirs du propriétaire [6].

(1) §§ 57-58; Poore, II, 1403.

(2) *Ibid.*, § 60; Poore, II, 1403.

(3) *Ibid.*, §§ 59-60; Poore, II, 1403. Comp., ci-dessus, p. 95-96, 101, et, ci-après, chap. VII.

(4) *Ibid.*, § 60; Poore, II, 1403.

(5) *Ibid.*, §§ 58-59; Poore, II, 1403.

(6) Ch. 1683, § 19; Poore, II, 1530.

La métropole avait, dans ses dominations européennes, son île de Man et ses comtés Palatins, cédés en propriété à des individus. Les principales règles qui définissaient la condition, surtout celles qui établissaient la puissance politique des propriétaires des colonies d'Amérique, étaient si bien empruntées au droit anglais que certaines chartes les résumaient en assimilant ces propriétaires à l'évêque, comte Palatin de Durham[1]. Mais il ne semble pas que l'île de Man et les comtés Palatins aient jamais appartenu, comme quelques colonies d'Amérique, à des compagnies proprement dites ou associations d'un certain nombre de personnes. On sait, d'ailleurs, quelle fut la destinée de celles de Londres, de Plymouth, de la Géorgie, établies pour posséder et régir, fût-ce de loin, même d'Angleterre, des parties considérables de l'Amérique, avec quelle rapidité elles-mêmes et les chartes qui les avaient fondées disparurent[2]. Quant aux corps que les chartes de 1629, 1662 et 1663, nomment les compagnies du Massachusetts-Bay, du Connecticut et du Rhode-Island, cette appellation ne leur convenait guère : ils étaient réellement tout le groupe originaire des colons eux-mêmes, successivement augmenté des nouveaux arrivants, auxquels la majorité des premiers arrivés voulait bien conférer la qualité de citoyen ; ils se composaient donc de tous les colons admis au droit de cité; ils étaient les trois colonies elles-mêmes; et leurs assemblées obligatoires et ordinaires ne furent que le germe bientôt éclos des assemblées représentatives de ces dernières[3]. La fortune des individus propriétaires fut, comme on sait, plus durable que celle des compagnies proprement dites. Il n'y en eut que deux pourtant Baltimore et Penn, dont les droits

(1) Md., ch. 1632; Me., conces., 1639; C., ch. 1663, § 4; ch. 1665; Poore, I, 776, 812; II, 1383, 1391. Comp., ci-dessus, I, p. 244, et Blackstone, I, 109. Blackstone, après Bracton, appelle le pouvoir des comtes Palatins *potestatem regalem in omnibus*, I, 118.

(2) Ci-dessus, I, 11-38, 53-59, 184-189.

(3) Ci-dessus, I, 71-73, 103-109, 125-133; II, 9-11, 37-40, 218.

subsistèrent aux mains d'héritiers jusqu'à la révolution américaine [1]. Ce n'est pas, au surplus, dans les lois coloniales qu'il faut chercher la mention ou la confirmation fréquente des pouvoirs des propriétaires, individus ou compagnies proprement dites. Le plus souvent, ces lois les passent sous silence, ou ne les mentionnent que pour les combattre plus ou moins ouvertement. Cette domination intermédiaire entre le roi et les colons n'était pas pour plaire à ces derniers [2].

CHAPITRE II.

LES INDIENS.

Plusieurs chartes recommandaient que des efforts fussent accomplis pour convertir au christianisme les Indiens, habitants originaires du sol [3]. Les concessions du New-Jersey de 1664 et celles du New-Jersey occidental de 1676 défendaient de leur vendre des liqueurs spiritueuses, tendaient à les protéger contre les empiétements des colons, et prescrivaient de les indemniser au moins de toute dépossession de fonds de terre [4]. Aux termes de la charte de la Pensylvanie de 1681, tous les différends entre colons et Indiens ressortissaient au jugement d'une commission de douze membres, composée de six Indiens et de six colons [5]; tout dommage causé à un Indien était punissable, comme si un colon l'avait subi; un Indien faisait-il tort à un colon, ce dernier, privé du droit de se rendre justice à lui-même, ne pouvait que porter plainte au propriétaire ou au représentant du propriétaire, le gouverneur, lequel essayait d'obtenir, d'accord avec le roi ou chef du

(1) Ci-dessus, I, 1-190, *passim.*

(2) Comp., ci-dessus, I, p. XXXIX, et p. 11-38, 53-77, 81-87, 95-190, *passim.*

(3) M. B., ch. 1629; Conn., ch. 1662; R.-I., ch. 1663; Poore, I, 255, 940; II, 1596, 1599. Comp., ci-dessus, I, p. 263-264.

(4) Comp., N.-J. occid. L. 1680; Bancroft, II, 316, 357, 360.

(5) § 14; Poore, II, 1517.

coupable, la réparation du dommage[1]; tout objet donné par les colons aux Indiens, pour prix des fourrures que ceux-ci cédaient, devait l'être dans les marchés publics, et subir, avant l'échange, l'examen de fonctionnaires qui en interdisaient la livraison, si la qualité semblait mauvaise[2]; pour l'amélioration de leurs terres et l'entretien de leurs familles les Indiens jouissaient des mêmes droits que les colons[3]. Ce sont là à peu près les seuls textes constitutionnels qui aient statué sur la condition des indigènes. Elle semble avoir été relativement douce, dans les colonies où le pouvoir appartenait aux *quakers*[4]. Même ailleurs, les assemblées législatives ordonnèrent parfois de les traiter avec mansuétude. Alors quelques lois recommandaient de les instruire, de les convertir[5]. Elles reconnaissaient sur les terres qu'ils occupaient leur droit de propriété, leur donnaient d'autres terres, prohibaient la chasse, quand ils ne l'avaient pas autorisée, sur celles dont ils demeuraient propriétaires, et leur garantissaient, sur d'autres, par des traités, particulièrement pour la chasse elle-même, des droits plus ou moins étendus. Elles leur concédaient la liberté absolue du trafic, ou, pour empêcher l'abus qu'ils en pourraient faire, interdisaient, sous peine de félonie, de leur vendre des armes, des munitions de guerre et des liqueurs fortes. Elles leur allouaient des secours en argent ou en nature, les indemnisaient de la dévastation nécessaire ou accidentelle de leurs récoltes, leur payaient toute expropriation, défendaient de les poursuivre pour dettes, annulaient les conventions clandestines conclues avec eux. Elles leur accordaient encore aide et protection, soit en assimilant au meurtre du blanc tout meurtre de l'un d'eux, soit en prohibant

(1) § 13; Poore, II, 1517.

(2) *Ibid.*, § 12; Poore, II, 1517.

(3) *Ibid.*, § 15; Poore, II, 1517.

(4) Voy. ci-dessus, I, p. 176-177, et, ci-après, 231, note 1. Mais la proposition émise au texte, et ci-dessus, I, 177, vraie, surtout des tribus de ces colonies, ne l'est pas autant des tribus ou individus errants, ni des individus importés comme esclaves.

(5) Vie., L. 1619; Comp. LL. Roy., 1606; Bancroft, I, 123, 155.

de diverses manières l'usage abusif des contrats de louage de services auxquels ils avaient pu consentir, soit en subordonnant à l'approbation des Chambres les contrats passés pour l'acquisition de leurs terres, soit en considérant comme une offense capitale de les réduire en servitude, soit enfin en donnant à une juridiction spéciale et particulièrement équitable la connaissance des litiges qui les intéressaient. En un mot, elles essayaient, par toute une série de dispositions, de maintenir entre eux et les colons la bonne intelligence.

Ces mesures de bienveillance ne furent que l'exception; le plus souvent la loi locale envisagea les indigènes en ennemis, et ne les traita guère mieux que de simples esclaves. Le blanc qui s'établissait auprès d'eux, ou qui avec l'un d'eux contractait mariage, encourait au moins une amende. Le colon anglais ne pouvait, sans une autorisation spéciale du gouvernement, faire le commerce avec eux, et le trafic entre eux et l'étranger était interdit. La loi leur mesurait, avec parcimonie, ou même leur enlevait l'exercice du droit de chasse. Elle déterminait les lieux où l'habitation leur serait permise, quelquefois ceux où la résidence leur serait imposée. Dans ces lieux mêmes, vivant sous la surveillance particulièrement rigoureuse des constables, ils avaient leurs noms inscrits sur des listes que gardaient ces fonctionnaires, ne sortaient de leurs maisons, après une heure dite de la nuit, qu'au risque de subir l'emprisonnement, le fouet ou d'autres peines, et voyaient l'autorité locale régler jusqu'à leurs danses. Se trouvaient-ils réunis en tribus, ils engageaient par leurs actes la responsabilité de leurs chefs. Tout meurtre d'un blanc, commis dans le voisinage, soumettait leurs villages à des représailles ou à la nécessité de donner réparation. Leur témoignage fut parfois refusé en justice, quand le litige intéressait des blancs chrétiens. Pour faux témoignage, ils étaient punis avec autant de rigueur que les nègres. Les faisait-on prisonniers en guerre, ils pouvaient être vendus, et, vendus, devaient, au moins pendant un temps limité, leur travail à un maître, si même ils ne tombaient littéralement en esclavage. Souvent, en pleine liberté, ils furent assimilés aux esclaves pour la répression de leurs crimes ou de leurs délits. Enfin, dans une condition si inférieure à celle des blancs, et sans compensation, ils n'échappaient pas toujours à la rigueur du service militaire. En vérité, les colons ne furent que trop portés à molester les Indiens et à tenter de les dépouiller par tous les moyens, tandis que, de leur côté, les Indiens n'attendaient pas toujours d'être attaqués pour faire de véritables massacres de colons. Rarement une amitié complète régna; à titre de simple exemple, il convient de rappeler que, dans le court espace de vingt-deux ans, une seule colonie, la Virginie, ne consacra pas aux affaires indiennes moins de cinq lois ou décisions législatives, qui, tour à tour, décrétèrent la guerre, prohibèrent la paix, acceptèrent, prohibèrent de nouveau, et derechef acceptèrent celle-ci[1].

[1] C. N., 1741, 1748; *loc. cit.*, I, 130-131, 166, 174, 176; — C. S., 1695, 1696, 1739, 1740, 1769; *loc. cit.*, 2, 161, 166-167, 276; — Conn., *loc. cit.*, 32, 39, 55, 58; — Gie., 1764-1765, 1770, 1773, 1774; *loc. cit.*, 99, 115, 162, 167, 190, 200; — Md., 1704, 1711, 1715, 1717, c. 13, §§ 1-2, 1721, 1723, 1730, c. 17, §§ 2-4, 1756, *loc. cit.*; — M. B., 1633, 1656, 1657; *loc. cit.*, 132—134; — N.-H., 13, Anne; 5 et 8, Georges I, *loc. cit.*, 52, 145-146, 184; — N.-J., 1703, 1758, 1763; *loc. cit.*, 1-2, 220-221, 262; — N.-Y., 1709, 1711, 1714, 1716, 1720, 1722, 1725, 1726, 1745, 1746, 1748, 1770; *loc. cit.*, 77-79, 86-87, 95, 104, 119, 128, 139, 146, 269, 284, 556; — Pie., 1700, 1705, 1710, 1712, 1715, 1717, 1722, 1729, 1730, 1760, 1769, 1774; *loc. cit.*, 1, 6, 20-21, 43, 60, 65, 80, 82, 85, 117-118, 158, 200, 273, 355; — R. I., 1638-1756, *passim; loc. cit.*, I à VIII, *passim*, notamm. I, 62, 81-82, 90, 107-108, 117, 123, 139, 153, 155, 226, 236, 274, 279, 304, 308, 320, 338, 383, 403-404, 412-413; II, 193, 264, 269, 280, 282, 393, 409, 428, 437, 486, 488, 500, 509, 535, 543, 548-553, 569, 581, 587; III, 5, 23, 482, 492, 526; IV, 143, 197, 220, 229-233, 240, 344, 396, 425-426, 438, 550, 562; V, 93, 216, 218-219, 235, 384-385, 393; voy. aussi Public Laws de 1719, et de 1730; — Vie., 1619-1773, *passim; loc. cit.*, I à VIII, *passim*, notamm. I, 126-127, 140, 153, 167, 173, 176, 192-193, 198, 219, 227, 255, 287, 292, 300-

CHAPITRE III.

LES ESCLAVES.

Les colonies anglaises d'Amérique pratiquaient l'esclavage que la métropole n'admettait pas dans ses dominations européennes. Les colons blancs pouvaient se vendre ou se laisser vendre, et en le faisant, devenaient esclaves [1]. A une époque, dans la Virginie, les habitants tenaient même que tout serviteur engagé, non chrétien, devait être, pendant la durée de son engagement, en véritable esclavage, auquel la conversion, sans l'affranchissement, ne suffisait pas à mettre fin [2]; dans le Massachusetts, cette condition était légalement celle des prisonniers de guerre [3]. Cependant, comme la traite des Africains, bientôt florissante, fit abonder les esclaves noirs, les blancs d'origine européenne et les Indiens échappèrent peu à peu et à l'esclavage régulier et au régime rigoureux des contrats dits engagements de services [4]. La servitude des noirs subsiste donc seule, dans le

301, 315-319, 333, 337, 348, 380, 382, 388-389, 391, 393, 395-396, 410, 415, 471, 476; II, 13, 16, 20, 34-35, 124, 139, 140-141, 143, 150-155, 215, 219, 280, 283, 336, 346, 350, 404, 410, 440, 480. Voy. encore, à cet égard, sur la condition du Connecticut, du Maryland, du Massachusetts, du New-Jersey, du New-Jersey occidental, de la Virginie, de la Caroline du Nord, même de la Caroline du Sud, à diverses époques, Marshall, 48, 58-66, 103-107, 213-214, 220-221, 238-239, 344-347; Bancroft, I, 123, 155, 253, 323-326; II, 316, 357, 360; III, 17. — Comp., chap. III et IV, ci-après, et, ci-dessus, notam. I, 8, 17, 19, 24-25, 35, 45, 53, 117, 120, 130, 147, 158, 170, 182-183, 188-189.

(1) Sur la condition de la Virginie en 1619, et du Massachusetts-Bay en 1641, à cet égard, voy. Bancroft, I, 176, 418.

(2) Sur la condition de la Virginie, à cet égard, en 1652, 1660 et 1670, voy. Bancroft, II, 192-193. Sur les serviteurs engagés, voy. chapitre IV, ci-après; et, sur les Indiens, comp. chapitre II, ci-dessus.

(3) Sur la condition du Massachusetts-Bay, à cet égard, vers 1641, voy. Bancroft, I, 418.

(4) Comp., chapitre IV, ci-après.

dernier état du droit, destinée d'ailleurs à survivre à la révolution de 1776.

A l'exception des constitutions fondamentales de la Caroline de 1669, qui donnaient pouvoir absolu au maître[1], les actes constitutionnels ne traitent pas de l'esclavage, mais les lois coloniales en définissent les caractères, avec une abondance de détails presque désespérante. Il ne suffirait pas de dire que le maître pouvait tuer en corrigeant, que l'enfant suivait la condition de sa mère, et que les mesures législatives qui, après un certain nombre d'années de service, attachaient l'esclave au sol, ou autorisaient le maître à l'y attacher comme un accessoire immobilier, constituaient, à certains égards, des actes de faveur[2]. C'était encore, pour employer la définition adoptée par Quinte-Curce, et justement répétée par Locke après plusieurs siècles, la guerre continuée dans la paix[3]. L'esclave est sous la surveillance particulière et constante du shérif, du constable, des juges de paix, des membres du jury d'accusation, même de tous les francs tenanciers. Souvent il n'a le droit de revêtir que les vêtements de l'étoffe la plus simple. Il ne peut porter des armes, sortir des terres de son maître sans l'aveu de ce dernier, se réunir aux esclaves d'autres plantations, former avec les gens de sa condition, hors de la plantation où son maître l'emploie, des groupes qui dépassent un nombre restreint que la loi limite, fréquenter les lieux publics, acheter des liqueurs, faire un trafic quelconque pour lui-même, posséder aucun bien, contracter mariage avec les personnes de race blanche. Admis à témoigner en justice contre ses pareils, il ne saurait donner témoignage contre les blancs. Pour faux témoignage, il est châtié avec une rigueur toute spéciale. La loi permet de lui imposer, suivant les

(1) § 110; Poore, II, 1408.

(2) Stokes, 417; Bancroft, II, 42, 193-194, 401.

(3) «Inter dominum et servum nulla amicitia est; etiam in pace, belli tamen jura servantur.» Quinte-Curce, VII, VIII. Comp. Montesquieu, *Esprit des lois*, livre XV, c. 5; édit. de 1821, p. 293-294. Voy. aussi Bancroft, I, 171.

saisons, jusqu'à quatorze ou quinze heures de travail par jour. Parfois elle défend de l'instruire, de lui apprendre même seulement à lire ou à écrire. Il peut être hypothéqué, vendu comme le simple bétail, rien n'empêchant dans la vente la séparation du mari et de la femme, des enfants et des parents. S'il frappe un blanc, la loi même le punit. S'il résiste au maître qui veut le châtier, ou que, se sauvant, il refuse de se rendre aux gens qui le poursuivent, il peut être tué impunément. Les précautions les plus minutieuses sont prises pour l'empêcher de fuir, et, s'il fuit, pour assurer sa capture. Les blancs, pour l'avoir injustement occis, n'encourent quelquefois qu'une simple condamnation à l'amende. Les crimes et les délits qu'il commet tombent sous le coup de jugements et de répressions sommaires, où sont prodiguées les peines les plus variées et les plus cruelles : l'amputation des oreilles, la pendaison, la mutilation du cadavre, l'exposition de la tête et des quartiers, paraissent être des châtiments usuels. Le simple vol est souvent réprimé par le supplice capital. Dans les cas qui comportent l'application de ce dernier, la loi autorisera, même sans le définir, le mode d'exécution le plus propre à inspirer l'effroi. Pour les moindres méfaits, le fouet est mis en usage; certains lieux ont des fouetteurs attitrés. Si le droit de propriété du maître est soigneusement protégé, la loi n'en permet pas toujours librement l'usage qui donne la liberté : des dispositions répressives détourneront de voler ou d'enlever l'esclave, et le maître touchera une indemnité pour celui que la justice aura condamné à mort; mais l'émancipation, fût-ce d'un homme valide, ne sera facilement tolérée que moyennant une caution qui empêchera l'émancipé de demeurer à la charge des autorités locales; elle ne saurait, d'ailleurs, être accordée en fraude des droits des créanciers, et, en principe, elle n'est valable que faite par acte écrit ou enregistré. On ne voit guère apparaître que vers la fin de la période coloniale des dispositions législatives destinées à assurer à l'esclave la nourriture et le vêtement nécessaires, et à le préserver de traitements inhumains et cruels. Jusque-là il est parfois nourri et traité de telle sorte que, parmi les gens de sa condition, on voit alors le nombre des décès dépasser celui des naissances, fait sans doute caractéristique au sein d'une promiscuité probablement facile, dont une éducation délicate ne prévient pas les abus. Enfin il faut ajouter que, dans plus d'un lieu, le noir et le mulâtre furent de droit présumés esclaves, et les règles de la réclamation de la liberté déterminées avec précision.

Le noir émancipé lui-même restait loin de l'égalité. Il ne l'atteignait guère que dans la rigueur commune du service militaire. En particulier, des peines ignominieuses sanctionnaient les textes qui lui interdisaient de contracter mariage avec le blanc. Penn essaya vainement de supprimer la prohibition : la réforme eût compromis l'institution même de l'esclavage [1]. Si, se disant ou non marié, le noir libre avait des enfants d'une personne de race blanche, il pouvait retomber dans la servitude, même y entraîner son complice blanc, et les enfants y rester jusqu'à l'âge de trente et un ans, ou pendant une période autrement déterminée. La loi le punissait, s'il frappait un blanc. Elle lui interdisait le port des armes, l'accès de certains lieux publics, parfois tout rapport avec les esclaves et les gens de service, souvent et sous la sanction du fouet, de l'emprisonnement ou d'autres châtiments, la promenade, au dehors, après une heure dite de la nuit. S'il se rendait coupable de faux témoignage, il devenait passible de peines d'une rigueur toute particulière, voire de celles-là mêmes que ce crime faisait encourir à l'esclave. Fréquemment il fut assimilé à ce dernier pour la répression de tous les crimes ou délits. Enfin, ses cendres ne furent pas toujours reçues dans la terre où étaient ensevelies celles du blanc [2].

(1) Bancroft, I, 418.

(2) Sur la condition des esclaves et des noirs libres, voy. C. N., 1729, 1741, 1753; *loc. cit.*, I, 125-126, 141, 164-

Dès avant la fin du XVIIIe siècle, l'institution même de l'esclavage inspirait à de nombreux colons la répulsion la plus vive. Tantôt elle leur semblait condamnée par la nature; tantôt ils la jugeaient inapplicable à des gens baptisés, de telle sorte que le baptême eût nécessairement produit l'émancipation, et les chambres législatives faisaient volontiers des déclarations solennelles pour dissiper ou combattre une opinion «si dangereuse», propre ou à détourner du travail des conversions ou à multiplier, outre mesure, les affranchissements; tantôt, se prenant au moins à craindre que le nombre des nègres ne devînt trop considérable, ils désiraient que la traite subît des restrictions rigoureuses, et, au besoin,

167, 190-192; — C. S., 1712, 1737, 1738, 1740, 1746, 1751, 1754, 1768, 1769; *loc. cit.*, 18, 153, 163-175, 207, 211, 227, 236, 263, 276; — Conn., 1708, 1715; *loc. cit.*, 87, 135-138, 209-210; — Gie., 1755, 1758, 1759, 1763, 1765, 1766, 1767, 1768, 1770, 1773; *loc. cit.*, 52, 61, 88-89, 104, 113, 119, 124, 132, 136, 138, 145, 153, 162-178, 182, 191; voy. aussi 776-786; — Md., 1715, c. 13, § 3; c. 36, § 8; c. 44, §§ 4, 23-27; 1717, c. 10, §§ 3-4; c. 13, §§ 1-2, 5-6; 1721, c. 9, §§ 2-4; 1723, c. 15, §§ 2, 3-7; 1728, c. 8, §§ 1, 4, 5; 1729, c. 4, § 1; 1735, c. 6, §§ 1-2; 1737, c. 2, §§ 4-6; 1748, c. 19, §§ 2-4; 1751, c. 14, §§ 2-10; 1752, c. 1, §§ 2-7; 1753, c. 26; 1763, c. 13; c. 28, §§ 2-3; *loc. cit.* —M.B., 1641, 1707; *loc. cit.*, 52, 386; — N.-H., 13, Anne; *loc. cit.*, 52-53; — N.-J., 1704, 1713, 1714, 1751, 1767, 1768, 1769; *loc. cit.*, 5, 18-21, 31, 191-192, 300, 307-309, 315-317; — N.-Y., 1702, 1705, 1706, 1708, 1710, 1712, 1717, 1719, 1726, 1729, 1730, 1745, 1753, 1773; *loc. cit.*, 51, 68-69, 76, 83, 88, 108, 113, 142, 152, 157-163, 173, 252, 320-338, 764; — Pie., 1700, 1705, 1712, 1715, 1717, 1718, 1722, 1725, 1761, 1771; *loc. cit.*, 12, 45-46, 57, 65, 82, 85, 110, 143-145, 284-286, 423, 492; — R. I., 1703, 1708, 1714, 1715, 1716, 1717, 1719, 1723, 1729, 1731, 1751, 1752, 1774; *loc. cit.*, III, 492; IV, 34, 50, 179-180, 186, 191-193, 209, 225, 240, 330, 415-416, 423-424, 454; V, 320, 340; VII, 251-252; voy. aussi Public Laws de 1719 et de 1767; — Vie., 1619-1773, *passim; loc. cit.*, I à VIII, *passim*, notam. I, 146, 226, 540, 552; II, 26, 170, 240, 267, 270, 277, 280, 283, 288, 346, 404, 440, 481, 491. — Joignez Stokes, 417; Bancroft, I, 177, 231, 418; II, 42, 193-194, 235, 303-304, 401; III, 42, 408-410, 411-415, 426-427, 434; IV, 414-416, 422; VI, 415; et, ci-dessus, 110-111.

qu'elle fût interdite. On peut croire que près de 130,000 noirs avaient été importés avant 1740, et plus de 300,000 avant 1770. En 1750, les colonies comptaient près de 1,040,000 habitants blancs et de 220,000 noirs. En 1770, le nombre des blancs s'était élevé à 1,850,000, celui des noirs à 462,000. Le premier dut être, en 1790, de plus de 3,000,000, le second de 765,000 environ. Vers la fin de la période coloniale, surtout dans les colonies méridionales, où se trouvaient côte à côte le plus petit nombre de blancs et le nombre de noirs le plus considérable, la progression pouvait inspirer, à bon droit, quelque inquiétude, même aux esprits les moins perspicaces. Plus d'une colonie aurait voulu faire ou même tenta ce que firent, peu d'années après la révolution de 1776, longtemps avant l'émancipation complète des esclaves, le gouvernement fédéral des États-Unis et les gouvernements locaux de plusieurs des États de l'Union, adoptant des mesures sévères pour supprimer toute nouvelle importation. En pure théorie, et en plein XVIIIe siècle, l'esclavage, on peut le dire, n'avait même plus de partisans convaincus dans l'Amérique anglaise. Il n'y aurait pas subsisté un instant, si les colons eussent été obligés de recruter leurs esclaves parmi les blancs. Le principe de la liberté naturelle de tous les hommes était facilement accepté. Mais la différence des couleurs donnait des raisons, que la théorie ne donnait pas, de maintenir l'institution : le noir paraissait plus capable que le blanc de fournir, sous le soleil ardent du Midi, une somme considérable de labeur physique; puis, l'aversion instinctive et certaine du blanc pour le nègre aurait rendu presque insupportable au premier que l'émancipation l'abaissât à être l'égal du second. Donner une demi-liberté n'était pas chose facile et déporter tous les noirs ne l'était guère davantage, si bien qu'à la différence de la prohibition ou de la restriction de la traite, l'émancipation générale n'eut pas, à cette époque, beaucoup de défenseurs très résolus. Quelque assemblée législative, d'ailleurs, se permettait-elle seulement, si peu que ce fût, de gêner la traite, la métropole ne manquait pas d'annuler les restrictions. Ce fut la résolution très ferme, obstinément appliquée, du gouvernement anglais d'empêcher même que ce commerce trouvât la moindre entrave. A l'origine, il avait pu croire que la présence de nombreux esclaves rendrait la colonisation plus facile; plus tard, il voulut protéger, envers et contre tous, les opérations très fructueuses de ses négriers. Ainsi, pendant toute la période coloniale, l'esclavage demeura, dans les colonies anglaises d'Amérique, la condition de gens dont le nombre promptement considérable ne cessait de s'accroître, sinon toujours par les naissances, au moins par les importations, suivant une progression presque mathématique[1].

Cette condition était, on l'a vu, très rigoureuse en droit. Il est permis de penser qu'elle ne le fut pas toujours autant en fait. Dans une nation intelligente, suffisamment instruite, bientôt théoriquement opposée à la servitude, enfin pratiquement chrétienne, l'intérêt du maître, les idées humanitaires qu'une partie de la philosophie et de la littérature européenne mettaient en vogue, les conseils et les préceptes de l'Évangile, durent souvent se combiner, avec succès, pour adoucir la rigueur des textes.

CHAPITRE IV.

LES SERVITEURS ENGAGÉS.

Au-dessus du nombre considérable des esclaves proprement dits, au-dessous des individus libres de toute servitude, et de ces

(1) Bancroft, II, 171, 235, 303, 316; III, 407-416, 426-434; IV, 143, 422; VI, 415; VIII, 225, 232, 321, 465-466. Voy. aussi dans le Recueil précité des lois du R.-I., divers documents de la correspondance officielle échangée entre la colonie et le bureau anglais du commerce et des plantations, notam. Lettres de 1708, 1712 et 1732; IV, 53-54, 131-138, 143, 423, 454, 471. Comp., Seaman, 8-12.

gens, sans doute peu nombreux d'abord, que nous appellerions aujourd'hui des domestiques, dont la condition était de servir un maître selon les termes de contrats toujours librement débattus, formés d'un commun accord, et aisément rompus par la volonté même d'une seule des parties, les colonies comptèrent des habitants soumis à une servitude peu différente, à divers égards, du véritable esclavage.

Si les constitutions féodales de 1669 eussent été efficacement appliquées à la Caroline, elles y eussent créé une sorte de servage : nul ne pouvait avoir des gens attachés à sa terre et soumis à sa juridiction, sauf les lords propriétaires, les landgraves, les caciques ou les lords de manoirs (1); mais quiconque s'inscrivait sur les registres d'une cour de comté, comme ayant cette condition de gens liés au sol, l'acquérait (2); les enfants ou descendants de ceux qui l'avaient la conservaient de génération en génération (3); ceux qui l'avaient, hommes ou femmes, ne pouvaient quitter la terre du seigneur pour aller vivre ailleurs, sans le consentement du maître écrit ou signé de sa main et scellé de son sceau (4); dans toute seigneurie, toute baronnie, ou tout manoir, ils étaient sous son autorité, sans appel contre elle (5); quand ils se mariaient, ils recevaient de lui, à titre viager, et par tête, 10 acres, dont la redevance annuelle ne dépassait pas un huitième du revenu annuel et des récoltes (6). C'était un état non sans quelque analogie avec le villenage anglais (7).

Un état plus dur encore fut celui des gens qui, à l'origine, louaient leurs services, pour la colonisation, aux propriétaires ou aux compagnies de propriétaires, et, plus tard, celui même des individus qui, en vertu d'engagements d'ordinaire écrits, *inden-*

(1) 1669, § 24; Poore, II, 1400.
(2) *Ibid.*, § 25; Poore, II, 1400.
(3) *Ibid.*, § 23; Poore, II, 1400.
(4) *Ibid.*, § 22; Poore, II, 1400.
(5) 1669, § 22; Poore, II, 1400.
(6) *Ibid.*, § 26; Poore, II, 1400.
(7) Blackstone, II, 92-95.

tures[1], promettaient leur travail soit aux propriétaires, soit aux hommes libres, simples colons et tenanciers ordinaires. Si le maître ne les affranchissait, l'expiration de la durée stipulée les rendait seule indépendants, et des lois fort sévères assuraient au maître l'exécution intégrale du contrat[2]. Il faut considérer presque comme une condition privilégiée celle des premiers colons importés dans la Virginie, aux frais exclusifs de la compagnie des propriétaires, quoique, peut-être sans durée déterminée, ils dussent onze mois, chaque année, servir la compagnie, une redevance de deux boisseaux de maïs et la liberté de travailler un mois par an pour eux-mêmes étant les seuls avantages que celle-ci leur promît, tandis que les autres colons ne lui devaient qu'un tribut annuel de deux barils et demi de maïs, et, hors du temps des semailles et de la moisson, un seul mois de travail par an[3]. En principe, non seulement les serviteurs dits engagés *indented,* ne pouvaient prétendre à aucun emploi public, quoiqu'ils n'échappassent pas toujours à la rigueur du service militaire; mais encore on les voyait incapables de contracter mariage sans l'aveu de leur maître, — passibles d'une augmentation de la durée de leur servitude, s'ils enfantaient hors mariage, — exposés aux péripéties de tout un système de perquisitions et de recherches minutieusement réglé, et condamnés à diverses peines, le plus souvent corporelles, particulièrement à la peine du fouet, s'ils désertaient leur travail, ou sortaient, sans l'aveu du maître, des terres de ce dernier, — privés de la faculté de porter des armes hors du service militaire, de celle d'acheter des liqueurs et de celle de faire le commerce pour eux-mêmes, — fréquemment soumis à une législation pénale d'une sévérité toute particulière, dans laquelle le fouet remplaçait d'ordinaire pour eux l'amende qui eût atteint les blancs libres, — tenus enfin de servir au delà du terme normal de leur libération pendant un temps égal à celui qu'ils avaient

(1) Blackstone, II, 295-296. — (2) Voy. 242, note 1 ci-après. — (3) Bancroft, I, 150.

pu passer en prison. Plus d'un texte les confondait avec les esclaves. Quelquefois, d'ailleurs, l'émancipation fut interdite. Diverses dispositions légales les protégeaient pourtant. C'est, selon toute apparence, à eux que les lois jointes à la charte de la Pensylvanie de 1682 consacraient deux dispositions, dont l'une prescrivait la tenue d'un registre public, sur lequel fussent inscrits les noms des serviteurs, la durée de l'engagement, la valeur des gages, les échéances du payement, et l'autre commandait aux maîtres de traiter avec bonté les gens de service, de ne pas les retenir au delà du terme convenu, de leur fournir, à l'échéance de ce terme, les rémunérations ou les ressources d'usage [1]. Ils étaient admis à porter plainte contre leurs maîtres devant diverses juridictions, les juges de paix et les cours de comté par exemple, et, quelquefois en appel devant le gouverneur et le conseil. La libération, en principe, suivait de plein droit l'expiration de la durée déterminée par la loi ou réglée par le contrat. Le maître devait la nourriture et le vêtement, même, en certains lieux, des concessions de terres, partout des procédés suffisamment doux et humains. Les mauvais traitements pouvaient devenir une cause d'émancipation légale, ou au moins déterminer la vente judiciaire du serviteur. Le maître n'avait pas le droit de le renvoyer infirme ou malade. A celui qui venait d'être libéré par émancipation ou autrement, il était parfois tenu de fournir les premiers secours de vêtements, de nourriture ou d'argent. La loi fixait les formes de la translation de cette propriété humaine, défendant, au besoin, de séparer dans l'aliénation le mari de la femme. Elle prescrivait même des règles que le maître était obligé d'observer pour mettre simplement en apprentissage ses gens de service mineurs. Enfin elle assimilait parfois le meurtre du serviteur à celui du blanc libre. On saura tout ce qui importe de cette servitude fort différente de la domesticité ordinaire, si l'on observe

(1) § 23, 29; Poore, II, 1525-1526. Comp., ci-après, 284.

que, selon divers textes, elle ne naissait pas seulement de contrats : les colons indigents et désœuvrés pouvaient être çà et là condamnés par les autorités locales à la subir; à ceux qui étaient sans ressources elle fut souvent imposée, aussitôt qu'ils touchaient au sol des colonies pour les grever, ou jusqu'au payement des frais de leur transport, ou pendant une durée variant de 5 à 15 ans, suivant leur âge. Cette condition fut longtemps celle d'un grand nombre de colons[1]. Il y a tout lieu de croire qu'elle ne prévalut jamais dans la métropole, où des règles analogues, à certains égards, atteignirent tout au plus les simples apprentis[2].

CHAPITRE V.

L'HABITANT LIBRE.

N'était pas libre qui voulait d'habiter les colonies. Si, en général, aux termes des chartes, les propriétaires ou premiers colons organisés en corporation pouvaient y transporter toutes les per-

[1] Sur la condition des gens de service, en général : C. N., 1741; *loco cit.*, I, 130, 152-164; — C. S., 1737-1738, 1744, 1746; *loco cit.*, 183, 191-197, 205; — Conn., *loco cit.* 76, 87; — Md., 1715, c. 19, §§ 2-5; c. 36, § 7; c. 44, §§ 1, 2, 4-9, 10-17, 18-22, 32, 35; 1717, c. 10, §§ 1, 4; 1719, c. 2; 1728, c. 8, §§ 4-5; c. 23, §§ 7-11; 1729, c. 26; 1732, c. 23, § 2; 1735, c. 6, §§ 1-2; 1748, c. 19, §§ 2-4; 1750, c. 5, §§ 1-3; 1751, c. 11, §§ 2-3; — M. B., 1630, 1636, 1662; *loco cit.*, 42, 155-156; — N.-H., 13, Anne; 4, Georges I; *loc. cit.*, 44, 101; — N.-J., 1713, 1714, 1730, 1751; *loc. cit.*, 21, 87, 191-192; — N.-Y., 1766; *loco cit.*, 485; — Pie., 1700, 1725, 1735, 1765; *loco cit.*, 1,7-8, 15-16, 143-145, 187, 316; — R.-I., 1639, 1647, 1652, 1654, 1679; *loco cit.*, I, 88, 182-183, 243, 274-275; III, 30-31; — Vie., 1619-1773, *passim; loco cit.*, I à VIII, *passim*, notam. I, 252-253, 255, 257, 274-275, 401, 411, 435, 438-439, 440-441, 444-445, 471, 517-518, 538-539; II, 35, 53, 113-118, 129, 164, 167-169, 195, 240, 266, 270, 273, 277-279, 388, 395, 462, 480, 488. — Joignez Seaman, 207-210; Bancroft, I, 231; et, voy. ci-dessus, ch. III.

[2] Comp. Blackstone, I, 127, 417-426; II, 402; surtout I, 422-432.

sonnes qui consentaient à y aller [1], encore était-ce à la condition que ces personnes fussent recrutées en Angleterre ou dans les possessions anglaises [2], qu'elles fussent déjà sujettes du roi [3], ou qu'elles acceptassent et promissent de le devenir [4]. Le roi d'ailleurs se réservait à lui-même [5], ou réservait, soit à lui-même, soit à ses lords et commissaires qui étaient ou seraient préposés en Angleterre à la haute administration des Plantations étrangères [6], le droit d'interdire le transport, ou la résidence dans les colonies, de certaines gens ou catégories de gens. Il pouvait même, s'il le jugeait convenable, interdire, par décision spéciale, la résidence à tout individu expressément nommé [7]. D'autre part, si, réserve faite de ces prérogatives du roi, quelques chartes permettaient l'immigration soit à toute personne [8], soit au moins aux sujets du roi ou aux personnes disposées à le devenir [9], nul ne pouvait, en principe, séjourner ni s'établir aux colonies sans le consentement des propriétaires, ou de leurs agents, ou de la com-

(1) C., ch. 1584; Vie., ch. 1606, 1609, 1612; N.-A., ch. 1620; M. B., ch. 1629; Me., conces. 1639; Conn., ch. 1662; R.-I., ch. 1663; Me., conces. 1664, et 1674; Gie., ch. 1732; Poore, I, 254, 374, 781, 785, 787, 926-927, 938; II, 1379, 1601-1602, 1890-1891, 1900, 1906, et ci-dessus, I, p. 278, 347.

(2) Conn., ch. 1662; R.-I., ch. 1663; Gie., ch. 1732; Poore, I, 254, 374; II, 1601-1602; et ci-dessus, I, p. 278.

(3) C., ch. 1584; Poore, II, 1379.

(4) Vie., ch. 1609, ch. 1612; N.-A., ch. 1620; M. B., ch. 1629; Me., conces. 1639, 1664 et 1674; Poore, I, 781, 785, 926-927, 938; II, 1900, 1906. Joignez Gie., ch. 1732; Poore, I, 374; et ci-dessus, I, 347.

(5) C., ch. 1584; Vie., ch. 1606; Md., ch. 1632; Conn., ch. 1662; R.-I., ch. 1663; Poore, I, 254, 813; II, 1379, 1601-1602, 1890-1891; et ci-dessus, I, p. 248, 278.

(6) Me., conces. 1639; Poore, I, 781.

(7) Vie., ch. 1609; N.-A., ch. 1620; M. B., ch. 1629; Poore, I, 927, 938; II, 1900.

(8) Conn., ch. 1662; R. I., ch. 1663; Poore, I, 254; II, 1601-1602; et ci-dessus, I, 277-278.

(9) Md. ch. 1632; C., ch. 1663, § 7; ch. 1665; Pie., ch. roy. 1681; Poore, I, 813; II, 1385, 1393, 1512. Comp. Patente d'Acadie, ci-dessus., I, 233-234. Voy. aussi, I, 277-278.

pagnie des colons [1]. Parfois le consentement devait être préalable et écrit [2], ou préalable et scellé du sceau des propriétaires [3]. Ces derniers avaient tout naturellement le droit de le subordonner aux règles qui leur paraissaient convenables [4]. On verra que certaines franchises appartenaient, pour les objets qu'ils portaient avec eux, aux immigrants régulièrement autorisés [5]. Ceux qui violaient la règle, en venant aux colonies malgré l'interdiction du roi, perdaient le bénéfice de ces franchises [6]; ceux qui la violaient, en passant outre à la défense des propriétaires, s'exposaient à n'être même plus tenus pour sujets du roi [7], à se voir repoussés, à force armée, soit hors de la colonie [8], soit jusqu'à 200 lieues au delà des points que les colons auraient occupés dans les six premières années de la colonisation [9], ou encore à être arrêtés et à subir la confiscation de leurs navires et de leurs effets, dont le prix devait être divisé, à parts égales, entre le roi et les propriétaires [10].

L'autorisation de ces divers personnages n'était pas nécessairement la seule condition, à laquelle fût subordonné le droit d'immigrer ou de résider. En particulier, les propriétaires pouvaient édicter, et le roi, lui, imposait, d'ordinaire, l'obligation de prêter divers serments [11]. Les propriétaires réglaient à leur fantaisie ceux

(1) C., ch. 1584; Vie., ch. 1606, ch. 1609; N.-A., ch. 1620; M. B., ch. 1629; Me., conces. 1639; Conn., et R.-I., argum. ch. 1662 et 1663; Me., conces. 1664 et 1674; Poore, I, 256, 781-782, 785, 787, 927, 941-942; II, 1379-1380, 1600-1601, 1891, 1900-1901, et, ci-dessus, I, 274-275. Joignez notes 1 à 4, ci-dessus, 243.

(2) Vie., ch. 1606; Poore, II, 1889-1890.

(3) N.-A., ch. 1620; Poore, I, 928.

(4) N.-A., ch. 1620; Me., conces. 1639, 1664 et 1674; *loco cit.*

(5) Vie., ch. 1609; N.-A., ch. 1620; M. B., ch. 1629; Poore, I, 927, 938; II, 1900; et ci-après, ch. XIV.

(6) *Ibid.*

(7) C., ch. 1584; Poore, II, 1379-1380.

(8) Vie., ch. 1606; ch. 1609; N.-A., ch. 1620; Me., conces. 1664 et 1674; Poore, I, 785, 787, 927-928; II, 1891, 1900.

(9) C., ch. 1584; Poore, II, 1380.

(10) N.-A., ch. 1620; Poore, I, 927-928.

(11) Vie., ch. 1609; ch. 1612; N.-A., ch. 1620; M. B., ch. 1629; Me., conces. 1639; Conn., ch. 1662; M. B., ch. 1691; Gie., ch. 1732; Poore, I,

qu'ils jugeaient bon d'exiger [1]. Ceux que le roi imposait, dont la formule variait suivant les temps et les lieux, consistaient essentiellement dans la promesse de demeurer fidèle au souverain, et dans la profession d'une orthodoxie, ou absolue, ou au moins incompatible avec les doctrines du catholicisme [2]. Le principal objet de la fondation des colonies étant de convertir les indigènes à la «vraie religion et au vrai culte», le roi ne pouvait tolérer que l'accès y fût donné aux personnes soupçonnées de partager «la superstition de l'église de Rome» [3]. Le plus souvent les serments de fidélité étaient ceux d'allégeance, d'abjuration, d'obéissance [4], et le serment d'orthodoxie, celui de suprématie [5]. On se rappelle que les uns et les autres ont été plus d'une fois mentionnés au cours des explications qui précèdent [6]. Ils étaient en usage constant dans les provinces royales [7]. La charte de la Géorgie de 1732 permettait aux *quakers* de prêter ceux-ci ou d'autres analogues, sans invoquer le nom de Dieu [8]. Suivant les temps et les lieux, des autorités diverses furent appelées à recevoir la prestation. Ce furent tantôt des mandataires délégués à cet effet par la compagnie des propriétaires [9], tantôt le seigneur propriétaire ou ses mandataires [10], tantôt le président ou son délégué ou deux membres de la compagnie [11], tantôt, comme dans la Virginie, le

255, 375, 780, 930, 940, 951; II, 1902, 1906; et ci-dessus, I, 349.

(1) N.-A., ch. 1620; Me., conces., 1639; Poore, I, 780, 930.

(2) Vie., ch. 1609; N.-A., ch. 1620; Conn., ch. 1662; Poore, *loco cit.* Voy. toutefois, ci-dessus, I, 120-123, 173, 265, 305-306.

(3) Vie., ch. 1609; N.-A., ch. 1620; Poore, *loco cit.*; et, ci-dessus, I, 57.

(4) Vie., ch. 1612; N.-A., ch. 1620; M. B., ch. 1629; Me., conces. 1639; M. B., ch. 1691; Poore, *loco cit.*

(5) Vie., ch. 1609; ch. 1612; N.-A., ch. 1620; M. B., ch 1629; Me., conces. 1639; Conn., ch. 1662; M. B., ch. 1691; Poore, *loco cit.*

(6) Ci-dessus, I, 349: II, 50-52, 75-76, 85. Comp. I, 73, 109, 133.

(7) Stokes, 156-157.

(8) Poore, I, 375, et ci-dessus, I, 349. Comp. Cooley's Blackstone, I, 367, et les notes.

(9) *Ibid.*

(10) Me., conces. 1639; Poore, *loco cit.*

(11) N.-A., ch. 1620; Poore, *loco cit.*

président ou son mandataire, ou deux membres du conseil de la compagnie [1], et, à une autre époque, le président et trois membres de ce conseil [2], — tantôt, comme dans le Massachusetts-Bay, le gouverneur ou son mandataire, ou les deux ou plusieurs membres du conseil des assistants que le gouverneur et la compagnie avaient désignés [3], et, plus tard, le seul gouverneur [4], — ailleurs, enfin, deux ou plusieurs assistants désignés par le gouverneur, ou par le lieutenant-gouverneur, en l'absence du gouverneur [5]. On voit que pour certaines colonies, dont les compagnies et les conseils ou certains conseils de propriétaires résidèrent ou purent résider d'abord en Angleterre, comme il arriva de la Virginie, sous les chartes de 1606, de 1609 et de 1612, et de la Nouvelle-Angleterre, sous celle de 1620, la prestation des serments requis constitua ou put constituer, à l'origine, une formalité préalable, exécutoire sur le sol même de la métropole avant le départ des colons [6]. Rien ne fut plus naturel, d'ailleurs, que cette prestation antérieure au départ, à une époque où la plupart des immigrants, sinon tous, étaient expédiés par les soins et aux frais des compagnies de propriétaires [7].

Des dispositions précédentes il convient de rapprocher un texte où l'on trouve une formalité imposée, sinon aux immigrants, du moins au capitaine du navire qui les avait amenés : celui-ci était tenu de faire connaître, au plus tard, le second jour après l'arrivée, à quelque fonctionnaire compétent pour recevoir les déclarations de ce genre, le lieu de départ ou d'origine et le nom du navire, le nom du maître, la nature du chargement, la qualité des passagers; s'il refusait de fournir ce rapport qui devait être

(1) Ch. 1612; Poore, *loco cit.*

(2) Ch. 1609; Poore, *loco cit.*

(3) Ch. 1629; Poore, *loco cit.*

(4) Ch. 1691; Poore, *loco cit.*

(5) Conn., ch. 1662; Poore, *loco cit.*

(6) Poore, *loco cit.*, et ci-dessus, 102-103.

(7) Voy., sur cette proposition et en général sur l'immigration, ci-dessus, I, 11-190, *passim.*

aussitôt enregistré, il passait pour animé d'intentions hostiles, et nul ne pouvait trafiquer avec lui, à peine de confiscation des objets du trafic (1). Cette formalité n'eut-elle pas, suivant toute apparence, pour une de ses causes le désir d'assurer l'accomplissement des obligations qui pouvaient incomber à l'immigrant arrivant lui-même, et, par exemple, des demandes d'autorisation et des prestations de serments?

Enfin, il faut faire observer que le droit de quitter les colonies était ou pouvait être, comme celui d'y venir, subordonné à des autorisations ou à des conditions diverses. L'auteur de la charte de 1663 du Rhode-Island ne jugeait pas inutile d'autoriser expressément les colons à voyager d'une colonie à l'autre (2). On a vu de quelle manière les premières chartes de la Virginie et de la Nouvelle-Angleterre essayèrent de prévenir la fuite des colons (3); et l'on sait les mesures que décréta la charte de la Pensylvanie de 1681, au moins pour empêcher le débiteur de partir sans désintéresser le créancier (4).

Qu'il s'agît du droit de venir aux colonies et d'y résider, ou que celui de les quitter fût en question, la matière était de celles sur lesquelles les assemblées coloniales légiféraient volontiers, avec une réelle indépendance d'allure, au moins pour interpréter ou compléter les dispositions des actes constitutionnels. Un petit nombre de propositions peuvent résumer les principales règles qu'elles lui consacrèrent. Souvent la faculté de résider dans la colonie était subordonnée au consentement du gouverneur ou de l'assemblée elle-même, et la résidence dans un bourg ou une circonscription déterminée, à celui des habitants les plus anciens ou des autorités locales. Mais il arrivait que la possession d'immeubles, facilement permise sur toute l'étendue de la colonie aux habitants

(1) Pie., ch. 1681, § 19; Poore, II, 1517. Comp., ci-après, ch. XIV. — (2) Poore, II, 1603. Comp., ci-dessus, I, p. 281. — (3) Ci-dessus, p. 155-156. — (4) Ci-dessus, p. 196.

régulièrement admis de celle-ci, donnât le droit de résider sans restriction partout où se trouvaient les immeubles possédés. L'autorisation spéciale, quand elle était requise, pouvait cependant être tacite et résulter du défaut d'opposition à la résidence continuée durant un espace de temps défini, par exemple, 3, 6 ou 12 mois. Le capitaine de tout navire qui apportait des colons devait en communiquer la liste aux autorités locales, ou les immigrants eux-mêmes, dans un délai préfix, faire connaître à ces autorités leur arrivée. L'immigrant fut tenu d'ordinaire de prêter les serments d'allégeance et de suprématie, et la loi put lui en imposer d'autres qui varièrent suivant les circonstances et les lieux. Lui-même, ou la personne qui l'introduisait, eut parfois à fournir une caution qui déchargeât la commune ou la colonie du soin de le nourrir et de l'entretenir. Tant que l'autorisation requise n'avait été donnée ni expressément ni tacitement, il pouvait être renvoyé, et, dans certains cas, devait l'être, il n'avait pas droit aux secours pécuniaires que recevaient les habitants autorisés et indigents, et, s'il restait malgré la sommation des autorités compétentes, diverses peines, notamment celle du fouet, l'atteignaient aisément, certaines dispositions répressives frappant même les gens qui l'hébergeaient ou entretenaient quelque rapport avec lui. Si, en principe, tout habitant de la colonie ou de la commune la pouvait quitter, quelquefois on vit le colon obligé de rester sur ses terres, ou, du moins, de les tenir occupées, de se munir d'une autorisation sous la sanction de peines diverses, pour dépasser certaines limites, et de faire précéder de publications son départ, tandis que les capitaines de navires durent souvent, pour pouvoir prendre le large, recevoir un passeport du gouverneur. Tour à tour, dans certaines colonies, la loi permit librement le départ, puis ne le toléra que moyennant licence donnée par les autorités locales [1].

[1] C. N., 1715; *loco cit.*, I, 110; — Conn., *loco cit.*, 59-60, 132; — Gie., 1763; *loco cit.*, 87; — Md., 1704, c. 74, §§ 2-3; 1715, c. 19, §§ 1-2, 4;

Il n'est pas douteux que, dans la métropole, le roi et le Parlement n'eussent le droit de permettre et d'interdire, à leur gré, la résidence à l'étranger, sans avoir celui de bannir arbitrairement le citoyen. En principe, l'étranger était admis à entrer dans le royaume. A tous les habitants, même non citoyens, divers serments, notamment ceux d'allégeance, d'abjuration et de suprématie, pouvaient être imposés. Ce furent, en général, les cours de justice qui eurent charge de les déférer. Diverses circonstances, d'ailleurs, et, par exemple, la naissance, le mariage, le séjour continué sans opposition pendant une durée définie par la loi ou la coutume, la possession d'une fortune, certaine ou présumée, d'une quotité également définie, déterminaient le lieu de la résidence légale, ou autorisaient la résidence en tout lieu. De ceux où il ne satisfaisait pas aux conditions requises, l'habitant pouvait être expulsé, pour être reconduit ou renvoyé à sa paroisse d'origine, sur l'ordre de deux juges de paix, à la requête des habitants ou de certains fonctionnaires, les inspecteurs ou surveillants des pauvres[1].

Dans la Caroline, sous les constitutions fondamentales de 1669,

c. 44, SS 5-6, 19-20, 35; — M. B., 1639-1730, *passim*, notamm. 1639, 1641, 1651, 1682, 1692, 1701, 1736; *loco cit., passim*, notamm. 91, 149, 171, 191-192, 251, 264, 304, 316, 347-349, 366, 369, 428, 472, 508-509; — N. H., 8, Guillaume III; 4 et 5, Georges I; 6 et 11, Georges III; L. temp. 1766; *loco cit.*, 2, 123-124, 140-141, 250-263; — N.-J., 1740, 1770, 1772; *loco cit.*, 118-119, 342, 378; — N.-Y., 1691, 1715, 1718, 1719, 1721, 1770; *loco cit.*, 4, 97-100, 111, 114, 121-124, 561; — Pie., 1700, 1705; *loco cit.*, 1, 8, 13, 43; — R.-I., 1676, 1679, 1682, 1708, 1718, 1729, 1748, 1756, 1765; Bartlett, II, 536; III, 68-70, 117; IV, 32-33, 235, 428-429; V, 260, 554, 556; VI, 465; voy. aussi Public Laws de 1767; — Vie., notamm. 1631, 1632, 1633, 1645, 1646; *loco cit.*, I, 166, 174-175, 191, 200, 214, 223. Voy. encore, à cet égard, sur la condition du New-Jersey, Story, I, 79; Bancroft, II, 426; et sur celle du M. B., vers 1641 et 1687, Bancroft, I, 417; II, 426.

(1) Blackstone, I, 115, 131, 136-137, 315-316, 359-366, 368, 371-375; II, 249-250, 274, 293; IV, 111, 116-117; et, ci-dessus, 124-126.

les propriétaires subordonnaient à la prestation d'un serment, dont la formule doit être rappelée, moins le droit de résider que l'utilité et la sécurité de la résidence. Le greffier ou secrétaire de chaque circonscription avait charge d'un grand livre, où était transcrit le texte de ces constitutions; nul individu, au-dessus de l'âge de dix-sept ans, ne pouvait posséder des biens quelconques dans la colonie, ni même y réclamer le bénéfice ou la protection de la loi, sans avoir signé sur ce livre, par-devant ledit greffier, une déclaration ainsi conçue : «Je promets fidélité à notre souverain maître, le roi Charles II, à ses héritiers et successeurs, service fidèle et exact au palatin et aux lords propriétaires de la Caroline et à leurs héritiers et successeurs, et, de tout mon pouvoir, je maintiendrai le gouvernement établi par ces constitutions [1] ».

En général, les habitants légalement autorisés à fixer leur résidence dans les colonies y étaient, citoyens ou non, soumis à la loi, et ils pouvaient en réclamer la protection devant les tribunaux [2]. Non citoyens, ils ne jouissaient pas des droits politiques ou civiques proprement dits, et conséquemment ne participaient pas à l'administration générale du pays; ils ne furent même pas toujours assimilés aux citoyens par la loi civile, car, si celle-ci leur donna souvent la pleine liberté de faire le commerce, d'acheter, de vendre, de posséder, les biens de l'étranger suivant le même cours de dévolution ou de succession que ceux du citoyen, parfois, au contraire, elle leur refusa, comme faisaient les statuts ou la coutume de la métropole [3], la capacité nécessaire pour posséder les biens immobiliers [4]. Mais, citoyens ou non, et soit dans l'ordre du droit public, soit dans celui du droit privé, ils eurent certains avantages et subirent certaines obligations qui doivent être soigneusement indiqués ici. C'est dans les dispositions des chartes, des constitutions, des lois, qui traitent de la chasse et de la pêche, des pau-

(1) § 117; Poore, II, 1408. — (2) Ci-dessus, 192-212. — (3) Voy. ci-dessus, 249, note 1. — (4) Comp., ci-dessus, 248, note 1, et, ci-après, ch. IX.

vres, des mineurs, orphelins et autres incapables, de l'état civil, du mariage, des recensements, même de l'Habeas Corpus et des droits de pétition, de réunion, d'association, que se trouvent établis ces obligations et ces avantages.

Afin de lui permettre de trouver la «nourriture et les ressources que la Providence divine accorde aux hommes», certains textes autorisaient tout habitant à chasser sur ses terres et sur toutes les terres non closes, à pêcher dans ses propres cours d'eau et dans tous ceux du domaine public, et à retirer le poisson sur les terres de tout riverain, hormis les terres voisines de cours d'eau non navigables et les terres érigées en manoirs [1]; ils promettaient les encouragements et la faveur du roi à celui qui chercherait des bancs de pêche; et, à charge de ne commettre aucun dommage, ils habilitaient encore tout habitant à poursuivre, tirer, déposer les baleines et les autres gros poissons, dans tous les ports, havres, baies et sur toutes les côtes [2]. Rien ne prouve que, dans la métropole, les étrangers eux-mêmes n'aient pas pu recevoir du roi, qui paraît avoir eu des pouvoirs d'une étendue toute particulière sur la chasse et la pêche, le droit de s'adonner à l'une et à l'autre. Mais ce droit limité, en général, même pour les citoyens, par la prohibition de chasser et de pêcher sur le domaine d'autrui sans le consentement du propriétaire, y fut encore restreint, pour les étrangers, par l'incapacité d'acquérir des fonds de terre ou des biens immobiliers [3].

Une catégorie de personnes fait, dans quelques colonies, l'objet de dispositions particulièrement intéressantes, ce sont les pauvres. Chaque bourg secourt les siens, entretient sans travail ceux qui sont malades ou âgés, fait travailler les autres, au besoin dans la

[1] Pie., ch. 1683, § 22; const. 1696; Poore, II, 1530, 1536.

[2] R.-I., ch. 1663; Poore, II, 1601. Comp. ci-dessus, I, p. 276-277.

[3] Comp. Blackstone, II, 14, 33-34, 38-40, 394-395, 403, 410-421; III, 213, 215, 401; IV, 174-175, 415-416.

prison locale, et met les enfants en apprentissage, le tout par l'entremise et sous la surveillance des juges de paix, du conseil de fabrique de la paroisse, ou de fonctionnaires qu'il nomme à cet effet. En principe, ce sont bien les parents qui passent les contrats d'apprentissage; mais, s'ils refusent ou négligent de les passer, ou les passent mal, les pouvoirs publics interviennent et se substituent à l'autorité paternelle. On voit intervenir alors tout spécialement, dans certains lieux, les commissaires de comté et les cours des orphelins. L'apprentissage dure jusqu'à un âge déterminé, d'ordinaire vingt et un ans pour les garçons et pour les filles dix-huit. Les fonctionnaires qui donnent les patrons peuvent, au besoin, les changer, et veillent sans cesse, dans tous les cas, qu'ils les aient ou non passés eux-mêmes, à la stricte exécution des contrats. Un trésor qu'alimentent des impôts ou d'autres sources de revenus fournit les sommes nécessaires pour l'application des lois relatives aux indigents. Mais les pauvres qui n'ont pas reçu l'autorisation expresse ou tacite de résider dans la colonie ou la commune doivent être renvoyés. Parfois la loi détermine la somme que les habitants non admis sont tenus de posséder, afin d'échapper à ce renvoi pour cause d'indigence; elle fixe d'ordinaire avec précision les formalités, auxquelles la validité du renvoi est subordonnée; quelquefois elle recommande même de reconduire les expulsés jusqu'au lieu d'où ils sont venus[1]. Entre ce droit des colonies et celui de la métropole l'analogie est saisissante, même l'identité presque

[1] C. S., 1712, 1722, 1737, 1758, 1768; *loco cit.*, 44-48, 117-118, 151, 247, 263; — Conn., *loco cit.*, 95-96; — M. B., 1659-1672; *loco cit.*, 173, 251, 429, 660-664, 674; — N.-J., 1709, 1773, 1774; *loco cit.*, 8, 403-419, 750-756; — N.-Y., 1744, 1745, 1747; *loco cit.*, 246, 252, 275-276; — Pie., 1718-1771, *passim; loco cit.*, *passim*, notamm. 96-98, 160, 181-186, 219, 319-322, 333, 350-353, 404-414; — R.-I., 1647, 1721, 1730; Bartlett, I, 184-185; IV, 302; joignez Public Laws de 1730; — Vie., notamm. 1711-1736, *passim; loco cit.*, IV, *passim*. Voy. aussi, ci-dessus, 110-127, *passim*, et, ci-après, 253, note 3, et ch. XII, XV.

absolue. Si l'on observe que toujours, en Angleterre, les impôts spéciaux pour les indigents étaient levés par les inspecteurs ou surveillants des pauvres, les indigents mis au travail par ces inspecteurs ou les juges de paix, les contrats d'apprentissage conclus par les uns et les autres, d'un commun accord, exécutés sous la surveillance des juges de paix, et, en principe, obligatoires pour l'un et l'autre sexe, jusqu'à l'âge de vingt et un ans, on aura noté les différences essentielles[1].

Les concessions des propriétaires du New-Jersey occidental de 1676 ordonnaient que les orphelins indigents fussent élevés aux frais publics[2]. De nombreuses lois de diverses colonies protégeaient les incapables, fous et autres, et en particulier les orphelins mineurs. Suivant les lieux, les cours supérieures ou inférieures de justice, les juges de paix, des conseils locaux d'inspecteurs proprement dits, nommés à cet effet, le grand jury, le conseil de fabrique de la paroisse, veillaient sur ces malheureux; ils levaient au besoin un impôt spécial sur le comté, la commune, la paroisse, le bourg, pour leur assurer les secours nécessaires; ils les confiaient à la garde plus minutieuse et constante de tuteurs, et prescrivaient ou au moins faisaient observer les règles de l'administration des tutelles. Dans la métropole, des devoirs analogues incombaient aux inspecteurs des pauvres et à la cour de chancellerie[3].

(1) Comp. Blackstone, I, 131, 359-366, 425-427.

(2) Voy. Bancroft, II, 357; Hough, II, 33.

(3) Voy. notamm. C. S., 1692-1776, *passim*; et notamm. 1712, 1740; *loco cit., passim*, et notamm. 106, 176-177; voy. aussi 202-203, 217; — Conn., *loco cit.*, 55; — Md., 1715, c. 39, §§ 7, 10, 13-15, 20-22, 33; 1729, c. 24, §§ 6, 12; et encore 1752, 1758, 1763; *loco cit.*; — M. B., 1648-1773, *passim*; *loco cit., passim*, notamm. 54, 85, 231, 233, 247, 276-277, 385, 401, 423-424, 426, 429, 515, 526-528, 594, 620-621, 628, 670, 695; — N.-H., 13, Anne; 4, Georges I; *loco cit.*, 36, 104-107; — Pie., 1713, 1770; *loco cit.*, 72, 380-381; — R.-I., 1742, voy. Public Laws de 1744, 5; — Vie., 1619-1775, *passim*; *loco cit.*, I à VIII, *passim*, notamm. I, 260-261, 269, 274-275, 331, 336-337, 416-417, 443, 519, 550. Comp. Blackstone, I, 462-466; III, 48.

Chacun sait ce qu'était en Angleterre le fameux acte de l'*Habeas corpus,* destiné à empêcher la détention illégale ou arbitraire. Suivant toute apparence, tous les habitants libres, citoyens ou non, pouvaient s'en prévaloir dans les colonies. De fait, pour tous, le bénéfice en fut parfois suspendu, au moins dans quelques-unes. Il le fut notamment dans le Massachusetts, vers 1687 [1]. C'était une question débattue avec la métropole de savoir si les colons pouvaient en invoquer les dispositions. De bonne heure, la même colonie du Massachusetts affirmant qu'ils le pouvaient, Lord Somers, chancelier d'Angleterre, répondait qu'elles n'avaient pas encore été étendues à l'Amérique, et l'affirmation du Massachusetts était annulée ou méconnue. Plus tard, la reine Anne admit l'extension. Mais les colons, eux, ne voulurent jamais voir que la consécration d'un privilège préexistant et inné, où la reine, elle, ne voyait qu'une pure faveur [2]. Quelques lois coloniales prescrivaient l'observation de l'acte aux fonctionnaires publics, et la soumettaient soit à une procédure spéciale, soit aux règles suivies dans la métropole [3].

Au moins une loi des anciennes colonies, une disposition du code du Massachusetts de 1641, affirmait nettement l'existence du droit de pétition et du droit de réunion, même pour les non-citoyens. On y voyait que tout homme, étranger ou non, libre ou non, pouvait, se présentant à toute assemblée des pouvoirs publics, ou à toute réunion de bourg, poser des questions et faire des demandes, soit oralement, soit par écrit [4]. L'institution si intéressante de ces réunions de bourgs qui, on le sait, se tenaient, à de fréquentes échéances, dans toutes les parties de la Nouvelle-Angleterre, montre assez qu'au moins les colonies de cette région

(1) Bancroft, II, 427.

(2) Bancroft, III, 103.

(3) Voy. notamm. M. B., 1632; *loco cit.*, 224-229; — Gie., 1670-1712; *loco cit.*, 18-25; — voy. aussi Story, I, 47, et Blackstone, I, 135; III, 135-138.

(4) Bancroft, I, 417.

possédaient la liberté de réunion. En réalité, il n'est guère douteux que le droit de réunion et celui de pétition n'aient existé partout. Dans les colonies de la Nouvelle-Angleterre et dans la Virginie, la loi écrite elle-même les combinait en les réglementant. Des fonctionnaires publics, d'ordinaire les shérifs, convoquaient le peuple à des assemblées tenues pour la production de ses griefs et de ses réclamations. Ces assemblées plénières siégeaient d'ordinaire avant toute session des chambres, auxquelles les résolutions recueillies par écrit étaient transmises sans retard. La coutume fit partout apparemment ce que faisait en certains lieux la loi écrite. Que les étrangers aient pu venir dans ces grandes assemblées disserter sur le gouvernement général de la colonie, et tenter d'exercer leur influence sur lui, c'est chose fort douteuse et peu probable. Mais il est, au contraire, sinon clairement démontré par les textes, au moins infiniment vraisemblable, que tous les habitants admis continuèrent de pouvoir traiter des questions purement locales dans les réunions de bourgs de la Nouvelle-Angleterre, et que partout les étrangers purent librement soit s'assembler afin de discuter leurs propres affaires, soit adresser des pétitions à l'autorité pour obtenir le redressement de leurs griefs. Les colonies ne devaient pas sans doute moins de liberté à ces étrangers, qu'elles s'efforcèrent plus d'une fois d'attirer à elles, avides qu'elles étaient d'accroître, par le développement de la population et des relations commerciales, la prospérité publique sur un sol riche et à peine peuplé. Ce ne fut même pas sûrement au nom des seuls citoyens, dans le sens strict du mot, qu'à la veille de l'émancipation le congrès fédéral de 1774 revendiqua, comme une liberté sacrée, dont toute violation serait illégale, la liberté de s'assembler pacifiquement, afin d'examiner les plaintes du peuple et de les transmettre au roi (1). La métropole elle-même paraît n'avoir stricte-

(1) Sur le droit de pétition et de réunion, voy. notamm. — Conn., *loco cit.*, 94, 121; — M. B., 1634; — R.-I., 1716, 1746, 1752, 1757; Bartlett,

ment interdit aux étrangers ni le droit de pétition, ni celui de réunion, dans ses dominations européennes [1].

Si les textes constitutionnels et les lois ordinaires ne consacraient pas des dispositions très précises à la liberté d'association, en fait celle-ci paraît avoir été grande. Vers le temps de la guerre de l'Indépendance, et dès avant l'ouverture des hostilités, les colonies étaient couvertes de tout un réseau de sociétés de patriotes, que le gouvernement anglais ne semble pas avoir poursuivies sévèrement comme illégales [2]. Il n'est pas certain que les étrangers eux-mêmes n'eurent jamais admission dans celles-ci. Quant à l'association privée, notamment pour la gestion d'intérêts agricoles, financiers, industriels ou commerciaux, le motif qui fit sans doute permettre aux étrangers d'exercer le droit de pétition et celui de réunion dut faire aussi qu'elle ne leur fût pas interdite. Mais peut-être ne comportait-elle guère, à leur profit, la personnalité civile qui semblait, d'ailleurs, en principe, devoir n'être pas accordée à l'association privée, quoique les chambres en décidassent parfois autrement [3]. C'étaient le roi et le parlement qui conféraient cette personnalité dans la métropole. Ils auraient pu, ce semble, l'y donner même à des associations d'étrangers, dépourvue toutefois, au moins en principe, d'un de ses accessoires ordinaires, la capacité d'acquérir et de posséder la propriété foncière [4].

IV, 210; V, 365; VI, 95; voy. aussi Public Laws de 1767; — Vie., notamm. 1663, 1680; *loco cit.*, II, 211, 482; voy. encore, sur la condition de la Virginie, en 1619, Bancroft, I, 154-155; — joignez la Déclaration du congrès de 1774, résolution, 8; Story, I, 136, note 2. — Comp. l'acte de la Déclaration d'Indépendance, § 9, dans Poore, I, 4; Story, II, 619-620; et ci-dessus, I, 92; II, 27-29, 67-68.

(1) Comp. Blackstone, I, 142-143, IV, 142-148.

(2) Comp. Bancroft, VI-VIII, *passim*.

(3) Voy. notamm. R.-I., 1772; Bartlett, VII, 54; joignez Acts de 1772. Comp. ci-dessus, p. 250.

(4) Comp. Blackstone, I, 467-487, et ci-dessus, p. 249-250. Sur la personnalité civile conférée par le Roi aux compagnies des propriétaires ou des colons, comp., ci-dessus, I, 21, 56, 72, 108,

A tous les habitants, quels qu'ils fussent, des lois diverses, en particulier du Rhode-Island et de la Virginie, imposaient l'obligation de subir des recensements, dont elles réglaient les formalités. A une époque, dans la Virginie, les recensements durent être annuels [1].

La métropole avait, au moins pour les mariages, ses registres, dont la falsification rendait passible de peines sévères. Presque partout, dans les colonies, des registres faisaient foi de l'état civil des habitants. Des lois assez nombreuses en prescrivaient et en réglaient la tenue. Les naissances, les mariages, les décès, devaient être enregistrés. Des délais étaient fixés pour la déclaration, des formes prescrites pour l'enregistrement, des peines édictées pour le défaut de déclaration. Le secrétaire ou commis du bourg, le secrétaire du conseil de fabrique, ou toute autre autorité locale désignée, tenait les registres et poursuivait les délinquants. L'inscription sur les livres de l'église ou d'une église quelconque équivalait d'ordinaire à l'inscription sur ceux de l'État. Il arrivait que la communication de la liste des déclarations faites dans l'année fût annuellement due à quelque fonctionnaire du lieu. La délivrance d'extraits et de copies était de droit pour les habitants. — Deux actes constitutionnels consacraient eux-mêmes quelques dispositions à cette matière. Les lois jointes à la charte de la Pensylvanie de 1682 ordonnaient que des fonctionnaires spéciaux fussent chargés de l'enregistrement. Dans la Caroline, sous les constitutions fondamentales de 1669, toute circonscription politique de la province, seigneurie, baronnie ou colonie, avait son registre. Aux termes du même acte, dans la Caroline, l'inscription seule rendait le mariage définitif. Dans la Caroline encore, l'âge ne comptait que du jour de l'enregistrement de la naissance;

133, 184, 265-266, 334-336; et, II, 216-217.

(1) R.-I., notamm. 1676, 1708; *loco cit.*, II, 536; IV, 32-33; — Vir., 1631-1632; *loco cit.*, I, 174-175, 200.

nul ne pouvait réclamer, appréhender, administrer une succession, avant que le décès du *de cujus* eût été enregistré; quiconque ne déclarait pas les naissances et les décès survenus dans sa maison ou sur sa terre se rendait passible, par chaque semaine de retard, d'une amende de 1 schelling que l'officier de l'état civil recouvrait; enfin c'était la cour du chambellan qui tenait note des naissances, mariages ou décès des nobles, lords propriétaires, landgraves ou caciques [1].

Les lois jointes à la charte de la Pensylvanie de 1682 faisaient du mariage un contrat purement civil, à la validité duquel devait suffire le consentement des parties, donné en présence de témoins [2]. On vient de voir l'importance que les constitutions fondamentales de la Caroline de 1669 attribuaient à l'enregistrement de l'acte de célébration sur les registres de l'état civil [3]. Le texte des lois constitutionnelles précitées de la Pensylvanie décide encore que les époux sont tenus de prendre l'avis préalable de leurs parents ou tuteurs, que le mariage doit être précédé de publications, et que l'acte régulier de célébration devra porter les signatures des époux et des témoins [4]. — Sur le mariage, les lois ordinaires statuaient en assez grand nombre. De très anciennes du Massachusetts repoussaient la séparation de corps, admettaient le divorce, et, l'union durant, firent le mari civilement responsable des fautes de sa femme. Le divorce fut également permis par des statuts presque aussi anciens du Rhode-Island et quelques-uns du Connecticut. Où ce mode de rupture du lien conjugal était admis, les

(1) Const. fondam., §§ 84-90; LL. const. §§ 19, 22; Poore, II, 1406, 1525. —Voy. aussi C. N., 1715; *loco cit.*, I, 108; — Md., 1702, c. 1, § 10; 1730, c. 23, § 4; *loco cit.*; — M. B., 1639, 1668; *loco cit.*, 43, 181-183; — N.-H., 13, Anne; *loco cit.*, 51; — Pie., 1700; *loco cit.*, 14; — R.-I., 1698, 1708, 1727; *loco cit.*, III, 361-362, 395-396; IV, 34-35; — Vie., 1619-1736, *passim*; *loco cit.*, I à IV, *passim*, notamm. I, 155-158, 180, 182-183, 241, 433, 542. Comp. Blackstone, IV, 162-163, 248.

(2) § 19; Poore, II, 1525.

(3) Comp., ci-dessus, note 1.

(4) § 19; Poore, II, 1525.

causes et les formes en furent d'ordinaire définies. En général, le mariage ne pouvait être célébré sans le consentement des parents, au moins quand les futurs époux n'avaient pas atteint un âge déterminé, par exemple vingt et un ans. Quelques lois prescrivaient que les parents ou tuteurs fussent toujours prévenus d'avance, et fixaient le délai dans lequel il fallait que l'avertissement fût donné. Ce délai expira parfois un mois avant la célébration. Entre certaines personnes l'union était absolument prohibée, et, en certains lieux, le tableau des alliances interdites affiché dans les églises. Plusieurs publications, deux ou trois suivant les colonies, précédaient la célébration, faites, d'ailleurs, dans un délai préfix, par exemple quatorze jours avant, tantôt aux réunions des habitants du bourg, tantôt aux rassemblements de la milice, tantôt dans un lieu public désigné, et enregistrées au bureau du commis secrétaire du bourg ou de la commune. Certains fonctionnaires avaient seuls le droit d'en dispenser. Sans distinction de cas ni de personnes, une autorisation de procéder au mariage dut parfois être obtenue de quelque fonctionnaire public. Le lieu de la célébration était dit par la loi. Tantôt le ministre du culte et le fonctionnaire civil, juge de paix ou autre, concurremment, tantôt le premier ou le second seul, pouvaient célébrer l'union. Le ministère du laïque paraît avoir été rarement préféré à celui du clerc, et souvent le premier autorisé seulement à défaut du second. A cet égard, la compétence de l'un et de l'autre agent ne dépassait pas les limites de la circonscription où ils exerçaient les autres fonctions de leurs charges respectives. La cérémonie, nécessairement publique, s'accomplissait devant un nombre variable de témoins, par exemple, au moins douze. Acte en devait être dressé, et, à cet effet, une attestation délivrée par le célébrant pour le commis du lieu, lorsque ce dernier avait charge de le rédiger. Certaines lois fixaient tous les frais. La délivrance de faux certificats faisait encourir la peine ordinaire du faux. Suivant les cas, l'illégalité rendait les contractants et le célébrant passibles d'amendes, ou, sans préjudice de celles-ci, entraînait l'illégitimité des enfants. En particulier, le mariage incestueux était radicalement nul, et, au besoin, frappé des peines de l'adultère [1]. — Le divorce et la séparation de corps pour causes déterminées avaient été admis par l'ancien droit de la métropole; l'assimilation de l'inceste à l'adultère établie, à une époque, par lui; la prohibition du mariage entre certaines personnes, la nécessité du consentement des parents ou tuteurs jusqu'à un certain âge, vingt et un ans dans le dernier état de la législation, l'obligation de publier les bans, sauf dispense régulière, celle de procéder publiquement à la célébration, en principe, dans une église, et celle de dresser acte de la célébration sur des registres à cet effet, mises par lui sous la sanction de peines diverses, d'ordinaire rigoureuses, sans préjudice, en certains cas, de la nullité du mariage [2].

Plusieurs actes constitutionnels émanés du roi permirent la résidence temporaire à certaines catégories de personnes pour un objet déterminé, la pêche. C'est ainsi que diverses chartes réservaient soit aux sujets du roi et à ceux des puissances amies [3], soit

[1] Voy. notamm. C. N., 1741; *loco cit.*, I, 129-130; — C. S., 1706, 1712; *loco cit.*, 12, 52, 55; — Conn., *loco cit.*, 75; — Md., 1702, c. 1, §§ 4-5; 1717, c. 15, §§ 1-5; — M. B., 1639, 1646, 1647, 1692, 1695, 1773; *loco cit.*, 43, 151-152, 242-243, 283, 285, 416, 462, 655, 679; — N.-H., 13, Anne; *loco cit.*, 51; — N.-J., 1719; *loco cit.*, 53-57; — Pie., 1700, 1701; *loco cit.*, 1, 7, 18-19; — R.-I., 1647, 1650, 1655, 1656, 1665, 1701, 1733; Bartlett, I, 187, 231, 312, 330-334; II, 104; III, 435-437; IV, 490; voy. aussi Public Laws de 1744; — Vie., 1619-1680, et 1748-1755, *passim; loco cit.*, I, II et VI, *passim*, notamm. I, 155-156, 158, 180-181, 183-184, 232, 241, 401, 423, 433, 542, et II, 28, 50-51, 55, 281. — Voy. aussi, à cet égard, sur la condition des colonies suivantes, C., Conn., M. B., Vie., à diverses époques : Story, I, 24-25, 45, 48, 60; Bancroft, I, 206, 417-418, 465-466; II, 152, 201. Comp. encore, ci-dessus, sect. IV, ch. II, III, IV.

[2] Comp. Blackstone, I, 433-445, 452; IV, 65, 162-163, 248.

[3] C., ch. 1584; Poore, II, 1380.

au moins à tous ceux du roi [1], le droit de pêcher, suivant les coutumes reçues, dans les mers et eaux salées avoisinant les colonies, et d'accomplir, dans les colonies mêmes, toutes les opérations propres à rendre la pêche plus facile et plus fructueuse [2]. Elles les autorisaient, par exemple, à sécher et à saler le poisson sur le rivage [3], à élever, ou sur les terres inoccupées [4], ou sur toutes les terres [5], les quais, entrepôts et autres édifices convenables, pour le sécher, le saler et le conserver, même à y couper les arbres et à s'y approprier tous les matériaux indispensables pour l'exercice du droit de pêche [6]. Les seules restrictions nécessaires limitaient ces privilèges : le pêcheur était tenu de ne commettre aucun dommage volontaire ou inutile; il devait réparation de tout dommage causé, et, au besoin, à raison des faits dommageables, il devenait passible de véritables peines [7].

Peut-être ne sera-t-il pas hors de propos ni sans intérêt de le rapporter ici, dans une colonie, la première de toutes, la Virginie, à l'origine les femmes ne venaient guère d'Europe, et spécialement d'Angleterre, qu'à la demande et aux frais des colons. Outre le coût du transport, la compagnie des propriétaires réclamait, pour chacune de celles qu'elle importait, un prix, dont la valeur, généralement payable en tabac, s'élevait, vers 1621, à 120, à 150, même parfois à un plus grand nombre de livres. Le coût du transport et le prix d'achat formaient dette privilégiée, exigible

(1) M. B., ch. 1629; Md., ch. 1632; Me., conces. 1639; Conn., ch. 1662; R.-I., ch. 1663; Poore, I, 256, 779, 815, 942; II, 1601; et, ci-dessus, I, 253, 276-277.

(2) Voy., ci-après, notes 3 à 7.

(3) Me., conces. 1639; Poore, *loco cit.*

(4) Conn., ch. 1662; R.-I., ch. 1663; M. B., ch. 1691; Poore, *loco cit.*, et encore, I, 954; et, ci-dessus, I, 276.

(5) M. B., ch. 1629; Md., ch. 1632; Poore, *loco cit.*, et, ci-dessus, I, 253.

(6) M. B., ch. 1629; Md., ch. 1632; Poore, *loco cit.*, et, ci-dessus, I, 253.

(7) Md., ch. 1632; Me., conces. 1639; R.-I., ch. 1663; Poore, *loco cit.*, et, ci-dessus, I, 253, 277.

avant toute autre. Les hommes mariés obtenaient d'ailleurs emploi, de préférence aux célibataires [1].

CHAPITRE VI.

LES CITOYENS.

Il n'y a guère que les constitutions de la Caroline de 1669, qui aient traité expressément de l'acquisition du droit de cité : elles la faisaient dépendre de la prestation de ce serment, auquel elles subordonnaient, comme on sait, l'utilité et la sécurité de la résidence dans la colonie [2]; en autres termes, elles n'accordaient qu'au citoyen la résidence sûre et utile. Suivant les époques et les lieux, le roi, son représentant, le gouverneur royal, les propriétaires, principalement l'assemblée législative, réglèrent la condition respective des citoyens et des étrangers. Pour cette matière, comme pour beaucoup d'autres, le pouvoir dut légalement appartenir d'abord surtout au roi et aux propriétaires, maîtres même d'interdire l'accès du sol [3]; puis, il fut peu à peu surtout exercé par l'assemblée législative [4]. Dans la métropole, le roi pouvait octroyer une condition intermédiaire entre celle du simple étranger et celle du citoyen proprement dit, le Parlement seul cette dernière [5]. Dans les colonies, l'assemblée législative paraît avoir non seulement pu faire à certains étrangers une situation privilégiée, comme le roi en Angleterre, mais encore avoir bientôt établi toutes les règles de la naturalisation, et peut-être seule, comme le Parlement, exercé le droit de naturaliser. Souvent, peut-être le plus souvent, la naturalisation fut conférée par des lois, faites non pour des caté-

(1) Bancroft, I, 157; Marshall, 55.

(2) § 118; Poore, II, 1408; et, ci-dessus, 249-250.

(3) Voy., ci-dessus, 242-249.

(4) Voy. notamment, à cet égard, sur la condition du Connecticut, du New-Jersey et de la Virginie, à diverses époques : Story, I, 79; Bancroft, II, 59, 246-247.

(5) Comp. Blackstone, I, 366-375.

gories d'individus, mais pour des individus déterminés. C'était, d'ailleurs, un des griefs ouvertement proclamés par les colonies, à la fin de la période coloniale, qu'afin d'empêcher leur population de s'accroître, la couronne, abusant du veto, eût fréquemment, en matière de naturalisation, tenu en échec l'action légitime de leurs assemblées [1].

On sait que les habitants régulièrement admis, même étrangers, étaient fréquemment assimilés, pour la jouissance de divers droits, aux citoyens eux-mêmes [2]. Ces derniers, dans la plupart des colonies, sinon dans toutes, paraissent avoir été divisés en deux classes, l'une investie seulement de tous les droits civils, l'autre seule, ou de tous les droits civiques ou politiques, ou au moins des plus importants de ces droits. Celle-ci se composait des seuls *freemen*. La métropole elle-même admettait des distinctions analogues entre citoyens [3].

Plusieurs chartes font allusion, on le sait, à la qualité de *freeman* [4]. Elle était conférée, aux termes de la charte du Massachusetts de 1629, par les propriétaires [5], et par l'assemblée législative, aux termes des ordres fondamentaux du Connecticut de 1638, de la charte du Connecticut de 1662, de la charte du Rhode-Island de 1663 [6]. Sous ces chartes, les propriétaires et l'assemblée législative l'attribuaient-ils arbitrairement, ou la donnaient-ils suivant des règles définies d'avance? C'est une question que la plupart des textes précités laissent indécise. On a vu maintes fois que souvent les *freemen* furent seuls admis, non seulement à obtenir le mandat de représentant du peuple, mais encore à exercer plusieurs autres des droits les plus considérables dont l'exercice fût permis aux

(1) Voy. l'acte de la déclaration d'indépendance, § 9, dans Poore, I, 4. — Comp. § 4; et, ci-dessus, 21-27.

(2) Voy., ci-dessus, 250-262.

(3) Comp. Blackstone, I, 366-375.

(4) Voy. 264, note 1, ci-après.

(5) Poore, I, 937.

(6) Poore, I, 251, 253; II, 1598. Dans les ordr. fondam. voy. § 10. Comp., ci-dessus, I, 269.

colons [1]. Eux seuls, en général, étaient électeurs, éligibles, et capables d'être investis de fonctions publiques par une autorité quelconque. Leur nom ne suffisait donc pas à caractériser leur condition, qui fut, à coup sûr, et celle de citoyens libres de toute servitude, et un état privilégié, dont la nature pouvait varier suivant les lieux, comme l'obtention en pouvait être subordonnée à des règles diverses. Il est peu probable que, de bonne heure, la plupart des colonies aient défini avec précision la manière de l'obtenir. A peine quelques statuts du Connecticut et du Massachusetts indiquent, parmi les éléments d'aptitude, la majorité de vingt et un ans, la conduite régulière et paisible, attestée par des certificats des autorités locales, la propriété d'une certaine valeur de meubles ou d'immeubles, celle de terres dans des circonscriptions déterminées de la colonie, la prestation de certains serments, notamment de celui de demeurer fidèle au roi et aux lois coloniales, la profession de la religion d'État ou de quelqu'une des religions reconnues [2]. Quant aux constitutions ou chartes proprement dites, trois seulement traitent de l'aptitude : la première, la commission du New-Hampshire de 1679, pour décider que le *freeman* est tenu de prêter, au gré du conseil, le serment d'allégeance [3] ; la seconde, le corps des constitutions fondamentales de la Caroline de 1669, pour établir que nul ne peut le devenir, s'il ne reconnaît l'existence de Dieu et la nécessité d'un culte solennel et public [4] ; la troisième, le corps des lois jointes à la charte de la Pensylvanie de 1682, pour proclamer que la qualité appartiendra à la personne et aux héritiers et ayants cause de quiconque aura acheté au moins 100 acres de terre, à tout individu qui, venu à ses frais dans la colonie, y aura acheté 100 acres et cultivé 10, ou qui, après avoir

(1) Comp., ci-dessus, 38-41, 74, 84, 104, 106, 122.

(2) Bancroft, I, 362 ; Hough, I, 152-153 ; II, 59. Voy. ci-après, 265, note 2.

(3) Poore, II, 1277 ; et, ci-dessus, I, 291-292.

(4) § 95 ; Poore, II, 1406.

été dans la colonie en état de servitude, en aura acheté 50 et cultivé 20, enfin à tout habitant qui payera au gouvernement colonial certaines contributions [1]. Ce qui ressort le plus clairement des lois ordinaires, c'est que tantôt l'assemblée législative, tantôt le conseil, tantôt les cours de comté, tantôt le peuple entier, faisaient arbitrairement les *freemen*. Des cours de justice purent prononcer, pour certains méfaits, la déchéance temporaire, et l'assemblée législative la déchéance définitive. En résumé, si les *freemen* formaient partout un ordre important et privilégié, la manière d'y pénétrer n'était pas partout la même, et ce furent les assemblées coloniales surtout qui statuèrent sur l'admission et l'exclusion, comme sur la naturalisation [2].

CHAPITRE VII.

LA NOBLESSE.

On sait que, dans la métropole, la noblesse, fortement organisée, eut des prérogatives considérables et une puissante influence, protégées par la loi [3]. Il en fut tout autrement dans les colonies. Dans celles-ci, comme ailleurs, les services rendus même par les ancêtres, les titres et particulièrement les titres européens de noblesse, l'intelligence, l'éducation, la fortune, purent être la cause de distinctions sociales, observées parfois, trait remarquable pour ce pays démocratique, jusqu'au sein des maisons d'éducation. Des

(1) § 2; Poore, II, 1524.

(2) Sur la condition des *freemen* en général, voy. : — Conn., *loco cit.*, 40-41, 125; — M. B., 1631, 1636, 1643, 1645, 1741; *loco cit.*, 42, 105, 107, 117-118; — Pie., 1700; *loco cit.*, 1, 6; — R.-I., 1665, 1724, 1730, 1747, 1767; Bartlett, II, 112-113; IV, 338, 433; V, 213; VI, 526-527; voy. aussi Public Laws de 1730, 131, 209. — Comp. Bancroft, II, 73; et, ci-après, ch. x et xII. — On voit que la traduction littérale du mot *freeman* ne doit pas être prise au pied de la lettre. Comp., ci-dessus, notamment, I, 245, 268, 270, 274, 292, 306-307.

(3) Comp. Blackstone, I, 155, 157-158, 168, 227-228, 396-407; III, 106, 359; IV, 253, 260, 273, 348, 367; et, ci-dessus, 63-66.

privilèges politiques d'une grande importance y furent même, on le sait, accordés à la richesse [1]. La noblesse, elle, n'y eut nulle part des avantages légalement établis et incontestés. Sans doute, certaines chartes permettaient, on l'a vu, aux propriétaires, d'accorder, dans les colonies, des titres : il ne fallait pas que « la voie des honneurs parût fermée » aux gens qui seraient dignes de hautes récompenses [2], ou que les services, auxquels l'éloignement du roi empêcherait celui-ci de donner la rémunération convenable, semblassent n'en pouvoir obtenir aucune [3]. Mais ces titres et les dignités conférés par les propriétaires ne devaient pas être ceux qui étaient en usage dans la métropole, ou, au moins, n'en pouvaient avoir la valeur [4]. Tandis qu'un seul acte constitutionnel, les constitutions fondamentales de la Caroline de 1669, ordonnait la création et définissait par tout un système de règles la condition d'un corps perpétuel de nobles, les lois coloniales passent la noblesse sous silence. L'histoire n'a, du reste, conservé le souvenir ni d'un rôle important joué par les nobles comme tels, ni de nombreux anoblissements opérés dans les établissements anglais d'Amérique. Le système des constitutions de 1669 lui-même ne put être maintenu, s'il fut jamais appliqué.

Rien de plus curieux que le corps éphémère, quoique « perpétuel », des nobles de la Caroline! Les dispositions qui le concernent ne sont pas la partie la moins étrange des si étranges constitutions, si peu connues, que fit Locke pour cette colonie. Il se composait de trois ordres : les lords propriétaires, les landgraves et les caciques. C'était le plus âgé des huit lords propriétaires, supérieur aux autres, qui portait le titre et exerçait les

(1) Ci-dessus, ch. VI, et, ci-après, ch. IX et X.

(2) Md., ch. 1632; Poore, I, 814. Comp. Bancroft, IV, 138; et, ci-dessus, I, 251.

(3) C., ch. 1663, § 13; ch. 1665; Poore, II, 1387, 1395.

(4) Md., ch. 1632; C., ch. 1663, § 13; ch. 1665; *loco cit.*

fonctions de palatin[1]. Le plus âgé des sept survivants devait lui succéder en cas de décès[2]. Aux sept lords inférieurs appartenaient, on l'a vu, les titres d'amiral, de chambellan, de chancelier, de constable, de grand juge, de haut intendant (*steward*) et de trésorier, avec les charges diverses et distinctes que ces mêmes titres servaient à désigner. Les lords propriétaires seuls avaient le droit de recevoir ces charges, et, à l'organisation du gouvernement, les répartirent entre eux par tirage au sort[3]. Pour une cause quelconque, l'une d'elles devenait-elle vacante, le plus âgé des lords investis des autres pouvait la réclamer[4]. Il devait y avoir autant de landgraves que la province avait de comtés, et un nombre double de caciques[5]. A la formation de toute série de douze comtés, les lords propriétaires choisissaient deux tiers des landgraves et des caciques, chacun nommant deux caciques et un landgrave, et la cour du palatin nommait le dernier tiers[6]. Il fallait que tout landgrave possédât quatre, et tout cacique deux de certaines circonscriptions féodales du sol, qui étaient connues sous le nom de baronnies[7]. Les lords propriétaires, les landgraves et les caciques, noblesse héréditaire de la province, faisaient de droit, comme on sait, partie du Parlement[8]. Leur nombre ne devait pas être modifié[9]. Par succession, la dignité de propriétaire et ses accessoires passaient aux héritiers mâles du *de cujus*, ou, à défaut d'héritiers mâles, au landgrave ou au cacique issu de la plus proche héritière, et à la plus proche héritière elle-même, à défaut seulement de pareils successibles[10], tandis que la

(1) Voy., ci-dessus, 15-17, 32, 53-54, 95-102.

(2) § 1; Poore, II, 1398.

(3) § 2; Poore, II, 1398; et, ci-dessus, 95-102.

(4) § 2; Poore, II, 1398.

(5) § 9; Poore, II, 1398; et, ci-après, ch. XI.

(6) § 10; Poore, II, 1398-1399.

(7) § 9; Poore, II, 1398.

(8) § 9; Poore, II, 1398; et, ci-dessus, 15-17, 53-54.

(9) §§ 5, 6, 12; Poore, II, 1398-1399.

(10) § 5; Poore, II, 1398.

dignité de landgrave ou de cacique et ses accessoires allaient d'abord aux héritiers mâles, et, sans intermédiaire, à défaut d'héritiers pareils, à la plus proche héritière [1]. Dans tous les cas, la dignité était indivisible, et les circonscriptions féodales du sol, seigneuries ou baronnies, qui en dépendaient, n'en pouvaient être séparées [2]. Les héritiers du sang appelés à la recueillir la recueillaient par ordre de primogéniture, et quiconque, par succession, devenait lord propriétaire, landgrave ou cacique, prenait, pour les transmettre à sa propre famille, le nom et les armes de son auteur [3]. Nul, d'ailleurs, n'avait le droit de tenir plus d'un titre de noblesse, avec les seigneuries et les baronnies qui en dépendaient. Si donc un lord propriétaire, un landgrave ou un cacique, recevait par succession ou autrement un nouveau titre, il devait opter, laissant la dignité qu'il ne gardait pas au plus proche des héritiers du sang après l'héritier présomptif de celle qu'il gardait [4]. Quand un titre tombait absolument en déshérence, la cour du palatin pouvait, jusqu'à la deuxième session biennale suivante du Parlement, le conférer avec tous les accessoires; si, à cette session, le Parlement le trouvait disponible, il devait en disposer; mais un landgrave seul avait qualité pour succéder ainsi à un lord propriétaire [5]. Enfin, jusqu'à 1701, tout lord propriétaire, landgrave ou cacique, pouvait aliéner, sans réserve ni division, au profit d'une personne quelconque, son titre avec les seigneuries, baronnies, et en général tous les droits qui y étaient attachés; mais, après 1701, le titre devenait inaliénable, et la faculté d'aliéner, pour vingt et un ans au plus, deux tiers au plus des terres qui en dépendaient devait seule subsister [6].

(1) §§ 11-12; Poore, II, 1399.

(2) §§ 11-12, 15; Poore, II, 1399.

(3) §§ 7, 11-12, 14-15; Poore, II, 1398-1399.

(4) § 13; Poore, II, 1398-1399.

(5) §§ 5, 6, 8, 11-13; Poore, II, 1398-1399.

(6) §§ 5, 11, 18-19; Poore, II, 1398-1399; et, ci-après, ch. IX et XI.

CHAPITRE VIII.

LES FONCTIONNAIRES.

Il s'agit ici des règles que les chartes et les lois coloniales consacraient à tous les fonctionnaires sans distinction. Après les avoir établies ou avant de les instituer pour tous, ces chartes et ces lois elles-mêmes firent, en termes exprès, l'application de plusieurs à tel ou tel ordre de fonctionnaires. Le lecteur retrouvera donc ici quelques notions qui ne lui sont pas étrangères[1], mais il les retrouvera corroborées et développées. Il n'y a pas lieu de fuir toute répétition de ces dispositions de droit si importantes, dans la promulgation desquelles le législateur ne paraît pas toujours s'être préoccupé d'éviter toute redite. Il convient de généraliser, où le font les textes eux-mêmes, et de se prêter à l'examen des vues d'ensemble, quand ce sont eux qui les présentent. Auprès de ces notions déjà connues, ce chapitre, au surplus, en offrira d'autres qui semblent n'avoir été formulées par les textes que pour tous les fonctionnaires indistinctement. Il va sans dire que les lois générales pouvaient être contredites par les lois propres à telle ou telle catégorie de fonctionnaires, et qu'elles étaient applicables seulement à défaut de ces dernières.

Le roi dans les provinces royales, comme dans la métropole, les propriétaires dans leurs colonies, sauf peut-être la Pensylvanie et le Delaware où les représentants du peuple ne cessèrent de rechercher et manquèrent rarement d'exercer la suprématie, l'assemblée législative dans ces deux dernières colonies et dans les colonies de charte, purent créer les fonctions qu'ils croyaient nécessaires et en définir les attributions[2]. Deux textes formels, les

(1) Comp. ci-dessus, surtout, 72-95, 104-127, *passim*.

(2) Comp. Blackstone, I, 271-272; ci-dessus, note 1, et encore notamment, I, 177-178; II, 33-34, 36, 83.

ordres fondamentaux du Connecticut de 1638 et la charte du Massachusetts de 1691, démontrent pour les colonies de charte cette proposition [1], qui, pour les autres colonies, ne paraît pas susceptible d'une controverse sérieuse.

Le mode commun de nomination n'était pas le même, dans toutes les colonies, et, dans chacune d'elles, il varia suivant les époques. On vit les fonctionnaires nommés par le roi ou par le gouverneur royal [2], par le gouverneur et le conseil [3], par le conseil préposé dans la métropole à la haute administration de la colonie [4], par le conseil établi dans la colonie même [5], par les propriétaires [6], par l'assemblée législative [7], par le peuple ou ses représentants [8], par le peuple sur des présentations émanées de l'assemblée législative [9], directement et uniquement par le peuple [10]. Mais, après diverses vicissitudes, la règle devint que les nominations procédassent du roi nommant directement ou par

(1) Poore, I, 248, 951-952. Sur la déclaration conforme faite par le M. B., le 10 juin 1661, voy. Bancroft, II, 73-74. Dans les ordres fondam. 1638, voy. § 1.

(2) Instr. Vie., 1683, et C., 1729; Bancroft, II, 253; Hough, II, 105.

(3) N.-J., conces. 1664; N.-H., com. 1679; Poore, II, 1276; et, ci-dessus, I, 287-288; Story, I, 79, 82. Voy. aussi, sur la condition des provinces royales, à cet égard, en 1754, Bancroft, IV, 131.

(4) Vie., ch. 1609; Poore, II, 1599.

(5) Gie., ch. 1732; Poore, I, 374; et, ci-dessus, I, 346-347.

(6) Vie., ch. 1612; N.-A., ch. 1620; M. B., ch. 1629; Md., ch. 1632; C., ch. 1663, § 5; Me., conces. 1664 et 1674; Pie., ch. 1682, § 17; ch. 1683, § 16; Poore, I, 784, 786, 813, 925, 937; II, 1384, 1522, 1529, 1905. Comp. Bancroft, II, 235; IV, 137; et, ci-dessus, I, 172, 246.

(7) Conn., ch. 1662; R.-I., ch. 1663; M. B., ch. 1691; Poore, I, 253, 951; II, 1599. Comp. Bancroft, I, 362; et, ci-dessus, I, 269-270.

(8) R.-I., const. de 1641; Bancroft, I, 393.

(9) Sur la condition du M. B., à cet égard, vers 1634, voy. Bancroft, I, 366-367.

(10) Convention de N.-P., 1620; Conn., ordr. fondam. 1638, § 1; Poore, I, 249, 931. Comp., à cet égard, sur la condition des colonies suivantes: Conn., vers 1639 et 1690; M. B., vers 1634, 1641, 1661; N.-Y., vers 1664; N.-J., vers 1666; Vie., vers 1652; Bancroft, I, 225-228, 366, 402, 417; II, 73-74, 318; III, 67; Hough, II, 159.

l'entremise du gouverneur, son représentant, dans les provinces royales, comme il nommait directement ou par l'entremise des grands officiers de la couronne dans la métropole, des propriétaires dans les colonies de propriétaires, à l'exception peut-être de la Pensylvanie et du Delaware, où volontiers l'assemblée législative se substituait à eux, du peuple nommant directement ou par l'entremise de l'assemblée législative dans les colonies de charte [1]. Le texte un peu diffus et obscur des chartes du Connecticut de 1662 et du Rhode-Island de 1663 semble autoriser indifféremment ces deux derniers modes; en fait celui qui prévalut définitivement dans l'une et l'autre colonie fut le second, la nomination directe [2]. Toutefois, même dans les colonies de charte, le roi paraît avoir nommé partout les agents de l'amirauté et ceux des douanes, et dans le Massachusetts, sous la charte définitive de 1691, qui dura jusqu'à l'émancipation des États-Unis, nombre d'agents du pouvoir tenaient leur mandat du gouverneur et du conseil, ou du conseil seul [3].

Divers textes fixaient l'échéance des nominations : c'était, par exemple, le deuxième jeudi de mai, si l'assemblée législative ne désignait un autre jour [4], ou le premier mercredi de mai [5], ou le dernier mercredi de la session législative de Pâques [6], ou encore plus simplement le cours de la session législative du mois d'avril [7].

Si le choix des fonctionnaires publics s'accomplissait dans une réunion régulière de l'assemblée législative ou de la compagnie des propriétaires ou des colons, la présence du gouverneur et

(1) Stokes, 23-24, 158, 184; Story, I, 95; Bancroft, IV, 253. Comp. Blackstone, I, 271-272, 351; III, 47-48.

(2) Stokes, 23-24; et 270, note 7, ci-dessus.

(3) Stokes, 21, 23.

(4) Co., ch. 1662; Poore, I, 253-254.

(5) R.-I., ch. 1663; Poore, II, 1599. Comp., ci-dessus, I, 270.

(6) M. B., ch. 1629; Poore, I, 937-938.

(7) Conn., ordr. fondam. 1638, § 1; Poore, I, 249.

de six assistants pouvait suffire, selon les chartes du Massachusetts de 1629, du Connecticut de 1662 et du Rhode-Island de 1663, comme elle suffisait pour l'admission de nouveaux membres dans la compagnie des propriétaires [1], et les décisions se prenaient, à la majorité des voix des membres présents, selon les chartes du Connecticut de 1662 et du Rhode-Island de 1663 [2].

Un acte surtout définissait, avec un soin très particulier, une méthode spéciale d'élection par le peuple, qui mérite d'être exposée. A chaque session de l'assemblée législative, chaque bourg, par ses représentants, proposait deux candidats, et les membres de l'assemblée en présentaient un nombre indéterminé, pour le renouvellement suivant des fonctionnaires; le secrétaire de la colonie dressait d'ailleurs ou faisait dresser la liste complète des candidats; à la session suivante, il en donnait lecture devant le peuple; un scrutin distinct était alors ouvert sur chaque nom, les partisans de la candidature votant par bulletins écrits, les adversaires par bulletins blancs; des scrutateurs nommés par l'assemblée, qui juraient d'accomplir fidèlement leur mandat, recevaient et proclamaient les bulletins; la simple majorité des votants suffisait; et, à supposer qu'au premier tour elle n'eût pas pourvu à tous les emplois disponibles, ceux qui restaient vacants appartenaient de droit aux candidats qui avaient obtenu, après les élus, le plus grand nombre de suffrages; la colonie, du reste, devait compter au moins six fonctionnaires, outre le gouverneur [3].

Si la nomination émanait directement du peuple, tantôt les électeurs durent être de condition privilégiée, *freemen* [4] ou

(1) M. B., ch. 1629; Poore, I, 937; et, ci-dessus, 215-216, et note 2, ci-dessous.

(2) Poore, I, 253; II, 1598-1599; et, ci-dessus, I, 268, 271.

(3) Conn., ordr. fondam. 1638, § 2. Comp., ci-dessus, Poore, I, 249-250, 388.

(4) Conn., ordr. fondam. 1638, §§ 1 et 10; Poore, I, 249, 251; et, ci-dessus, 264. Comp., sur la condition du M. B.,

«bourgeois»[1], tantôt les habitants paraissent avoir été admis à voter sans distinction[2]. Mais cette dernière règle, absolument éphémère, semble n'avoir prévalu qu'à l'époque même ou à une époque voisine de la fondation de certaines colonies[3]. Dans la colonie du Connecticut, sous les ordres fondamentaux de 1638, ce n'était même pas assez que l'électeur fût *freeman;* les ordres exigeaient qu'il eût prêté serment de fidélité, et une clause ajoutée après coup à leur texte commanda que la majorité des habitants l'eût expressément autorisé à établir sa résidence dans le bourg où il vivait[4].

Peu de textes constitutionnels définissaient les conditions d'aptitude auxquelles devaient satisfaire les fonctionnaires eux-mêmes. Ils étaient choisis sans aucun doute parmi les *freemen,* partout où la qualité de *freeman* avait quelque importance, comme ils l'étaient dans la métropole, au sein de la classe privilégiée des citoyens de naissance[5]. Les ordres fondamentaux du Connecticut de 1638 décidaient que nul ne pouvait être fonctionnaire pendant plus d'une année[6]. Les lois jointes à la charte de la Pensylvanie de 1682 assimilaient, pour l'aptitude, le fonctionnaire au membre de l'assemblée législative, et, afin que les fonctions publiques fussent mieux exercées, elles prescrivaient que nul ne pût en tenir plus d'une[7].

à cet égard, en 1634 et 1641, Bancroft, I, 366-417.

(1) Vie., conv., 1652; Bancroft, I, 225-228. Comp., sur le droit de la métropole, Blackstone, I, 170-174, 366-376. Voy. aussi, ci-dessus, 37-42, 73-74, 83-84, 105-107, 122-123.

(2) Conv., N.-P., 1620; Poore, I, 931; — Conn., const. 1639; Bancroft, I, 402. — Comp., à cet égard, sur la condition du M. B., vers 1661, et du N.-J., vers 1666, Bancroft, II, 73-74, 318.

(3) Comp., ci-dessus, I, 61-64, 67, 70-73, 81, 106-109, 112, 127, 129, 132-134; II, 9-12, 30-31, 37-39; et, ci-après, ch. x.

(4) § 1; Poore, I, 249.

(5) Hough, II, 247. Comp. Blackstone, I, 374; et, ci-dessus, 38-40, 74, 84, 105-107, 176, 179, 184, 262-265.

(6) § 1; Poore, I, 249.

(7) §§ 27, 34; Poore, II, 1525-1526; et, ci-dessus, 38-39.

Presque partout, comme en général dans la métropole, la prestation de serments précédait l'exercice des fonctions [1]. Il arrivait que le soin d'en arrêter les termes fût abandonné ou à l'assemblée législative [2], comme dans la métropole [3], ou au fonctionnaire autorisé à recevoir la prestation [4]. Les serments étaient, en général, celui d'exécuter fidèlement les obligations de l'emploi [5], celui de demeurer fidèle au roi et aux propriétaires [6], et encore, aux termes d'un texte, celui de faire connaître la vérité dans toute matière qui pourrait intéresser les propriétaires ou la colonie, et dans tous les débats judiciaires qui viendraient à s'élever sur le territoire de celle-ci [7]. Un autre texte donnait la formule même du seul qu'il exigeât. On y voit que les fonctionnaires devaient jurer, par le grand et redoutable nom du Dieu éternel, de travailler, de toutes leurs forces, au développement de la prospérité et de la paix publiques, de maintenir tous les privilèges de la colonie, d'exécuter fidèlement toutes les lois légalement établies par elle, et de faire régner la justice suivant la parole de Dieu. Ces mots terminaient la formule : que Dieu m'y aide, au nom du Seigneur Jésus-Christ [8]. En particulier, dans les provinces royales, les serments usuels paraissent avoir été, comme dans la métro-

[1] N.-A., ch. 1620; M. B., ch. 1629; Me., conces. 1639; Conn., ch. 1662; R.-I., ch. 1663; C., const. fondam. 1669, § 119; N.-H., com. 1679; M. B., ch. 1691; Pie., const. 1696; Pie. et Del., ch. 1701, § 1; Gie., ch. 1732; comp. Vie., ch. 1612; Poore, I, 254, 374, 780, 929, 938, 950; II, 1276, 1408, 1533-1534, 1537, 1906; et, ci-dessus, I, 272-273, 291-292. Comp. Blackstone, I, 368; IV, 117, 123-124.

[2] M. B., ch. 1691; Poore, I, 950.

[3] Comp. Blackstone, I, 368; IV, 117, 123-124.

[4] Vie., ch. 1612; N.-A., ch. 1620; Poore, I, 929; II, 1906.

[5] M. B., ch. 1629; Me., conces. 1639; R.-I., ch. 1663; M. B., ch. 1691; Gie., ch. 1732; Poore, *loco cit.*; et I, 374; II, 1599. Comp., ci-dessus, I, 269-270, 272, 347.

[6] Pie. et Del., ch. 1701, § 1; Poore, *loco cit.*

[7] Me., conces., 1639; Poore, *loco cit.*

[8] Conn., ordr. fondam., 1638, *in fine*; Poore, I, 251-252.

pole, celui d'allégeance, celui d'abjuration, celui de suprématie, celui d'accomplir fidèlement les devoirs de la charge et la déclaration contre la transsubstantiation [1]. Les adhérents de certaines sectes, surtout les quakers, ne croyant pas pouvoir corroborer un engagement par l'invocation du nom de Dieu, la charte de la Pensylvanie et du Delaware de 1701 les autorisait à substituer à cette invocation toutes paroles qui constitueraient d'une autre manière une promesse solennelle; ils prêtaient, au lieu du serment, ce qu'on appelait l'affirmation; mais l'affirmation ne dispensait pas de faire une déclaration de foi chrétienne, suivant les termes d'un acte du Parlement anglais de la première année de Guillaume et de Marie, dit acte pour exempter de certaines peines les protestants dissidents [2]. Quelques textes désignaient les personnes devant lesquelles la prestation devait s'accomplir. Si la désignation fut parfois nominative pour les gens autorisés à déférer les serments aux premiers fonctionnaires élus ou nommés sous une charte déterminée [3], en général cependant les déférer incombait, comme un devoir de leurs charges, à des personnages revêtus eux-mêmes de certaines fonctions publiques. C'étaient tantôt le président du conseil des propriétaires [4], tantôt le trésorier, le délégué du trésorier, ou deux membres du conseil de la compagnie des propriétaires [5], tantôt le président, son délégué, ou deux membres de la compagnie [6], tantôt les propriétaires ou leurs délégués [7], tantôt le gouverneur [8], parfois le gouverneur ou le lieutenant-gouverneur, ou deux ou un plus grand nombre du conseil des assistants [9],

(1) Comp. Stokes, 177-180, 236, 238; Blackstone, *loco cit.*; et, ci-dessus, 50-52, 75-76, 85.

(2) § 1; Poore, II, 1537; et, ci-dessus, 245.

(3) M. B., ch. 1629; Conn., ch. 1662; R.-I., ch. 1663; Poore, *loco cit.* Comp., ci-dessus, I, 272.

(4) Gie., ch. 1732; Poore, *loco cit.* Comp., ci-dessus, I, 347.

(5) Vie., ch. 1612; Poore, *loco cit*; et, ci-dessus, I, 22.

(6) N.-A., ch. 1620; Poore, *loco cit.*

(7) Me., conces. 1639; Poore, *loco cit.*

(8) M. B., ch. 1629; Poore, *loco cit.*

(9) M. B., ch. 1691; Poore, *loco cit.*

enfin, particulièrement dans les provinces royales, le gouverneur ou quelque personne désignée par lui [1].

Selon quelques actes, la durée du mandat des fonctionnaires publics devait, en principe, être d'une année [2], commençant, suivant l'un d'eux, au temps même de la nomination [3].

On put voir parfois le conseil de la compagnie des propriétaires [4], ou, dans les provinces royales, le roi lui-même, fixer et payer le traitement des fonctionnaires qu'ils nommaient [5]. Mais, à moins de tirer de sa propre cassette les fonds nécessaires, même le roi, lui, suivant les principes du droit anglais, ne pouvait ni déterminer le taux de la rémunération, ni pourvoir au payement, sans l'aveu des représentants des contribuables, le Parlement en Angleterre, les assemblées coloniales en Amérique. Ainsi en était-il sûrement, pour les agents du pouvoir, dans la métropole [6].

Tout particulièrement les fautes de négligence ou autres commises dans l'exercice des fonctions autorisaient, en certains lieux, la révocation [7]; en d'autres, elle était permise, sans que les actes constitutionnels en spécifiassent les causes [8]. On voyait le pouvoir de révoquer exercé tantôt par le conseil préposé dans la métropole à la haute administration de la colonie [9], tantôt par les propriétaires [10], ou le conseil de la compagnie des propriétaires [11], tantôt

(1) Stokes, 158.

(2) M. B., ch. 1629; Conn., ch. 1662; R.-I., ch. 1663; M. B., ch. 1691; Poore, I, 253, 937-938, 949-950; II, 1599. Voy. encore, à cet égard, sur la condition du M. B., vers 1631 et 1641, et du Conn., vers 1639 : Bancroft, I, 362, 402-404, 417. Comp., ci-dessus, I, 271.

(3) R.-I., ch. 1663; Poore, II, 1599; et, ci-dessus, I, 271-272.

(4) Gie., ch. 1732; Poore, I, 374; et, ci-dessus, I, 346-347.

(5) Comp. Bancroft, IV, 131.

(6) Blackstone, I, 267-268, 272.

(7) M. B., ch. 1629; Conn., ordr. fondam. 1638, § 10; R.-I., ch. 1663; Poore, I, 251, 937-938; II, 1599; et, ci-dessus, I, 271.

(8) Ci-dessous, notes 9, 10, 11.

(9) Vie., ch. 1609; Poore, II, 1899.

(10) Me., conces. 1664, 1674; Poore, I, 784, 786-787.

(11) Gie., ch. 1732; Poore, I, 374; et, ci-dessus, I, 346.

par l'assemblée législative[1]. En vérité, la règle semble avoir été que l'autorité, quelle qu'elle fût, qui conférait les fonctions, roi, propriétaires ou assemblée législative, pût, à son gré, les retirer. Sauf pour les juges des cours supérieures, il en fut ainsi même dans la métropole[2].

La même autorité devait, aux termes de quelques textes, pourvoir aux vacances qui venaient à se produire avant l'expiration régulière du mandat[3]; et le dernier de ces textes ajoutait expressément que le nouveau fonctionnaire serait tenu d'assumer sans délai la charge vacante[4]. Dans les provinces royales pourtant, c'était le gouverneur qui nommait en cas de vacance, le roi demeurant libre de rapporter les nominations ainsi faites[5].

Au moins pour les provinces royales les emplois les plus lucratifs furent souvent presque tous conférés à des gens qui conservaient leur résidence habituelle en Angleterre. Or, ces grands fonctionnaires se donnaient volontiers, à peu de frais, des substituts ou représentants de mince valeur, et fréquemment ceux-ci pressuraient les colons ou négligeaient l'intérêt public, ou faisaient l'un et l'autre en même temps, de telle sorte que ce système de délégation devint réellement une des causes de la révolution. Une loi du Parlement anglais décida trop tard, à la veille seulement de la paix qui consacra l'émancipation, que les fonctionnaires des colonies devraient exercer en personne leurs fonctions, et demander, pour s'absenter régulièrement, des congés au gouverneur et au conseil, autorisés, en cas d'absence volontaire sans cause raisonnable, à les destituer, sauf appel au roi en conseil privé[6].

(1) M. B., ch. 1629; Conn., ordr. fondam. 1638, § 10; Conn., ch. 1662; R.-I., ch. 1663; Poore, I, 251, 253-254, 937-938; II, 1599; et, ci-dessus, I, 271.

(2) Blackstone, I, 267, 271-272, 353.

(3) M. B., ch. 1629; Conn., ch. 1662; R.-I., ch. 1663; Poore, *loco cit.*; et, ci-dessus, I, 271-272.

(4) R.-I., 1663; Poore, *loco cit.*; et, ci-dessus, I, 272.

(5) Stokes, 23-24, 120, 184.

(6) Stokes, 138; 22, Georges III,

On conçoit que les assemblées coloniales ne manquent pas de statuer souvent sur cette matière si importante de la condition des fonctionnaires. Il n'y a guère de colonies dans lesquelles la loi ne les fasse d'abord tous électifs. Puis la nomination vient à appartenir, suivant les lieux et aux termes des chartes, comme on l'a vu, au peuple, à l'assemblée, aux propriétaires ou au roi. Mais ce n'est pas sans opposition ni sans péripéties diverses que le peuple se laisse dépouiller d'une prérogative si importante. Les fonctionnaires sont tenus de satisfaire à certaines conditions d'aptitude; en particulier, ils doivent être de race blanche, d'origine européenne, ou tout ensemble d'origine européenne et nés sur le sol de la colonie, *freemen*, n'avoir subi aucune condamnation criminelle, justifier d'une résidence continuée pendant un temps déterminé, par exemple, pendant trois ans, sur le territoire de la colonie ou de la circonscription politique dans laquelle ils briguent emploi, professer quelque religion reconnue par l'Etat, obligation parfois contenue, on le sait, dans celle d'avoir la qualité de *freeman*[1]. Où ils sont électifs, le *freeman*, en général, peut seul voter, et la loi fixe le temps, le lieu et le mode de l'élection. Refusent-ils le mandat qui leur est confié, le refus les rend parfois passibles d'amendes. Avant d'assumer l'exercice de leurs fonctions, ils prêtent divers serments, en particulier celui de suprématie qui suffit à exclure les catholiques, celui de demeurer fidèles au gouvernement, celui d'accomplir, avec tout le zèle dont ils sont capables, les devoirs de leurs charges, encore quelquefois celui de ne toucher que la rémunération fixée par la loi. La durée du mandat est habituellement définie; souvent elle ne dépasse pas une année. La rémunération est d'ordinaire également déterminée. Si elle consiste en honoraires dus sans intermédiaire par les contribuables aux fonctionnaires, les formes de la réclamation, de la poursuite,

c. 75. Voy. encore, sur la condition des fonctionnaires, particulièrement dans les provinces royales, Stokes, 158, 184, 190.

(1) Comp., ci-dessus, 38, 263-265.

du payement, sont réglées, au besoin le tarif doit être affiché dans les bureaux de l'ayant droit, et il n'est pas rare que ce dernier soit obligé de donner reçu. Mais la règle commune est que le traitement soit demandé aux chambres locales, qui le forment des deniers du trésor colonial, en déterminent à leur gré la valeur pour la seule année courante, ou tout au plus pour un nombre restreint d'années, et fixent l'échéance des payements. Quoique cette règle soulève de nombreux différends entre les colons et le roi ou les propriétaires, les colonies ne cessent que par accident et par courtes périodes de l'appliquer à la plupart des fonctionnaires, comme elles l'appliquent au premier de tous, le gouverneur[1]. Le plus souvent, non seulement la fixation du taux, mais le payement lui-même dépend des assemblées locales, et cette autre règle excite encore de vifs débats entre la métropole et les colonies, se disputant, à l'envi, tout élément d'influence et de domination. Sur l'une et l'autre, ces assemblées sont généralement inflexibles. C'est comme une revanche qu'elles prennent, obstinée, efficace, de certaines dispositions des chartes. Où le droit de nomination leur échappe, elles emprisonnent, suivant les lieux, le roi ou le propriétaire dans ce dilemme, dont les deux termes lui déplaisent également, de demander à ses propres deniers ou au Parlement la subsistance des fonctionnaires des colonies, ou de mettre ces derniers à la merci de l'autorité étrangère de laquelle ils l'attendent. Des dispositions sont prises en vue de prévenir la vénalité et la corruption. Enfin on voit parfois la loi exiger, en principe, que tous les agents du pouvoir résident au lieu où ils doivent exercer leurs fonctions[2].

(1) Voy. notamm. à cet égard, sur la condition des colonies suivantes : M. B., vers 1641; Vie., vers 1642, 1658 et 1659; Bancroft, I, 417; II, 203; V, 148-149. Comp., ci-dessus, 78-79, 189.

(2) Voy. notamm. C. S., 1712; *loco cit.*, 34; — Conn., *loco cit.*, 23, 36, 38, 87, 91; — Gie., 1773; *loco cit.*, 193; — Md., 1704, c. 93, §§ 1-2; 1715, c. 48, § 12; 1716, c. 5, §§ 3, 5-7; c. 20, § 2; 1717, c. 2, § 2; 1721, c. 9, § 4; 1731, c. 15, § 2; 1742, c. 23,

CHAPITRE IX.

DU RÉGIME DES BIENS.

On sait que dans deux colonies, la Virginie et le Massachusetts, le régime de la propriété ou de la jouissance commune précéda, pendant une courte durée, la répartition du sol entre les colons[1]. On sait encore que les propriétaires de colonies étaient constitués, à l'origine, propriétaires absolus du sol[2]. On connaît les redevances que cette propriété leur imposait[3]. On sait également qu'ils pouvaient diviser les terres, à leur gré, aux conditions qui leur paraissaient convenables, par vente ou de toute autre manière[4]. Mais plusieurs chartes ne permettaient pas seulement, elles recommandaient ou ordonnaient la division, même pour les lieux qui

§ 20; 1751, c. 27, § 7; 1763, c. 18, §§ 21, 24-25, 29-31, 78-79, 81-82, 83-85, 87-111; *loco cit.*; — M. B., 1641-1730, *passim; loco cit., passim*, notamm. 171, 221, 264, 316, 347-349, 366, 369, 428, 472; — N.-H., 4, Georges I; 5, Georges II; *loco cit.*, 88, 167-168; Loi temporaire, 1768, 26-35; — N.-J., 1744, 1747, 1748; *loco cit.*, 138, 160-170; — N.-Y., 1751-1773, *passim; loco cit., passim;* — Pie., 1700-1752, *passim; loco cit.*, notamm. 10, 43, 55, 59, 73, 80, 115, 239-248, 521; — R.-I., 1647, 1653, 1654, 1655, 1656, 1661, 1664, 1682, 1746; Bartlett, I, 150, 191, 204-205, 262, 282, 306, 346-347, 440; II, 57; III, 108-109; V, 213; Joignez Public Laws de 1747; — Vie., 1619-1773, *passim; loco cit.*, I à VIII, *passim*, notamm. I, 116, 125, 149, 156, 169, 176, 182, 201, 220, 265-266, 275, 295, 302, 305, 313, 335, 357, 371, 378, 452, 463, 465, 484, 490, 500, 504, 508. Voy. encore, à cet égard, notamm. sur la condition des colonies suivantes : C., Conn., Gie., Md., M. B., N.-J., N.-Y., R.-I., à diverses époques : Stokes, 21-24, 120; Story, I, 30, 40, 55-56, 58-59, 65, 77, 79, 82, 95, 110-112; Bancroft, I, 225-228, 362, 366-367, 393, 402, 417; II, 73-74, 235, 253, 318; III, 67; IV, 131, 137-138, 253; V, 148-149; Hough, II, 59, 105, 159, 203, 247.

(1) Ci-dessus, I, 17-18, 27-28, 65.

(2) Ci-dessus, 220-221.

(3) Ci-dessus, 221-224.

(4) Voy. notamm. C., ch. 1584; Md., ch. 1632; Me., conces. 1639; C., 1663, § 12; ch. 1665; Pie., ch. roy. 1681; Gie., ch. 1732; Poore, I, 375, 776, 812; II, 1379-1380, 1387, 1391, 1393, 1395, 1510, 1514; et, ci-dessus, I, 254-255, 348-349; II, 221.

d'abord ne l'admirent pas [1]. Deux de celles-ci prescrivaient que le partage se fît suivant les services et les mérites des colons [2]. Si, d'ailleurs, en général, aucune règle précise ne limitait la liberté des propriétaires dans le choix des tenanciers, cependant la plus ancienne charte et la plus récente voulaient que ces derniers fussent des sujets du roi [3]; la plus récente annulait toute cession supérieure à 500 acres, faite au profit d'un seul individu, et toute cession, quelle qu'en fût l'étendue, faite soit aux fonctionnaires, soit, à titre individuel, aux membres de la compagnie, ou à leurs représentants [4]; d'autre part, un acte de date intermédiaire réservait à la noblesse la propriété d'une partie considérable du sol [5]. Les méthodes que les propriétaires suivirent varièrent suivant les époques et les lieux. Il suffira de citer quelques exemples. Dans la Virginie, de bonne heure, les gens transportés aux frais exclusifs de la compagnie recevaient 2 acres par tête; quiconque venait à ses propres frais en recevait 100; quiconque transportait des colons ou payait leur transport avait droit à 100 acres par tête; puis, tout immigrant put réclamer, comme prime d'immigration, 50 acres dont l'occupation et le défrichement donnaient droit à une concession nouvelle de la même étendue; le sol vacant pouvait être distribué, au prix de 12 livres et 10 schellings par 100 acres; il était permis d'attribuer des terres en récompense, sans que la compagnie fût autorisée à octroyer plus de 2,000 acres à un seul individu; en récompense ou autrement, les femmes elles-mêmes purent en recevoir [6]. A une époque, dans la Caroline,

(1) Vie., ch. 1606; ch. 1609; N.-A., ch. 1620; comp. C., ch. 1584; Poore, I, 927; II, 1379-1382, 1893, 1898.

(2) Vie., ch. 1609; N.-A., ch. 1620; Poore, I, 927; II, 1898.

(3) C., ch. 1584; Gie., ch. 1732; Poore, I, 375; II, 1378-1379; et, ci-dessus, I, 340-349.

(4) Gie., ch. 1732; Poore, I, 375; comp., ci-dessus, I, 349.

(5) C., const. fondam. 1669, § 4; Poore, II, 1398; et, ci-après, ch. XI.

(6) Sur la condition de la Virginie, à cet égard, vers 1613, 1616 et 1619, voy. Bancroft, I, 150, 155.

les offres des colons firent loi [1]. A une autre époque, voisine de la première, la même colonie dut promettre, en prime, aux immigrants, la jouissance de fonds, dont l'acquisition définitive était subordonnée au simple fait de la résidence continuée pendant deux années [2]. Dans la Caroline encore, sous les constitutions fondamentales de 1669, tout possesseur d'un immeuble de franche tenure devait, à compter de 1689 au plus tard, payer annuellement aux lords propriétaires, pour chaque acre de mesure anglaise, la quantité ou la valeur d'argent fin que contenait alors le sou anglais, et, afin d'établir la quotité de la dette, la cour du palatin pouvait faire mesurer toutes les terres [3]. Dans le New-Hampshire, sous les actes de concession de 1629 et de 1635, à charge de payer à la couronne leurs propres redevances, les propriétaires avaient droit à un cinquième de tout l'or et l'argent que contenait le sol cédé par eux. Le premier de ces actes leur permettait encore de demander à tout tenancier le payement annuel de 5 schellings de monnaie anglaise, à titre de simple témoignage de respect ou d'obéissance [4]. Sous le second, les cessions se faisaient *per gladium comitatis,* ce que l'acte lui-même expliquait en ajoutant que les cessionnaires seraient tenus de fournir au gouverneur de la Nouvelle-Angleterre, à la requête de ce personnage, dans le délai de quatorze jours après celle-ci, pour le service public de ce pays, quatre hommes valides, armés et prêts à guerroyer [5]. Le propriétaire du Maryland paraît avoir eu, à une époque, un droit de préemption dans les aliénations successives [6]. Il conserva presque jusqu'à la fin de la période coloniale la coutume d'exiger de tous les tenanciers des redevances d'argent périodiques et perpétuelles, et de

[1] Sur la condition du comté d'Albemarle, C., vers 1667, voy. Bancroft, II, 151.

[2] Bancroft, II, 152.

[3] § 113; Poore, II, 1408.

[4] Poore, II, 1272, 1274.

[5] Poore, II, 1273.

[6] Sur la condition du Md., à cet égard, vers 1649, voy. Bancroft, I, 253.

toucher une taxe, à tout partage et à toute aliénation foncière [1]. Dans la Caroline du Sud, vers la fin du XVIIe siècle, les propriétaires aliénaient d'ordinaire, au prix de rentes, payables, soit en argent, soit en produits du sol [2]. A l'origine de la domination anglaise, dans le New-Jersey, les terres furent promises moyennant des redevances modiques, dont le payement même devait n'être pas exigé pendant plusieurs années [3]. Plusieurs chartes formulaient, d'ailleurs, expressément ce principe de droit et d'équité que les propriétaires garantissaient aux acheteurs et cessionnaires, sans trouble ni éviction, la libre possession des biens cédés [4].

De ces divers exemples importants il faut rapprocher tout un corps de principes qui, sous la charte octroyée par Penn en 1681, dut régler au moins les premières distributions dans la Pensylvanie. A l'arrivée des premiers immigrants, l'emplacement d'un gros bourg fut choisi sur les bords d'une rivière, au lieu le plus salubre et le plus propice à la navigation [5]. Là, à raison de 10 acres pour 500, tout acheteur pouvait réclamer une étendue proportionnelle à la quantité de terres qu'il aurait achetée dans toute autre partie de la colonie [6]. Dans toute la colonie, les ventes ou allocations devaient être proportionnelles, pour chacun, aux quantités qu'il aurait offert d'acheter ou de prendre à bail [7], et la proportion la même dans tous les lieux de même espèce; en particulier, dans les bourgs, elle fut de 200 acres pour 10,000 [8], et dans la pleine campagne nul ne pouvait recevoir plus de 1,000 acres pour 10,000, sans s'obliger à établir, avant l'expiration d'un

(1) Sur la condition du Md., à cet égard, notamm. vers 1754, voy. Bancroft, IV, 137-138. Vers ce temps, cette redevance foncière produisait 25,000 dollars par an; Bancroft, *loco cit.*

(2) Sur la condition de la C. S., à cet égard, vers 1695, voy. Bancroft, III, 16.

(3) Conces. 1664; Bancroft, II, 316.

(4) N.-H., conces. 1629; Pie., ch. 1683, § 23; const. 1696; Poore, II, 1272, 1530, 1536.

(5) § 1; Poore, II, 1516.

(6) § 5; Poore, II, 1516.

(7) § 1; Poore, II, 1516.

(8) § 2; Poore, II, 1516.

délai de trois ans, une famille sur chacun des lots de 1,000 acres qu'il recevait[1]. La charte autorisait les acquisitions faites conjointement par deux ou plusieurs personnes[2]. En général, les personnes qui demandaient et celles qui acquéraient conjointement une certaine étendue avaient droit à des fonds voisins, contigus; en particulier, celles qui, acquérant conjointement 5,000 ou 10,000 acres, voulaient se trouver voisines, devaient être colloquées au même lieu, et, de préférence, près de ports et de cours d'eau navigables[3]. Même, afin de satisfaire à ces convenances, l'expropriation des premiers occupants paraît avoir pu être prononcée, dans certains cas, pourvu que le prix originaire d'achat, l'intérêt de ce prix et les frais de mensuration fussent restitués par les nouveaux acquéreurs[4]. A l'expiration de leur engagement, la charte assurait aux gens de service une allocation de 50 acres, moyennant une redevance annuelle de 2 schellings; au prix d'une redevance annuelle de 4 schellings, le maître pouvait réclamer les 50 acres vacants les plus voisins, et, s'il donnait lui-même à son serviteur cette quantité de ses propres terres, il pouvait réclamer une concession double, au prix d'une rente annuelle de 6 schellings[5]. Les acquéreurs étaient toujours de droit investis de la pleine propriété des terres cédées, et, à l'exception des mines que le roi se serait réservées, de toutes les dépendances de ces terres, à savoir les eaux, ruisseaux, rivières, bois, fourrés, mines, carrières. Cependant il fut permis à toute personne de rechercher partout les mines d'or et d'argent, à charge d'indemniser les gens que la recherche léserait; l'inventeur devait avoir un cinquième du produit de la découverte, le propriétaire de la superficie un dixième, le propriétaire de la colonie deux cinquièmes, le roi la redevance qu'il se serait réservée, et le trésor public le reste[6]. Aux fonctionnaires chargés

(1) § 3; Poore, II, 1516.
(2) Argument, § 3; Poore, II, 1516.
(3) §§ 2, 3, 4; Poore, II, 1516.
(4) § 4; Poore, II, 1516.
(5) § 7; Poore, II, 1516.
(6) § 8; Poore, II, 1516-1517.

de diviser les terres la charte ordonnait de garder l'espace nécessaire pour les routes dans la campagne et les rues dans les bourgs et les cités, au moins 40 pieds de largeur pour les routes conduisant de cité à cité et les rues. Les colons ne pouvaient, d'ailleurs, ni empiéter sur les rues ou les routes ni porter préjudice aux voisins par des constructions irrégulières, et, en cette matière, la coutume ou l'usage des lieux faisait loi[(1)]. Aux acquéreurs ou occupants eux-mêmes il était enjoint de laisser 1 acre sur 5 planté en arbres, surtout afin de conserver les chênes pour la construction des navires et les mûriers pour la production de la soie[(2)]. Enfin, dans toute concession d'une étendue égale à 1,000 acres, le propriétaire se réservait 10 acres contigus[(3)].

A l'une des dispositions qui précèdent une clause un peu analogue de la charte du Massachusetts-Bay de 1691 mérite d'être comparée : dans toutes les terres qui, en 1691 même, n'avaient pas encore été cédées à des particuliers, le roi, pour approvisionner en mâts la marine royale, se réservait, à compter d'une hauteur de 12 pouces au-dessus du sol, tous les arbres de 24 pouces de diamètre, et nul n'y pouvait, sans l'autorisation préalable du roi, couper ou abattre ces arbres, sous peine d'une amende de 100 livres sterling par tronc, payables au profit du roi lui-même[(4)].

Si une très ancienne loi abolissait, dans le Massachusetts, les servitudes féodales du sol, et établissait l'indépendance et l'aliénabilité absolue des héritages fonciers, les chartes de plusieurs colonies, on l'a vu, permettaient aux propriétaires d'organiser de véritables domaines féodaux, particulièrement des seigneuries, des baronnies, des manoirs [(5)]. Tandis que, sous les constitutions

(1) §§ 8, 1; Poore, II, 1516.

(2) *Ibid.*, § 18; Poore, II, 1517.

(3) *Ibid.*, § 9; Poore, II, 1517.

(4) Poore, I, 954.

(5) Sur la condition du M. B. à cet égard, en 1641, voy. Bancroft, I. 417. Comp. Md., ch. 1632; Me., conces. 1639; C., ch. 1663, § 14; ch. 1665;

fondamentales de la Caroline de 1669, un tiers de toute seigneurie ou baronnie restant toujours inséparable du titre, le seigneur ou baron n'était autorisé à aliéner les deux autres que pour une durée de vingt et un ans [1], le maître d'un manoir, lui, avait le droit de l'aliéner tout entier, sans division, avec tous les privilèges et les gens qui s'y trouvaient attachés; mais, s'il en faisait des aliénations partielles, celles-ci restaient sans valeur au regard de l'hoir le plus proche, ou, après une durée au plus égale à vingt et un ans, cessaient d'être opposables à ce dernier [2]. On sait encore, par exemple, que les propriétaires de la Pensylvanie pouvaient y créer des manoirs au profit de toute personne [3], et qu'à son tour, avec l'autorisation des propriétaires, donnée par acte revêtu de leur sceau, le concessionnaire de tout manoir avait le droit de le subdiviser en manoirs secondaires. Ici la constitution du manoir paraît n'avoir, en aucun cas, empêché l'aliénation partielle; mais celle-ci subrogeait l'acquéreur à toutes les obligations du cédant, de telle sorte qu'en toutes mains les fractions aliénées étaient toujours censées tenues de la personne qui avait érigé le manoir originaire, et demeuraient grevées, au moins pour leur part, à son profit, des redevances divisibles, convenues entre elle et le premier acquéreur [4]. Le fief lui-même conférait apparemment partout à l'acquéreur, donataire ou acheteur, certains privilèges féodaux et lui imposait des obligations féodales [5]. Spécialement partout, en théorie, devaient exister entre les suzerains et les

Pie., ch. roy. 1681; Poore, I, 778-779, 814-815; II, 1388, 1391-1392, 1395-1396, 1512. Voy. encore, à cet égard, sur la condition du Md., en 1754, Bancroft, IV, 138. Comp., ci-dessus, I, 254-255; II, 153-155.

(1) § 18; Poore, II, 1399; et, ci-dessus, 268.

(2) § 19; Poore, II, 1399, 1400.

(3) Voy., ci-dessus, 153-155.

(4) Ch. roy. 1681; Poore, II, 1514-1515. Cette substitution ou subrogation était de droit, dans la métropole, aux termes du statut *quia emptores* précité. Elle ne paraît pas l'avoir été, au moins au profit du roi, dans le Maryland. Comp., ci-dessus, I, 254-255; et Blackstone, II, 91, 289.

(5) Comp. notam. C., const. fond. 1669, § 26; Poore, II, 1400.

vassaux, aux divers degrés, peut-être sans comprendre le service militaire proprement dit, les obligations réciproques de fidélité et de protection, et, au profit des suzerains, certaines redevances en nature ou en argent[1]. Mais partout aussi les tenures féodales furent plutôt sur le papier que sur le sol. Elles n'existèrent le plus souvent que par la faculté de les créer, donnée à des propriétaires, qui n'en voulaient ou n'en pouvaient user. On ne voit guère que la colonie de New-York, où elles aient de fait longuement subsisté. Elles y venaient des Hollandais, et quelques-unes y durèrent jusqu'à une époque très voisine de la nôtre, en réalité jusqu'à ces dernières années, perdant peu à peu sans doute, et longtemps avant de disparaître, tous les caractères du fief, à l'exception de la charge des prestations matérielles ou pécuniaires[2]. Ailleurs, si parfois les formalités relatives aux transferts des biens immobiliers présentaient quelques vestiges des lois de la féodalité, en réalité le caractère allodial prévalut absolument. Ni les charges militaires, ni les obligations serviles du régime féodal, ne pesaient sur les propriétaires de colonies, qui tenaient leur titre du roi[3]. Moins encore les colons ordinaires, qui voulaient la liberté politique, les auraient-ils subies volontiers; de fait, ils ne les subirent point: pour eux la franche tenure, le franc tenancier, si souvent mentionnés dans leurs chartes et leurs lois, furent réellement la terre exempte, le propriétaire de la terre affranchie de toute redevance[4].

Il n'est guère douteux que les tenures féodales, projetées ou tentées dans les établissements anglais de l'Amérique, hors de la colonie de New-York, ne fussent au moins une imitation voulue de celles qui, nombreuses et variées, couvraient ou avaient couvert la métropole. Quelques chartes l'autorisaient ou la recomman-

(1) Comp., ci-dessus, 153-155, 220-221, 280-283.

(2) Bancroft, II, 281; Hough, II, 57.

(3) Comp., ci-dessus, 220-224.

(4) Story, I, 76, 120-122; comp., ci-dessus, I, 11-190 *passim*; II, 38-42, 105-108, 122, 175, 179, 184.

daient assez clairement [1]. Dans la métropole, les charges féodales furent lourdes. Parfois supportées avec impatience, parfois même l'objet de fortes réactions, elles s'y adoucirent peu à peu. S'il en subsistait d'autres, peut-être les plus pesantes y étaient-elles, au dernier état du droit, de petites rentes d'argent dues annuellement au seigneur, et des redevances pécuniaires exigibles, soit par le seigneur, soit par la couronne, à la transmission par succession ou à l'aliénation entre vifs de certaines terres. L'aliénation foncière y avait été, au surplus, pendant une longue durée, tantôt absolument prohibée, tantôt soumise à d'étroites restrictions [2].

Aux mains des gens qui les recevaient des propriétaires, les terres non féodales, vendues ou données, demeurèrent, de tout temps, en principe, absolument aliénables ; seul l'acte de concession du New-Hampshire de 1629 limitait expressément le droit des acquéreurs, en décidant qu'à peine d'annulation de la cession originaire et des cessions subséquentes, suivie du retour des biens au président et au conseil de la compagnie, ils ne pourraient, sans l'autorisation de ces derniers, transférer à une nation ou aux citoyens d'une nation étrangère [3].

Par l'abrogation ou l'abandon de leurs chartes royales, les propriétaires de plusieurs colonies perdirent même leurs droits sur le sol, et la propriété du domaine non distribué dut faire retour au roi. Dans les colonies de charte, d'ailleurs, le sol appartenait réellement au peuple entier des colons, parfois mal à propos, on le sait, appelé Compagnie de la colonie [4]. C'est ainsi que la disposition des terres vacantes dépendait du roi dans les provinces

(1) Comp. Md., ch. 1632 ; Me., conces. 1639 ; C., ch. 1663, § 14 ; ch. 1665 ; Pie., ch. roy. 1681 ; Poore, I, 778-779, 814-815 ; II, 1388, 1391-1392, 1395-1396, 1512. Voy. aussi, sur la condition du Md., vers 1754, Bancroft, IV, 138. Comp., ci-dessus, I, 254-255.

(2) Blackstone, II, 20-102, 287-294.

(3) N.-H., concess., 1629 ; Poore, II, 1272.

(4) Voy., ci-dessus, 227.

royales, et, sous la charte de 1691, dans le Massachusetts, colonie de charte, de l'assemblée législative représentant le peuple.

En résumé, sans doute, avant toute concession, l'usurpation du domaine soit des propriétaires de colonies, soit des colonies elles-mêmes, soit du roi, n'était pas tolérée, mais presque partout, et de bonne heure, que la distribution du sol fût le fait des propriétaires, celui du roi ou du gouverneur royal, assisté ou non du conseil, ou celui de l'assemblée législative, les terres allèrent à bas prix aux colons ordinaires, et, le plus souvent, à titre de propriété absolue, exclusive de redevances périodiques. Les maîtres originaires du sol ne le pouvaient guère laisser inculte, et ils auraient eu besoin, pour le défricher, de véritables armées de serviteurs ou d'esclaves. D'autre part, l'amour de liberté qui tenait les simples colons ne les disposait pas à accepter un autre état que celui de véritables propriétaires. D'ordinaire, ils l'obtinrent, et, obtenu, cet état dut contribuer, Story le remarque justement, à augmenter encore leur esprit de jalouse indépendance[1]. Où le système des redevances périodiques put être établi, rarement les assemblées coloniales permirent que le poids en fût lourd, et, si le roi et les propriétaires de colonies avaient des surveillants et inspecteurs de leurs domaines, on vit parfois les colons redevanciers eux-mêmes nommer les percepteurs des redevances. A quelques conditions que les concessions eussent été faites, ces assemblées intervenaient encore volontiers pour empêcher les cédants originaires soit de retirer indûment les terres cédées, soit de rendre moins bonnes des conditions favorables aux cessionnaires. Au moins où elles-mêmes procédaient à la distribution du domaine public, elles garantissaient volontiers d'avance aux colons, sous des conditions déterminées, le droit d'obtenir la propriété d'une certaine quantité[2].

(1) Story, I, 121. — (2) Comp. notamm., ci-dessus, 206, les textes relatifs aux saisies; et, ci-après, 298, note 1; voy. aussi Stokes, 159, 162-163; Story, I, 40.

Deux chartes de la Pensylvanie assimilaient de tout point à celle du citoyen la succession testamentaire de l'étranger résidant ou tenancier dans la colonie, mort avant d'avoir pu s'y faire naturaliser[1]. Sous le régime du code du Massachusetts de 1641, toute personne âgée de vingt et un ans, même « excommuniée » ou frappée de condamnation, pouvait aliéner ses biens, même par testament[2]. Dans certaines provinces, notamment dans la Caroline du Nord et la Caroline du Sud, les principes de la loi anglaise paraissent avoir été suivis pour déterminer la capacité de tester. Dans la Pensylvanie, vers la fin du XVIIe siècle, les testaments écrits, certifiés authentiques par deux témoins, étaient absolument valides, à la condition d'être produits devant l'autorité compétente, au plus tard, le quarantième jour après l'ouverture de la succession[3]. En général, l'exécution des dispositions testamentaires devait être précédée de la preuve et de la vérification de leur authenticité. Les formes de la preuve et l'autorité qui devait la recevoir étaient déterminées. Celle-ci fut, suivant les époques et les lieux, le gouverneur, le gouverneur assisté du conseil, le conseil, le *recorder*, le secrétaire de la colonie, quelque cour de justice, en particulier la cour dite des Orphelins ou plus spécialement encore celle dite de Probate, dont le nom même indiquait un peu la fonction principale et essentielle. Fréquemment, au surplus, plusieurs fonctionnaires ou cours de justice eurent compétence concurrente et égale, soit en dernier ressort, soit à charge d'appel. Parfois, un certain nombre de témoins, variable suivant les lieux, dut intervenir. Le fardeau de la preuve incombait aux exécuteurs testamentaires ou aux légataires. Il arrivait qu'elle dût être fournie dans un délai déterminé. En matière de succession testamentaire,

(1) Ch. 1683, § 21; Const., 1696; Poore, II, 1530, 1536.

(2) Sur la condition du M. B., à cet égard, en 1636 et 1641, voyez Story, I, 33, 45; Bancroft, I, 417.

(3) Pie., LL., const. 1682, § 15; Poore, II, 1525.

d'ailleurs, quelques colonies, notamment la Virginie, la Caroline du Nord et la Caroline du Sud, semblent, en vérité, avoir habituellement adhéré à toutes les règles essentielles de la loi ou de la coutume anglaise[1].

Dans la Pensylvanie, sous la charte de 1683 et la constitution de 1696, il en était de la succession *ab intestat,* comme de la succession testamentaire, de l'étranger résidant et tenancier : la même assimilation prévalait[2]. Le code du Massachusetts de 1641, dans la distribution de l'hérédité *ab intestat,* attribuait double part au fils aîné ou au fils unique, divisait le reste également entre les autres enfants du *de cujus,* et ouvrait une action en redressement à la veuve, à laquelle le mari défunt n'avait pas donné ou légué un émolument convenable[3]. La charte de la Pensylvanie et du Delaware de 1701 décidait que le suicide n'empêcherait pas la dévolution des biens du défunt de se faire suivant le droit commun[4]. On se souvient des règles qui devaient présider, dans la Caroline, à la succession aux biens nobles[5]. Là, le manoir lui-même, quoiqu'il ne dépendît pas nécessairement d'un titre de noblesse, était essentiellement indivisible, quand il changeait de maître par succession. L'aîné des héritiers mâles du degré le plus proche, et, à défaut d'héritiers mâles, les héritières du degré le plus proche, suivant l'ordre de primogéniture, le recueillaient, les fils, et, à défaut des fils, les filles représentant leur père et leur mère, encore par ordre de primogéniture. Si un héritage comprenait plusieurs manoirs, les hoirs mâles, ou, à défaut d'hoirs mâles, les héritières les plus proches et du même degré se les partageaient, sans les diviser. De la sorte, dans tous les cas, le manoir conservait ses privilèges et ses charges, que la division eût com-

(1) Comp. Story, I, 25, 96; et, ci-dessus, 158, 166-172.

(2) Comp., ci-dessus, 290, note 1.

(3) Sur la condition du M. B., à cet égard, en 1641, voy. Story, I, 45; Bancroft, III, 69.

(4) § 8; Poore, II, 1539.

(5) Voy., ci-dessus, 267-268.

promis[1]. D'autres règles, à diverses époques, organisèrent la succession aux terres dans la Virginie selon la coutume anglaise[2], y appelèrent seulement les hommes dans la Géorgie[3], établirent dans le Rhode-Island un régime imité de la loi anglaise de primogéniture[4], et tendirent vainement à implanter dans le Connecticut tout le système anglais de la succession *ab intestat*[5]. A vrai dire, pour cette succession, toutes les colonies situées au sud de la Virginie et celle-ci elle-même suivirent, de bonne heure, et conservèrent jusqu'à la révolution de 1776 les principes qui régissaient la métropole. Il paraît n'en avoir pas été autrement, parmi les colonies du Nord, des provinces de New-York et du New-Jersey. A coup sûr, dans le Rhode-Island, une condition différente ne prévalut que pendant une courte période, de 1718 à 1729. Dans les colonies précitées, tous les biens ou au moins les terres furent donc souvent aux mains des fils aînés. Au contraire, si l'on excepte le Rhode-Island, de bonne heure la Nouvelle-Angleterre tout entière, et, auprès d'elle, le Maryland et la Pensylvanie, la première après 1715, la seconde presque dès l'origine de ses établissements, adoptèrent le partage égal, tempéré seulement par l'attribution d'une double part au fils aîné. Vers 1727, dans une contestation avec le Connecticut, la couronne elle-même parut vouloir obliger tous les colons d'Amérique à adopter tout le système anglais, mais elle se décida promptement à respecter les décisions des assemblées coloniales, et jusqu'à la révolution de 1776 des règles variées continuèrent de se partager les colonies.

Il était de principe que les biens successoraux fussent gérés, au

(1) Const. fondam. 1669, § 20; Poore, II, 1400.

(2) LL., roy. 1606; Bancroft, I, 123.

(3) Sur la condition de la Gie., à cet égard, en 1732, voy. Bancroft, III, 426.

(4) Sur la condition du R.-I., à cet égard, après 1692, voy. Bancroft, III, 69.

(5) Sur la condition du Conn., à cet égard, vers 1728, voy. Bancroft, III, 292-293.

moins jusqu'au payement des dettes et jusqu'au partage, par des exécuteurs testamentaires ou des administrateurs. Les exécuteurs, choisis par les testateurs, administraient les successions testamentaires; les administrateurs, nommés d'ordinaire par les autorités compétentes pour recevoir la preuve des testaments, les successions *ab intestat,* et, quand les testateurs avaient négligé de choisir des exécuteurs, ou que les exécuteurs choisis refusaient le mandat, ou ne pouvaient l'accepter, même les successions testamentaires. Exécuteurs et administrateurs avaient également parfois l'assistance de vérificateurs ou experts jurés, qui, nommés par les mêmes autorités, faisaient les évaluations. En général, ils prêtaient serment de dresser bon et fidèle inventaire, d'administrer consciencieusement, et de payer intégralement les dettes. Quelquefois ils devaient encore fournir caution. Ils touchaient les créances, délivraient les legs, vendaient au besoin les biens, avec ou sans l'autorisation de justice, suivant les lieux, et sans doute procédaient à toutes les opérations du partage. A charge d'appel ou non, les autorités qui les avaient choisis ou validés statuaient sur les différends soulevés entre eux et les légataires, héritiers, créanciers ou débiteurs de la succession recevaient les comptes de gestion et donnaient décharge[1].

[1] Voy. notamm. C.N., 1723, 1762; *loco cit.*, I, 119-120, 210-220; — C.S., 1692-1776, *passim; loco cit., passim*, notamm. 29, 32, 34-35, 39, 45, 72, 176, 201-203, 290; — Conn., *loco cit.*, 60-64; — Gie., 1670-1764, *passim; loco cit., passim*, notamm. 16-18, 100, 102-104, 221-225; — Md., 1715, c. 39, §§ 3, 8, 23-26, 39, 41-42; 1718, c. 5, §§ 2-3; 1719, c. 14; 1720, c. 24; 1722, c. 10, §§ 1-4; 1729, c. 24, §§ 2-3, 15, 23; 1735, c. 17; — M. B., 1641-1773, *passim; loco cit., passim*, notamm. 41, 43, 48, 54, 85, 148, 204-205, 231-233, 247, 259, 277, 385, 390, 401, 423-426, 452-453, 463, 483, 492, 496, 498, 515, 518, 593-594, 620-621, 628, 670, 695; — N.-H., 13, Anne; 4, Georges I; *loco cit.*, 53-55, 102-107; — N.-Y., 1692, 1743; *loco cit.*, 14-16, 229-231; — Pie., 1700, 1705; *loco cit.*, 1, 9, 13, 30-32, 36; — R.-I., 1647, 1675, 1718, 1729, 1737; Bartlett, I, 188; II, 526; IV, 417, 538-539; voy. aussi Public Laws de 1719 et de 1730,

Le système anglais des substitutions prévalut dans plusieurs colonies et peut-être dans toutes. Mais, tandis que la Virginie, par son ardeur à le faire prévaloir, dépassait la métropole elle-même, les colonies où la loi anglaise ne réglait pas les successions *ab intestat,* et parmi elles, le Massachusetts surtout, semblent s'être efforcées d'en réduire et d'en limiter l'application[1].

Il importe de montrer, en peu de mots, les traits les plus caractéristiques de ces successions testamentaires, de ces hérédités *ab intestat* et de ces substitutions de la métropole, auxquelles plusieurs allusions viennent d'être faites. D'abord, avec cette réserve qu'elle attribuait, en principe, la compétence à la juridiction ecclésiastique, la métropole observait, pour la vérification et l'exécution des testaments et l'administration des biens successoraux, des règles semblables à celles que les colonies adoptèrent. Sans cesser de soumettre la validité des testaments à des conditions de forme plus rigoureuses pour les immeubles que pour les meubles, elle arriva peu à peu à donner à tous les gens, que la loi ou la coutume ne rendait pas spécialement incapables, la liberté de tester, qui avait été pendant longtemps limitée pour les meubles, et, au moins à une certaine époque, nulle pour les immeubles. En principe, d'ailleurs, suivant la nature des biens successoraux, et sans abolir les usages contraires de quelques lieux, elle admettait deux modes distincts de succession *ab intestat.* Pour les meubles, les descendants excluaient tous autres successibles, à l'exception de la veuve qui recueillait un tiers; à défaut de descen-

et Digest de 1744; — Vie., 1619-1738, *passim;* Hening, I à V, *passim,* notamm. I, 122-123, 144, 149, 155, 180, 240, 268, 277, 302, 400-401, 447, 471, 479. — Voy. encore, à cet égard, sur la condition des colonies suivantes, à diverses époques : C. N., C. S., Conn., Gie., Md., M. B., N.-J., N.-Y., Pie., R.-I., Vie., Story, I, 25, 44-45, 48, 51, 60, 65-67, 73, 77, 96, 99, 126-127; Bancroft, I, 123, 417; III, 69, 392-393, 426. Joignez Stokes, 185, 199, 202-222.

[1] Story, I, 25, 48.

dants, la veuve prenait la moitié; dans la même hypothèse, le père survivant seul ou le père et la mère étaient préférés aux frères et sœurs; la mère survivant seule concourait avec ces derniers; à défaut d'enfants, au moins la moitié de la succession, et, à défaut de veuve et d'enfants, la succession entière allait au parent le plus proche; dans la computation des degrés, la personne même du défunt servait de point de départ; les collatéraux passaient avant les ascendants du même degré, par exemple, les frères et sœurs avant le grand-père et la grand'mère; la ligne directe ascendante n'admettait donc pas la représentation; la ligne directe descendante l'admettait à l'infini; la ligne collatérale la limitait aux propres enfants des frères et sœurs; la représentation entraînait naturellement le partage par souches, tandis que le partage se faisait par têtes, quand les successibles se trouvaient au même degré, sans avoir besoin de l'invoquer; ni le privilège de masculinité ni le droit d'aînesse ne prévalaient. Pour les immeubles, et particulièrement pour les terres, les ascendants étaient exclus, les parents germains seuls admis, les descendants préférés aux collatéraux, la ligne paternelle à la ligne maternelle, dans chaque ligne les parents par les hommes aux parents par les femmes, le collatéral le plus proche au plus éloigné, la représentation, d'ailleurs, admise à l'infini entre descendants, et même, ce semble, entre collatéraux; l'auteur commun servait de point de départ dans la computation des degrés; à chaque degré de parenté, l'aîné des mâles excluait les autres, et tous les mâles les femmes; le privilège de masculinité et le droit d'aînesse prévalaient même dans la représentation; le partage se faisait par souches, les successibles n'eussent-ils pas besoin d'elle pour se trouver au degré le plus proche. La substitution, et surtout la substitution aux terres, avait été longtemps en grand usage, surtout parmi les nobles, des règles très rigoureuses assurant, entre les mains du grevé, la conservation des biens substitués. Peu à peu ces règles furent relâchées, les droits des appelés gravement compromis, en un mot l'institution elle-même presque détruite[1].

Dans un temps où la fortune immobilière était de beaucoup la plus considérable partout, et dans un pays où la loi subordonnait facilement certains droits à la propriété du sol, il n'est guère possible, le lecteur le conçoit, de signaler comme des tendances vers la démocratie absolue l'adoption du régime de succession *ab intestat* des Anglais et l'aggravation de leur système de substitutions[2].

Dans la métropole, la rédaction d'actes écrits pour la constitution des droits réels sur la propriété immobilière était nécessaire en principe. La loi ou la coutume en déterminait soigneusement les formes. Des témoins devaient prêter leur concours, appelés, suivant les époques, à entendre simplement la lecture de l'acte, ou encore à apposer leurs signatures au bas ou au dos. Mais, si l'on excepte l'Écosse et quelques comtés de l'Angleterre proprement dite, dans lesquels la transcription ou l'enregistrement sur des registres publics était ordonné, la métropole n'avait aucun système de publicité qui assurât aux droits des tiers une protection suffisante[3]. Vers la fin du XVIIe siècle, dans la Caroline, à peine de nullité absolue, les baux, ventes, hypothèques, jugements, et, en général, tous les actes qui créaient des droits réels immobiliers, devaient être transcrits au bureau, établi à cet effet, de la circonscription territoriale où étaient situés les biens soumis à ces droits[4]. A peine de nullité également absolue, la charte de la Géorgie de 1732 décidait que, dans le délai d'un an après la passation des actes, les baux, concessions et transferts de la pro-

(1) Blackstone, II, 110-119, 200-241, 373-383, 489-520; IV, 427, 431; voy., d'ailleurs, II, *passim*.

(2) Comp., ci-dessus, 263-265; et, ci-après, 300-301. — (3) Blackstone, II, 292-343.

(4) C. fondam. 1669, § 81; Poore, II, 1405.

priété foncière, émanés de la compagnie des propriétaires ou de ses représentants, seraient transcrits, au moins par extraits, au bureau d'un fonctionnaire appelé l'auditeur des plantations[1]. Cet auditeur des plantations de la Géorgie et l'inspecteur royal (*surveyor*) de la province de la Caroline du Sud recevaient même, chaque année, un état authentique de tous les actes, baux, cessions, ou autres, qui, émanant de la compagnie ou de ses représentants, concernaient les terres ou héritages immobiliers de la colonie[2]. Les lois jointes à la charte de la Pensylvanie de 1682 ordonnaient l'enregistrement des actes qui créaient des droits ou des obligations, à l'exception soit des baux d'une durée égale à une année au plus, soit des obligations non exécutoires dans les trois mois et d'une valeur au plus égale à 5 livres. Il fallait que les conventions faites hors de la colonie et concernant des terres sises sur le territoire de celle-ci fussent enregistrées dans le délai de six mois après la passation des actes, les conventions du même genre conclues même dans la colonie, et toutes les obligations dont la valeur dépassait 5 livres et dont l'exécution était à terme au moins égal à trois mois, dans le délai de deux[3]. De nombreuses lois de colonies diverses prescrivirent, de bonne heure, à peine de nullité au moins au regard des tiers, la transcription et l'enregistrement de tous les actes translatifs de la propriété immobilière ou constitutifs de droits réels immobiliers, notamment du droit d'hypothèque. En général, la formalité s'accomplissait au lieu de la situation des biens. Tantôt les actes étaient reçus par le commis ou secrétaire de la colonie, tantôt ils l'étaient par des fonctionnaires spéciaux qui avaient pour seule ou principale mission de les recevoir, de les enregistrer et de les conserver. Il arrivait qu'un délai fût fixé, par exemple, un an, dix-huit mois, deux ans. L'inexécution rendait parfois les parties elles-mêmes passibles

(1) Poore, I, 375-376. Comp., ci-dessus, I, 350-351.

(2) Poore, *ibid.*

(3) § 20; Poore, II, 1525.

d'amendes. Il n'était pas très rare que la loi imposât des formes spéciales et plus ou moins solennelles, notamment la présence d'un fonctionnaire public et d'un nombre variable de témoins, pour la passation même des actes. Enfin, dans certains lieux, elle allait jusqu'à commander de faire par écrit tout contrat supérieur à une valeur déterminée, par exemple, 10 livres [1].

On se rappelle qu'indépendamment des actes proprement dits, soit entre vifs, soit à cause de mort, la prescription était un moyen d'acquisition ou de confirmation de la propriété [2].

Une charte de la Pensylvanie prescrivait que, si le propriétaire de la colonie, ou ses représentants, le gouverneur et le conseil, s'emparaient d'une propriété privée pour y établir, au profit d'un bourg, un lieu de débarquement, la personne expropriée reçût du bourg lui-même une indemnité fixée par eux [3]. On a vu déjà que l'exercice du droit de pêche obligeait parfois le pêcheur à la

(1) Voy. notamm. C. N. 1715, 1731, 1741, 1748, 1756, 1760, 1764, 1766, 1770, 1773; *loco cit.*, I, 100-105, 150-151, 176, 181, 197-199, 208, 223, 229-230, 251-254, 261-262; — C. S., 1698, 1712, 1731, 1759; *loco cit.*, 3-4, 88, 103, 131-133, 249-250; — Conn., 1708; *loco cit.*, 139; — Gie., 1755, 1765, 1768, 1773; *loco cit.*, 44-45, 86, 105-109, 155-156, 158-159, 160-162, 192; — Md., 1683, c. 5; 1684, c. 2; 1686, c. 2; 1692, c. 8; 1694, c. 8; 1706, c. 14; 1707, c. 16; c. 32, §§ 1-2; 1708, c. 3; 1715, c. 32, §§ 1-2, 4, 8-9; c. 47, §§ 4-11; 1722, c. 8, §§ 2-4; 1723, c. 8, §§ 2-4; 1752, c. 8, § 2; — M. B., 1634, 1640, 1641, 1652, 1692, 1697; *loco cit.*, 41, 85-86, 147-148, 215, 247, 303-305; — N.-H., 13, Guillaume III; 4, Georges I; *loco cit.*, 19-21, 83; — N.-J., 1713-1714, 1765; *loco cit.*, 27-30, 33-34, 270-271; — N.-Y, 1753, 1762; *loco cit.*, 324-325, 403-417; — Pie., 1700, 1705, 1715, 1775; *loco cit.*, I, 41-43, 78-80, 520-521; — Vie., 1619-1773, *passim*; *loco cit.*, I à VIII, *passim*, notamm. I, 227, 248-249, 417-418, 472-473. — Voy. encore, à cet égard, sur la condition des colonies suivantes, Conn., Gie., Md., M. B., N.-H., N.-Y., R.-I., Vie., à diverses époques : Story, I, 25, 33, 44, 51, 60, 66-67, 76-77, 80, 96, 98-99, 120-122.

(2) Comp., ci-dessus, 201.

(3) Pie., const. 1696; Poore, II, 1535.

réparation du dommage causé[1]. Les lois jointes à la charte de la Pensylvanie de 1682 commandaient encore que tout individu qui détruirait ou altérerait des actes de donation, de cession, d'obligation, des testaments, des chartes, des registres publics ou privés, fût déchu de toute fonction publique, publiquement désigné comme faussaire, et tenu de réparer au double le préjudice par une indemnité attribuée pour moitié à la partie lésée et pour moitié à la colonie[2]. Un ancien statut de la Caroline du Sud ordonnait de payer les dégâts faits par les chevaux dans les propriétés habituellement closes[3]. Diverses lois commandaient d'indemniser les particuliers du tort qu'ils pouvaient avoir à souffrir de travaux d'utilité publique, et parfois confiaient au jury la mission de l'évaluer[4]. En résumé, plusieurs textes formulaient nettement le principe de la réparation forcée du dommage causé avec ou sans malice, et pour cause d'utilité publique ou non, à la propriété privée.

A une certaine époque, au moins dans la Virginie, les biens, comme les personnes, durent être régulièrement et périodiquement recensés[5].

Tels étaient les principes essentiels qui régissaient la condition des biens.

CHAPITRE X.

LES ÉLECTIONS.

Dans des colonies, où l'une au moins des chambres législatives, parfois les deux, et parfois encore la plupart des fonctionnaires,

(1) Voy., ci-dessus, 251 et 261.

(2) § 21; Poore, II, 1525.

(3) Voy., dans Grimke, statut de 1694.

(4) Voy., ci-après, ch. XI; et comp., ci-dessus, notes 1 à 3, et 298, note 3.

(5) Lois, 1631, 1632; *loco cit.*, I, 174-175, 200.

sinon tous, étaient électifs, les élections, on le conçoit, furent l'acte politique par excellence, dont les effets purent s'étendre à tout. Les dispositions qui les concernent, communes ainsi de quelque manière à tous les habitants, forment donc une transition naturelle entre les autres règles communes, qui seront exposées plus loin, et celles déjà vues, qui ne touchaient directement qu'à certaines classes ou catégories de personnes. Les observations préliminaires du chapitre sur la condition des fonctionnaires conservent d'ailleurs ici, *mutatis mutandis*, toute leur force. Il suffit d'y référer le lecteur[1].

L'ordre de procéder aux opérations électorales, émané de l'autorité compétente, devait être publié, et les formes de la publication étaient déterminées. Parfois les autorités locales, en particulier les maires, fixèrent le temps et le lieu du scrutin. Les shérifs, ou des inspecteurs ou juges d'élection, nommés par les shérifs ou par d'autres autorités locales, en particulier, par les maires, ou annuellement par les électeurs, y présidaient, assistés de commis ou de commissaires, élus comme eux, ou qu'eux-mêmes élisaient. Souvent ces divers agents furent tenus de prêter serment de bien et fidèlement accomplir leur mandat. S'ils se rendaient coupables, ne fût-ce que de simple négligence, diverses pénalités, et particulièrement celle de l'amende, pouvaient, suivant les cas, leur être appliquées. En principe, les *freemen* seuls, par exemple, à diverses époques, dans le Maryland, le Rhode-Island, le Connecticut, la Virginie, et parfois, *freemen* ou non, les seuls membres d'une église reconnue, furent admis à voter. Mais l'on se rappelle que la qualité même de *freeman* fut souvent, pour ne pas dire presque toujours, inséparable soit d'une certaine, soit même d'une stricte orthodoxie[2]. Fréquemment, pour ne pas dire sans cesse, le droit de voter dépendit de la possession, continuée ou non pendant un temps déterminé, soit d'une certaine quantité

[1] Comp., ci-dessus, 269. — [2] Comp., ci-dessus, 264.

de terres de franche tenure, soit d'une certaine fortune. Par exemple, dès 1692, et peut-être auparavant, dans le Rhode-Island, il fallait que l'électeur eût quelque parcelle du sol. Plusieurs lois de la même colonie exigèrent plus tard que les terres possédées fussent de franche tenure et d'une valeur déterminée, 100 livres sterling de capital ou 40 schellings de revenu annuel en 1724, 200 livres sterling de capital ou 10 livres sterling de revenu annuel en 1730, 400 livres sterling de capital ou 20 livres sterling de revenu annuel en 1746, 40 livres sterling de capital ou 40 schellings de revenu annuel en 1762. Dans le Maryland, vers 1681, l'électeur devait avoir une terre de franche tenure de 50 acres ou une fortune mobilière certaine de 40 livres. Si, dans le New-Jersey occidental, le suffrage universel prévalait peut-être dès 1676, au contraire, dans la province du New-Jersey, en 1702, prévalait l'obligation rigoureuse de posséder quelque franche tenure. Dans la Virginie, tantôt le vote était permis aux seuls francs tenanciers, tantôt il était étendu à tous les contribuables. On remarquera que, dans le Rhode-Island, les restrictions fondées sur la fortune immobilière venaient, non de la charte de 1663, mais des lois ordinaires. La charte, elle, n'exigeait, du reste sans la définir, que la qualité de *freeman*, qui, en elle-même, était littéralement et simplement celle d'homme libre. Il demeure donc vrai de dire que la charte, loin de le prohiber, autorisait au moins virtuellement le suffrage universel[1]. Une observation analogue s'applique à la charte du Maryland de 1632[2]. Le droit de voter dépendit aussi parfois de celui de résider, ou de la résidence, continuée pendant un temps déterminé, dans la circonscription électorale. Divers serments pouvaient être exigés des électeurs, en particulier celui de suprématie, qui excluait les catholiques, celui de fidélité au gouvernement, l'affirmation, sous

[1] Comp., ci-dessus, I, 136, 268. — [2] Comp., ci-dessus, I, 245; et II, 262-265.

la foi du serment, de la capacité légale. L'abstention fut fréquemment punie. Tantôt la loi permit, tantôt elle défendit de voter par procuration. D'ordinaire, le vote se faisait par bulletins écrits. Dès 1634, ce mode fut substitué, dans le Massachusetts, au vote par mains levées; il prévalait dans le Rhode-Island dès 1664; l'usage des urnes s'établit dans le New-Jersey vers 1676. Diverses peines tendaient à prévenir les fraudes; en particulier, quiconque votait deux fois dans la même élection encourait l'amende, l'emprisonnement, ou même le fouet. Des mesures diverses avaient pour objet d'assurer la liberté et l'indépendance des votants; par exemple, pendant le cours des opérations électorales, ils échappaient à toute arrestation en matière purement civile; la loi réprimait, d'ailleurs, la vénalité et la corruption[1].

Des dispositions qui n'étaient pas sans analogie avec les précédentes régissaient dans la métropole, on se le rappelle, les élections de la Chambre des communes, les seules à peu près sur lesquelles il y eût matière à statuer dans un pays où, on se le rappelle également, presque tous les fonctionnaires publics recevaient leur mandat du roi ou des grands officiers de la couronne[2].

(1) Voy. notamm. — M. B., 1634, 1636, 1641, 1642, 1643, 1651, 1666, 1742; *loco cit.*, 42, 105, 107, 200-201, 544-545; — N.-Y., 1701, 1771; *loco cit.*, 41, 620-625; — Pie., 1745, 1766; *loco cit.*, 202-203, 325-327; — R.-I., 1647, 1649, 1715, 1724, 1730, 1738, 1742, 1743, 1746, 1760, 1762; Bartlett, I, 148-149, 217; IV, 195-196, 207-208, 528, 550; V, 57, 73; VI, 256-257, 343; voy. aussi Public Laws de 1744, et Digest de 1744 et de 1747; — Vie., notamm. 1660-1710, *passim*; *loco cit.*, II et III, *passim*, notamm. II, 33, 82, 86, 105, 203, 280, 356. — Voy. encore, à cet égard, sur la condition des colonies suivantes, Conn., Md., N.-J., R.-I., Vie., à diverses époques: Story, I, 56, 65; Bancroft, I, 231, 366, 402, 404; II, 67, 207-208, 220, 234, 241, 250; III, 48, 69; Hough, II, 33, 247. — Comp., ci-dessus, 37-49, 63-64, 73-74, 83-85, 107, 121-122.

(2) Comp., ci-dessus, 63-64, 103, 271.

CHAPITRE XI.

LES SUBDIVISIONS POLITIQUES ET ADMINISTRATIVES ET LES BIENS AFFECTÉS À DES USAGES D'UTILITÉ PUBLIQUE.

Les propriétaires des colonies étaient d'ordinaire autorisés à y établir toutes les subdivisions politiques ou administratives qu'ils jugeaient utiles, bourgs, cités, villages, centaines (*hundreds*), comtés, baronnies, colonies inférieures, ou autres, et à ces subdivisions ils pouvaient donner les privilèges, les droits, les fonctionnaires convenables, en un mot, la condition qu'ils estimaient la meilleure [1]. Tout particulièrement une charte leur permettait d'y organiser les comtés, les baronnies, ou les autres subdivisions, comme les comtés, baronnies et autres subdivisions de la métropole [2]. Plusieurs les habilitaient spécialement à créer des manoirs et des seigneuries [3]. Un acte, les constitutions fondamentales de 1669, appliquait lui-même à la Caroline un système de fractionnement presque tout féodal. La colonie devait se diviser en comtés, chacun de ceux-ci se composer de huit seigneuries, de huit baronnies et de quatre circonscriptions ou quartiers, chacune de ces circonscriptions de six colonies inférieures, et chaque seigneurie, baronnie ou colonie inférieure, de 12,000 acres [4], de sorte que toutes les seigneuries réunies formaient un cinquième du sol, toutes les baronnies un autre cinquième, et les

(1) Md., ch. 1632; Me., conces. 1639; C., ch. 1663, § 14; ch. 1665; Pie., ch. roy. 1681; Poore, I, 778-779, 814-815; II, 1388, 1391-1392, 1512. Voy. encore, à cet égard, sur la condition du Md., en 1754, Bancroft, IV, 138. Comp., ci-dessus, I, 243-245, 253-255.

(2) C., ch. 1665; Poore, I, 1391-1392, 1395-1396.

(3) Md., ch. 1632; Me., conces. 1639; C., ch. 1663, § 14; ch. 1665; Pie., ch. roy. 1681; Poore, I, 779-780, 816; II, 1388, 1396, 1514-1515; et, ci-dessus, I, 254-255.

(4) §§ 3-4; Poore, II, 1398.

circonscriptions le reste[1]. Les seigneuries étaient attribuées aux lords propriétaires, les baronnies à la noblesse, les colonies inférieures au peuple[2]; mais, même dans les colonies inférieures, la cour du palatin pouvait ériger des manoirs au profit de toute personne, pourvu que chacune eût, en terres d'un seul tènement situées sur le territoire d'une seule colonie inférieure, une étendue égale à 3,000 acres au moins, et, au plus, à 12,000, étendue de la colonie inférieure elle-même[3]. L'observation de ces divers principes allait assurer, Locke du moins le pensait, l'équilibre de la puissance publique, lequel, on le sait, se maintint sans leur secours[4].

Les subdivisions féodales, étroitement liées aux tenures féodales du sol, eurent le sort de ces dernières[5]. Plus générale put être l'institution, et plus longue la durée des autres subdivisions, cités, bourgs, communes rurales, paroisses, comtés, même, quoique plus rares, centaines et *tithings,* toutes, également empruntées à la métropole, sans que toutes pourtant aient eu nécessairement, en Amérique, absolument tous les caractères qui les distinguaient en Europe. Par exemple, il ne paraît nullement certain que la cité fût, en Amérique, comme en Angleterre, le siège présent ou passé d'un évêché, ni le bourg, uniquement la circonscription électorale représentée dans la chambre des représentants du peuple[6]. Il ne faut rappeler ici que d'un mot la plantation, dont quelques actes constitutionnels très anciens faisaient, on se le rappelle, une circonscription pour l'élection des représentants du peuple; si elle ne devait son nom à aucune imitation du droit anglais, elle semble n'avoir eu qu'une importance politique de courte durée, et fut, sous une appellation

(1) §§ 3-4; Poore, II, 1398.

(2) *Ibid.*, § 4; Poore, II, 1398.

(3) *Ibid.*, § 17; Poore, II, 1399.

(4) § 4; Poore, II, 1398. Comp., ci-dessus, I, 136-150. — (5) Voy., ci-dessus, 143-144, 285-287.

(6) Comp. Blackstone, I, 114-115.

trompeuse, plutôt la petite commune rurale que la simple agglomération d'un maître et de ses gens sur le même domaine [1]. Ces subdivisions non féodales ne furent établies, en Amérique, dans les colonies anglaises, que pour des fins purement administratives, surtout pour faciliter l'exécution des lois, dans un état relativement démocratique, où rien, encore une fois, ne dépendait de la subordination de la roture à la noblesse, ni d'une hiérarchie des terres [2]. Si le comté est resté la subdivision la plus ordinaire, presque toutes subsistent, à l'heure présente, avec leurs noms et la plupart de leurs anciens caractères. Dans leur condition légale, au cours de la période coloniale, il n'y a guère, d'ailleurs, qu'une modification considérable à signaler, c'est que le pouvoir de les ériger et de fixer ou de modifier leurs limites semble avoir passé rapidement du roi qui créait les bourgs et peut-être les cités dans la métropole, ou des propriétaires, aux assemblées législatives, comme le pouvoir de créer les subdivisions politiques ou administratives, à l'exception des bourgs, des domaines féodaux et peut-être des cités, appartenait sans doute dans la métropole au Parlement, quand de vieux usages ne les faisaient pas naître simplement de l'agglomération d'un nombre déterminé de familles ou d'individus [3]. En Amérique, de nombreuses lois les constituèrent, les limitèrent, les investirent de droits et de facultés de diverses sortes, notamment les revêtirent de la personnalité civile, ou encore en instituèrent les fonctionnaires, en réglèrent les réunions populaires, y créèrent des ports et des marchés, et réellement, pour tout dire, en formèrent, en définirent la condition [4]. Les traits les plus caractéristiques de celle-ci ont été indiqués dans les explications données sur les agents inférieurs de

(1) Comp., ci-dessus, 42-43.

(2) Comp., ci-dessus, 280-289, 304.

(3) Comp. Blackstone, I, 114-117, 173-174, 376-382.

(4) Voy. notamm. Conn., *loco cit.*, 8, 102-104, 112-113; — M.B., 1646-1767, *passim; loco cit.*, *passim*, notamm. 53, 195-196, 222-223, 247-249, 252, 256, 269, 279, 301, 355, 362, 381, 403, 410-411, 437, 450.

l'ordre exécutif et sur l'administration de la justice, ou le seront dans les observations qui vont clore ce chapitre [1].

On se rappelle qu'en principe les terres non encore expressément cédées aux particuliers appartenaient, suivant les colonies, au roi, aux propriétaires, ou à l'assemblée législative représentant le peuple [2]. D'autre part, les biens affectés à quelque usage d'utilité commune ou générale faisaient, par leur nature même, irrévocablement ou non, partie du domaine de l'État, échappant, en principe, au moins pendant la durée de cet usage, à

459, 498, 519, 663; — N.-H., 4 et 5, Georges I; 17, Georges II; *loco cit.*, 71-72, 136-138, 141, 174; — N.-J., 1766; *loco cit.*, 287-288; — N.-Y., 1691, 1693; *loco cit.*, 3, 35-36; — R.-I., 1638, 1641, 1729, 1733, 1737; Bartlett, I, 57, 115; IV, 425, 490, 539; V, 260; voy. aussi Public Laws de 1744. — Comp. surtout C. N., 1722, 1729, 1734, 1738, 1741, 1746, 1748, 1749, 1752, 1753, 1756, 1757, 1758, 1759, 1760, 1761, 1762, 1764, 1766, 1767, 1768, 1770, 1773, 1774; *loco cit.*, I, 115, 122-123, 126-127, 128, 134, 138-139, 149-150, 171-173, 182-183, 188, 192-193, 200-205, 207-209, 221-222, 224-227, 233-236, 238, 244-245, 251-254, 260-261; — C. S., 1706, 1733; *loco cit.*, 12, 136; — Conn., *loco cit.*, 22; — Gie., 1758, 1763, 1765; *loco cit.*, 52, 85, 114; — Md., 1650, c. 8; 1683, c. 5; 1692, c. 2; 1694, c. 8; 1695, c. 7; c. 13; 1698, c. 13; 1704, c. 92, §§ 1-3; 1706, c. 3; c. 14; 1707, c. 1; 1708, c. 7, § 2; 1713, c. 10, §§ 2-3; 1726, c. 1; 1742, c. 19; 1748, c. 14 et 15; 1750, c. 13; — M. B., 1692-1761, *passim; loco cit., passim*, notamm. 245-246, 484, 577, 586-587, 629-636, 638-643; — N.-H., 4, Georges I; 9, Georges III; *loco cit.*, 112, 204-208; — N.-J., 1709, 1713, 1738-1739; *loco cit.*, 10-11, 14, 25-26, 109-110; — N.-Y., 1691, 1700, 1702, 1709, 1717, 1732, 1737, 1743, 1751; *loco cit.*, 6-8, 39, 47-50, 80, 106, 169-170, 191-192, 232-236; — Pie., 1700-1774, *passim; loco cit., passim*, notamm. 1, 9, 14, 74, 152-153, 216-218, 220-222, 225, 231-236, 357, 382, 399, 402, 430-433, 459-460, 486-490, 514, 516; — R.-I., 1729, 1747, 1750, 1759; *loco cit.*, IV, 427; V, 204, 208, 220-221, 301; VI, 194-195; — Vie., 1619-1773, *passim; loco cit.*, I à VIII, *passim*, notamm. I, 224, 247, 250, 321, 352, 354, 373-374, 381, 388, 404, 423, 426-427, 497; II, 18, 70, 151, 171, 218, 239, 250, 285, 318, 329, 406, 421, 441; — comp. Stokes, 14; Story, I, 62, 96, 79.

(1) Comp., ci-dessus, 110-120, *passim*.

(2) Comp., ci-dess., 220-224, 280-289.

toute appropriation privée. Tels étaient, par exemple, le sceau de l'État, les archives, certains cours d'eau, certaines routes, les édifices publics. Les caractères essentiels de leur condition seront suffisamment définis en peu de mots.

Quelques-unes au moins des colonies avaient un sceau qui devait être apposé sur tous les documents officiels émanés du gouvernement. Le gouverneur ou le secrétaire de la colonie le gardait. Au moins dans les colonies de charte, l'assemblée législative en choisissait le modèle. Le contrefaire passait facilement pour acte de haute trahison, et pouvait déterminer la confiscation des biens du coupable.

Les lois coloniales présentaient des dispositions nombreuses sur la garde des archives publiques, généralement confiée au secrétaire général de la colonie et aux commis secrétaires des subdivisions politiques, quelquefois à d'autres fonctionnaires, et, en certains lieux, sous la garantie de cautions. La restauration des archives ou des actes publics perdus ou détruits et la réparation du dommage que la destruction ou la perte avait pu causer aux particuliers faisaient l'objet de quelques textes.

En général, chacune des subdivisions importantes, notamment chacun des comtés, avait sa prison ou sa maison de correction, et, pour les audiences des juridictions locales, sa maison de justice. Ces édifices étaient tantôt construits, à frais communs, des deniers de la colonie et de ceux de la subdivision, tantôt aux seuls frais de celle-ci, de deniers que diverses autorités locales levaient, à cet effet, sous forme de contributions spéciales. Il ne fut pas sans exemple qu'un vote des habitants déterminât l'emplacement. La loi prescrivait souvent les mesures nécessaires pour la conservation. Le plus souvent des taxes locales assuraient l'entretien. En certains lieux, les administrateurs ou gardiens formaient une véritable personne morale.

Il faut généraliser ces observations et les tenir pour vraies aussi bien des églises et des écoles, dont il sera plus longuement question plus loin[1], que des prisons et maisons de justice.

Il faut même les généraliser plus encore. Suivant les temps et les lieux, l'assemblée législative, les cours de comté, les *selectmen*, les juges de paix, les maires et les conseils locaux, les inspecteurs spéciaux, on se le rappelle, établirent les routes, les ponts, les bacs, assurèrent la libre navigation des cours d'eau navigables, et, en général, firent exécuter tous les travaux d'utilité publique pour la colonie ou ses subdivisions. La loi veillait à la protection de tous les biens affectés à un usage public. La construction et la réparation ou l'entretien s'accomplirent, soit aux frais de l'État ou des localités intéressées, soit à frais communs, et parfois furent au moins partiellement payés des produits de péages, dont les tarifs, trait digne d'être signalé, n'atteignaient pas partout les membres de l'assemblée législative. A la requête des autorités précitées, les habitants devaient fournir aux travaux d'établissement ou de restauration, sous la sanction de peines diverses, le concours de leurs serviteurs ou de leurs propres bras[2].

[1] Voy., ci-après, ch. XII et XIII.

[2] Sur le sceau, voy. notamm. — Conn. *loco cit.*, 106; — Gie., 1755; *loco cit.*, 46; — Md., 1717, c. 8, *loco cit.*; — R.-I., 1639, 1647, 1664, 1690, 1741; *loco cit.*, I, 115, 151; II, 32, 41; III, 264; V, 26. — Voy. aussi Stokes, 156, 185, 191. = En particulier, sur les archives et registres publics, voy. notamm. — C. N., 1753, 1770; *loco cit.*, I, 189-190, 242-243; — N.-J., 1760; *loco cit.*, 233-234. = Sur les prisons, maisons de correction, maisons de justice, voy. notamm. — C. N., 1741; *loco cit.*, I, 149; — C. S., 1692-1776, *passim*, notamm. 1740, 1744, 1751, 1768; *loco cit.*, *passim*, notamm. 169-175, 194-195, 226, 263; — Conn., *loco cit.*, 47; — Gie., 1764; *loco cit.*, 98; — Md., 1696-1748, *passim*, notamm. 1696, 1697, 1704, 1710, 1720, 1724, 1727, 1736, 1742, 1748, 1749, 1750, 1751, 1753; *loco cit.* — M. B., 1646, 1663, 1669, 1699, 1743; *loco cit.*, 178-179, 334, 337, 346, 546-551; — N.-H., 4, Georges I; 6, Georges III; *loco cit.*, 73-77, 202; — N.-J., 1713, 1714, 1730; *loco cit.*, 14-16, 92; — N.-Y., 1717, 1720, 1724; *loco cit.*, 106, 118, 137; — Pie., 1717, 1718; *loco cit.*, 85-87; — R.-I., 1649; *loco cit.*, I, 218-219; — Vie., 1619-1736, *passim*; *loco cit.*, I à IV, *passim*. = En particulier, sur les

A peine est-il nécessaire de faire observer ou de rappeler que des dispositions, qui n'étaient pas sans une analogie assez étroite avec les précédentes, pourvoyaient, dans la métropole, à la garde du sceau royal et des archives ou des divers registres de l'État, à la conservation des prisons, églises, écoles, voies de communication, et, en général, à l'exécution de tous les travaux publics [1].

CHAPITRE XII.

LA RELIGION.

Le très curieux chapitre de ses commentaires, où Blackstone traite des offenses contre Dieu et la religion, est à lire tout entier.

bacs, ponts, routes, cours d'eau, travaux publics, voy. notamm. — C. S., 1692-1776, *passim; loco cit.*, *passim*, surtout 111, 118-119, 120-122, 133-134, 136-137, 139, 142-143, 148-149, 153-154, 159-161, 177, 179-180, 182-183, 195, 200-204, 216, 218, 221-223, 229, 233, 238-240, 243-246, 254-260, 264-267, 275, 277, 279-282; — Conn., *loco cit.*, 34-36, 51; — Gie., 1766, 1767, 1773; *loco cit.*, 129-130, 145-146, 188-189, 192; — Md., 1704, c. 21, § 2; 1724, c. 14, §§ 2-3; 1748, c. 20, § 3; 1753, c. 16, § 2; 1756, c. 12, §§ 2-3; — M. B., 1641, 1648, 1693, 1695, 1696, 1719, 1726, 1760; *loco cit.*, 55-56, 110-111, 269, 280-281, 294-295, 421-422, 448-449, 623-624; voy. aussi 126-127, 267-268, 308, 439-440, 459, 494, 505-507, 612; — N.-H., 13, Anne; 4 et 5, Georges I; *loco cit.*, 34-35, 63, 101, 153-155; — N.-J., 1704, 1713, 1714, 1716, 1717, 1763, 1774; *loco cit.*, 30, 38-42, 259-260, 386, 403; — N.-Y., 1704-1773, *passim*, notamm. 1704, 1708, 1713, 1720, 1721, 1724, 1726, 1730, 1753, 1754; *loco cit.*, *passim*, notamm. 45, 53, 69, 76, 93, 108, 118-120, 126-127, 137, 140, 318-321, 339-340; — Pie., 1700, 1705, 1712, 1717, 1718, 1722, 1766, 1769, 1770; *loco cit.*, 9-12, 54, 65, 87, 119, 318-319, 358, 373, 378-379; voy. encore 189, 374, 393-398, 445, 448, 493; — R.-I., 1741-1776, *passim; loco cit.*, *passim*, notamm. V, 40, 156, 227, 365, 472; VII, 41, 222; — Vie., 1619-1773, *passim; loco cit.*, I à VIII, *passim*. = Comp., ci-dessus, 110-120, 299, *passim.*; et, ci-après, ch. XII et XIII.

[1] Comp. notamm. Blackstone, I, 114-115, 120, 264-265, 346, 357-359, 394-395, 471-474, 482-484; II, 35; III, 47, 92; IV, 83, 128, 143, 145-146, 166-167, 240, 243-244, 247-250, 300, 370-371, 377; et, ci-dessus, 124-125.

S'il fallait chercher une excuse à la rigueur des lois coloniales, en matière religieuse, on la trouverait dans l'exemple que la métropole donnait à ses colonies.

L'Angleterre ne se contentait pas de protéger les croyances et les coutumes communes aux fidèles de toutes les communions chrétiennes. Il ne lui suffisait pas d'interdire, le dimanche, certains jeux publics en tout lieu, d'autres dans toute paroisse au moins aux gens qui n'y avaient pas leur résidence habituelle, partout le transport des voyageurs, toute autre vente que celle des aliments, sauf quatre fois l'an, et tous autres travaux que les travaux indispensables. Elle ne croyait pas faire assez de punir quiconque n'assistait, les dimanches et jours de fête, au culte d'aucune des communions protestantes, ou gardait chez lui des gens coupables d'une pareille impiété. Il ne lui suffisait même pas de châtier la sorcellerie, qui lui paraissait facilement l'effet d'une véritable possession du démon, toute prétention à des révélations d'en haut, le blasphème, le juron, toute profanation du nom de Dieu ou de la Sainte-Trinité, la négation de la vérité du christianisme, celle de l'autorité divine de l'Écriture sainte, celle de la divinité de l'une quelconque des personnes de la Trinité, l'affirmation de l'existence de plus d'un Dieu. Elle faisait plus encore : elle avait sa religion d'État, pour laquelle étaient toutes ses faveurs et sa protection la plus ferme. Elle dotait l'anglicanisme d'un clergé privilégié. Elle en défendait les préceptes même contre le simple dénigrement, la liturgie contre toute pratique contraire de prétendus anglicans, et, à plus forte raison, contre toute obstruction violente. Elle en admettait les seuls adeptes soit aux emplois civils et militaires que la couronne conférait, soit même aux charges électives des cités et des corporations. Elle paraît n'avoir voulu, en principe, accorder qu'à eux le bénéfice de la naturalisation, et, en matière criminelle, celui de la réhabilitation. Jusqu'à la dix-neuvième année du règne de

Georges III, elle ne permettait pas à d'autres d'enseigner dans les écoles. Ce ne fut même pas sans avoir souffert de vives persécutions que les protestants dissidents obtinrent d'être simplement tolérés par elle. Encore ne cessèrent-ils point de subir sa défiance, jusqu'à l'excès, astreints, avec un soin tout particulier, aux serments d'allégeance et de suprématie, tenus de faire connaître, au moyen de déclarations régulièrement enregistrées, les lieux où ils s'assemblaient pour les cérémonies de leurs cultes, obligés, quand ils s'y trouvaient réunis, de n'en fermer les portes, ni à clef, ni à l'aide de barreaux, tandis que leurs ministres, eux, devaient souscrire certains articles de foi, au moins afin de se proclamer chrétiens et protestants, et d'affirmer qu'à leurs yeux l'Écriture sainte était la volonté révélée de Dieu, la règle de la doctrine et de la vie. Des peines nombreuses, trop souvent terribles, servaient de sanction aux lois édictées sur la religion. Suivant la qualité des coupables, la nature et le nombre des offenses, on les vit s'élever de la simple amende ou de la saisie de menus objets à la confiscation totale des meubles ou à l'incapacité de posséder des immeubles, de la prohibition de recevoir toute charge ecclésiastique à celle d'exercer toute fonction publique, du pilori, peut-être du fouet, de la prison temporaire, à l'incarcération perpétuelle et à la mort. Le simple refus de signer la déclaration contre le papisme rendait tout individu passible de peines diverses, notamment de la déchéance du mandat législatif. Le supplice capital avait réprimé pendant longtemps l'apostasie et l'hérésie, laissées sans définition ou mal définies; le danger de l'encourir poursuivit les catholiques jusque dans le dernier état du droit, presque comme l'ombre suit le corps. Les entraves mises à leur culte, la surveillance constante et minutieuse de leurs actes, les vexations dans les choses les plus innocentes, les accusations tout ensemble les plus graves et les plus injustes, la perte des droits les plus nécessaires dans l'ordre purement civil, le nombre et la sévérité particulière des châtiments établis contre eux, les mettaient réellement hors la loi. Blackstone, comme honteux pour son pays de tant de rigueurs, veut qu'elles n'aient guère été appliquées sans tempéraments. N'était-ce pas déjà beaucoup trop qu'elles demeurassent autorisées par de véritables lois [1]?

Les colonies imitèrent donc la métropole. Avant la révolution de 1776, nulle part la liberté, en matière de religion, n'y fut complète, et presque partout elle y fut nulle, à diverses époques. On sait que les premiers colons étaient des gens religieux [2], dont plusieurs ramenaient même tout l'art du gouvernement à l'observation de préceptes tirés des Écritures saintes [3]. On sait aussi que nombre passaient pour hérétiques dans la métropole, et ne la quittèrent qu'afin d'échapper aux persécutions. Dans leur nouvelle patrie, beaucoup se firent persécuteurs à leur tour, sans commettre en cela, on le sait encore, la moindre inconséquence [4].

Si l'on excepte le Maryland, au temps où ils y formaient la majorité, et peut-être le Rhode-Island, la Pensylvanie et le Delaware, dans lesquels l'esprit de rare tolérance de Roger Williams et des quakers ne cessa guère de prévaloir, les catholiques furent partout, pendant toute la période coloniale, hors de la loi commune, soumis, quand ils ne voulaient renier leurs croyances sous la foi du serment, à des rigueurs incessantes et odieuses, parmi lesquelles, auprès de l'interdiction banale de l'accès aux fonctions publiques, la prohibition du culte et de l'enseignement religieux, l'incapacité pour les parents d'avoir la tutelle de leurs propres enfants, la confiscation d'une portion des biens du père et de la mère, peut-être des autres ascendants, au profit des enfants ou descendants apostats,

(1) Blackstone, IV, 41-65.

(2) Voy., ci-dessus, I, 10-192, *passim*, notamm. 59-62, 67-73, 108, 114, 123-125, 130-131, 165, 176, 184.

(3) Voy., sur la condition du Conn., à cet égard, en 1638, Bancroft, I, 403-404.

(4) Comp., ci-dessus, I, 59.

le bannissement, la prison même perpétuelle, le supplice capital, infligé parfois aux simples fidèles, plus souvent aux ministres du culte et peut-être de préférence aux jésuites, doivent spécialement fixer l'attention [1]. Leur condition ne s'adoucit qu'au moment de la guerre de l'Indépendance, quand les colonies révoltées eurent tout ensemble intérêt à plaire à leur alliée catholique, la France, et besoin des forces réunies de tous leurs habitants [2].

Même entre protestants l'intolérance prévalut fréquemment. Quelques anciennes chartes recommandaient d'ériger la religion anglicane en religion officielle de l'Amérique anglaise [3]. Que, suivant les lieux, ce fût l'anglicanisme pur, ou, au contraire, quelque corps de doctrines hétérodoxes, dont la métropole n'aurait pas toléré chez elle l'existence avouée, à coup sûr une véritable religion d'État régna, pendant une durée plus ou moins longue, dans plusieurs colonies. Tantôt elle jouissait simplement d'une faveur toute spéciale [4], tous les habitants contribuant aux frais de son culte [5], à la construction de ses églises, à l'entretien de ses ministres [6], certains avantages et en particulier l'aptitude aux

(1) A cet égard, voy. notamm. Vie., ch. 1609; M. B., ch. 1691; N.-H., com. 1679; Gie., ch. 1732; Poore, I, 375, 950-951; II, 1277, 1902; et, ci-dessus, I, 291, 348. Comp. sur la condition des colonies suivantes : Md., en 1654, 1704 et 1716, R.-I., en 1692 et 1744, C. S., en 1697, N.-J., en 1702, Bancroft, II, 65; III, 17-18, 33, 69, 420; Hough, I, 548; II, 2, 34. Voy. d'ailleurs, ci-dessus, I, 115-136, 165-181.

(2) Bancroft, II, 65; VIII, 76-78, 380-383.

(3) Me., conces. 1639; C., const. fondam. 1669, § 96; Poore, I, 776, 783; II, 1406. Voy. encore, à cet égard, sur la condition des colonies suivantes : Vie., en 1606, Md., en 1692, C. N. et C. S., en 1704, Bancroft, I, 123; III, 19, 21, 31.

(4) Voy. notamm. N.-H., com. 1679; Poore, II, 1277; et, ci-dessus, I, 291. Comp. à cet égard, sur la condition du M. B., en 1686, Bancroft, II, 425.

(5) Notamm. C., const. fondam. 1669, § 96; Poore, II, 1406; Md., L., 1692, c. 2. Voy. encore, à cet égard, sur la condition du Md., en 1692 et en 1754, Bancroft, III, 31; IV, 138-139.

(6) C., const. fondam. 1669, § 96; Poore, II, 1406.

fonctions publiques dépendant de la prestation de serments que les dissidents ne pouvaient prêter [1], ou la simple affiliation à une secte dissidente excluant soit des chambres [2], soit de certains emplois du gouvernement [3]. Tantôt son culte était seul toléré [4]; les habitants devaient en suivre tous les exercices, ou au moins les plus importants [5]; seule l'investiture de ses ordres habilitait à prêcher; toute autre prédication que la sienne et la propagation de toute autre croyance étaient punies de bannissement [6]; son baptême, sa forme de mariage imposés sous peine d'amende [7]; la censure, l'amende, divers supplices, par exemple, l'ablation d'une oreille ou de toutes deux, le percement de la langue au fer rouge, la marque, la prison, le bannissement, même, en cas d'obstination, la mort, appliqués à l'hérésie [8]. L'idolâtrie et la sorcellerie, facilement tenues pour des offenses capitales, servirent plus d'une fois de prétexte à la persécution. Où, d'ailleurs, le gouvernement protestant sévit contre l'hérésie même protestante, on le vit poursuivre avec une rigueur particulière et implacable les quakers, qui chez eux pourtant ne molestaient personne et ne cessaient même de permettre la prédication anglicane [9]. Les introduire dans la colonie, leur donner l'hospitalité, assister à leurs réunions, y parler, surtout appartenir à leur secte, constituaient autant de crimes passibles de divers châtiments, dont l'amende paraît avoir

(1) Notamm. M. B., en 1687, et C. N., en 1704; Bancroft, II, 426; III, 21.

(2) Notamm. C. S., en 1704; Bancroft, III, 19.

(3) Sur la condition de la colonie de N.-Y., à cet égard, en 1754, voy. Bancroft, IV, 146.

(4) Notamm. Vie., en 1619 et en 1662, et Md., en 1702; Bancroft, I, 155; II, 200-202; III, 32; Hough, I, 548.

(5) Notamm. Vie., en 1619, et Conn., en 1662 et 1691; Bancroft, I, 155; Hough, I, 153-157.

(6) Vie., vers 1643 et 1662; Bancroft, I, 207; II, 202.

(7) Vie., vers 1662; Bancroft, II, 202.

(8) Notamm. M. B. vers 1651, et Conn. avant 1689; Bancroft, I, 450; Hough, I, 153.

(9) Pie., ch. roy. 1681; Poore, II, 1515; Bancroft, IV, 141.

été le plus doux, et la confiscation, la mutilation, ou même le dernier supplice, presque les plus usuels [1].

Çà et là une tolérance passagère, une certaine liberté officiellement proclamée avait, du moins entre adeptes des sectes protestantes, interrompu parfois la persécution [2]. Dans certaines colonies, le Rhode-Island, la Caroline, la Pensylvanie, le Delaware, la Géorgie, cette liberté limitée de conscience n'avait jamais cessé de régner. Peu à peu elle vint à s'établir partout [3]. Le gouvernement de la métropole se désintéressait de la lutte : s'il voulait imposer des évêques anglais et se réserver la collation des bénéfices, il s'exposait à soulever de vifs mécontentements, tandis qu'il craignait d'affaiblir sa propre autorité, s'il encourageait au respect de hiérarchies ecclésiastiques, dont les chefs ou les divers fonctionnaires recevaient des colons eux-mêmes leur investiture [4]. Les hommes d'État anglais avaient aperçu de bonne heure, les colons admirent tous enfin que l'oppression des consciences serait fort déplacée dans un pays où une grande partie de la population nouvelle était venue chercher le droit de croire et de prier à sa

(1) Notamm. M. B., en 1657 et 1658, Vie., en 1662, Md., en 1676; Bancroft, I, 231, 452-453; II, 200, 237.

(2) Voy. note 3, ci-après.

(3) R.-I., ch. 1663; C., ch. 1663, § 18; const. fondam. 1669, §§ 97-109; N.-H., com. 1679; Pie., LL. const. 1682, §§ 34-35; M. B., ch. 1691; Pie. et Del., ch. 1701, §§ 1, 8; Gie., ch. 1732; Poore, I, 375, 950; II, 1277, 1389, 1406, 1408, 1526, 1535, 1539, 1596-1597; et, ci-dessus, I, 265, 291, 348-349. Voy. encore, à cet égard, sur la condition des colonies suivantes, M. B., en 1641, R.-I., en 1641, 1664, 1665, 1680, 1774, N.-Y., en 1664, N.-J., en 1664-1665, Albemarle, C., en 1669, N.-J. occid., en 1676, C. S., en 1697, N.-J., en 1702, Pie. et Del., en 1754, Vie., en 1776, et Md., en 1649 et 1654 : Bancroft, I, 255-256, 393, 418; II, 59, 65-66, 151, 300-301, 316, 357-358; III, 17-18, 49; IV, 141; VIII, 380-383; Hough, I, 548; II, 34. — La charte du R. I., de 1663, donnait réellement la liberté absolue. Voy., ci-dessus, I, 133, 254-265. Mais, même dans cette colonie, le bénéfice de l'égalité absolue devant la loi ne fut pas toujours accordé aux catholiques. Comp. Bancroft, III, 69.

(4) Bancroft, III, 103.

manière[1]. Ceux-ci dirent naturellement et ceux-là pensèrent volontiers qu'une multitude de sectes si distinctes et si distantes ne compromettait pas l'unité du culte dans la métropole[2]. Les uns et les autres reconnurent que la persécution gênait le développement de la prospérité coloniale[3]. C'est ainsi que les colonies tournèrent toutes d'elles-mêmes à la tolérance pour les protestants, la métropole continuant de laisser tout faire. Presque partout, la période d'apaisement s'ouvre soit dans les dernières années du XVIIe siècle, soit dans les premières du siècle suivant. Où certaines formes de la religion protestante avaient été proscrites, toutes furent dès lors également tolérées. Même, si l'on excepte la Virginie et la Caroline, qui semblent avoir maintenu presque jusqu'à la révolution de 1776 une certaine suprématie à l'Église anglicane, partout où une secte spéciale avait joui de privilèges considérables, peu à peu elle les perdit[4].

La liberté n'alla pas au delà de l'égalité absolue des protestants, et peut-être, dans la Pensylvanie et le Delaware, des chrétiens devant la loi[5]. L'athéisme et le déisme pur étaient ignorés ou méprisés[6]. Le plus souvent la négation des croyances communes à tous les chrétiens n'échappa guère à une sorte de note d'infamie. Parfois fut châtiée l'attaque contre celles de telle ou telle des communions chrétiennes. Déjà, vers 1649, les catholiques du Maryland, pourtant d'une tolérance peu ordinaire, avaient édicté la confiscation et la mort contre le blasphème et la négation de la Sainte-Trinité, réprimé par l'amende, le fouet et l'emprison-

(1) Comp. C., ch. 1663, § 18; ch. 1665; const. fondam. 1669, § 97, 106; Pie. et Del., ch. 1701, §§ 1, 8; Poore, II, 1389, 1397, 1406-1407, 1537, 1539.

(2) C., ci-dessus, I, 131.

(3) C., ci-dessus, I, 11-192, *passim*.

(4) Voy. cependant, à cet égard, sur la condition du M. B., et de la colonie de N.-Y., vers 1754, Bancroft, IV, 148, 430.

(5) Ch. 1701, § 1; Poore, II, 1537.

(6) Voy. notamm., à cet égard, sur la condition du M. B., en 1641, Bancroft, I, 418.

nement, les propos irrévérencieux ou haineux sur la Vierge, les apôtres, les évangélistes et les religions chrétiennes, et promis le respect de la doctrine et du culte aux seules personnes qui croyaient en Jésus-Christ[1]. De nombreuses lois coloniales punissaient le blasphème de peines diverses, parmi lesquelles il faut citer l'amende, l'exposition publique, l'incapacité d'exercer les fonctions officielles, le fouet, la perforation de la langue au fer rouge, la prison. Le Massachusetts, vers 1631, et le Connecticut, vers 1639, n'admettaient à la condition de *freeman* ou de bourgeois que les membres de quelque église reconnue[2]. Les constitutions de la Caroline de 1669 permettaient d'exclure de la colonie les gens qui niaient l'existence de Dieu ou la nécessité d'un culte solennel et public[3]; elles interdisaient d'autre part l'accès des fonctions publiques et enlevaient même la protection de la loi à ceux qui, après l'âge de dix-sept ans, n'appartenaient à aucune des églises établies[4]. Plus tard dans la Pensylvanie, puis dans la Pensylvanie et le Delaware, le respect de la foi et du culte, l'inviolabilité commune de la personne et des biens, l'aptitude aux emplois du gouvernement et au mandat législatif, sont toujours subordonnés à la croyance en Jésus-Christ, souverain du monde, ou en un seul Dieu tout-puissant, créateur, providence et maître de l'univers[5]. Dans la même colonie de la Pensylvanie, plus tard encore, au moins les honneurs demeurent interdits à quiconque ne croit pas à un seul Dieu formé de trois personnes et n'admet pas l'inspiration divine de l'Ancien et du Nouveau Testament; la sépulture chrétienne est quelquefois refusée au suicidé, pour des motifs purement religieux; l'observation du dimanche est ordonnée, voire le dimanche

(1) Sur la condition du Md., à cet égard, vers 1649, voy. Bancroft, I, 255-256; Hough, I, 548.

(2) Sur la condition du M. B., en 1631, et du Conn., en 1639, à cet égard, voy. Bancroft, I, 362, 404.

(3) § 95; Poore, II, 1406. Comp., ci-dessus, 250, 262, 264.

(4) § 101; Poore, II, 1407.

(5) LL. const. 1682, §§ 34-35; const. 1701, § 1; Poore, II, 1526, 1537.

gardé, sous la sanction du fouet, de l'exposition, de l'amende ou de l'emprisonnement, jusqu'à l'interdiction de procéder aux arrestations, de signifier les actes de justice, de se livrer à des jeux ou à un travail public, de vendre ou d'acheter des boissons; enfin, si certaines gens sont autorisés à substituer au serment l'affirmation, assimilée d'ailleurs au serment lui-même pour la répression du parjure, ils le sont par égard à des scrupules que leur religion inspire[1]. Est-il, du reste, besoin de le faire observer, la liberté reconnue de conscience qui ne dispensait ni de la fidélité au prince, ni de la soumission aux lois, ni pour l'esclave, capable, comme l'homme libre, d'appartenir à une communion religieuse, de l'obéissance au maître[2], ne permettait jamais le scandale ni les actes de nature à troubler la paix publique ou à porter atteinte au droit d'autrui[3].

Si peu à peu le citoyen protestant acquit partout la liberté de choisir sa secte, l'organisation des églises, la condition des clergés, l'administration des biens ecclésiastiques, semblent n'avoir été nulle part et à aucun moment au-dessus du contrôle du législateur civil.

Dans la Caroline, sous les constitutions fondamentales de 1669, toute église qui voulait être reconnue et tolérée arrêtait les termes d'une déclaration que tous ses membres devaient signer; il fallait que l'acte contînt l'affirmation de l'existence de Dieu, de

(1) Voy. notamm. ch. 1682, § 22; LL. const. 1682, § 36; ch. 1683, § 20; const. 1696; Poore, II, 1523, 1526, 1530, 1536; et, ci-dessus, 245, 275.

(2) Voy. notamm. C., ch. 1663, § 18; ch. 1665; const. fondam. 1669, § 107; R. I., ch. 1663; Pie., LL. const. 1682, § 35; Pie. et Del., ch. 1701, § 1; Gie., ch. 1732; Poore, I, 1375; II, 1389, 1397, 1407, 1526, 1537, 1596-1597; et, ci-dessus, I, 265, 348. Comp. N.-J., en 1664, et Vie., en 1667; Bancroft, II, 318; Hening, II, 260.

(3) Voy. notamm. C., const. fondam. 1669, §§ 102, 103, 106; Poore, II, 1407; et les textes cités, note 2, ci-dessus.

la nécessité d'un culte public, de l'obligation pour tout homme de donner témoignage de la vérité à la requête du gouvernement, et prescrivît une manière de prêter serment qui impliquât un appel à la divinité; les coreligionnaires le signaient, devant cinq fidèles de leur communion, sur un registre gardé par un fonctionnaire déterminé; quiconque faisait ou laissait effacer sa signature abandonnait l'église; les réunions irrégulièrement tenues, sous prétexte de religion, au mépris de ces dispositions, étaient considérées et punies comme illégales et séditieuses [1]. Aux termes de diverses chartes, le choix des lieux et des édifices du culte dépendit, à certaines époques, des propriétaires [2] ou de l'assemblée législative [3]. Selon les lois ordinaires, tantôt les paroisses purent se former librement, tantôt elles ne le purent sans l'assentiment des chambres donné par une véritable loi, ni même sans l'aveu des paroisses voisines, tandis que, dans la métropole, la plupart paraissaient avoir été constituées par les seigneurs féodaux [4]. Suivant les colonies et les époques, la collation des charges ecclésiastiques appartint au roi [5], aux propriétaires [6], à des administrateurs civils, sorte de conseils de fabrique [7], ou au peuple lui-même [8]. Dans les provinces royales, le gouverneur paraît l'avoir retenue jusqu'à l'émancipation des États-Unis, au nom du roi, qui, dans la métropole, choisissait de fait l'évêque ou l'archevêque, censé

(1) C., const. 1669, §§ 98-100, 104-105, 108; Poore, II, 1407.

(2) Md., ch. 1632; Me., conces. 1639; C., ch. 1663, § 3; ch. 1665; Poore, I, 775-776, 812; II, 1383, 1391; et, ci-dessus, I, 243-244.

(3) Sur la condition du Conn., à cet égard, en 1662 et en 1691, voy. Hough, I, 153.

(4) Comp. Blackstone, I, 112-114; et, ci-après, 323, note 1.

(5) Story, I, 68; Bancroft, III, 49.

(6) Voy. notamm. sur la condition du Md., à cet égard, en 1702 et 1754; Bancroft, III, 32; IV, 138-139.

(7) Notamm. N.-Y., en 1695, Vie., en 1703 et en 1748; Bancroft, III, 27-28, 58; IV, 39.

(8) A cet égard, voy. notamment sur la condition du M. B., en 1641 et en 1754, du Conn., en 1662, 1691 et 1754, de la colonie de N.-Y., en 1664; Bancroft, I, 148; IV, 149-150; Hough, I, 153; II, 59.

élu par le chapitre diocésain, pouvait nommer le chapitre lui-même, et laissait au chef ecclésiastique du diocèse la nomination des pasteurs, faite pour certains lieux, sur la présentation émanée de bénéficiaires laïques des cures [1].

A l'entretien des ministres subvenaient tantôt de véritables impôts, que le gouvernement colonial établissait, répartissait et percevait, acceptant parfois en payement les produits du sol, surtout le tabac, assimilé çà et là, particulièrement dans la Virginie et le Maryland, à la monnaie légale [2], tantôt des contributions que fixaient, dans ou pour chaque paroisse, après les avoir ou non débattues avec leur pasteur [3], les fidèles, leurs représentants, ou diverses autorités locales, notamment le conseil de fabrique ou la cour de comté. Il arrivait que le produit des amendes judiciaires et des confiscations fût consacré à l'entretien du clergé et aux besoins du culte. Quelquefois la location des bancs formait une des principales ressources. Le clergé ne touchait d'ordinaire aucune dîme proprement dite. D'autre part, il fut exempt souvent de tout impôt. Au contraire, la dîme était d'usage antique et constant dans la métropole, mais les pasteurs des paroisses les plus riches paraissent y avoir été grevés de certaines redevances au profit des autres; les uns et les autres y recevaient, pour divers actes de leur ministère, des honoraires déterminés; au besoin, d'ailleurs, des taxes locales y fournissaient les fonds nécessaires à l'entretien de l'église paroissiale [4].

En général, chaque paroisse des colonies avait son conseil civil d'administration ou conseil de fabrique, nommé par le gouver-

(1) Comp. notamm. Blackstone, I, 376-394; II, 21-24; IV, 108, 115, 421.

(2) Notamm. Vie., vers 1619 et 1758, et Md., vers 1702; Bancroft, I, 155-156; IV, 138-139; V, 171-172; I, 51-52, ci-dessus; et, ci-après, ch. XV.

(3) Sur la condition de la colonie de N.-Y., en 1664, du Conn., et du M. B., en 1754, à cet égard, voy. Bancroft, IV, 149-155; Hough, II, 59.

(4) Voy. notamm. Blackstone, I, 384, 388; II, 24-32; III, 48, 88-90, 102, 437.

neur, ou par l'assemblée législative, ou plus fréquemment encore par les fidèles[1]. Le nombre des membres variait suivant les lieux. Ils prêtaient divers serments avant d'entrer en charge. Où ils étaient électifs, la durée de leur mandat, sans doute renouvelable, dépassait rarement une année. Ils tenaient des réunions périodiques et régulières, et avaient coutume de se donner un commis ou greffier, qui gardait leurs archives et dressait les procès-verbaux de leurs délibérations. Une de leurs fonctions les plus importantes semble avoir été de répartir entre les paroissiens les taxes destinées à payer tous les frais du culte, et celle-ci, quand ils ne tenaient pas de la paroisse même leur mandat, ne s'exerçait pas toujours sans soulever une vive opposition[2]. Ils percevaient eux-mêmes ces taxes. Ils levaient encore parfois, percevaient d'ordinaire et distribuaient les impôts, dont la loi permettait ou ordonnait l'établissement pour le soulagement des pauvres[3]. Fréquemment, ils reçurent, avec les pouvoirs convenables, la charge de faire observer le dimanche[4]. Surtout ils achetaient les objets nécessaires au culte, payaient les dépenses de l'église, et administraient les biens ecclésiastiques de la paroisse. Leurs décisions pouvaient être frappées d'appel devant le gouverneur en conseil et devant le roi en conseil privé. Chaque année, ils rendaient compte de leurs actes au gouverneur et au conseil. La négligence ou l'abus leur faisait facilement encourir la peine de l'amende. Les églises et les paroisses administrées par eux formaient des personnes morales, au nom desquelles ils possédaient et agissaient, et dont chacune dut tenir d'une loi, spécialement votée pour elle, la personnalité civile. Il n'était pas sans exemple que des lois, soit

(1) Voy. notamm. Vie., en 1658, 1662, 1676, 1677, 1748, et N.-Y., en 1695; Bancroft, I, 231; II, 201, 204-205, 220-234; III, 58; IV, 39.

(2) Bancroft, II, 201, 204-205. Comp., ci-dessus, 112.

(3) Comp., ci-dessus, 110-115; et 323, note 1, ci-après.

(4) *Ibid.*

générales, soit spéciales, réglassent l'acquisition et l'administration des biens ecclésiastiques, déterminant, au besoin, une valeur au-dessus de laquelle le patrimoine d'aucune église ou paroisse ne devait s'élever.

Il ne paraît nullement certain qu'à l'exemple de la métropole, où des raisons toutes locales, par exemple, soit l'origine féodale de certaines paroisses, soit les prérogatives du bénéficiaire laïque, patron du pasteur, expliquaient peut-être cet usage, les colonies réservassent d'ordinaire au ministre la gestion des immeubles, laissant au conseil de fabrique seulement celle des meubles. D'autre part, c'était à leurs successeurs, investis, au besoin, d'une action judiciaire contre eux, que les *church-wardens,* toujours révocables au gré des paroissiens, devaient compte de leurs actes dans la métropole. Enfin ils n'y recevaient leur mandat que du ministre, ou des fidèles, ou d'un commun accord du ministre et de ses ouailles. Si l'on fait abstraction de ces différences peu nombreuses et sans doute les plus considérables, les règles précitées du droit américain donnaient aux conseils de fabrique des paroisses coloniales une condition sensiblement identique à celle des *church-wardens* des paroisses anglaises [1].

Au moins dans les provinces royales, le gouverneur fut habituellement le juge des différends de droit ecclésiastique, réservés, en principe, dans la métropole, on le sait, à des cours de prélats ou de clercs [2].

Si les dispositions, qui viennent d'être citées, des lois émanées des assemblées coloniales elles-mêmes suffisent à caractériser exactement la condition légale des églises et du clergé des colonies, elles ne sont pourtant, il faut le dire, que les principales du grand

(1) Comp. Blackstone, I, 394-395; III, 92.

(2) Story, I, 67; Bancroft, III, 26. — Comp. Blackstone, III, 61-68, 87-88; et, ci-dessus, 142, 144-146, 157-158.

nombre de celles par lesquelles ces assemblées statuaient sur cette matière importante [1].

(1) Sur la liberté religieuse et en général sur le régime ecclésiastique des colonies, voy. — C. N., 1741, 1773; *loco cit.*, I, 142-143, 260; — C. S., 1702, 1703, 1712, 1731, 1740; *loco cit.*, 4, 19-20, 100, 128, 168; — Conn., *loco cit.*, 29-30, 47, 49, 99, 105-106, 141; — Gie., 1756, 1757, 1758, 1759, 1762, 1763; *loco cit.*, 30, 46-47, 52-54, 62, 80, 83, 85, 886-889; — Md., 1692, c. 2; 1702, c. 1, §§ 2, 21; 1715, c. 39, § 10; 1716, c. 5, § 9; 1718, c. 1, §§ 3, 4, 5; c. 4; 1723, c. 16, §§ 1-9, 13; 1724, c. 18, § 2; 1725, c. 6, §§ 2-4; 1732, c. 1, § 17; 1747, c. 17, §§ 2, 7-8; 1752, c. 3, §§ 2, 14; comp. loi anglaise de Guillaume III, 11-12, c. 4; — M. B., 1641, 1646, 1647, 1651, 1652, 1653, 1656, 1657, 1658, 1661, 1697; *loco cit.*, 58, 95, 101-103, 119-126, 129, 302-303; — N.-H., 12, Guillaume III; 13, Anne; 4, Georges I; 10, Georges II; 4, Georges III; *loco cit.*, 9-10, 55-56, 70-71, 137, 259; — N.-J., 1722, 1727-1728; *loco cit.*, 62, 66, 75-78; — N.-Y., 1691, 1695, 1700, 1705, 1734; *loco cit.*, 6, 23-24, 36-38, 66, 179-181; — Pie., 1700, 1705, 1710, 1715, 1745, 1746, 1760; *loco cit.*, 1, 14, 23-25, 59, 80, 212-213, 274; — R.-I., 1637, 1640, 1643, 1647, 1655, 1658, 1664, 1665, 1673, 1679, 1698, 1751; *loco cit.*, I, 16, 27, 28, 79, 113, 166, 314, 378-379; II, 36, 57, 128, 503-504, 571; III, 31, 339, 543-544, 548; à l'année 1665, voy. les rapports des commissaires royaux sur la colonie, II, *loco cit.*, et, aux années 1698 et 1705, la correspondance officielle de la colonie, III, *loco cit.*; — Vie., 1619-1773, *passim*; *loco cit.*, I à VIII, *passim*, notamm. I, 47, 122-123, 144, 149, 155, 157-158, 160, 165, 174, 180-181, 185, 198, 240-241, 260, 263, 277, 311, 400, 433-434; II, 24, 29, 30, 34, 44, 48-49, 52, 86, 181-198, 204, 261; III, 140, 168-169, 298, 358. — Voy. encore, à cet égard, sur la condition des colonies suivantes : C. N., C. S., Conn., Md., M. B., N.-H., N.-J., N.-Y., Pie., R.-I., Vie., Story, I, 24-25, 33, 46-48, 51, 59-60, 63-64, 66, 71-72, 77, 79-80, 82, 86, 96; Seaman, 219-225.

En particulier, sur l'administration temporelle des paroisses et des biens ecclésiastiques, voy. — C. N., 1752, 1770; *loco cit.*, I, 188, 242-243; — C. S., 1692-1776, *passim*; *loco cit.*, *passim*, notamm. 12-14, 108, 112, 117, 138, 140-141, 150, 203-204, 212, 227, 238, 243, 265-266, 289; — Conn., *loco cit.*, 29-30, 84-86, 129, 133-134; — Gie., 1758, 1763, 1768; *loco cit.*, 82, 85, 149-150; — Md., 1692-1776, *passim*, notamm. 1702, c. 1, §§ 1-20; 1704, c. 34, §§ 4-6; c. 38, §§ 1-5; 1713, c. 10, § 4; 1722, c. 4, §§ 2-4; 1729, c. 7, §§ 2-3; 1730, c. 23, §§ 2-7; 1732, c. 1, § 17; 1747, c. 24; 1763, c. 18, § 23; — M. B., 1641, 1646, 1654, 1671, 1692, 1693, 1695, 1716, 1721, 1731, 1733, 1754, 1763, 1773; *loco cit.*, 101-103, 243-244, 255-256, 286, 353, 435, 605-607;

CHAPITRE XIII.

L'INSTRUCTION PUBLIQUE ET LA PRESSE.

A peine peut-on citer deux textes constitutionnels qui aient traité de l'instruction publique. L'un (les concessions des propriétaires du New-Jersey occidental de 1676) ordonnait d'instruire gratuitement les orphelins indigents[1]. L'autre (les lois jointes à la charte de la Pensylvanie de 1682) présente, surtout en vue de favoriser l'éducation professionnelle, une disposition aux termes de laquelle, «afin que nul ne fût oisif, que les pauvres pussent gagner leur vie par leur travail, et que les riches devenant pauvres ne se trouvassent pas dans le besoin», tout enfant âgé de douze ans devait apprendre un métier ou un art utile[2].

Hors de la Nouvelle-Angleterre au nord, et du Maryland au midi, les colonies paraissent ne s'être guère occupées, avec quelque ardeur, que de l'enseignement secondaire ou supérieur. Encore ne fut-ce que vers la fin de la période coloniale. Au contraire, à l'instruction même primaire, pour ne pas dire surtout à celle-ci, les assemblées de la Nouvelle-Angleterre et du Maryland consacrèrent des lois nombreuses, dont les clauses et les effets méritent

— N.-J., 1761, 1762; *loco cit.*, 245, 250; — N.-Y., 1693, 1703, 1704, 1705, 1719, 1741, 1744, 1745, 1770, 1772; *loco cit.*, 18-20, 51-53, 60-66, 115, 214-216, 250-251, 267-268, 620-625, 643-644; — Pie., 1712, 1715, 1730; *loco cit.*, 65, 74, 168-169; — R.-I., 1715, 1770, 1774; *loco cit.*, IV, 205-206; VII, 20-21, 27-28; — Vie., 1619-1773, *passim*; *loco cit.*, I à VIII, *passim*, notamm. I, 126, 155-157, 160, 180, 185, 227-229, 240-241, 249-251, 277-278, 290-291, 298, 309-310, 317, 374-375, 388, 400, 404, 409, 421, 424-425, 478-479; II, 29-48, 51-52, 85, 261, 359, 392. — Comp. Stokes, 120, 158, 185, 199-201; Story, I, 82, 95, 110. — En réalité, dans le Rhode-Island, la charte de 1663 ne faisait que permettre implicitement la séparation absolue de l'Église et de l'État, qui de fait ne prévalut point. Comp., ci-dessus, I, 136, 244, 262-282, *passim*.

[1] Bancroft, II, 357.

[2] § 28; Poore, II, 1525-1526.

également l'attention. Dès 1642, dans le Massachusetts, il fallait que les parents apprissent à leurs enfants, les patrons à leurs apprentis, à lire couramment l'anglais (1). A compter de 1647, toute commune rurale qui comptait cinquante foyers y était tenue d'entretenir un maître chargé d'enseigner la lecture et l'écriture à tous les enfants, et tout bourg de cent foyers d'avoir une école de grammaire avec des professeurs capables de préparer à l'enseignement de l'université (2); ou encore, de bonne heure, chaque bourg ou agglomération de cinquante chefs de famille dut y avoir au moins un instituteur; chaque agglomération de cent, une école de grammaire; les groupes de cinq cents, chacun deux professeurs de grammaire et deux d'écriture et de lecture. La colonie essayait même vers 1675 de faire instruire les Indiens (3). Au plus tard, vers les premières années du XVIIIe siècle, des écoles, imitées de celles de l'Angleterre proprement dite ou peut-être plus encore de celles de l'Écosse, sont établies dans toute la Nouvelle-Angleterre, des classes de latin dans ses grands villages (4), et, au milieu du siècle, elle compte peu d'adultes qui ne sachent lire et écrire (5). Dès avant la fin du XVIIe siècle, le gouvernement du Maryland tentait de fonder des écoles dans tous les comtés, et, au début du XVIIIe siècle, des bibliothèques dans les paroisses (6). Bientôt, dans tout comté ou toute commune de la colonie, les enfants devaient recevoir l'enseignement de la lecture, de l'écriture, de la grammaire, et, en certains lieux, même hors des collèges proprement dits ou des universités, celui des mathématiques, du latin et du grec. Il n'était pas rare, soit dans la Nouvelle-Angleterre, soit dans le Maryland, que l'instruction religieuse fût prescrite, ou même que les maîtres, astreints à l'orthodoxie, subissent

(1) Bancroft, I, 458.

(2) *Ibid.*

(3) Bancroft, II, 93.

(4) Bancroft, II, 311.

(5) Bancroft, IV, 149-150; comp., II, 426.

(6) Bancroft, III, 34.

l'obligation d'apprendre à tous les enfants indistinctement les préceptes d'une religion d'État, par exemple, dans le Maryland, de l'anglicanisme[1]. En général, l'école primaire demeurait ouverte, chaque année, pendant une durée variant de trois à six mois. Les agglomérations qui ne se conformaient pas aux dispositions impératives des lois scolaires encouraient, d'ailleurs, des amendes plus ou moins fortes.

Suivant les lieux, le grand jury, les *selectmen*, les juges de paix, des visiteurs nommés par l'assemblée législative, par les chefs de famille ou par les francs tenanciers, et obligés parfois, sous peine d'amende, d'accepter ce mandat, visitaient les écoles, eurent le plus souvent le droit d'en établir le règlement intérieur, engageaient ou contraignaient les parents à y envoyer les enfants, exerçaient sur ces derniers une surveillance sévère, et pouvaient, au besoin, par mesure disciplinaire, les mettre en apprentissage, voire les envoyer à des maisons de correction[2]. Les visiteurs tenaient, dans leurs comtés respectifs, des réunions fixes et périodiques, où ils résolvaient les questions à la majorité des voix. Ils se donnaient un greffier ou secrétaire chargé de garder les procès-verbaux de leurs délibérations et leurs archives. Soit qu'ils eussent été élus pour une durée déterminée, soit que la loi leur eût confié une mission viagère ou d'une durée autrement incertaine, d'ordinaire c'étaient eux qui conféraient les emplois devenus vacants parmi eux avant l'échéance du terme préfix ou non.

Dans les paroisses où des bibliothèques publiques purent être créées, le pasteur ou le conseil de fabrique en avait d'ordinaire la garde et en faisait le règlement, sous le contrôle de visiteurs que nommait le gouverneur.

Les universités célèbres de Hartford et de Yale, sans doute imitées des antiques et fameuses universités d'Angleterre et d'É-

[1] Comp., ci-dessus, I, 115-125, *passim*.

[2] Comp., ci-dessus, 113-115, 251-253.

cosse, Cambridge et Oxford, Édimbourg et Saint-André, s'élevèrent, la première dans le Massachusetts dès 1636 [1], la seconde dans le Connecticut en 1700 [2]. La Pensylvanie eut sa bibliothèque d'État et son université, et la Virginie, le Rhode-Island, le Connecticut, New-York, le New-Jersey, leurs collèges d'État, fondés et dotés, ou au moins secourus par le gouvernement colonial [3].

Les collèges et les universités étaient sous la haute direction de conseils d'administration qui nommaient annuellement les recteurs, recevaient d'ordinaire eux-mêmes leur mandat du gouverneur ou de l'assemblée législative, pourvoyaient, par des nominations soit à vie, soit à échéance déterminée, aux vacances survenant parmi les administrateurs, tenaient des réunions périodiques et régulières, où les résolutions se prenaient à la majorité des voix, et avaient leur sceau officiel que devaient porter tous les actes émanés d'eux. Les conseils d'administration des collèges et des universités, et, dans leurs comtés respectifs, les conseils des visiteurs des écoles, formaient des personnes morales, qui recueillaient, pouvaient accroître et administraient le patrimoine des institutions d'enseignement. Les maisons et en général tous les biens de celles-ci échappaient à tout impôt.

Fréquemment la loi elle-même détermina la rémunération des maîtres. Parfois des loteries publiques furent permises, le produit des amendes judiciaires et des confiscations employé, les souscriptions et les donations encouragées, au profit de l'enseignement. De nombreuses lois de finances établirent des impôts spéciaux pour l'entretien des écoles, des universités et des collèges. Souvent, d'autre part, les écoles primaires demeurèrent à la charge des bourgs, des communes ou des comtés, dont les autorités locales furent alors autorisées à lever, pour les entretenir, diverses contributions.

(1) Bancroft, I, 459; II, 91.

(2) Bancroft, II, 59.

(3) Bancroft, I, 155; II, 192; III, 25; IV, 134, 141.

Tandis que les colons d'origine noble ou les riches bourgeois allaient volontiers de certaines colonies demander à la métropole le bénéfice d'études qui leur semblaient devoir y être plus faciles et plus fortes, il se put que la masse ne se prêtât pas partout, avec une égale ardeur, à recevoir l'enseignement, même dans les parties du continent américain où le gouvernement local avait à cœur de le répandre [1]. Mais, à tout bien considérer, les lois, dans plusieurs, on le voit, firent beaucoup pour l'instruction publique, et, en réalité, dans quelques-unes, celle-ci atteignit des développements considérables. M. Seaman va jusqu'à dire que, durant la seconde moitié du XVIIe siècle et le XVIIIe tout entier, les puritains de la Nouvelle-Angleterre furent le peuple le plus instruit du monde. Peut-être, de fait, eu égard au nombre des habitants, au moins la connaissance de la lecture et de l'écriture n'était-elle aussi répandue dans aucune partie de l'Europe. Ce fut un succès médiocrement désiré et à peine prévu par certaines gens. Le gouverneur de la Virginie remerciait Dieu, en 1671, que la colonie ne connût ni imprimeries ni écoles publiques : l'instruction enfantait l'hérésie et la révolte; l'imprimerie avait répandu ces maux et attaqué les meilleurs gouvernements; plût au ciel que, pendant de longues années, la Virginie fût également préservée des imprimeurs et des professeurs [2]. Elle-même, la Virginie, ne sut se soustraire toujours aux progrès qu'il redoutait; la plupart des autres colonies s'y dérobèrent moins encore [3].

(1) Bancroft, I, 155; II, 192; III, 25; IV, 141.

(2) Story, I, 26.

(3) Sur les lois qui réglaient l'instruction publique, voy. notamm. — C. N., 1715, I, 98; — C. S., 1722; *loco cit.*, 120; — Conn., 1703, 1708, 1713; *loco cit.*, 123, 141, 192; voy. aussi 16, 110-111; — Md., 1696, c. 17, §§ 2-13; 1702, c. 27, §§ 1, 5; 1704, c. 56, §§ 1-6; 1715, c. 4, § 2; 1717, c. 10; 1723, c. 19, §§ 2-12, et aussi, c. 11, § 2; 1728, c. 8, §§ 2-5; 1741, c. 1; 1746, c. 7, §§ 1-2; 1758, c. 13; 1763, c. 16, c. 28, c. 32; — M. B., 1636, 1642, 1647, 1650, 1654, 1659, 1671, 1683, 1692, 1702, 1712, 1718, 1767; *loco cit.*, 73-81, 186-187, 197, 245,

On sait combien fut dure, pendant longtemps, dans la métropole, la condition de l'imprimerie et de la presse. Le nombre des imprimeurs limité, la licence préalable requise pour toute publication, elles étaient à la merci du gouvernement, qui leur prodigua la persécution. Ni la Pétition anglaise ni le Bill des Droits ne les mentionnent encore. Le régime de la liberté ne date pour elles, en Angleterre, que des toutes dernières années du XVIIe siècle. Les textes constitutionnels des colonies, eux, les passent presque tous sous silence, favorisant ainsi l'arbitraire ou établissant implicitement le système anglais. A peu près seules, les instructions royales leur consacrent, pour les provinces du roi, des dispositions formelles, aux termes desquelles tantôt le gouverneur ne devait permettre aucune publication, tantôt toute publication était soumise à l'autorisation préalable de ce fonctionnaire. Le roi interdit même l'imprimerie dans la Virginie en 1682, et dans la colonie de New-York en 1683. L'autorisation préalable des propriétaires a pu être quelquefois requise dans les colonies de propriétaires. Ailleurs encore, où la compagnie des propriétaires comprenait effectivement tous les *freemen* (1), il ne fut pas sans exemple que des livres fussent livrés aux flammes, comme il arriva, par exemple, dans le Massachusetts, de certaines œuvres d'Éliot et de Calef. Les lois coloniales elles-mêmes n'allaient guère au delà des encouragements donnés aux imprimeurs des actes officiels de l'État, quand elles ne restaient pas de beaucoup en deçà. Même

372, 398, 420, 666; — N.-H., 13, Anne; 5 et 7, Georges I; *loco cit.*, 56, 143, 163; — N.-J., 1762; *loco cit.*, 252; — N.-Y., 1737, 1751, 1752; *loco cit.*, 50, 197, 303; — R.-I., avant 1663, et encore 1754, 1764; *loco cit.*, I, 228, 246, 334; V, 378-379; VI, 385-391; — Vie., 1660-1763, *passim; loco cit.*, I à VII, *passim*, notamm. II, 25, 30, 37, 56; III, 122-124; — joignez Story, I, 26, 33, 47, 51-52, 60; Bancroft, I, 155, 458-459; II, 59, 91-93, 192, 281, 311, 357, 426; III, 25, 34; IV, 134, 141, 149-150; Seaman, 217-218. — Comp. Blackstone, I, 453, 471, 482; IV, 54.

(1) Comp., ci-dessus, 227, 263-265.

la publication de ces lois, par exemple, ne fut pas toujours permise. En 1649, dans le Massachusetts, le gouvernement ne l'autorisa pas, sous la pression de l'opinion publique, sans protester contre une expérience «si hasardeuse». Elle ne devint libre qu'en 1719, dans la Virginie, où, en 1682, le fait de l'avoir entreprise déterminait au moins l'arrestation de l'imprimeur. C'est l'assemblée législative elle-même qui, dans le Massachusetts, en 1660, supprime le livre d'Éliot sur l'État chrétien. C'est elle qui, en 1662, y nomme deux examinateurs, sans l'examen et la permission préalables desquels rien ne peut être publié. C'est elle qui intervient, lorsqu'en 1668 ils ne prohibent pas l'impression de l'*Imitation de Jésus-Christ*, «cette œuvre d'un prêtre papiste», où elle découvre, étrange perspicacité, «certaines choses que la prudence ne permet guère de laisser répandre dans le peuple». C'est encore elle qui, en 1722, soumet à la censure, dans la même colonie, un journal qu'elle juge injurieux pour le clergé, et détient incarcéré, un mois durant, l'éditeur coupable de taire le nom de l'auteur désagréable au pouvoir. Vers 1640, le Massachusetts n'avait qu'un seul imprimeur. Vers 1692, la Pensylvanie en chassait un pour avoir publié un écrit où un quaker reprochait, comme une inconséquence, à ses coreligionnaires l'exercice de l'autorité politique; ce fut ce banni qui introduisit le premier appareil dans la colonie de New-York. Mais à la liberté de la presse l'opinion, la coutume, se rendait peu à peu plus favorable que le droit écrit et les fantaisies du pouvoir, bientôt réduits par elle à n'être que lettre morte. De fait, presque partout, dès le début du XVIIIe siècle, des auteurs et des éditeurs assez nombreux bénéficièrent d'une grande tolérance, dont les brochures ou les écrits non périodiques semblent avoir profité d'abord plus que les autres. En 1721, les colonies n'avaient pas plus de quatre journaux proprement dits. Le nombre ne dépassait pas onze vers 1740, l'un paraissant dans la Caroline du Sud, un autre dans la Virginie, trois, dont l'un en allemand, dans la Pensylvanie, le sixième à New-York, et les cinq derniers à Boston. Rarement furent-ils publiés alors plus d'une fois par semaine, ou avec plus d'une demi-feuille, ou composés d'autre chose que de faits divers. Peut-être était-ce déjà pourtant, eu égard au nombre différent des habitants, un succès que la métropole elle-même ne dépassait pas. Bientôt, du reste, l'ardeur des discussions agitées entre le gouvernement anglais et ses colonies, pendant les dernières années de la période coloniale, dut multiplier, en Amérique, les organes de la publicité périodique, varier leurs articles, en accroître la fréquence, en grandir la portée, et développer, au moins contre les agents de la couronne, l'indépendance des rédacteurs.

Il faut le dire, la liberté reconnue n'alla pas plus dans les colonies que dans la métropole jusqu'à l'affranchissement de tout frein. Suivant la doctrine acceptée sur l'une et l'autre rive de l'Océan, elle ne donnait guère que la faculté de publier sans autorisation préalable, et l'œuvre librement imprimée demeurait soumise au contrôle de la justice. Si, dans les colonies, le jury compétent, comme il l'était dans la métropole, pour statuer sur les procès de presse, méconnaissait peut-être plus volontiers la théorie restrictive bien connue, par l'application de laquelle les magistrats arrivaient à lui enlever, en Angleterre, avant le célèbre *libel act* de Fox, toute appréciation des desseins de l'auteur, il n'était pas moins appelé à y défendre contre les excès de la presse et les pouvoirs publics et les simples particuliers. Déjà les lois jointes à la charte de la Pensylvanie de 1682, qui visaient sans doute tout mode de diffusion, prescrivaient de punir avec sévérité, comme des ennemis de la paix publique, les auteurs et les propagateurs de propos mensongers, scandaleux, diffamatoires, soit contre les fonctionnaires, soit contre les personnes privées[1]. Il ne fut pas

[1] § 30; Poore, II, 1526.

sans exemple que les lois ordinaires elles-mêmes réprimassent toute diffamation.

A peine est-il besoin de faire observer que les progrès combinés de la presse et de l'instruction publique grandirent les forces et accrurent les moyens d'action des colons dans la crise qui se dénoua par l'émancipation des États-Unis[1].

CHAPITRE XIV.

L'AGRICULTURE, LE COMMERCE, L'INDUSTRIE.

On ne trouve guère que dans trois actes constitutionnels des dispositions consacrées à l'agriculture. La charte du Rhode-Island de 1663 promettait, au nom du roi, «tout l'encouragement convenable» aux habitants de la colonie qui planteraient des vignobles[2]; la charte de la Pensylvanie de 1681 ordonnait que tout homme, auquel une terre aurait été attribuée, la défrichât dans le délai de trois ans, sous peine d'être obligé de la céder, contre remboursement du prix de la mensuration, au premier venu qui entreprendrait le défrichement[3]; on se rappelle, d'ailleurs, la clause de la charte de la Pensylvanie de 1681, qui avait pour objet la conservation des chênes et des mûriers[4]. Les lois, particulièrement dans la Virginie, encouragèrent diverses cultures,

(1) Sur la liberté de la presse, dans les colonies, voy. notamm. — C. N., 1715; *loco cit.*, I, 98; — Gie., 1762; *loco cit.*, 80; — Md., 1727, c. 8; 1737, c. 13; 1740, c. 4; 1744, c. 4; 1746, c. 9; 1749, c. 8; 1753, c. 39; 1754, c. 8; 1756, c. 14 et 22; 1760, c. 8; 1762, c. 24; 1763, c. 33; c. 18, §§ 118 et 120; *loco cit.*; — N.-H., 13, Anne; 5 et 7, Georges I; *loco cit.*, 56, 143, 163. — Joignez Bancroft, II, 192, 252, 325; III, 102, 393-395; IV, 141; V à VIII, *passim*; Story, I, 26; II, 609-619; Cooley, *Constitutional Limitations*, 522-526, et les autorités citées par cet auteur; *American Biography*, V, 210-212; VI, 240; et, ci-dessus, I, 93. — Sur le régime anglais, comp. Story, Cooley, *loco cit.*, et Blackstone, IV, 150-153.

(2) Poore, II, 1601; et, ci-dessus, I, 277.

(3) § 10; Poore, II, 1517.

(4) Comp., ci-dessus, 285.

surtout celles de la vigne, du blé, des arbres fruitiers, du chanvre [1]. On sait que le système de la propriété collective parut bientôt défavorable au travail de la terre et dut être abandonné [2]. Il en fut de même de la détermination législative, parfois essayée, du prix de certaines productions du sol, notamment du tabac [3].

Quelques-unes des plus anciennes chartes établissaient, dans les colonies, un véritable monopole du commerce au profit des propriétaires. Ces derniers seuls pouvaient autoriser le trafic [4]. Le roi s'engageait à ne dispenser personne de demander et d'obtenir leur autorisation [5]. Celle-ci, aux termes d'un texte, devait même être donnée par acte signé et scellé de leur main [6]. Des opérations commerciales étaient-elles irrégulièrement entreprises, ils avaient le droit de rechercher et de saisir les navires et objets employés et les délinquants eux-mêmes [7]. La charte de la Caroline de 1584 ajoutait qu'ils disposeraient, à leur gré, des effets saisis [8]. Les principes, en cette matière, semblent n'avoir subi qu'une seule exception; on la trouve formulée dans cette charte de la Caroline, au profit des gens et équipages que la tempête ou le naufrage aurait jetés sur les côtes de la colonie, et que la reine ne voulait pas sans doute priver de tout moyen de subsistance [9]. Quelques chartes encore permettaient expressément aux propriétaires d'établir des marchés et des foires [10], et de désigner des

(1) Sur la condition de la Virginie, à cet égard, vers 1619, voy. Bancroft, I, 155-156.

(2) Voy., ci-dessus, I, 42, 65; et Bancroft, I, 123.

(3) Sur la condition de la Virginie, à cet égard, vers 1619, 1624 et 1630, voy. Bancroft, I, 155-156, 191, 199.

(4) C., ch. 1584; Vie., ch. 1606, 1609; N.-A., ch. 1620; Me., conces. 1639, 1664, 1674; comp. ch. d'Acadie de 1603; Poore, I, 781-782, 784-787, 928; II, 1380, 1891, 1900-1901; et, ci-dessus, I, 236-238.

(5) N.-A., ch. 1620; Poore, I, 928.

(6) Me., conces. 1639; N.-A., ch. 1620; Poore, I, 781-782, 928.

(7) C., ch. 1584; Vie., ch. 1606; ch. 1609; N.-A., ch. 1620; *loco cit.*

(8) *Loco cit.*

(9) *Loco cit.*

(10) Me., conces. 1639; C., ch. 1663, § 14; ch. 1665; Pie., ch. roy. 1681; Poore, I, 779; II, 1388, 1394, 1512.

ports, havres et autres lieux de chargement et de déchargement, hors desquels ils auraient la faculté d'empêcher toute personne de charger et de décharger, comme ils auraient celle d'y créer, soit de leur seule autorité[1], soit avec l'aveu de la majorité de l'assemblée législative ou des *freemen*[2], les juridictions, privilèges, taxes ou redevances qu'ils jugeraient convenables[3]. Pour chaque tonne irrégulièrement chargée ou déchargée, ils pouvaient, selon les constitutions de la Caroline de 1669, exiger des délinquants une indemnité ou amende de 10 livres sterling[4]. D'autre part, des redevances, qu'ils levaient ainsi, trois textes leur permettaient d'user sans rendre compte au roi[5]; mais un quatrième réservait à la couronne celles dont le Parlement pourrait la doter, et donnait libre accès dans les lieux de chargement et de déchargement à tous les fonctionnaires et délégués que les fermiers et commissaires des douanes royales trouveraient bon d'y envoyer[6]. En résumé, les propriétaires purent toujours subordonner à toutes les conditions qui leur semblaient bonnes l'autorisation de faire le commerce, et, par exemple, la conférer à prix d'argent. Tout trafiquant dut même, à l'origine, dans une colonie, leur payer, aux termes exprès de deux chartes, une redevance déterminée, outre celles que le roi, de son côté, pouvait exiger d'eux. Cette redevance égalait, pour les sujets du roi, 2 1/2 p. 100 sous la plus ancienne de ces chartes, sous la plus récente 5 p. 100, et, pour les autres gens, 5 p. 100 sous la première et sous la seconde 10 p. 100 de la valeur des marchandises. Sous celle-ci, l'impôt frappait toutes les marchandises importées ou exportées; sous celle-là, il n'atteignait que les marchandises vendues ou achetées dans la colonie. Toutes

(1) Md., ch. 1632; Me., conces. 1639; Poore, *loco cit.*, et encore, I, 815. Comp., ci-dessus, I, 252.

(2) C., ch. 1663, §§ 10-11; ch. 1665; Pie., ch. roy. 1681; Poore, *loco cit.*

(3) Comp. C., const. 1669, §§ 93-94; Poore, II, 1406; voy. aussi les textes cités, notes 1 et 2, ci-dessus.

(4) § 93; Poore, II, 1406.

(5) Me., conces. 1639; C., ch. 1663; ch. 1665; *loco cit.*

(6) Pie., ch. roy. 1681; *loco cit.*

deux, du reste, en transféraient le bénéfice à la couronne, au bout de vingt et un ans, et permettaient au roi d'en confier la perception à des fonctionnaires nommés par lui. Sous l'une et l'autre, dans tous les cas, la faculté d'arrêter les trafiquants et de saisir les navires et les objets employés pour le trafic servait de sanction à l'obligation de payer la redevance[1].

Les propriétaires ne paraissent pas avoir usé souvent des droits que les chartes leur donnaient expressément ou implicitement sur le commerce. Des principes, que Penn établit ou laissa appliquer dans la Pensylvanie et le Delaware, doivent pourtant être cités. La licence de tenir un restaurant, un cabaret, un lieu ouvert au public, émanait du seul propriétaire. Celui-ci la conférait sur des présentations faites, pour leurs comtés respectifs, par les juges de paix, qui proposaient leurs candidats par acte écrit de leur main en audience publique de leur tribunal. Ces magistrats révoquaient la licence, pour cause de mauvaise conduite, sans préjudice des autres peines que la loi leur permettait ou commandait d'appliquer[2]. La vente des objets destinés à l'exportation s'accomplissait dans des marchés publics; des fonctionnaires spéciaux les examinaient; toute indication frauduleuse de la qualité, du poids ou de la mesure, rendait le fraudeur passible, au profit du trésor public, d'une amende égale à la valeur réelle[3]. Quiconque, agent ou employé, lésait son patron, était tenu, après l'avoir complètement indemnisé, de lui payer une somme égale au tiers du dommage causé, et, s'il venait à mourir avant de s'être libéré, la commission du conseil spécialement chargée du commerce avait mission d'obtenir de la succession le payement de la dette[4].

Les plus anciennes chartes posaient des règles pour l'établisse-

(1) Vie., ch. 1606; ch. 1609; Poore, II, 1891, 1900-1901.

(2) Ch. 1701, § 7; Poore, II, 1539.

(3) Ch. 1681, § 11; Poore, II, 1517.

(4) LL. const. 1682, § 33; Poore, II, 1526; et, ci-dessus, 92-94.

ment ou le développement des relations commerciales entre les colonies et la métropole. Ainsi elles habilitaient les propriétaires à importer dans les colonies, soit du Royaume-Uni et de ses possessions [1], soit même de tout lieu [2], ou tous les objets utiles à la colonisation [3], ou au moins ceux dont ni les lois anglaises [4] ni les fonctionnaires compétents du roi n'auraient interdit l'importation [5]. En particulier, l'introduction des instruments de travail nécessaires à l'exploitation devait être librement permise, aux termes de deux textes, sans droit de douane ni redevance d'aucune sorte [6]. Tantôt les objets importés payaient, sauf exception, à la sortie du Royaume-Uni ou de ses possessions, les droits de douane et autres que des lois et des règlements spéciaux pouvaient avoir établis [7], ou que les lois anglaises levaient sur toute exportation similaire faite par des Anglais [8]; tantôt ils échappaient à toute redevance pendant les sept premières années après la promulgation de certaines chartes [9], et encore pendant quatorze ans, et conséquemment pour une durée de vingt et un ans, à toutes celles qui ne présentaient pas les caractères de droits de douane propre-

(1) Vie., ch. 1606; ch. 1609; ch. 1612; C., ch. 1663, § 8; ch. 1665; Pie., ch. roy. 1681; Poore, II, 1385-1386, 1393, 1512, 1891, 1900, 1906.

(2) Conn., ch. 1662; R.-I., ch. 1663; Me., conces. 1664 et 1674; Poore, I, 254-255, 785, 787. — Comp., ci-dessus, I, 278.

(3) Vie., ch. 1606; ch. 1609; ch. 1612; Conn., ch. 1662; R.-I., ch. 1663; Me., conces. 1664 et 1674; Gie., ch. 1732; Poore, I, 254-255, 374, 785, 787; II, 1602, 1891, 1900, 1906. Comp., ci-dessus, I, 278, 347-348.

(4) Md., ch. 1632; Me., conces. 1639; C., ch. 1663, § 8; ch. 1665; Pie., ch. roy. 1681; Poore, I, 781, 814; II, 1385-1386, 1393, 1512. Comp., ci-dessus, I, 249.

(5) C., ch. 1584; Poore, II, 1381.

(6) C., ch. 1663, § 9; ch. 1665; Poore, II, 1386, 1394.

(7) C., ch. 1663, § 8; ch. 1665; Poore, II, 1385-1386, 1393-1394.

(8) Md., ch. 1632; Me., conces. 1639; Conn., ch. 1662; R.-I., ch. 1663; Me., conces. 1664 et 1674; Pie., ch. roy. 1681; Poore, I, 254-255, 781, 785, 787, 814; II, 1512, 1602. Comp., ci-dessus, I, 249, 251-252, 278.

(9) Vie., ch. 1606; ch. 1609; N.-A., ch. 1620; M. B., ch. 1629; Poore, I, 927, 938; II, 1891, 1900.

ment dits [1]. A l'entrée dans les colonies, en général, ils subissaient le régime qu'ils avaient subi à la sortie de la métropole ou de ses possessions [2]. La charte de la Virginie de 1609 seule les exemptait de toute redevance, pendant vingt et un ans, sur le sol de la colonie [3]. Quand une exemption était octroyée, elle pouvait d'ordinaire être invoquée à compter de la promulgation de l'acte qui l'établissait; sous deux chartes pourtant, aucune ne put l'être qu'à partir d'un moment déterminé, de deux ou de quatre ans postérieur à la promulgation : le jour de la Saint-Michel de l'année 1667 [4]. Tandis que la charte royale de la Pensylvanie de 1681 permettait de charger dans tout port, soit du Royaume-Uni, soit des possessions anglaises [5], celle de la Géorgie de 1732 autorisait le roi à désigner les ports de chargement [6]. Des effets exportés de la métropole ou de ses possessions et destinés à être employés ou vendus dans une colonie venaient-ils à être, sans l'autorisation du roi, détournés de leur destination primitive, quatre chartes réservaient à la couronne le droit de les confisquer avec le navire sur lequel ils seraient trouvés [7], et l'une d'elles rendait immédiatement exigibles les droits de douane ou autres redevances dont ils avaient été exemptés [8]. Enfin, en principe, aux termes de deux chartes, quand le commerce entre la métropole et les colonies donnait ouverture à la perception de droits, les fermiers de la douane royale devaient accorder, moyennant caution, à la requête des propriétaires, un délai de six mois pour le payement de la moitié [9].

En général, les règles applicables aux objets importés de la

(1) N.-A., ch. 1620; M. B., ch. 1629; Poore, I, 927, 938.

(2) Voy., ci-dessus, note 1, et 336, notes 8-9.

(3) Poore, II, 1900.

(4) C., ch. 1663, § 9; ch. 1665; Poore, II, 1386, 1393-1394.

(5) Poore, II, 1512.

(6) Poore, I, 377; et, ci-dessus, I, 355.

(7) Vie., ch. 1606; ch. 1609; N.-A., ch. 1620; M. B., ch. 1629; Poore, I, 928, 939; II, 1892, 1901-1902.

(8) N.-A., ch. 1620; Poore, I, 927.

(9) N.-A., ch. 1620; M. B., ch. 1629; Poore, I, 928, 939.

métropole, ou de ses possessions, dans les colonies d'Amérique, le furent également à ceux qui étaient exportés de ces colonies à la métropole ou à d'autres possessions anglaises [1]. L'analogie cependant ne paraît pas avoir été absolue. A compter de la Saint-Michel de l'année 1667, les chartes de la Caroline de 1663 et de 1665 exemptaient de toute redevance d'entrée dans les possessions anglaises et le Royaume-Uni, pendant les sept premières années après l'introduction des quatre premières tonnes, plus spécialement certains produits de la colonie, les soies, les vins, les raisins secs, les câpres, la cire, les limons, les amandes, les huiles, les olives [2]. Des chartes plus anciennes de la Virginie, de la Nouvelle-Angleterre, du Massachusetts, accordaient la même exemption pour toute exportation durant les sept premières années après leur promulgation; mais, cette période écoulée, elles levaient un droit de douane égal à 5 p. 100 de la valeur réelle [3]. Les objets exportés venaient-ils à sortir de la métropole ou des possessions anglaises, tantôt ils échappaient à toute redevance de sortie, si la sortie avait lieu dans le délai de treize mois après le déchargement [4], tantôt, à quelque moment qu'elle eût lieu [5], ou au moins si elle s'effectuait dans le délai d'une année continue après le déchargement [6], ils étaient soumis à la perception des seules redevances qui grevaient toute exportation d'Angleterre faite par des Anglais [7].

(1) Vie., ch. 1612; M. B., ch. 1629; Md., ch. 1632; Me., conces. 1639; C., ch. 1663, § 8; Me., conces. 1664; C., ch. 1665; Me., conces. 1674; Pie., ch. roy. 1681; Gie., ch. 1732; Poore, I, 377, 785, 787, 815, 938-939; II, 1386, 1393-1394, 1512-1513, 1906. Voy. aussi 336-337, ci-dessus, aux notes; et, ci-après, notes 3 à 5. Comp., ci-dessus, I, 251-252, 354-355.

(2) C., ch. 1663, § 9; ch. 1665; Poore, II, 1386, 1393-1394.

(3) Vie., ch. 1609; N.-A., ch. 1620; M. B., ch. 1629; Poore, I, 927, 938, 939; II, 1900.

(4) Vie., ch. 1609; N.-A., ch. 1620; M. B., 1629; Poore, I, 927, 939; II, 1900.

(5) Me., conces. 1639; Pie., ch. roy. 1681; Poore, I, 779; II, 1513.

(6) Md., ch. 1632; C., ch. 1663, § 8; ch. 1665; Poore, I, 815; II, 1386, 1393. Comp., ci-dessus, I, 251-252.

(7) Notes 5 et 6, ci-dessus.

Comme on sait, la plupart des plus anciennes chartes ne réglaient guère que la condition des propriétaires; aussi, en général, les principes qui viennent d'être exposés ne concernaient-ils que les opérations d'importation ou d'exportation faites par les propriétaires ou les agents ou ayants cause de ces derniers[1]. Le texte et le contexte de ces actes semblent mettre cette proposition hors de doute. Mais on sait aussi que trois au moins des chartes primitives, celle du Massachusetts de 1629, celle du Connecticut de 1662 et celle du Rhode-Island de 1663, procédaient autrement, statuant, en réalité, dans leurs dispositions commerciales précitées, comme dans leurs autres dispositions, pour tous les *freemen*, sinon pour tous les colons[2]. La dernière autorisait même expressément tous les colons, pourvu que leur conduite y fût paisible, à faire le commerce dans toutes les colonies anglaises qui le leur permettraient[3].

On a vu que les chartes primitives furent, pour la plupart, abrogées de bonne heure, et que la plupart des colonies cessèrent bientôt d'être colonies de propriétaires. Mais, de bonne heure aussi, les relations commerciales que les colonies entretenaient, soit entre elles, soit avec la métropole, donnèrent au gouvernement anglais l'objet et l'occasion de tout un système d'entreprises vexatoires, dont il se mit à poursuivre obstinément l'exécution. Les privilèges contemporains des premiers essais de colonisation disparurent avec les chartes primitives, quand le succès de la colonisation parut certain ou probable, et la métropole ne songea guère dès lors qu'à se créer en Amérique des sources abondantes de revenus.

Dès le temps des premières chartes, Jacques Ier ne résistait pas à la tentation de faire argent au moins du tabac, la principale pro-

(1) Vie., ch. 1606; ch. 1609; C., ch. 1663, § 8; ch. 1665; Pie., ch. roy. 1681; Poore, *loc. cit.*

(2) Comp., ci-dessus, I, 1-192, *passim*, 262-282, et II, 227.

(3) Poore, II, 1603; et, ci-dess., I, 281.

duction de la Virginie. Il le greva de lourds impôts, en subordonna l'importation et la vente dans la métropole à l'obtention de licences spéciales, en interdit le débit jusqu'au payement des taxes, et en prohiba la culture sur toute l'étendue de l'Angleterre et du pays de Galles [1]. Charles Ier régnant, et ce régime subsistant, des agents royaux achetèrent la récolte sur place et la scellèrent pour l'envoyer tout entière en Angleterre, où la ville de Londres en devenait le seul marché autorisé [2]. Le même roi voulait que la métropole fût l'unique débouché des productions coloniales. L'initiative de la principale disposition du règlement qui eut plus tard une si grande célébrité, sous le nom d'acte de navigation, lui appartint: nul navire chargé de produits de la colonie ne devait se diriger de la Virginie vers d'autres ports que ceux du Royaume-Uni, et, hors du cas de nécessité, tout trafic par le moyen de bâtiments étrangers était interdit [3]. Après d'autres mesures restrictives, d'une brève durée [4], parut en 1651 l'acte de navigation lui-même, aux termes duquel, en principe, les seuls navires possédés et montés par les Anglais pouvaient conduire le commerce entre l'Angleterre et le reste du monde, tandis que les étrangers n'avaient le droit d'introduire dans le Royaume-Uni que les produits de leurs pays ou ceux dont leurs pays se trouvaient les marchés nécessaires ou dûment établis [5]. L'acte ne visait pas expressément l'Amérique; il avait été composé surtout pour faire échec à la Hollande; mais, la domination clémente du Long Parlement finie [6], il eut cette singulière fortune d'être principalement appliqué aux colonies, auxquelles ses auteurs ne l'avaient pas particulièrement destiné. Par une disposition de la charte royale de la Pensylvanie de 1681, de peu d'années postérieure à la restau-

(1) Bancroft, I, 219.

(2) Bancroft, I, 220-221.

(3) Bancroft, I, 221.

(4) *Ibid.*

(5) Bancroft, I, 216.

(6) Bancroft, I, 203-224, 229-230, 416-418.

ration des Stuarts, on peut voir avec quel soin ces princes recommandaient qu'il fût observé : les propriétaires de la colonie devaient avoir à Londres ou près de Londres un représentant, et ce dernier, tenu de faire savoir au commis du conseil privé du roi le lieu de sa résidence, être toujours prêt à se présenter à Westminster devant le conseil, pour répondre des offenses que les propriétaires auraient commises ou laissé commettre contre les règlements sur la navigation et le commerce; le conseil estimait le dommage causé au roi; l'indemnité était réclamée au représentant des propriétaires, et exigible dans le délai d'un an à compter de la réclamation; si les propriétaires ne constituaient pas un représentant, ou que le représentant prévenu omît soit de se présenter, soit de payer à l'échéance, le roi se réservait de reprendre l'administration de la colonie et de la garder jusqu'au payement, sans pouvoir toutefois porter atteinte à d'autres biens que ceux des propriétaires ou des colons contrevenants[1]. Toute une série de lois émanées de divers rois tendirent, d'ailleurs, à assurer en Amérique l'observation de l'acte[2]. Mais ses rigueurs furent bientôt dépassées. Les Stuarts, à peine restaurés, plus tard les princes de la maison d'Orange, et plus encore ceux de la maison de Hanovre, s'appliquèrent, avec énergie et persévérance, à pressurer le commerce et l'industrie coloniale. Ce ne paraissait pas assez que la

(1) Pie., ch. roy. 1681; Poore, II, 1513.

(2) Blackstone, I, 419-420; IV, 154-162, 439; Stokes, 34-35; — voy. aussi 12, Charles II, c. 18, § 19; 15, Charles II, c. 7, §§ 7-9; 22-23, Charles II, c. 26, §§ 10-13; 3-4, Anne, c. 5, § 12; c. 8; c. 10; 5, Anne, c. 8, § 4; 7-8, Guillaume III, c. 22, §§ 2, 17; 8, Georges I, c. 12, § 2; c. 15, § 24; c. 18, § 22; 13, Georges I, c. 5; 3, Georges II, c. 12; c. 28; 8, Georges II, c. 19; 12, Georges II, c. 30; 15, Georges II, c. 33, § 5; 20, Georges II, c. 45, § 9; 4, Georges III, c. 15, §§ 28, 33-34; c. 19; 5, Georges III, c. 45, §§ 19, 22; 6, Georges III, c. 52, § 30; 7, Georges III, c. 2; 9, Georges III, c. 28, § 3; 10, Georges III, c. 31; 11, Georges III, c. 39; 13, Georges III, c. 26; c. 31, § 1; 18, Georges III, c. 45, § 3; 20, Georges III, c. 10. — Comp. Montesquieu, *Esprit des lois*, liv. XXI, c. 21, édit. de 1821, 445-448.

métropole seule pût acheter, transporter, revendre les produits américains; seule, elle fournissait au colon presque tous les objets utiles ou nécessaires qu'il ne produisait pas; sur ceux qu'il produisait, elle levait des impôts excessifs; elle lui interdisait parfois l'importation, même la fabrication de plusieurs, ou, suivant l'intérêt du moment, si elle n'allait pas jusqu'à interdire la fabrication, du moins elle l'entourait de mille obstacles.

Ce système semble avoir atteint son apogée vers le milieu du XVIIIe siècle. Un bureau de commissaires du commerce et des plantations, institué auprès du roi et du secrétaire d'État «du département du Sud», habituellement consulté et d'ordinaire écouté, exempt de toute responsabilité bien déterminée, donnant des conseils sans rien résoudre, préparant des instructions sans les exécuter, unissait alors, dans l'élaboration si délicate des règlements commerciaux, une précipitation souvent excessive à une inexpérience regrettable des difficultés de l'exécution. Son influence ne fit apparemment qu'accélérer et exaspérer la crise.

De bonne heure, les assemblées locales s'émurent. Si elles furent souvent occupées à régler ou à prohiber certaines transactions, par exemple la vente des vins et des liqueurs spiritueuses, elles le furent fréquemment aussi à défendre les intérêts commerciaux de leurs électeurs contre le roi et le Parlement[(1)]. Aux premières mesures d'oppression les colons avaient répondu par les protestations les plus vives. Leur opposition ne cessa de grandir avec l'oppression elle-même. Par des plaintes, par des avis, par des observations, par des menaces, quelquefois par des lois, ils soutinrent une lutte ardente jusqu'au jour où les restrictions dont ils souffraient devinrent une des causes décisives de la révolution de 1776[(2)]. Il suffit

(1) Voy. notamm. sur la réglementation du commerce dans la Virginie, vers 1676 et 1677, Bancroft, II, 221, 234-235.

(2) Comp., l'acte de déclaration d'indépendance, § 18, dans Poore, I, 4.

d'énoncer ces propositions un peu générales. Les détails précis et minutieux trouveront plus naturellement leur place ailleurs, où les péripéties les plus graves de la lutte seront exposées avec soin[1]. Il n'importe d'ajouter ici qu'une seule observation : jusqu'aux dernières années de la période coloniale, les colons ne contestaient guère la légalité des mesures, si rigoureuses qu'elles fussent, qui ne levaient pas dans les colonies quelque impôt sur les marchandises habituellement tenues pour être d'usage nécessaire. Le fait pouvait paraître excessif et soulever des réclamations, les mesures établies être plus ou moins obstinément éludées, le droit était rarement nié et plus souvent admis. Si, en 1678, l'assemblée législative du Massachusetts blâmait l'application de l'acte de navigation, parce qu'il émanait d'une assemblée qui ne comptait aucun représentant de la colonie, en 1679 cette assemblée, d'une indépendance peu commune, ratifiait l'acte lui-même, quoiqu'il lui parût encore inopportun[2]. De bonne heure, la Virginie en observa les dispositions[3]. D'autre part, la constitution de la Pensylvanie de 1696, reconnaissant la validité et de ce même acte et de tous les règlements commerciaux composés par la métropole, soumettait les colons à l'obligation de prêter les serments qu'ils établissaient[4]. Les colons firent longtemps ainsi une distinction curieuse et imparfaitement logique entre les décisions de la métropole qui les appauvrissaient sans les obliger absolument à bourse délier et celles qui les forçaient à payer une véritable redevance[5]. Elle se retrouve jusque dans la déclaration des droits qu'adopta le

(1) Comp., ci-après, en tête du tome III, la notice historique sur l'acte d'émancipation.

(2) Bancroft, II, 122. Comp., ci-dessus, 19-20.

(3) Enquête de 1671; Story, I, 26.

(4) Poore, II, 1534.

(5) Stokes, 13; Story, I, 131-137; Marshall, 354; Bancroft, I, 216, 221; II, 43-44, 122, 159, 185, 197-198, 252, 314-315; III, 59, 104-107, 383-390; IV, 17-19, 63-64, 146-150, 174, 256, 270, 414, 430-431; V, 88-92, 157-161, 184, 188, 191, 360; VI, 5, 31, 57, 72; surtout V, 265-267.

congrès de 1774 [1]. Ils admettaient également, pour se soumettre ou non, suivant les cas, à la suprématie de la métropole, la distinction encore très familière de nos jours, pour d'autres objets, aux jurisconsultes américains, entre les lois qui lèvent l'impôt en vue seulement de régler le commerce, et celles qui le lèvent surtout en vue de procurer un revenu à l'État [2].

Les lois proprement dites que les colonies elles-mêmes consacrèrent au commerce et à l'industrie ne sont pas d'une grande variété. Quelques-unes interdisent, comme certains statuts anglais, les monopoles, et garantissent la liberté des opérations commerciales. Un grand nombre, dans la Virginie, tendent à encourager de diverses manières la production et le trafic du tabac. Plusieurs, dans le Rhode-Island, règlent et parfois favorisent par des primes la vente de diverses marchandises, par exemple, du chanvre et du grain, et, suivant les époques, en autorisent ou en prohibent l'exportation. Un très petit nombre, dans la même colonie, prescrivent l'observation de l'acte de navigation. La plupart, en vérité, ne traitent guère que du commerce des liqueurs fortes. Tantôt il est prohibé; tantôt, et le plus souvent, il est soumis à des règlements minutieux et sévères, non sans analogie avec ceux qu'édictent certains statuts de la métropole : le marchand doit se munir d'autorisations émanées de l'autorité publique, à savoir, suivant les temps et les lieux, des juges de paix, des cours de comté, ou de quelque autre corps constitué; des cautions sont fréquemment exigées; l'autorisation, d'ordinaire révocable à tout moment, est, en certains lieux, renouvelable d'année en année; on voit la loi fixer les prix, ordonner l'affichage des tarifs dans les débits de

[1] Story, I, 134-137, surtout I, 136, note 2, résolution 4.

[2] Comp., ci-après, dans le commentaire de la constitution fédérale, celui des dispositions relatives au commerce, aux travaux publics, aux impôts; et, ci-dessus, 343, note 5.

boissons, prohiber la vente à crédit, défendre même la vente au comptant après une heure déterminée du soir, par exemple, 9 heures, interdire en particulier de vendre aux Indiens, aux apprentis, aux personnes mineures; les débits demeurent sous la surveillance constante du grand jury, des juges de paix, des constables ou d'autres autorités locales; les perquisitions sont permises, les jeux parfois défendus, parfois même la durée du séjour limitée pour chaque consommateur, les débitants facilement mis à l'amende, quand ils ne perdent pas leur licence, pour toute contravention. Les marchands forains ont également besoin d'une autorisation et n'échappent pas à la surveillance rigoureuse et constante de l'autorité publique. Sur les débitants de boissons et sur les marchands forains, des impôts spéciaux sont fréquemment levés, pour être parfois affectés à secourir les pauvres. Enfin, à diverses époques, dans plusieurs colonies, la limitation du taux de l'intérêt fut de principe, variant, sous la sanction de fortes amendes, même sous celle de la confiscation du capital prêté, de 5 p. 100 à 10 p. 100 l'an, les limites entre lesquelles le taux paraît avoir varié dans la métropole elle-même[1].

[1] Sur le commerce en général, voy. notamm. — C. N., 1767; *loco cit.*, I, 284-285; — C. S., 1709, 1737, 1738, 1740; *loco cit.*, 15, 152, 154, 171; — Conn., *loco cit.*, 85, 123-124; — Gie., 1759, 1765, 1766, 1767, 1773; *loco cit.*, 62, 115, 130, 144-145, 192; — M. B., 1645-1646, 1698, 1721; *loco cit.*, 135-140, 314-315, 493; voy. encore 287, 318, 395, 397, 642, 658; — N.-H., 2, Georges I; 4 et 27, Georges II; *loco cit.*, 57-59, 170-171; — N.-J., 1709, 1719, 1730, 1738, 1739, 1740, 1768; *loco cit.*, 9, 61, 89, 102-107, 112-114, 302-303; — N.-Y., 1713 1,729, 1737, 1741, 1750, 1751, et encore 1729-1773, *passim; loco cit.*, notamm. 92, 153, 190, 213, 285-288; — Pic., 1700, 1710, 1718, 1721, 1729; *loco cit.*, 4, 59, 88, 103-105, 154; — R.-I., 1647, 1654, 1655, 1656, 1661; Bartlett, I, 185-186, 280, 313-314, 330-331, 441; et encore 1647-1769, *passim;* Bartlett, I à VI. *passim*, notamm. I, 274, 276, 279, 307-309, 335, 382, 413, 418; II, 174, 251, 500, 502-503, 523; III, 89, 318-319, 350, 437; IV, 33, 131, 159-160, 162, 250, 294, 297, 399, 408, 410, 418, 474, 512; V, 260, 267, 340; VI, 186, 290, 343, 461, 578; voy. aussi Public Laws de

CHAPITRE XV.

LA MONNAIE, LES FINANCES ET L'IMPÔT.

La charte de la Virginie de 1606 autorisait les divers conseils de la compagnie des propriétaires à établir dans la colonie une monnaie légale dont ils devaient déterminer librement la forme et la composition(1). Dès avant 1676, le Maryland avait la sienne, frappée dans la colonie même(2). La plupart des colonies, sinon toutes, paraissent avoir eu les leurs, et même s'être servies de papier-monnaie que leurs propres gouvernements émettaient. Ce fut sans doute la condition commune avant la fin du XVIIe siècle; elle subsista durant le siècle suivant(3). Comme le roi et le Parlement dans la métropole, les assemblées locales dans les colonies eurent sous leur contrôle les monnaies de toutes sortes. Le papier-monnaie notamment y fit l'objet de lois nombreuses. Celles-ci ordonnaient ou permettaient les émissions nouvelles, en indi-

1730, 1744 et 1747; — Vie., 1619-1773, *passim; loco cit.*, I à VIII, *passim*, notamm. I, 229, 287, 300, 411, 446, 471, 487, 489, 522; II, 19-20, 113, 234, 263, 269, 287, 361, 393; — voy. encore Story, I, 26, 96; Bancroft, I, 203, 216, 219-222, 224, 229-230, 416-418; II, 221, 281, 234; Hough, I, 216, 290, 514. — Comp. Blackstone, I, 273-279; IV, 154-162, 167-168; et, ci-dessus, I, 206, 213, 231-238, 284, 312-331.

En particulier sur le taux de l'intérêt, voy. notamm. — C.N., 1741; *loco cit.*, I, 139-140; — Conn., *loco cit.*, 116; — Gie., 1755, 1759; *loco cit.*, 44, 58-59, 293-294; — Md., 1704, c. 69, §§ 1-3; — M. B. 1641, 1693, 1750; *loco cit.*, 201, 257-258, 573; — N.-H., 11, Georges III; *loco cit.*, 265-266; — N.-J., 1719, 1738-1739; *loco cit.*, 61, 110-111; — N.-Y., 1717, 1718, 1737; *loco cit.*, 111, 105, 197-198; — Pie., 1700, 1722, 1723; *loco cit.*, 1, 5, 120-121; — Vie., notamm. 1711-1736, et en particulier 1730, 1734; *loco cit.*, IV, 295, 397. — Comp. Blackstone, II, 454-464; IV, 158.

(1) Poore, II, 1890; et, ci-dessus, 102-103.

(2) Voy. notamm. Bancroft, II, 237-238.

(3) Voy. notamm. Bancroft, III, 104, 387-390; IV, 83.

quaient les motifs, en limitaient le chiffre, et faisaient tomber la contrefaçon sous le coup de dispositions répressives. Peut-être ne sera-t-il pas sans intérêt de rappeler que, dans certaines colonies, notamment le Maryland et la Virginie, le tabac était employé comme une monnaie courante, fréquemment et légalement substituée à l'argent monnayé[1].

Tout à fait à l'origine, pour certaines colonies, des moyens exceptionnels furent adoptés de lever les subsides nécessaires. On sait que la charte de la Virginie de 1612 autorisait la compagnie des propriétaires à tenir des loteries, et la charte de la Géorgie de 1732, à ouvrir des souscriptions. Sous l'empire de la première, l'autorisation durait tant que le roi ne la révoquait pas; la révocation devait être signifiée six mois avant de produire effet; la compagnie déterminait et faisait connaître par proclamation, dans tout le royaume, la nature des lots, le prix des billets, les conditions de l'émission, les heures du tirage, et nommait tous les agents, receveurs, surveillants, commissaires, auditeurs ou autres,

[1] Voy. sur le papier-monnaie et les équivalents de l'argent : — Conn. 1709, 1710, 1711, 1712, 1713, 1718; *loco cit.*, 145-148, 152-157, 169-171, 175, 183, 185-186; — Gie., 1755, 1760, 1773; *loco cit.*, 43, 66, 188, 193; — Md., 1692-1776, *passim; loco cit., passim;* — N.-H., 13, Anne; 12, Georges II; *loco cit.*, 33-34, 171-172; — N.-Y., 1709, 1710, 1711, 1716, 1717, 1721, 1722, 1723, 1724, 1725, 1726, 1727, 1728, 1729, 1730, 1733, 1740, 1774, et encore 1751-1773, *passim; loco cit.*, notamm. 9, 11, 14, 41, 77, 80-81, 85, 97, 99, 109, 119-120, 127, 131, 133, 139, 145, 150, 419-441; — Pie., 1722-1723, 1775; *loco cit.*, 120, 533-536; — R.-I., 1707-1740, *passim; loco cit.*, IV, *passim*, notamm. 96, 102, 105, 117, 164, 176, 196, 201-202, 210-211, 237, 240, 252, 295, 297, 318, 350, 382, 405, 408, 409, 411, 417, 454-455, 463, 487, 517, 537-538, 549-550, 561, 579, 581, 590, 592, et encore 1757-1769, *passim; loco cit.*, VI, *passim*, notamm. 149, 162, 177, 181, 214, 252, 261, 328, 392, 413; VII, 24, 320, 353, 389; — Vie., notamm. 1764-1773, *passim; loco cit.*, VIII, *passim;* — joignez Bancroft, II, 237-238; III, 104, 387, 390; IV, 83; Marshall, 214, 234-235; et, ci-dessus, I, 51-52; II, 261-262, 320. — Comp. Blackstone, I, 276-279, 329-331; IV, 84, 88-89.

qu'elle jugeait nécessaires; chacun de ces agents prêtait, s'il en était requis, devant le président et deux membres de la compagnie, les serments propres à sauvegarder les intérêts et de la colonie et des preneurs de billets; enfin, à tout maire, juge de paix, shérif, bailli, constable, fonctionnaire public ou sujet du roi, recommandation était faite, non seulement de n'opposer aucun obstacle, mais de contribuer, par tous les moyens honnêtes, au succès de l'entreprise[1]. Sous l'empire de la seconde, dans toute réunion spécialement annoncée et tenue à cet effet, la compagnie pouvait, à la majorité des membres présents, décider que des souscriptions seraient ouvertes, et nommer, sauf à révoquer librement plus tard le mandat, les personnes qui auraient charge de recueillir les promesses et l'argent[2]. Le roi enleva, comme on sait, en mars 1621, aux propriétaires de la Virginie, une autorisation dont ils avaient tiré grand parti[3]. Les propriétaires de la Géorgie, eux, durent sans doute abandonner bientôt un système qui ne pouvait manquer de lasser la patience des habitants de la métropole, quand les colons venaient à paraître capables de payer, au moyen d'impôts, les dépenses de la colonie[4].

Nombre de lois coloniales, à l'exemple de la métropole, proscrivirent au moins les loteries privées, l'achat même et la vente des billets étant interdits, des enquêtes établies, des serments prescrits, de fortes amendes, des confiscations, même l'emprisonnement, édictés pour faire prévaloir l'interdiction. Des lois aussi nombreuses, analogues à certains statuts anglais, autorisaient, particulièrement dans les provinces de New-Jersey et de New-York, et dans le Rhode-Island, les loteries, dont les bénéfices devaient ou appartenir au trésor, ou être consacrés à soutenir des institutions d'utilité publique, les collèges, par exemple. Mais il

(1) Poore, II, 1907-1908.

(2) Poore, I, 372; et, ci-dessus, I, 340-341.

(3) Voy., ci-dessus, I, 28.

(4) Voy., ci-dessus, I, 187-190.

n'y faut voir, encore une fois, que des lois d'exception, dont les textes limitaient d'ordinaire l'application à des circonstances ou à des objets minutieusement déterminés [1]. C'étaient aussi des mesures tout exceptionnelles que les emprunts, dont en général des lois précises, non sans analogie avec celles de la métropole, permettaient l'émission, fixaient les conditions et assuraient le remboursement [2].

De bonne heure partout, la source des revenus nécessaires fut la levée d'impôts. A peine, en effet, à une époque voisine de leur fondation, les diverses colonies eurent-elles des assemblées législatives, que celles-ci se mirent à soumettre par des lois les colons à des contributions régulières. Quelques textes de droit constitutionnel reconnaissent, et ni le gouvernement de la métropole ni les propriétaires ne contestèrent la légitimité de cette action législative [3]. Les gouverneurs, représentants du roi ou des propriétaires qui les nommaient, demandaient aux assemblées locales les ressources dont ils avaient besoin [4]. Tant s'en fallait que sur la

(1) C. S., 1762; *loco cit.*, 256-257; — Gie., 1764, 1765; *loco cit.*, 580, 583; — N.-H., 27, Georges II; *loco cit.*, 181; — N.-J., 1730, 1748, 1760, 1762, 1772, 1774; *loco cit.*, 88-89, 157, 187, 234-235, 252, 385, 445-447; — N.-Y., 1721, 1747, 1748, 1753, 1754, 1759, et encore 1751-1773, *passim*; *loco cit.*, *passim*, notamm. 124, 277, 284, 312, 316, 345, 377; — Pie., 1729, 1762; *loco cit.*, 155, 292-293; — R.-I., 1733; Bartlett, IV, 478; 1757-1776, *passim*; *loco cit.*, VI-VII, *passim*, notamm. VI, 8, 155, 209, 215, 236, 237-238, 254, 262, 269, 287, 290, 293-294, 304-305, 307-308, 316, 321, 356, 398, 527, 530, 545, 577, 598; VII, 21, 36, 38-39, 48-49, 52-53, 193-195, 199, 206, 220, 242, 245, 248, 250, 256, 263, 271; voy. aussi Public Laws de 1741; — Vie., notamm. 1748-1755, *passim*; *loco cit.*, VI, *passim*; — comp. Blackstone, IV, 168.

(2) Voy., ci-après, les lois citées sur l'impôt, et comp. Blackstone, I, 139-140, 168-170.

(3) Conn., ordr. fondam., 1638, § 10; N.-H., com., 1679; N.-J. occid., com., 1680; Pie., ch. roy. 1681; LL. const., 1682, SS 4 et 40; M.-B., ch. 1691; Poore, I. 251, 952; II, 1277, 1515, 1524, 1526-1527; Bancroft, II, 360; et, ci-dessus, I, 292-294.

(4) Comp. N.-H., com. 1679; Poore, II, 1277; I, et, ci-dessus, 292-294; II, 73.

quotité des subsides, la durée des affectations, la qua ité des fonctionnaires qui feraient emploi des sommes allouées, on vît toujours un prompt accord s'établir [1]. Les gouverneurs réclamaient des allocations bien déterminées, perpétuelles ou sans limitation précise de durée, ou au moins d'une durée égale à quelques années; les assemblées locales maintenaient fermement ce principe que les subsides fussent sollicités et accordés, chaque année, seulement pour l'année courante ou pour la suivante [2]. Quelques taxes de quotités diverses, levées, à diverses époques, pour un temps indéfini, dans le Maryland et la Virginie, sur les exportations de tabac ou sur le tonnage des navires, ne présentent que le caractère de mesures absolument exceptionnelles et extraordinaires [3]. Quelquefois les assemblées allaient jusqu'à refuser irrévocablement les allocations sollicitées pour certains objets [4]. Plus souvent elles subordonnaient volontiers à des conditions le vote de tout subside. Tout particulièrement elles auraient voulu que des fonctionnaires nommés par elles perçussent l'impôt, fussent autorisés par elles seules à le dépenser, et leur dussent compte de la dépense [5]. Cette prétention semble n'avoir pas généralement triomphé. La règle fut apparemment que la perception, la gestion, la dépense, fissent partie, dans les provinces royales, comme dans la métropole, des attributions de fonctionnaires nommés par le roi, de celles d'agents choisis par les propriétaires dans les colonies de propriétaires, sauf la Pensylvanie, qui, vers le milieu du XVIIIe siècle, conquit, à cet égard, le régime des colonies de charte, et, dans ces dernières, à l'exception du Massachusetts où le gouverneur nommé par le roi ordonnait avec l'assentiment du conseil royal

(1) Bancroft, III, 102.

(2) Bancroft, III, 34, 49, 64; IV, 35, 52-53, 103-104, 148.

(3) Bancroft, II, 237-238, 247; IV, 138.

(4) Compar. Bancroft, IV, 175, 253.

(5) Bancroft, III, 26, 39, 49, 61; comp. 64.

l'emploi des deniers publics[1], de celles de fonctionnaires nommés par l'assemblée législative ou le gouverneur, eux-mêmes mandataires du peuple[2].

Si l'on excepte, d'une part, les instructions royales et celles des propriétaires destinées à maintenir, pour certaines colonies, les réserves que le lecteur vient de voir, et, d'autre part, dans les dernières années de la période coloniale, certains actes arbitraires du Parlement anglais, dont l'objet sera indiqué plus loin, les actes de droit constitutionnel présentent peu de dispositions sur cette matière importante de l'impôt : la charte du Massachusetts de 1691 recommandait simplement qu'il fût modéré, et, en général, proportionnel à la valeur des biens imposés[3]; auparavant, les ordres fondamentaux du Connecticut de 1638 avaient décidé que, les bourgs venant à être imposés, une commission, où tous seraient également représentés, ferait entre eux la répartition[4]. Sans parvenir, encore un coup, du moins hors de la Pensylvanie et des colonies de charte, à les faire prévaloir toutes également toujours et partout, les assemblées coloniales, elles, au contraire, multipliaient les lois sur la détermination, l'assiette, la répartition, même la perception et l'emploi des redevances publiques. Les deux chambres paraissent n'avoir pas eu des droits différents, qui eussent permis à l'une d'elles de disposer, si peu que ce fût, des deniers des colons sans l'assentiment de l'autre. Le conseil surtout, qui, dans le plus grand nombre des colonies, tenait son mandat du roi ou des propriétaires, n'y représentait, en aucune manière, le peuple, lequel, comme le proclamait, au commencement du XVIIIe siècle, la chambre des représentants de la colonie

(1) Ch. 1691; Poore, I, 952.

(2) Pie., ch. 1882, § 17; ch. 1683, § 16; Poore, II, 1522, 1529; comp. Bancroft, III, 26; IV, 140-141, 253, 372. V. cependant, ci-dessus, 279. Comp. 73, 83, 117-119, 222-223, 270-271.

(3) Poore, I, 952.

(4) § 11; Poore, I, 251.

de New-York, ne voulait ni ne pouvait être dépouillé contre son gré d'aucune partie de ses biens [1].

L'impôt, levé par l'assemblée législative pour les dépenses générales de la colonie, et par elle, notamment dans la Pensylvanie, jusque sur les biens des propriétaires, l'était, en certains cas, dans les subdivisions, pour les dépenses du lieu, ou, sur une délégation de la loi, comme dans les comtés de la métropole, par les autorités locales, ou par le peuple lui-même, dont les réunions périodiques dans chaque bourg de la Nouvelle-Angleterre pourvoyaient à l'entretien du clergé, des écoles, des routes, et au soulagement des pauvres. D'ordinaire réparti par l'assemblée législative entre les diverses circonscriptions de la colonie, il l'était entre les habitants de ces dernières, par les assesseurs, les *selectmen,* les commissaires de comté ou les juges de paix. Ces commissaires et ces juges agissaient de concert avec des délégués que le peuple élisait à cet effet. Les assesseurs, eux, durent parfois s'aider du concours et des juges de paix et de francs tenanciers élus. D'autres fois on vit l'assemblée elle-même faire la répartition entre les principales circonscriptions seulement, les comtés, et, sous le nom d'inspecteurs des taxes du comté, des francs tenanciers, élus annuellement par les habitants, l'opérer entre les bourgs, ne laissant aux assesseurs que le soin de l'accomplir entre les habitants de chacun de ceux-ci. Même dans la métropole, pour certaines taxes au moins, les grands tenanciers du comté avaient à jouer le rôle de répartiteurs. La répartition, au surplus, paraît avoir été d'un usage fréquent, dans les colonies, comme dans la métropole. Parmi les biens, les fonds de terre et les esclaves, ou tout au moins les esclaves au-dessus d'un âge déterminé, capables de travailler, furent ceux que l'impôt atteignit le plus fréquemment. Divers genres de commerce, surtout la vente des liqueurs et le trafic des marchands forains, échappaient

[1] Comp. Bancroft, III, 65.

rarement à des redevances spéciales. La manière d'évaluer les biens imposables était déterminée. Les taxes personnelles se payaient au lieu de la résidence, les taxes réelles à celui de la situation des biens. Les shérifs, les constables, les *selectmen*, le conseil de fabrique, ou des francs tenanciers désignés par les juges de paix ou les habitants, revisaient annuellement la liste des contribuables. Des dispositions diverses punissaient la dissimulation des biens. Souvent les membres du clergé, les écoles des divers degrés, les pauvres, furent exempts. Suivant des règles précises, la décharge pouvait être accordée ou la réduction prononcée. Les demandes, à cet effet, semblent avoir été adressées tantôt et souvent aux cours de sessions que tenaient les juges de paix, tantôt aux cours de comté ou aux conseils de fabrique. Parfois elles durent être précédées du payement intégral et provisoire de la quote exagérée ou abusive. L'ordre écrit de procéder à la perception venait des assesseurs, des commis du bourg, des trésoriers locaux, des juges de paix. Suivant les lieux, les *selectmen*, les constables, les collecteurs, opéraient le recouvrement. Les saisies permises pour l'assurer n'échappaient pas à une réglementation minutieuse. C'étaient parfois les juges de paix qui devaient les ordonner, le plus souvent les constables ou les collecteurs qui les accomplissaient. Les trésoriers locaux recevaient compte du recouvrement et des deniers recouvrés, à charge de rendre compte, à leur tour, au trésorier général ou à quelque autre autorité compétente, en lui remettant les sommes destinées à l'État. D'ordinaire, la loi qui autorisait la levée de l'impôt en prescrivait un emploi déterminé, par exemple, le payement des dettes échues, même, à l'imitation de la métropole, la constitution ou l'augmentation d'un fonds d'amortissement. C'étaient encore des lois précises qui, autorisant les dettes de la colonie ou de ses subdivisions, réglaient les modalités du payement. Plus d'une fois, un ordre écrit émané de quelque autorité de la colonie, par exemple, du gouverneur et du conseil, fut nécessaire pour autoriser les comptables des deniers publics à les sortir du trésor. Des mesures sévères, en particulier la responsabilité pécuniaire bien définie, prévenaient ou réprimaient la négligence ou les malversations de ces agents. Enfin l'assemblée législative nommait, au besoin, à son gré, des commissaires chargés de reviser tous les comptes.

Non seulement les assemblées coloniales avaient coutume de lever l'impôt sur les colons, mais elles prétendaient, comme les observations qui précèdent ont pu le faire pressentir, en avoir seules le droit.

L'acte de concession du Maine de 1639 autorisait les propriétaires à établir des douanes et des péages, et l'on sait que plusieurs chartes leur donnaient la faculté de créer des redevances dans les ports[1]. Partout où ils essayèrent d'imposer, ils trouvèrent une résistance opiniâtre. Si l'on excepte le Maryland, où, dans un succès incomplet de brève durée, une transaction leur permit simplement de soumettre à une taxe les navires possédés par d'autres que des colons, et à l'obligation de se pourvoir d'une licence payée les fauconniers, les marchands forains et les débitants de boissons et d'aliments[2], ils ne réussirent nulle part. Ailleurs, au cours du XVIIIe siècle, ils ne renouvelaient même plus leurs tentatives[3].

Le gouvernement de la métropole fit autrement. Plusieurs actes constitutionnels lui conféraient à coup sûr le droit de lever l'impôt, ou montraient que son intention avait été de se le réserver. Le roi promettait, dans les chartes de la Nouvelle-Angleterre de 1620 et du Massachusetts de 1629, de ne pas en user pendant un temps déterminé[4], dans la charte royale de la Pensylvanie de 1681, de

(1) Me., conces. 1639; Poore, I, 779; comp., ci-dessus, 333-334.

(2) Bancroft, II, 237; IV, 138. La taxe sur les navires donna un revenu annuel de 5,000 dollars; *loco cit.*, IV, 138.

(3) Voy., ci-après, 355, note 5.

(4) N.-A., ch. 1620; M. B., ch. 1629; Poore, I, 927, 938.

ne l'exercer que par acte du Parlement, sinon avec l'assentiment du propriétaire et de l'assemblée locale[1], et, dans la seule charte du Maryland de 1632, de n'en faire aucun usage[2]. La plupart des chartes, on le sait, furent abrogées ou tombèrent en désuétude. Pendant quelques années, le gouvernement de la métropole se contenta de demander aux assemblées coloniales les subsides nécessaires. Mais l'époque vint où, celles-ci portant une liberté toujours croissante dans l'examen des demandes des gouverneurs royaux, il voulut, sans s'adresser à elles, obliger directement les contribuables à lui fournir l'argent que ses représentants réclamaient d'elles parfois en vain[3]. Les taxes d'un service commun des postes, et, tant qu'elles n'atteignirent pas des taux excessifs, les redevances douanières furent les seules sources de revenus qu'il put créer sans soulever de trop vives protestations[4]. L'opinion des Anglais était d'abord que le bon plaisir du roi suffisait. Elle rencontra, comme les prétentions fiscales des propriétaires, les critiques les plus acerbes, une forte opposition, même le refus absolu d'obéissance[5]. Au milieu du XVIIIe siècle, les personnages les plus importants du Royaume-Uni se prirent à penser que l'assentiment des Chambres anglaises serait suffisant, mais nécessaire. Ce nouvel avis prévalut définitivement, vers 1763, dans les conseils de la métropole. Aussitôt le Parlement inaugurait toute une série de mesures fiscales, dont les plus célèbres furent l'acte du timbre et celui du thé; il imaginait les exactions les plus nombreuses et les plus variées, qui enveloppaient les

(1) Poore, II, 1515.

(2) Md., ch. 1632; Poore, I, 816. Il ne devait pas même taxer les marchandises chargées ou déchargées dans les ports de la colonie. *Loc. cit.* Comp., ci-dessus, I, 253, 255.

(3) Comp. Bancroft, III, 101; IV, 133, 137.

(4) *Ibid.*

(5) A cet égard, sur la condition des colonies suivantes : Vie., en 1624 et 1662, M. B., en 1632 et 1686, N.-Y., en 1644, 1647, 1653, 1658, 1670, N.-J., en 1665, Md., en 1676, N.-J. occid., en 1678 et 1680, R.-I., en 1687, voy. Bancroft, I, 190, 363; II, 119, 204-205, 235, 304, 307-308, 316, 321, 359, 425-427, 429.

colonies comme d'un véritable réseau; et, pour couronner l'œuvre, il prétendait attribuer la connaissance des contraventions à des juges nommés par le roi, auxquels la majeure partie, sinon l'émolument entier de leur salaire, devait venir des condamnations qu'eux-mêmes auraient prononcées.

Maintes fois les colonies avaient déclaré, contre les propriétaires ou le roi, qu'en sa qualité de sujet anglais le colon était légalement soumis aux seuls impôts dont ses propres représentants ordonnaient la perception[1]. Selon la formule que l'on trouve dans les lois jointes à la charte de la Pensylvanie de 1682, elles assimilaient à un acte de véritable hostilité et à une trahison des libertés populaires toute création de redevances qui n'émanait pas des assemblées coloniales[2]. Contre le Parlement elles renouvelèrent les protestations, avec une énergie toujours croissante. Leurs assemblées locales discutèrent et adoptèrent des mémoires solennels, où le privilège le plus précieux des sujets de la libre Angleterre fut souvent invoqué et réclamé au nom d'un peuple qui le tenait de ses pères, croyait l'avoir porté dans sa nouvelle patrie, ne l'avait jamais abandonné, et affirmait avoir souvent obtenu que la métropole lui permît de le revendiquer comme un droit. De la sorte, la Virginie ne fit pas entendre moins de trois objurgations, en quatre ans, de 1765 à 1769; le Massachusetts protesta deux fois au moins, dans le même temps; dès 1765, la métropole recevait les plaintes de la Caroline du Sud, du Connecticut, de la province de New-York, de la Pensylvanie, du Rhode-Island; et, vers 1769, le Delaware et toutes les colonies situées au sud de la Virginie s'approprièrent les termes mêmes du troisième mémoire de cette dernière. Les

(1) A cet égard, sur la condition des colonies suivantes : M. B., en 1632 et 1634, Md., en 1650, M. B., en 1661, N.-J., en 1664, C., en 1667, N.-H., en 1680, N.-Y., en 1691, 1708, 1709, 1754, Vie., en 1630, 1652, 1676, 1677, voy. Bancroft, I, 199, 257, 363 et 367; II, 73-74, 116, 151, 220, 234, 316; III, 39, 56, 62, 64; IV, 165, 253.

(2) §§ 4 et 40; Poore, II, 1524, 1526, 1527.

paroles ne suffisant point, l'engagement mutuel fut pris, et tenu, au moins en partie, de ne pas user des objets dont les taxes nouvelles frappaient l'importation ou l'usage. En divers lieux, la seule présence des fonctionnaires chargés de la perception souleva des manifestations tumultueuses, et l'arrivée ou le déchargement des objets taxés excita des scènes de violence.

Une résistance si vive fit abandonner quelques-unes des applications du principe, cher aux Anglais, du droit absolu pour le Parlement d'imposer les colons, mais ces derniers combattaient le droit lui-même, et ils ne cédèrent point. Dans la métropole, plusieurs des hommes d'État les plus éminents doutaient qu'il fût fondé; des esprits clairvoyants apercevaient d'une vue très nette qu'à vouloir le maintenir, le gouvernement s'exposait au danger d'une révolution terrible; au sein des Chambres anglaises, les avertissements ne manquèrent point; rien ne put empêcher le Parlement de perpétuer, pour l'honneur du principe, une des taxes que les colons refusaient de subir. Des explications plus précises encore trouveront naturellement leur place ailleurs, où seront exposés avec soin les divers motifs et les principales péripéties de la révolution qui rendit les colonies indépendantes [1]. Il suffit d'ajouter ici que cette obstination en devint la cause essentielle [2]. Dans tout le droit public de

[1] Voy., en tête du tome III, ci-après, la notice historique sur l'acte d'émancipation.

[2] Plus particulièrement sur les discussions entre les colonies et la métropole, voy. notamm. Marshall, 350-457, 469-486, *passim;* Story, I, 131-138; Bancroft, III, 62, 383; IV, 4, 33-34, 52, 54, 58, 84-86, 91, 100, 115-116, 165, 171-173, 178, 180, 222-223, 230, 249-250, 254, 370-371, 441-442, 447-448; V, 81-82, 87-88, 94, 104, 109, 137, 151, 154, 187-188, 197-201, 226, 234, 238, 243, 246, 275-276, 348-349, 366-367, 384-387, 391-395, 434-457, 511-519; VI, 76-77, 84, 146, 276-288, 303, 318, 366, 404, 478-479, 511-519; VII, 202, 243; Murray, I, 334-400

Sur le régime financier créé ou maintenu par les lois coloniales, voy. plus spécialement: — Conn., 1708, 1710, 1711, 1712, 1713, et encore 1713-1718, *passim; loco cit.*, notamm. 66, 100-103, 136-141, 153-156, 176, 182, 184, 186; — Gie., 1755, 1757, 1759,

la métropole, le lecteur le sait à coup sûr, il n'y avait pas une

1760, 1761, 1762, 1763, 1764, 1765, 1766, 1767, 1768, 1770; *loco cit.*, 44, 46, 48, 57, 61, 64-65, 73-74, 79-80, 84, 86, 98, 104, 109, 113-117, 125-128, 131, 142, 149, 152, 157, 160, 180; — Md., 1650, c. 23, c. 25, c. 28; 1704, c. 27, §§ 1-2, 4-5, 7-9; 1715, c. 36, §§ 1-4, 6, 7-17; 1716, c. 3, §§ 2-5; 1717, c. 2, §§ 3-4; 1719, c. 12, §§ 2-3, 5-7; 1720, c. 26, §§ 2-4; 1724, c. 10; 1725, c. 4; 1728, c. 8, §§ 4-5; 1731, c. 18, §§ 1-4; 1735, c. 6, § 4; 1751, c. 27, §§ 6-7; *loco cit.*; — M. B., 1634, 1646, 1651, 1665, 1692, 1700, 1707, 1730, 1751, 1756; *loco cit.*, 69-72, 214, 249, 370-371, 382, 475, 577, 610; — N.-H., 4, Anne; 4 et 5, Georges I; 5, 12 et 27, Georges II; *loco cit.*, 155-157, 160, 168, 170, 172, 177-178; Lois temporaires, 1770, 38-40; — N.-J., 1704, 1709, 1710, 1711, 1714, 1716, 1717, 1719, 1727, 1728, 1730, 1738, 1739, 1741, 1742, 1743, 1747, 1751, 1760, 1769, 1770; *loco cit.*, 4, 9-10, 13-14, 41, 59, 60-61, 80, 97, 111, 124, 126, 128-129, 171, 190, 317-332, 341; — N.-Y., 1691, 1692, 1693, 1694, 1695, 1700, 1701, 1702, 1703, 1704, 1706, 1708, 1709, 1710, 1711, 1713, 1714, 1715, 1716, 1719, 1720, 1722, 1724, 1726, 1729, 1743, 1748, 1771, et encore 1751-1773, *passim; loco cit.*, *passim*, notamm. 5, 16-17, 21-23, 38, 42-44, 47, 51, 55-57, 64, 69-70, 75-80, 82-83, 85-86, 90-94, 100, 105, 112-114, 119, 128, 133, 139, 145, 152-153, 226-228, 280-281, 581-601; — Pie., 1700, 1705, 1710, 1712, 1713, 1715, 1717, 1718, 1719, 1720, 1721, 1722, 1724, 1756, 1772, 1773; *loco cit.*, 16, 57, 60-66, 73, 82, 84, 87, 100-101, 111, 131-133, 147, 257-263, 270, 330, 451-459, 474, 482, 516; — R.-I., 1655-1776, *passim; loco cit.*, I à VII, *passim*, notamm. I, 306; II, 358-359, 379-380, 412-413, 436, 510-512, 521-522; III, 22, 34, 47, 113, 134, 189, 236, 239, 280, 300, 303, 308, 314, 318, 324, 343, 348, 369, 401, 417-418, 422, 426, 448, 450-451, 456, 466-467, 484, 487-489, 500, 502, 504-505, 520, 532-533, 540, 557, 559, 562, 564; IV, 24, 34, 46, 65, 70, 74, 84, 100, 106, 164; V, 227, 243, 392, 395, 472, 547; VI, 25, 62, 66, 96, 105, 131, 177, 186, 212, 231, 262, 337, 373, 405, 464, 507, 518, 605; VII, 35, 54, 212, 258; — Vie., 1619-1773, *passim; loco cit.*, I à VIII, *passim*, notamm. I, 123-124, 142-143, 171, 176, 195-196, 218, 229, 241-242, 244, 280-282, 301, 312, 319-320, 330, 342-343, 383, 400, 450, 469, 491-492, 512-514, 523, 536, 546-547; II, 15, 24, 35, 128, 130, 133-134, 176-177, 186, 218, 259, 283, 297, 307, 309-310, 357, 360, 392, 396, 413, 443, 466, 470, 480, 507; — comp. Stokes, 162; Story, I, 25-26, 40, 47, 65, 73, 77, 79; Bancroft, I, 190, 199, 205, 257, 363, 367; II, 73-74, 116, 119, 151-152, 204-205, 220, 234-235, 237-238, 247, 304, 307-308, 316, 321, 359-360, 425-427, 429; III, 26,

seule règle mieux établie que la nécessité de l'aveu des contribuables ou de leurs représentants pour la levée de l'impôt[1].

CHAPITRE XVI.

DES RAPPORTS DES COLONIES ENTRE ELLES.

Dans les patentes données en 1643 aux établissements de Providence et de Rhode-Island, on peut voir que des commissaires, chargés par le roi de veiller d'Angleterre à l'administration des colonies, se réservaient de régler, au besoin, les relations de la colonie nouvelle avec le «reste des plantations» d'Amérique, ainsi qu'ils jugeraient convenable pour «le bien desdites plantations, l'honneur de Sa Majesté et le service de l'État»[2]. Deux chartes de la Caroline déclaraient cette colonie absolument indépendante des autres[3]. Aux termes de la charte de 1732, le commandement des forces militaires excepté, la Géorgie ne devait dépendre en rien de la Caroline du Sud, avec laquelle elle faisait corps auparavant[4]. Les commissaires mentionnés dans les patentes précitées de Providence et de Rhode-Island et le gouvernement de la métropole lui-même semblent ne s'être occupés le plus souvent que des rapports commerciaux des colonies. La métropole tenait cependant qu'aucune ne pouvait, sans l'assentiment du cabinet anglais, former avec les autres des ligues ou traités. Elle toléra

34, 39, 49, 56, 61-62, 64-65, 101-102; IV, 35, 52-53, 103-104, 133, 137-138, 140-141, 148, 165, 175, 253, 372. — Voy., sur le régime financier de la métropole, Blackstone, I, 139-140, 168-170, 184, 306-337, 358-365, 394-395.

(1) Blackstone, *loco cit.*

(2) Poore, II, 1594-1595; et, ci-dessus, I, 260-261. — Cet acte a été généralement cité, dans le texte et les notes de ce livre, avec la date que lui assigne le recueil de M. Poore. La vraie date est 1644; Bancroft, I, 425, et les autorités indiquées par cet auteur. Comp., ci-dessus, I, 127-129, 258, 261.

(3) Ch. 1663, § 17; ch. 1665; Poore, II, 1389, 1396-1397.

(4) Poore, I, 373, 375, 354-355; et, ci-dessus, I, 182-183, 345.

plutôt qu'elle n'approuva toujours, quand elle ne s'en servait pas, les alliances accidentelles et provisoires plus d'une fois conclues entre plusieurs. Si, d'ailleurs, plus d'une fois, même sans son aveu, des projets de confédération permanente et générale furent formés, ceux-ci, jusqu'à la révolution de 1776, comme on le verra, ne manquèrent jamais d'avorter [1] En droit, rien, sauf l'autorité commune du gouvernement anglais, ne reliait les colonies les unes aux autres. Aucune ne pouvait faire des lois que les autres fussent obligées de respecter, aucune accorder des droits ou privilèges qui eussent plus de valeur dans les autres que dans un pays étranger quelconque. Mais il était, en principe, généralement admis que les habitants de chacune pouvaient se transporter dans toutes, et partout acquérir, posséder, transmettre [2]. Pour les relations extérieures, toutes suivaient, dans la guerre et dans la paix, la condition de la métropole [3].

Autant que le permettait l'imperfection des moyens de correspondance et de voyage, les habitants des diverses colonies étaient en rapports fréquents. Si leurs gouvernements agitèrent parfois des discussions un peu vives, dont les délimitations de frontières furent la principale cause, plus souvent on vit l'avantage attendu des relations commerciales, le danger des incursions des Indiens, la crainte des empiétements de la France, les entreprises mêmes de l'Angleterre contre les libertés publiques, cimenter et accroître, presque sans interruption, une active communauté de bons offices. L'indépendance légale, que chacune des colonies avait à l'égard des autres, ne faisait pas qu'une action commune, l'union, ne parût possible et opportune pour la défense des intérêts communs. Pendant plus d'un siècle, du traité de Westphalie à

[1] Voy., ci-après, 370-387. — [2] Voy. cependant, ci-dessus, 242-248. — [3] Story, I, 123-125.

celui de Paris, l'entente fut dirigée contre les indigènes ennemis et les Français, plus portés bientôt à joindre qu'à séparer leurs efforts dans la guerre aux Anglais; puis, elle se retourna brusquement contre la métropole. Les longues luttes que, l'une contre l'autre, la France et l'Angleterre soutenaient alors, s'étendaient vite de l'Europe au continent américain, lorsqu'elles ne s'étaient pas ouvertes sur ce dernier. Les deux nations rivales aspiraient à la suprématie dans le nouveau monde, comme dans l'ancien. Se cherchant des alliés partout, elles se disputèrent, en Amérique, le secours des Indiens, dont elles exploitaient, à leur profit, les rivalités, les habitudes guerrières, pour ne pas dire les vices eux-mêmes. Le temps ne tarda donc pas à venir, où, dans toute campagne des tribus, l'influence, l'instigation, les menées de l'une ou l'autre des deux grandes ennemies, se laissèrent toujours facilement discerner, si les troupes européennes et leurs auxiliaires indigènes ne marchaient pas toujours côte à côte [1]. Dès lors, pour les établissements de l'Angleterre, la crainte des tribus hostiles se confondit avec celle des Français, et tout échec infligé aux habiles et infatigables instigateurs de l'hostilité indienne leur sembla, à bon droit, le moyen le plus sûr d'affaiblir ou d'écraser les indigènes devenus ainsi entre Français et Anglais une nouvelle cause d'animosité implacable. C'est, du reste, chose digne d'attention, et la remarque en a été déjà faite, que l'ardeur des colons anglais contre la France dépassait celle de la métropole [2]. Ils tremblaient de voir leur commerce de fourrures, leurs pêcheries, troublés, accaparés par elle [3]. Souffraient-ils de vexations nombreuses, ils connaissaient son régime colonial, duquel ils ne pouvaient logiquement attendre une domination plus douce [4]. La persécution, tant qu'elle n'eut pas atteint les derniers excès, n'étouffa pas leur vieille affection pour la mère

(1) Comp. Marshall, 280-281; et, ci-après, 363-366.

(2) Voy., ci-dessus, I, 45, note 2.

(3) Comp. Marshall, 264; Bancroft, III, 178-179.

(4) Comp. Bancroft, IV, 457-459.

patrie[1]. Ils ne songeaient pas à une indépendance absolue que peut-être ils auraient eu d'abord quelque peine à défendre contre les attaques simultanées, sinon combinées, des puissances européennes[2]. Peut-être enfin espéraient-ils que, les Français affaiblis, diminués, chassés du continent américain, le développement des colonies anglaises n'ayant plus son frein et son contrepoids le plus puissant, la métropole jugerait prudent de montrer plus de modération[3]. Ce danger de la victoire fut-il aperçu par l'Angleterre? Il y a telle campagne, projetée d'un commun accord entre elle et ses colons, où la célérité de l'action semblait promettre le succès, et où la temporisation, qui compromit tout, n'a pas d'autre explication facile qu'un secret désir d'éviter une réussite trop prompte et trop complète[4]. Cependant la victoire décisive obtenue sur la France, la sage prudence, que les Américains avaient pu souhaiter, ne parut pas de mise. Quelques années plus tard, les hommes d'État français se consolaient presque de leur empire détruit en Amérique, à la pensée que l'arrogance tyrannique du vainqueur, ne connaissant plus de bornes, pousserait fatalement les colons à une révolte heureuse. L'évènement confirma leurs prévisions[5]. C'est alors que l'alliance, élevée d'abord contre la France entre les diverses colonies, retombait de tout son poids sur l'Angleterre[6]. La France elle-même vint, dans la crise décisive, aider efficacement par ses armes à l'émancipation des États-Unis. Mais

(1) Comp., ci-après, 387-396.

(2) Ci-dessus, *Introduction*, et, I, 1-192, *passim*.

(3) Comp. Bancroft, IV, 460.

(4) Comp. Marshall, 269-273; Bancroft, III, 464-465.

(5) Comp., sur les sentiments de Choiseul, Vergennes, Turgot, des ambassadeurs de la France en Angleterre, de ses envoyés en Amérique, notamm. Bancroft, IV, 460-461; V, 340-341; VI, 180-181; VII, 89-90, 174-175, 284, 351-352; VIII, 102-104, 133-134, 146-147, 216-217, 330-344. Voy. aussi Russell, *Life and Times of C. J. Fox*, I, 42. Joignez *American Biography*, X, 102-105.

(6) Comp. Kent, I, 205-206; Cooley, *Constitutional Limitations*, 6-7; Elliot, *Debates on the adoption of The Federal Constitution*, édit. de Philadelphie, 1876, 5 vol. in-8°; V, 109-110; *American Biography, loco cit.*

elle avait eu, on le voit, la singulière fortune d'en servir la cause, de longue date, tantôt par son inimitié, tantôt même par ses défaites.

Est-il besoin de le dire, la métropole toléra, elle encouragea même volontiers l'action commune, l'union, tant qu'elle s'en servit et pourvu qu'elle en profitât. Il ne lui déplaisait pas d'en recevoir des secours considérables, soit en hommes, soit en argent. Elle acceptait volontiers que les colonies travaillassent, même seules, soit à la défense, soit à l'extension de son empire colonial [1]. Elle pouvait garder ainsi et gardait volontiers une plus grande partie de ses propres troupes et de ses propres richesses pour ses campagnes d'Europe. Comme l'action commune, les plans d'expansion ou de protection, la répartition des contingents d'hommes et d'argent, la levée des troupes et des subsides, supposaient des pourparlers, une entente, des traités plus ou moins formels, elle laissait ou au besoin faisait naître, autant qu'elle y avait intérêt, les occasions d'accord, par exemple, les réunions de hauts fonctionnaires ou de mandataires des colons. Tantôt les gouverneurs, tantôt des commissaires des diverses colonies généralement élus par les chambres législatives, se réunissaient pour arrêter les mesures d'ensemble convenables [2].

Si l'histoire a pu ne pas garder le souvenir de toutes les correspondances et de toutes les négociations qui durent précéder tout acte accompli de concert par les colons, elle a du moins conservé celui d'assemblées tenues et de nombreuses entreprises accomplies par eux en commun. En 1643, surtout pour résister aux attaques de la France, de la Hollande et des sauvages, les colonies du Massachusetts, de New-Plymouth, du Connecticut et de New-Haven formaient une ligue qui ne dura guère moins de cinquante ans [3].

(1) Comp. Marshall, 196; et, ci-dessus, I, 44-45.

(2) Kent, I, 204; et, ci-après, 363-387.

(3) Comp. notamm. Marshall, 113-115; Bancroft, I, 420-425; et, ci-après, 376-380.

En 1689, les commissaires réunis de toute la Nouvelle-Angleterre sollicitaient l'alliance de certaines tribus indigènes[1]. En 1690, se tenait, à New-York, une sorte de congrès, auquel l'assemblée législative du Massachusetts-Bay avait convié, par lettres, des représentants, ou de toutes les colonies, ou au moins de toutes celles situées au nord du Maryland. L'invasion de l'Acadie et du Canada y fut décidée. Aussitôt le Connecticut et New-York fournissaient les troupes de terre, et le Massachusetts-Bay une flotte de 34 voiles, avec 2,000 hommes d'équipage; puis, l'Acadie tombait aux mains des alliés[2]. En 1709, pour ressaisir cette province que les Français avaient bientôt reconquise, et pour prendre Terre-Neuve et le Canada, le Massachusetts-Bay et le Rhode-Island devaient fournir 1,200 hommes, et les provinces du centre 1,500[3]. En 1710, dans la campagne qui fit la conquête définitive de l'Acadie, la Nouvelle-Angleterre donnait à un corps anglais peu considérable le secours de 30 navires et de 4 régiments[4]. En 1711, pour une expédition infructueuse contre le Canada, le Connecticut, le New-Jersey et New-York envoyaient encore des troupes[5]. En 1744, la Nouvelle-Angleterre projette la prise de Louisbourg. Les forces combinées de la métropole et des colonies l'accomplissent, en 1745, par des opérations où sont employés, avec la flotte anglaise de l'amiral Warren, des provisions fournies par la Pensylvanie, de l'artillerie envoyée par New-York, 300 soldats du Rhode-Island, 304 du New-Hampshire, 516 du Connecticut, plus de 3,000 du Massachusetts, et plus de 100 navires de la marine coloniale[6]. Presque aussitôt après, pour l'annexion décidée du Canada, que la métropole néglige de poursuivre, les colonies situées au nord de la Virginie votent la levée d'un corps expéditionnaire de

(1) Bancroft, III, 181.

(2) Marshall, 191-192; Bancroft, III, 179-192; Murray, I, 317.

(3) Bancroft, III, 217-218.

(4) Bancroft, III, 218.

(5) Bancroft, III, 218, 234.

(6) Marshall, 261-267; Bancroft, III, 457-468; Murray, I, 318.

8,000 hommes[1]. En 1748, plusieurs envoient, au même moment, des délégués à Albany, en vue de fortifier l'alliance avec les guerriers des Six-Nations et d'arriver à circonscrire les empiétements sans cesse renouvelés de la France[2]. En 1751, dans une nouvelle réunion au même lieu, des représentants de New-York, du Connecticut, du Massachusetts, de la Caroline du Sud, négocient avec les Iroquois[3]. Bientôt, pour l'examen des mesures opportunes de défense ou de protection, la presse réclame une réunion annuelle à New-York ou à Albany de commissaires de toutes les colonies, certains gouverneurs royaux une réunion annuelle des gouverneurs[4]. En 1754, quand les Français en progrès sont maîtres de la vallée entière du Mississipi, des commissaires des colonies situées au nord du Potomac s'assemblent à Albany pour consolider l'entente avec les tribus amies et organiser la résistance[5]. Un conseil de gouverneurs assemblé à Alexandrie, dans la Virginie, en 1755, veut prendre l'offensive et discute un plan de campagne contre les établissements mêmes de l'ennemi héréditaire[6]. Un autre, tenu à New-York en 1756, prépare contre eux trois expéditions, auxquelles 21,000 hommes doivent participer[7]. Au mois de janvier de l'année 1757, les gouverneurs des colonies du nord, réunis à Boston, résolvaient de lever 4,000 hommes; ceux de la Caroline du Nord, du Maryland, de la Pensylvanie, de la Virginie, à Philadelphie, en fixaient les contingents[8]. En 1758, afin de conquérir la vallée de l'Ouest, des troupes furent recrutées dans la Pensylvanie, le Maryland, la Virginie, et jusqu'à 10,000 hommes dans la Nouvelle-Angleterre, New-York et le

(1) Marshall, 269-273; Bancroft, III, 463-467.

(2) Bancroft, IV, 24-29.

(3) Bancroft, IV, 88-89.

(4) Bancroft, IV, 90-92, 172.

(5) Marshall, 284; Bancroft, IV, 106-126.

(6) Marshall, 288; Bancroft, IV, 177; Irving, *Life of Washington*, I, 137-138, 144-146.

(7) Murray, I, 327.

(8) Bancroft, IV, 252-253; Marshall; 304-305; comp. 288; voy. aussi Murray, I, 327.

New-Jersey [1]. En 1759, pour la campagne où Montcalm mourut et Québec capitula, le New-Jersey, qui venait de perdre 1,000 combattants, en leva 1,000 autres, le Connecticut 5,000, le Massachusetts 7,000. C'était dans le New-Jersey le quinzième, dans le Massachusetts le sixième, dans le Connecticut une proportion bien supérieure et réellement exagérée du nombre des habitants en état de porter les armes [2]. Maintes fois, d'ailleurs, notamment pour cette expédition contre le Canada, comme pour celle de 1758 où Louisbourg, retombé au pouvoir des Français, leur fut définitivement repris, les colonies avaient donné des sommes considérables [3].

C'est sur ces entrefaites que la France faiblit jusqu'au jour où, au traité de Paris, son pavillon fut chassé du continent de l'Amérique du Nord [4]. Aussitôt la métropole multiplie les violations des libertés publiques, augmente les restrictions commerciales, manifeste de plus en plus la volonté arrêtée de lever l'impôt sur les colons, sans leur aveu et contre leur gré [5]. Les efforts communs se tournent sans retard à la résistance contre elle. En vue de concerter la défense, la chambre des représentants du Massachusetts-Bay a, dès 1764, une commission chargée de correspondre avec les autres colonies [6]. En 1765, la même assemblée propose, sans consulter le roi, un congrès de délégués de toutes, qui seront nommés, nouveauté absolue et hardie, par les seules chambres des représentants du peuple. Elle en fixe le lieu à New-York, la date au premier mardi d'octobre, et désigne trois de ses membres pour l'y représenter. Deux mois à peine séparent de la convocation la date fixée. Mais la proposition a été promptement acceptée. Six

(1) Marshall, 315; Bancroft, IV, 293-313; Murray, I, 329.

(2) Bancroft, IV, 315-338. Comp. Marshall, 315-340.

(3) Bancroft, IV, 292-293, 319. Comp. Marshall, 278, 315.

(4) Comp. *Introduction*, p. XXII. Voy. aussi Marshall, 343.

(5) Bancroft, V-VIII, *passim;* Russell, I, 41-100.

(6) Marshall, 396-397; Bancroft, V, 200.

colonies, la Caroline du Sud, la Pensylvanie, le Rhode-Island, le Delaware, le Connecticut, le Maryland, s'empressent d'élire leurs délégués. Au congrès même, dès l'ouverture des travaux, sont présents ceux de neuf, le Massachusetts-Bay, le Connecticut, la Pensylvanie, le Maryland, la Caroline du Sud, le Delaware, New-York, le Rhode-Island, le New-Jersey. Une trop longue prorogation de sa chambre des représentants prive seule la Caroline du Nord de toute participation aux débats. Si les trois autres, le New-Hampshire, la Virginie, la Géorgie, ne délèguent personne, leurs assemblées locales, comme celle de la Caroline du Nord, vont approuver les résolutions du congrès. Les députés de six au moins des colonies représentées signent des actes communs de protestation, et, en les signant, font de ces colonies et virtuellement de toutes, comme eux-mêmes le disent dans leur pittoresque langage, un faisceau de baguettes que rien ne peut plus briser ni fléchir [1]. Leur œuvre a l'approbation du peuple lui-même [2]. Des comités dits de correspondance forment une vaste ligue des bourgs du Massachusetts-Bay; d'autres, fondés, sur la proposition de la Virginie, dans les diverses colonies, établissent entre elles un lien permanent [3]. Les chambres coloniales des représentants du peuple, les colonies mêmes, se communiquent leurs décisions, s'annoncent leurs actes, s'encouragent mutuellement. Cette entente se com-

(1) Marshall, 360-361, 470-472; Kent, I, 206; Bancroft, V, 278-280, 328-329, 333-346, 377-378; Hough, I, 2-3; Murray, I, 341-342. — Le congrès se composait de 27 députés, 3 du Massachusetts, 2 du Rhode-Island, 3 du Connecticut, 5 de New-York, 3 du New-Jersey, 3 de la Pensylvanie, 2 du Delaware, 3 du Maryland, 3 de la Caroline du Sud; Hough, I, 2. — Le mot congrès a été employé ailleurs avec le sens qu'il a dans le droit public actuel de la France; ci-dessus, 33. On sait qu'aux États-Unis il désigne le corps des représentants de la nation entière, divisé ou non, suivant les époques, en deux chambres. Comp. l'acte de confédération de 1778 et la constitution fédérale de 1787, dans Poore, I, 7-24, *passim*.

(2) Bancroft, V, 358-362, 377-378; Murray, I, 342.

(3) Comp. Marshall, 396-397, 475-477; Bancroft, V, 440-442; Hough, I, 3.

plète et se fortifie peu à peu. Des associations de patriotes surgissent et couvrent le pays (1). De 1765 à 1775, la nécessité de l'action commune se fait sentir de plus en plus. Simples citoyens, publicistes, assemblées des habitants des villes, des bourgs, même des villages, chambres des représentants, conventions ou réunions extraordinaires de mandataires du peuple, tout le monde la proclame. Il faut à une oppression, qui atteint ou menace le continent entier, une résistance générale; rien n'est plus légal, pour rendre cette résistance efficace, que le concert des chambres de représentants de tout le continent; rien ne vaut, pour établir ce concert, une assemblée plénière de délégués de ces chambres. Le désir de la voir se réunir ne cesse de croître. Mais, pendant que la résolution de lutter, au besoin, jusqu'à la dernière extrémité, devient plus forte et plus générale, l'espoir d'une solution pacifique détourne encore des mesures dont la métropole pourrait prendre trop grande offense (2). En 1774 pourtant, les souffrances du Massachusetts-Bay, sur lequel le cabinet anglais concentre ses efforts, font perdre toute patience. Au mois de mai, coup sur coup, l'association des fils de la Liberté de New-York, les véritables auteurs du nouveau congrès, les habitants du bourg de Providence dans le Rhode-Island, la chambre des représentants de la Virginie, en proposent la convocation. Le 17 juin, la chambre des représentants du Massachusetts-Bay la fait, fixant la date au 1er septembre, le lieu à Philadelphie, et élisant aussitôt ses députés (3). Avant la fin de juillet les élections sont accomplies dans le Maryland, New-York, le Connecticut, la Pensylvanie, le New-Hampshire, le New-Jersey, et avant le 16 août, partout ailleurs, sauf dans la Géorgie

(1) Bancroft, notamm. VI, 12-13.

(2) Sur tout ce mouvement d'opinion, voy. Bancroft, V et VI, *passim*, notamm. V, 358-362, 377-378, 440-441; VI, 12-13, 107-127, 280, 316, 428-443, 454-455, 466-489, 507-509; Kent, I, 204-206; Hough, I, 3; Elliot, V, 110; Curtis, *History of the Constitution*, 2 vol. in-8°, New-York, 1858, I, 11.

(3) Marshall, 406-407; Bancroft, VII, 40-41, 54; Hough, I, 3.

qui ne se fait pas représenter [1]. Les élus de onze colonies sont présents à l'ouverture des travaux; ceux de la Caroline du Nord arrivent au cours des débats [2]. Ce que fut exactement l'œuvre du congrès de 1774, le lecteur le verra plus utilement ailleurs [3]. Il suffit de dire ici que les députés ne se séparèrent pas sans avoir convoqué une troisième assemblée pour le mois de mai de l'année suivante [4]. Toutes les colonies furent invitées à prendre part à celle-ci, même, trait caractéristique, sans acception de religions, le Canada et la Nouvelle-Écosse [5]. Une adresse venait d'être envoyée au peuple anglais, où le catholicisme était très injustement et inutilement accusé d'avoir «répandu dans le monde entier l'impiété, la bigoterie, la persécution, le meurtre et la rébellion» [6]. Brusquement ses auteurs se ravisent. Dans une lettre magistrale adressée aux habitants de la province de Québec, ils condamnent les vieilles divisions en matière religieuse comme les faiblesses de petits esprits, et ils citent les cantons suisses en exemple d'une fédération composée d'États catholiques et protestants [7]. Voici que tout à coup, et coup sur coup, en 1775, le sang a coulé dans le Mas-

(1) Bancroft, VII, 66, 78-83; Hough, I, 3.

(2) Marshall, 410-411; Bancroft, VII, 126-135. — Le congrès se composait de 55 députés, 2 du New-Hampshire, 5 du Massachusetts, 2 du Rhode-Island, 3 du Connecticut, 7 de New-York, 5 du New-Jersey, 8 de la Pensylvanie, 3 du Delaware, 5 du Maryland, 7 de la Virginie, 3 de la Caroline du Nord, 5 de la Caroline du Sud; Marshall, 478-479.

(3) Ci-après, tome III, la notice sur l'acte de la déclaration d'indépendance.

(4) Bancroft, VII, 149; Hough, I, 4; Curtis, I, 24-25.

(5) Marshall, 421; Bancroft, VII, 144-152.

(6) «Dispersed impiety, bigotry, persecution, murder, and rebellion through every part of the world.» Bancroft, VII, 159-160; comp. la traduction française de l'*Histoire de la Révolution d'Amérique* de Ramsay, édit. de Londres, 1787, I, 260, 271-272. — Le lecteur se rappelle que plus d'une fois les auteurs protestants d'autres textes composés pour les colonies infligèrent aux catholiques des appellations et des imputations malsonnantes ou même ridicules. Comp., ci-dessus, notamm. I, 57, et II, 245, 330.

(7) Bancroft, VII, 159-160.

sachusetts-Bay; le congrès s'est assemblé; comme les hostilités se poursuivaient autour de Boston, le New-Hampshire a offert immédiatement 2,000 hommes, le Rhode-Island 1,500, le Connecticut 6,000; les députés de douze colonies étaient réunis dès l'abord, et ceux de la Géorgie sont arrivés en juin; tous ensemble organisent une armée continentale, en nomment le généralissime; puis, de divers côtés, surgissent des propositions de confédération permanente et d'émancipation : l'union définitive des colonies, qui pourra sans doute subir des discussions, des attaques intestines, des dangers, est désormais consommée en fait, et elle va être bientôt consacrée par un pacte écrit [1].

Il ne se pouvait guère que les réunions de gouverneurs ou de commissaires, composées d'un nombre de parties très variable, où rarement toutes les colonies étaient représentées, dont les décisions n'obligeaient aucune contre son gré, auxquelles rien ne garantissait une périodicité certaine, et qui ne laissaient subsister après elles aucune autorité commune, forte, acceptée, reconnue, obéie de tous, parussent donner une protection suffisante aux intérêts communs. La métropole et les colonies devaient donc former le projet d'un gouvernement général et permanent, au moins chargé de veiller à la défense de ces intérêts. Elles le formèrent plus d'une fois, mais en partant d'idées différentes et se proposant des objets presque opposés, de telle sorte que l'accord, qui seul aurait promis le succès, devenait à peu près impossible. Il

[1] Bancroft, VII, 325-326, 353-403; VIII, 25-39, 108, 115, 137-142; et *History of the Constitution*, New-York, édit. de 1883, 2 vol. in-8°, I, 9-10. Comp. Marshall, 430-457; Kent, I, 207-209; Curtis, I, 28-41; Elliot, V, 110; Hough, I, 4; Murray, I, 367-368, 376-378. — Le congrès se composait de 55 députés, 3 du New-Hampshire, 4 du Massachusetts, 2 du Rhode-Island, 4 du Connecticut, 4 de New-York, 5 du New-Jersey, 9 de la Pensylvanie, 3 du Delaware, 4 du Maryland, 7 de la Virginie, 3 de la Caroline du Nord, 4 de la Caroline du Sud, 3 de la Géorgie; Hough, I, 8; Poore I, 5-6.

s'agissait moins, au fond, pour la métropole, de procurer le bien commun, la prospérité générale, que d'assurer la soumission constante de tous [1]. Les colons, on le conçoit, visaient à autre chose [2]. Les plans de la métropole parurent offrir trop peu d'autonomie aux colonies, ceux des colonies trop peu d'autorité à la métropole. Entre les colonies elles-mêmes, la crainte de toute suprématie de l'une d'elles sur les autres rendait encore l'entente particulièrement difficile [3]. Rien, sinon la nécessité, ne pouvait et ne put de fait les unir sous un pouvoir commun même établi par elles [4].

Des projets de la métropole les plus anciens peut-être n'eussent pas été les plus inacceptables; mais ils furent presque aussitôt abandonnés que formés. Par exemple, en 1697, Guillaume Penn conseillait au bureau anglais du commerce un congrès annuel de deux délégués de chacune des provinces qui, à la majorité des voix, aviserait aux moyens de soutenir l'union, de pourvoir à la sécurité, de régler le commerce de toutes [5]. En 1721, un autre plan tendait à mettre les colonies sous un Lord-Lieutenant ou capitaine général, assisté d'un conseil général que composeraient deux membres de chaque assemblée provinciale, élus par leurs collègues de cette assemblée, et remplacés ou réélus par eux périodiquement, à tour de rôle; le Lord-Lieutenant et ce conseil devaient, d'un commun accord, fixer les contingents d'hommes et d'argent que les diverses assemblées procureraient par leurs lois [6].

Pour voir à quel point l'exécution des autres principaux desseins, formés ou inspirés par divers agents de la métropole, eût été difficile, si elle eût été tentée, il suffit de les lire. — Le plus

(1) Voy. notamm., ci-dessus, I, 1-192, *passim;* II, 18-21; et, ci-après, 371-375.

(2) Ci-dessus, note 1; et, ci-après, 375-387.

(3) Comp., ci-après, 375-387.

(4) Kent, I, 205. Comp., ci-dessus, 359-370; et, ci-après, 375-396.

(5) Bancroft, IV, 125; et *History of the Constitution*, I, 7.

(6) Bancroft, *History of the Constitution*, I, 7-8.

complet de tous et le plus compliqué paraît avoir été celui dont un des membres du cabinet anglais, Halifax, eut l'idée en 1754, et qu'il proposa, dit-on, sur l'ordre du roi. Un revenu général, assuré, permanent, était nécessaire; une assemblée de commissaires de toutes les colonies le lèverait sur elles et en ferait entre elles la répartition; même où le conseil ne tenait pas ses pouvoirs du peuple, les commissaires seraient élus par les deux chambres; le roi aurait le droit de casser arbitrairement l'élection; la présence de sept membres au moins autoriserait à délibérer; l'assentiment de la majorité des membres présents, au moins égale à quatre, rendrait les décisions valides, sous la réserve de l'approbation de la couronne; les mesures légalement décidées par l'assemblée et approuvées par le roi vaudraient pour le continent entier, même pour les colonies qui n'auraient pas été représentées; si une colonie les repoussait, de même que si toutes rejetaient le projet même de gouvernement général, toute l'autorité du Parlement devait être employée à vaincre cette résistance. Le plan comportait encore la nomination d'un commandant en chef, chef du pouvoir exécutif et commissaire général des affaires indiennes, qui, pour les dépenses du nouveau gouvernement, tirerait les subsides des trésors des diverses colonies, suivant la répartition arrêtée par l'assemblée[(1)]. — La même année, Schirley, gouverneur d'une des provinces royales, émettait l'avis de recourir à un congrès composé des gouverneurs et de délégués des conseils, auquel appartiendrait le pouvoir d'adopter toutes les mesures convenables de défense contre les ennemis communs, et d'emprunter au trésor anglais, que rembourseraient de ses avances des impôts levés en Amérique par acte du Parlement, les fonds nécessaires[(2)]. — En 1760, un ardent ami de la couronne, peu partisan de la «forme républicaine» des gouvernements de charte, proposait l'abrogation

(1) Marshall, 285-286; Bancroft, IV, 165-167; et *History of the Constitution*, I, 8. — (2) Bancroft, IV, 172.

de ce genre de gouvernements et la nomination d'un vice-roi ou Lord-Lieutenant, qui, avec un conseil composé de deux membres pour chaque colonie et «analogue aux amphictyons de la Grèce ancienne, veillerait à l'union, à la stabilité, au bien du corps entier»[1]. — En 1764, un haut fonctionnaire conseillait au cabinet anglais le renversement de tout le système politique des colonies. A l'en croire, le Parlement avait le droit d'établir une forme unique d'administration pour le continent entier; les chartes américaines ne convenaient, en vérité, qu'à des États dans l'enfance et seraient très justement abolies; même les législatures, indépendantes les unes des autres, des diverses colonies, n'existaient que par pure faveur; le Parlement pouvait encore, à bon droit, et devait lever l'impôt sur les colons, si ceux-ci lui refusaient les subsides nécessaires; il fallait tirer d'eux un revenu assuré, suffisant, obtenu, au besoin, sans leur aveu ou contre leur gré; enfin, une noblesse viagère serait utilement érigée entre le peuple et le roi[2].

Tout commentaire sur le quatrième de ces quatre derniers plans est apparemment superflu[3]. On peut croire que l'abrogation effective des gouvernements de charte, projetée dans le troisième, n'eût pas été, en dépit des souvenirs classiques du personnage qui la conseillait, une opération très aisée[4]. Franklin, consulté sur le deuxième, ne dissimulait pas une grande défiance, qu'il n'était sûrement pas seul à sentir, des gouverneurs nommés par le roi et des conseillers proposés par eux au choix de la couronne dans la plupart des colonies[5]. Le premier plan lui-même ne respectait pas très scrupuleusement les libertés publiques chères aux An-

(1) Bancroft, IV, 370.

(2) Bancroft, V, 200-201.

(3) Comp., ci-dessus, I, 1-192, *passim;* II, 9-21, 265-268, 280-290, 346-359; et, ci-après, 391.

(4) Ci-dessus, I, 1-192, *passim,* surtout 53-94, 103-115, 125-136.

(5) Le lecteur se rappelle que sept colonies sur treize étaient des provinces royales et que dans le Massachusetts-Bay, colonie de charte pourtant, le roi nommait le gouverneur. Comp., ci-dessus, II, 2-3, 73, 78-79, 83.

glais, pour lesquelles les colons allaient combattre, jusqu'à s'affranchir de tout contrôle de la métropole [1]. La vérité est que le cabinet anglais et le Parlement ne donnèrent une grande attention ni aux uns ni aux autres, et n'essayèrent d'en appliquer aucun. A l'heure où elles se produisirent, ces inspirations de ministres, de fonctionnaires, de partisans, plus ardents que judicieux, parurent ou superflues ou trop compliquées. En d'autres temps, sans doute, ni la tentative de jeter sous un gouvernement commun les établissements de la Nouvelle-Angleterre, ni celle d'imposer un chef unique aux forces militaires des colonies, n'avaient eu un plein succès [2]; mais la métropole se flattait peut-être que les circonstances, comme les temps, étaient changées, et, si elle retint quelque chose des idées de ses conseillers, ce ne fut que la partie subsidiaire ou le moyen suprême du plan de Halifax. Que faire d'un aveu plus ou moins explicite des colonies? Le cabinet et sa majorité dans le Parlement, jugeant les choses de trop loin, mal informés par les agents qui représentaient le roi outre-mer, dédaignant les avis d'une minorité courageuse et mieux instruite, emportés par la passion, peut-être enflés par les succès de leur politique européenne, ne virent bientôt qu'un but à viser, l'asservissement du continent entier aux volontés de la métropole, et qu'un moyen pour l'atteindre, la force qu'ils pensaient avoir suffisante. Le reste, la modération, la conciliation, les compromis pour l'avenir, devaient sembler tout au plus de mise pour le lendemain de la victoire. Ce fut un faux calcul, puisque la force la plus grande se trouva du côté des colons [3].

(1) Comp., ci-dessus, 18-20, 29, 34-37, 65, 346-359.

(2) Ci-dessus, I, 67, 77-81, 87, 100, 110-112, 133-135; II, 134-135.

(3) Bancroft, IV-VIII, *passim*; Russell, I, 41-100; Prior, *Life of Burke*, 161-165, 182-189; Mahon, *History of England*, édit. de Leipzig, 1853, V, 84-92, 130-150, 245-251, 273-274, 332-334; VI, 4-104; Campbell, *The Lord Chancellors*, VIII, 15-27; Roscoe, *Eminent British Lawyers*, édit. de Londres, 1830, 187-192; *The Letters of Junius*, édit. de Londres, 1796, 20-22

Il y eut, en général, plus de modération et de prudence, une connaissance plus sûre du caractère des colons, des ménagements plus grands pour leurs tendances politiques, même un respect suffisant de l'autorité de la métropole, par conséquent une harmonie plus complète entre la fin et les moyens, dans la plupart des plans d'union que formèrent, avant la révolution, les colonies elles-mêmes. Il n'importe pas de rechercher tous ceux que par la presse, périodique ou non, des hommes plus ou moins connus purent proposer, ou qui furent à peine ébauchés dans les débats soit des législatures locales, soit des réunions de représentants de toutes les colonies. Il ne faut indiquer que d'un mot diverses assemblées, tenues surtout à Boston de 1634 à 1638, où, sans succès immédiat d'ailleurs, des personnages qui n'ignoraient pas tous les principes de la science politique et savaient, par exemple, les règles de l'Union hollandaise, agitèrent certains desseins de confédération pour la Nouvelle-Angleterre [1]. Il suffira même de faire une simple allusion au désir particulièrement vif qu'entretenait la colonie de New-York, en 1769, de voir un corps de députés du continent entier exercer le pouvoir législatif sur les sujets d'intérêt commun [2]. Mais, entre tous, deux plans méritent de fixer l'attention; le premier parce qu'il fut réellement exécuté, et, un demi-siècle durant, parut d'une réelle efficacité; le second, parce que, s'il ne put être mis en vigueur, il fut du moins longuement discuté, puis solennellement adopté, dans le congrès de 1754, auquel l'avait présenté un personnage qui, pendant les dernières années de la période coloniale, joua un rôle considérable et exerça sur ses concitoyens une puissante influence, Franklin.

Vers 1643, des dangers déjà anciens s'aggravèrent. La France, la Hollande, les tribus hostiles, menaçaient de plus en plus la

[1] Bancroft, I, 420. — [2] Bancroft, VI, 316.

sécurité de la Nouvelle-Angleterre. Si le voisinage plus immédiat des établissements hollandais mettait en péril constant le Connecticut surtout, la Nouvelle-Angleterre tout entière tremblait de voir éventuellement compromises son indépendance politique, sa liberté religieuse, telle qu'elle l'entendait, et encore la faculté, à laquelle elle tenait alors du moins, de propager au loin parmi les indigènes ses doctrines et son culte [1]. Les colonies du Massachusetts-Bay, de New-Plymouth, du Connecticut, de New-Haven, formèrent, après mûr examen, une confédération soumise à des règles précises. Les intérêts généraux des colonies unies étaient confiés aux soins d'un conseil composé de deux représentants de chacune d'elles. Les représentants de chacune devaient professer sa religion d'État ou l'une des religions qu'elle reconnaissait. Le conseil aurait au moins une session par an, qui s'ouvrirait le premier lundi de septembre, et, au besoin, un plus grand nombre. Ses membres éliraient annuellement, le prenant parmi eux, leur président, dont la seule fonction serait, en principe, de présider aux délibérations. Il délibérerait, en vérité, sur tous les sujets qui intéresseraient la confédération, ou en «paraîtraient une conséquence naturelle». Il pourrait composer des lois civiles sur les matières d'intérêt commun. Tout particulièrement il aurait la charge des affaires indiennes et réglerait les rapports avec les indigènes. Il assurerait, dans toute juridiction, justice égale et prompte à tous les confédérés. Il statuerait, avec une autorité souveraine et exclusive, sur la paix et la guerre, aucune des colonies unies ne pouvant, sans l'aveu des autres, hors du cas de nécessité soudaine et absolue, s'engager dans les hostilités. Si l'une d'elles venait à être envahie par l'ennemi, les trois autres, sur un simple avis donné par trois de ses magistrats, fourniraient immédiatement leurs contingents de troupes, fixés d'abord à 100 hommes pour

[1] Comp., ci-dessus, I, *Introduction*, xxv-xxxiv, et 53-115, 125-136, 151-153; II, 228-229, 309-323.

le Massachusetts-Bay et à 45 pour chacune des trois autres. Au besoin, d'ailleurs, le conseil pouvait mobiliser un nombre de soldats plus considérable. Les dépenses communes devaient être réparties proportionnellement au nombre des habitants, et spécialement celles de la guerre suivant le nombre des habitants mâles entre seize et soixante ans d'âge. Dans la session annuelle, ordinaire, la présence de tous les commissaires paraît avoir été requise pour la validité des délibérations. En principe, et en toute matière, l'assentiment de six était indispensable pour la validité des décisions. Il l'était surtout pour régler le compte des dépenses de guerre et lever les sommes nécessaires au payement. Au moins dans les réunions extraordinaires, en l'absence de quelqu'un ou de plusieurs des commissaires, quatre quelconques des commissaires présents avaient le droit d'appeler aux armes les contingents, de délibérer sur les opérations de la guerre, peut-être de déclarer celle-ci. En principe encore, et sous réserve de l'exception qui vient d'être indiquée, les résolutions qui obtenaient la majorité des suffrages, sans obtenir l'assentiment de six des commissaires, devaient être soumises aux chambres des diverses colonies, et l'approbation de toutes les rendait seule définitives. Si l'une des parties contractantes lésait quelqu'une des autres ou violait quelque clause du contrat, les colonies les plus désintéressées ou les moins directement touchées avaient à examiner et à juger le différend. Aucune ne pouvait se fondre avec une autre sous un gouvernement commun sans l'aveu de toutes, également requis pour toute admission dans la confédération. Enfin, la gestion des affaires purement locales fut soigneusement réservée aux législatures des diverses colonies[1].

Cette convention, pour la validité de laquelle, trois colonies acceptant d'avance la décision des délégués, le New-Plymouth stipu-

(1) Marshall, 112-115; Story, I, 67-68; Kent, I, 202-203; Bancroft, I, 420-422; Murray, I, 216.

lait la nécessité de la ratification par le peuple, se conclut pendant que des dissensions intestines troublaient la métropole et sans que ses auteurs crussent utile d'en consulter les pouvoirs publics. Elle dura plus de quarante ans, vue avec faveur par le Protecteur, respectée par les Stuarts. Ce n'est pas évidemment qu'elle ne pût être, au besoin, tournée contre la métropole, ni qu'elle eût en elle-même tous les éléments convenables de durée. Mais, d'une part, de fait, elle était dirigée contre les ennemis communs des colons et de l'Angleterre; de l'autre, elle trouva dans le bon vouloir des parties contractantes elles-mêmes le remède à un défaut capital. Comme un autre pacte, mieux connu, qui sera étudié ailleurs, l'acte de confédération de 1778, elle n'organisait aucun pouvoir exécutif commun qui fût capable de contraindre à l'obéissance une minorité opposante des colonies [1]. Le Massachusetts-Bay, par exemple, auquel l'éclatante supériorité du nombre de ses habitants et de l'étendue de ses terres ne donnait aucune prééminence en droit, pouvait, en fait, tenir en échec tout le reste de la confédération par la simple force d'inertie [2]. En 1638, dans des discussions préliminaires qui n'aboutirent pas à une entente, le Connecticut, en crainte de l'influence du Massachusetts, voulait que l'opposition d'un seul des alliés annulât les résolutions des autres. Ce fut le Massachusetts-Bay lui-même qui dénonça cette prétention comme incompatible avec tout projet efficace d'union [3]. Mais il ne tarda pas à changer d'avis. Vers 1654, la Hollande et l'Angleterre guerroyant l'une contre l'autre, les établissements occidentaux, sous les attaques des Hollandais et des indigènes, étaient réduits à une extrême misère et à un danger pressant. Trois des quatre colonies unies résolurent, à Boston, de conquérir la Nouvelle-Amsterdam et de porter jusqu'au

(1) Voy., ci-après, tome III, l'acte de 1778. Comp. Bancroft, I, 422; Murray, I, 216.

(2) Comp. Marshall, 166, à la note; et, ci-dessus, I, 53-115.

(3) Bancroft, I, 420.

Delaware les limites de la Nouvelle-Angleterre. Le Massachusetts-Bay de temporiser, puis de refuser toute coopération, prétextant que la sécurité commune n'exigeait pas une action armée, de laquelle les préceptes de l'Évangile devaient détourner, et que la majorité n'avait pas le droit de le contraindre à une guerre jugée par lui injuste. De là, des discussions très vives, sur les droits réservés des parties contractantes, prélude, vieux de deux cents ans, de la question des droits des États que notre siècle a vu si vivement discutée aux États-Unis. C'en était fait du pacte, si la colonie dissidente n'abandonnait pas sa manière de l'interpréter. Elle vint enfin à résipiscence, quand l'occasion d'agir efficacement fut passée (1).

Telle quelle, l'Union se prolongea utilement, surtout occupée des affaires indiennes, redoutée, malgré cette défaillance passagère, des colons de la Nouvelle-Amsterdam et des indigènes, moyen important de défense contre les divers ennemis de l'Angleterre pendant les discordes civiles et les expéditions extérieures, avec lesquelles celle-ci fut aux prises en Europe, de la mort de Charles Ier à l'avènement de Guillaume d'Orange. Pourtant elle n'augmenta pas le nombre de ses membres. Le fleuve du Piscataqua lui servit de limite extrême. Au delà, prévalaient des principes politiques et religieux que les confédérés n'aimaient point. Même le Rhode-Island, qui aurait voulu pénétrer dans l'alliance, ne put jamais s'y faire admettre, faute de consentir à obéir au gouvernement du New-Plymouth. Ainsi volontairement restreinte dans son étendue, la confédération ne comprenait guère moins de 52,000 sujets vers 1675, ni moins de 64,000 environ vers 1688 (2). Quand elle tomba, apparemment sans secousse et sans

(1) Marshall, 124-127; Bancroft, I, 444-445.

(2) Sur la durée et la puissance de la ligue, voy. Bancroft, I, 420-425, 444-445; II, 88-89, 92-93, 97-109, 112-113. Comp. Marshall, 113, 115; Story, I, 67-68; Kent, I, 203-204; Hough, I, 2; Murray, I, 216-217.

bruit, à la fin du XVIIe siècle, les diverses colonies anglaises du continent américain avaient grandi et atteint une prospérité presque inattendue, les établissements hollandais étaient conquis, la métropole pacifiée ne consacrait pas encore son temps et ses forces à des vexations insupportables. Elle semble avoir disparu, parce qu'elle ne paraissait plus aussi immédiatement nécessaire. Mais dans ce peuple tout fait des traditions et des précédents favorables aux libertés publiques, peut-être plus tard, en d'autres circonstances, le souvenir du pacte de 1643 donna-t-il à quelques esprits l'espoir, et fut-il le germe d'une union différente et plus complète (1).

En 1754, dans l'assemblée des délégués des colonies situées au nord du Potomac, une commission est nommée pour élaborer le projet d'une union permanente qui ne soit pas à la merci de chaque partie contractante (2). Depuis longtemps, Franklin, l'un des délégués, la croit nécessaire, et il en a apporté un plan presque achevé, auquel la commission, qui le compte parmi ses membres, le charge de donner une forme définitive. Il met donc la dernière main à la rédaction, et, le 10 juillet, soumet son œuvre, devenue celle de la commission, à l'assemblée qui l'adopte, après l'avoir discutée tout un jour, paragraphe par paragraphe. C'est un compromis entre le roi et les colons. Peut-être la part de l'autorité de la couronne y apparaît-elle plus grande, celle de l'autorité du peuple plus mince que l'auteur ne l'eût souhaité;

(1) Ci-dessus, *Introduction*, et I, 1-192, *passim*. Comp., ci-dessus, 360-370; et, ci-après, 380-387. Voy. aussi Bancroft, I, 421.

(2) Le congrès se composait de 25 députés, 4 du New-Hampshire, 5 du Massachusetts, 3 du Connecticut, 2 du Rhode-Island, 5 de New-York, 4 de la Pensylvanie, 2 du Maryland. La Virginie et le New-Jersey, formellement invités, ne se firent pas représenter. Les quatre autres colonies paraissent n'avoir reçu aucune convocation. La commission fut formée d'un des députés de chaque colonie représentée, soit de sept commissaires. Hough, I, 1. Comp., ci-dessus, 365.

mais, eu égard aux circonstances, rien qui fût plus à son gré ne semblait possible (1).

Philadelphie, presque le centre de la confédération, que les gens du New-Hampshire et même de la Caroline du Sud peuvent atteindre en quinze ou vingt jours, devient le siège du gouvernement fédéral. — Les pouvoirs se partagent entre le roi, un président général, chef, sous le roi, du pouvoir exécutif, associé d'ailleurs à l'exercice du pouvoir législatif, et une assemblée législative ou grand conseil. — Le roi nomme et paye le président général, et il a le droit absolu de désapprouver les lois. Celles-ci, provisoirement en vigueur, si elles ont été légalement adoptées, lui sont transmises sans retard; elles demeurent exécutoires, s'il ne les a pas formellement annulées dans le délai de trois ans après les avoir reçues (2). Le président général, dont la principale fonction est de les faire exécuter, peut, de son côté, les frapper de *veto,* avant la décision royale. En cas de mort et jusqu'à ce que le plaisir du roi soit connu, la charge de ce haut fonctionnaire passe au président du grand conseil. — Toutes les fonctions militaires de la confédération, sur terre et sur mer, sont données par le grand conseil, sur la proposition du président général; toutes les fonctions civiles par le président général, sur celle du grand conseil; en autres termes, suivant les fonctions, le président général ou le grand conseil fait ou ratifie les choix. En cas de mort ou de destitution, et jusqu'à ce que la volonté du président général et du grand conseil puisse être connue, le gouverneur de la province où des vacances se produisent pourvoit à celles-ci. — Le grand conseil se compose de représentants des colonies, choisis dans chacune par la chambre des représentants du peuple. A la première élection, le Massachusetts-Bay et la Virginie doivent élire chacun 7 députés; la Pensylvanie 6; le Connecticut 5; New-York, le Maryland, la Caroline du Nord et la Caroline du Sud, chacun 4; le

(1) Bancroft, IV, 125. — (2) Comp., ci-dessus, 22-26.

New-Jersey 3; le New-Hampshire et le Rhode-Island, chacun 2; en tout 48. Aux élections subséquentes, chaque colonie aura un nombre de députés variant de 2 à 7, proportionnel aux sommes qu'elle verse au trésor général de la confédération. La durée du mandat est de trois ans. Quand une vacance survient par mort ou démission, avant qu'il soit expiré, la colonie, dans la députation de laquelle elle se produit, y pourvoit à la session suivante de sa chambre des représentants. Une indemnité ou rémunération de 10 schellings sterling par jour est allouée à chaque conseiller pendant les sessions et le voyage pour y aller et en revenir, la durée du trajet se calculant à raison de 20 milles par journée. — Le grand conseil doit tenir au moins une session par an; au besoin, il en peut tenir plusieurs. Dans le plus bref délai après sa nomination, le président général convoque la première de toutes. Philadelphie est le lieu de celle-ci. Avec l'assentiment préalable et écrit de 7 députés, il convoque également les sessions extraordinaires, dont il fixe le temps et le lieu, obligé d'avertir tous les députés, sans exception, dans un délai qui leur permette de se rendre utilement à la convocation. A chaque session annuelle ordinaire, le grand conseil lui-même détermine le temps et le lieu de la suivante. La durée d'aucune session ne peut être prolongée au delà de six semaines continues, ni aucune dissolution ou prorogation s'accomplir, contre le gré du conseil, à moins que ce ne soit en vertu d'un ordre spécial de la couronne. Le conseil élit son président. L'assentiment de 25 conseillers, parmi lesquels doivent se trouver un ou plusieurs représentants de la majorité des colonies, est nécessaire pour la validité de toute décision [1]. — La guerre contre les Indiens, la conclusion de la paix, en général tous les traités dans l'intérêt commun des colonies, et les relations commerciales avec eux; l'achat, au nom de la couronne,

[1] C'est du moins l'interprétation qui semble la plus sûre du § 21 comparé aux autres clauses de l'acte.

des terres possédées par eux, hors des limites régulières des colonies dument établies ; la création, sur ces terres, d'établissements nouveaux par des cessions également faites au nom de la couronne, sous la réserve d'une redevance pécuniaire ou rente payable au trésor général de la confédération ; le gouvernement de ces établissements nouveaux, jusqu'à ce que le roi ait réglé la manière de les administrer ; la levée et l'entretien de troupes, à la condition de ne faire, dans aucune colonie, des enrôlements qui ne soient pas autorisés par la législature locale ; la construction de forts pour la défense commune ; l'armement et l'entretien de navires pour la garde des côtes et la protection du commerce sur l'Océan, les lacs ou les grands cours d'eau ; tels sont très spécialement les objets de la compétence du président général et du grand conseil. Pour ces objets ils délibèrent ; ils statuent, d'un commun accord ; ils font des lois, à charge de ne pas violer, même d'imiter, autant que possible, celles de la métropole ; ils lèvent les impôts, taxes, contributions, ayant soin d'établir ces derniers de manière à « décourager le luxe, plutôt qu'à charger l'industrie de fardeaux non nécessaires », et se préoccupant de choisir, eu égard partout aux ressources locales, les plus justes, les mieux proportionnés, les plus faciles à supporter. — Également d'un commun accord, le président général et le grand conseil nomment un trésorier général, et, au besoin, dans chaque colonie, un trésorier particulier. A leur gré, il font verser au trésor général les deniers des trésors locaux, ou tirent des mandats sur ceux-ci. A moins qu'un acte du grand conseil n'en ait d'avance ordonné un emploi déterminé, et autorisé le président général à en prescrire le payement, aucune somme ne peut être payée, si ce n'est sur l'ordre, donné d'accord, par le président général et le grand conseil. Si, d'ailleurs, quelque colonie, sous l'action d'une nécessité pressante, encourt des dépenses pour sa propre défense, et qu'elle en soumette l'état au président général et au grand conseil, ils ont le droit d'en permettre le remboursement dans la mesure qui leur paraît convenable. Les comptes de la confédération sont réglés chaque année et transmis à toutes les législatures. — Enfin, dans aucune colonie, la constitution générale ne porte atteinte aux institutions civiles et militaires, à la constitution locale [1].

La discussion, dans laquelle Franklin paraît avoir déployé une habileté consommée, fut ardente. La plupart des délégués de la Nouvelle-Angleterre donnèrent au projet l'appui le plus ferme. Pour ne signaler que quelques divergences parmi celles qui s'élevèrent à peu près sur tous les articles, les députés du Connecticut redoutaient le *veto* du président général; d'autre part, en sens inverse, au moins l'un des représentants de la province de New-York, lieutenant gouverneur, il est vrai, de celle-ci, aurait voulu que dans chaque colonie le choix des députés fût soumis à l'approbation du gouverneur; d'où l'objection, immédiatement faite et jugée décisive, que toutes seraient virtuellement imposées par un congrès des gouverneurs. L'assemblée pourtant crut l'application probable, jusqu'à s'occuper des sources de revenu, au nombre desquelles furent indiqués, dans les débats, un impôt sur les liqueurs et un droit général de timbre. Finalement, les députés du Connecticut persistant peut-être seuls à le rejeter, l'unanimité se fit presque complète pour l'adoption du projet. Chaque membre dut emporter un exemplaire à l'usage de ses constituants, tandis qu'une copie était envoyée au gouverneur de chacune des six colonies non représentées, la Caroline du Sud et la Caroline du Nord, le Delaware, la Géorgie, le New-Jersey, la Virginie.

Les colonies elles-mêmes ou leurs législatures se montrèrent moins conciliantes que leurs députés à l'assemblée commune de 1754. En particulier, le Connecticut signifia une opposition absolue;

(1) Bancroft ne donne qu'une analyse de cet acte important, IV, 123-124; et *History of the Constitution*, I, 8. Le texte est dans Marshall, 464-468. Comp. Hough, I, 1-2; Kent, I, 204-205; Curtis, I, 8-9; Murray, I, 322-323.

New-York resta froid; le Massachusetts-Bay ne dissimula pas sa défaveur, qu'il enjoignit même à son agent de manifester en Europe. Dans toutes semble avoir prévalu la crainte que les libertés locales ne fussent compromises par une influence dominante du pouvoir central, et principalement par l'attribution du droit de lever l'impôt à un corps sur lequel le peuple n'avait qu'un faible contrôle.

Dans la métropole, aux autorités de laquelle l'assemblée avait elle-même ordonné de soumettre le projet, l'opposition fut naturellement d'une autre sorte. Détail remarquable, le préambule demandait, sous forme d'humble prière, sans doute pour calmer toute défiance, que la confédération fût établie par acte des Chambres anglaises. Mais le cabinet anglais et le bureau des commissaires du commerce et des plantations virent au delà des intentions présentes des colonies. «Ce plan, complet en lui-même,» les étonna et les effraya. D'Amérique, des amis zélés de la couronne écrivaient qu'en fait il annihilerait l'autorité royale, «trop peu défendue par le droit de nommer le président général et celui d'annuler les lois fédérales». Qu'on le compare à la théorie toute contemporaine que formula Halifax, on reconnaîtra à quel point il devait être inacceptable en Angleterre[(1)]. Peut-être, c'est du moins une conjecture de Bancroft, les esprits réfléchis y commençaient-ils à discerner dans l'union américaine la clef de voûte de l'indépendance[(2)].

Bien plus encore que le pacte de 1643, celui de 1754 dut laisser une trace profonde et des souvenirs féconds dans la mémoire d'un grand nombre de patriotes américains. De plus d'un siècle, il était plus voisin des évènements où la confédération définitive

(1) Comp., ci-dessus, 372.

(2) Bancroft, IV, 126. Voy., d'ailleurs, sur l'accueil fait à l'acte de 1754, dans le congrès, les colonies et la métropole, Bancroft, IV, 106-126; Marshall, 285; Story, I, 125; Kent, I, 205; Elliot, V, 110; Curtis, I, 8-9; Hough, I, 1-2; Murray, I, 323.

se fonda. Les hommes qui créèrent celle-ci le connaissaient tous; plusieurs l'avaient sans doute discuté ou entendu débattre, soit dans l'assemblée même de 1754, soit dans les diverses législatures, soit dans les réunions du peuple. S'il pouvait compromettre les libertés locales, il les compromettrait moins que la désunion qui venait à les menacer d'une ruine presque infaillible [1]. Les représentants de presque toutes les colonies dans le congrès ne lui avaient-ils pas donné leur assentiment? N'était-ce pas l'œuvre d'un des politiques les plus éminents de l'époque, d'un des citoyens les plus estimés de l'Amérique, d'un des défenseurs les plus dévoués de la cause des colonies? L'autorité de Franklin ne cessait de grandir [2]. Elle lui faisait confier les missions diplomatiques les plus importantes [3]. Elle allait lui ouvrir bientôt un facile accès aux derniers congrès des colonies encore dépendantes et aux premiers des États-Unis émancipés [4]. Elle devait lui assurer un rôle important dans l'élaboration soit de la déclaration d'indépendance, soit de l'acte de confédération de 1778 et de la constitution fédérale [5] qui offrent, on le verra, plus d'une analogie avec le pacte de 1754. Si enfin la métropole avait aperçu dans celui-ci, ne fallait-il pas y chercher un instrument redoutable de défense contre elle? Ce pacte, en définitive, paraît avoir été un précédent d'une portée considérable, vers lequel les hommes qui dirigeaient les destinées de l'Amérique anglaise tournèrent sans doute plus d'une fois leur

(1) Ci-dessus, 366-370.

(2) Bancroft, IV, 125; Curtis, I, 10-11; II, 498.

(3) Curtis, I, 287, 434; Mahon, V, 88-99, 142-143, 337-342; VI, 24-43, 117, 125, 158, 218; VII, 204-208. Comp. Elliot, V, 6, 16, 26, 65-68, 73-76, 84.

(4) Poore, I, 3, 6, 20; Curtis, I, 433-439.

(5) Poore, I, 3; Curtis, I, 50, 433-439; II, 498; Bancroft, *History of the Constitution*, II, 11-12, 58-59, 206, 239-240; Elliot, V, 110-111, 122-124, 135, 140, 144-145, 151-152, 154, 156, 179, 185, 246, 253-254, 266, 274, 282, 284, 330, 340, 344, 369, 387, 396, 399-400, 405, 525, 535, 543, 554, 557, 565; Mahon, VI, 100.

attention, pendant que la persécution les préparait et les conduisait peu à peu à l'union nécessaire pour l'affranchissement[1].

Il peut sembler étrange de dire que les projets d'union, même lorsque les colonies, les retournant contre la métropole, les firent servir à secouer son joug, témoignaient encore d'un ferme attachement à ses coutumes et à ses lois. Rien n'est plus vrai pourtant. Les colonies voulaient alors, à tout prendre, non pas rompre, mais affermir l'empire du droit anglais; non briser, coûte que coûte, mais, au contraire, maintenir ou compléter l'assimilation de l'Anglais qui vivait en Amérique à celui qui n'avait pas quitté l'Europe[2]. Le lecteur s'en étonnera-t-il? S'il embrasse d'un regard la longue carrière qu'il achève, ne reconnaîtra-t-il pas que la fidélité aux traditions de l'Angleterre fut le trait dominant du caractère des colons? Ne l'a-t-il pas vu se dégager nettement des nombreux faits qu'il a observés et des règles variées qu'il vient d'étudier? Le vieux droit des colonies offre sans doute des choses nouvelles; telles sont, par exemple, la suppression de la noblesse, celle presque immédiate de la tenure féodale des terres, ou, pour mieux dire, l'opposition presque universelle, constante, invincible, à ce régime

(1) Comp. Kent, I, 204; et, ci-dessus, 366-370. — Un souvenir très net du plan de Franklin se trouve notamment dans un projet d'union présenté au congrès de 1774. L'auteur, député de la Pensylvanie, voulait donner le pouvoir à un président général nommé par le roi et à un grand conseil, élu, tous les trois ans, par les législatures locales; il permettait au Parlement anglais d'annuler les actes du grand conseil, lequel, à son tour, devait avoir le droit d'invalider les actes du Parlement relatifs aux colonies. Mais les députés, plus irrités et moins conciliants qu'en 1754, n'entendaient plus autoriser d'autres que les représentants directs du peuple à fixer l'impôt. Le nouveau projet fut à peine examiné. Comp. Bancroft, VII, 140-141.

(2) Comp., ci-dessus, notamm. I, 31, 36, 43, 45-53, 76, 79-80, 89-94, 101-103, 112-115, 125, 133-136, 142-144, 149, 153-158, 164, 177-180, 189-190; II, 1-360, *passim*, notamm., 16-26, 29, 35-37, 65, 78-80, 94, 103, 126-138, 149, 152, 158, 173, 183-191, 193, 208, 254, 269-279, 331, 340-344, 346-359.

foncier [1]. Mais que d'imitations de la loi anglaise, écrite ou non! Les analogies n'ont-elles pas apparu claires, saisissantes, presque à chaque point de la carrière [2], et jusque dans les principes les plus contraires à cette pure démocratie, à laquelle les colonies tendaient cependant avant l'émancipation, et devaient arriver, l'émancipation faite, par une évolution lente et graduelle, notamment dans certaines règles des successions, les substitutions, la subordination plus ou moins complète de la capacité politique à la fortune ou à la profession d'une religion déterminée [3]?

Rien de plus naturel que cette hérédité du droit. Les circonstances où elle se produisit, le tempérament même des colons, en fournissent une explication décisive. Il en était peu, s'il en était, qui eussent quitté la métropole, la haine de ses institutions dans le cœur, ou, si l'on excepte la liberté absolue en matière de religion, afin de faire sur une terre vierge l'expérience de théories neuves. Ceux-ci, on l'a vu, fuyaient, sauf à persécuter à leur tour, la persécution que leurs doctrines religieuses et leur culte avaient déchaînée contre eux; ceux-là venaient chercher dans l'exploitation des richesses naturelles du sol, dans la chasse, dans les pêcheries, la fortune qu'ils craignaient de trouver moins facilement ou qu'ils n'avaient pu atteindre ailleurs; même ceux qui voulaient la liberté absolue de conscience furent d'abord,

[1] Comp., ci-dessus, 265-268, 280-289.

[2] Comp., ci-dessus, 1-359, *passim.* — Le lecteur qui ne pourrait lire Blackstone dans le texte anglais, et qui voudrait établir une comparaison plus précise et plus minutieuse encore que nous n'avons jugé nécessaire de le faire entre l'ancien droit américain et le vieux droit anglais, trouvera, sur ce dernier, des renseignements intéressants dans les livres récents de notre savant ami, M. Saint-Girons (*Essai sur la séparation des pouvoirs*, couronné par l'Institut, Paris, Larose, 1881, 1 vol. in-8°; — *Manuel de droit constitutionnel*, Paris, Larose et Forcel, 1884, 1 vol. in-8°), et un traité complet dans le grand ouvrage de M. Glasson (*Histoire du droit et des institutions politiques, civiles et judiciaires de l'Angleterre*, Paris, G. Pedone-Lauriel, 1882-1883, 6 vol. in-8°).

[3] Ci-dessus, 262-265, 290-296, 309-323. Comp. I, 1-192; II, 1-212, *passim.*

comme on sait, une infime minorité, la rare exception[1]. Tous apportaient les dispositions natives et les habitudes de leur race : une certaine froideur, l'empire sur eux-mêmes, la prudence, un goût très vif et comme le culte du passé, un sens pratique très sûr. Quand ils arrivèrent dans leur nouvelle patrie, sans avoir oublié l'ancienne, ni cessé de l'aimer, ni peut-être abandonné l'espoir d'y retourner en des temps meilleurs, il fallait, pour vivre, cultiver, pêcher, chasser sans retard, et se défendre, au besoin, contre les indigènes. Le lieu et l'heure n'étaient donc propices ni aux longues délibérations ni aux innovations hasardeuses. Le plus simple ne fut-il point d'emprunter à la métropole celles de ses lois, ceux de ses usages, déjà connus et supportés ailleurs sans impatience, qui paraissaient suffisamment appropriés à la condition de colonies au berceau, les parties utiles de sa vieille coutume, dont un long usage avait montré la parfaite harmonie avec le caractère anglais? Les circonstances, la force des choses, qui rapprochait dans les règles de droit les colons de leurs compatriotes d'Europe, les portait même à restaurer certaines libertés diminuées en Angleterre par l'abandon de quelques-unes des lois anglaises les plus antiques. Si la métropole avait offert l'exemple d'une large participation, elle semblait avoir restreint l'association du peuple à l'exercice des pouvoirs du gouvernement [2]. Mais dans les premiers groupes de colons, où, malgré des différences originelles de classe, d'éducation, de fortune, la communauté des dangers, de la pauvreté, des besoins, des souffrances, ne tarda pas de fait à créer l'égalité, pouvait-il y avoir rien de plus naturel que l'élection des fonctionnaires par le peuple entier? D'autre part, les premiers immigrants, d'abord peu nombreux, dont la métropole n'avait cure encore, qu'avaient-ils de mieux à faire que d'arrêter en commun les décisions utiles ou nécessaires à tous? Qui aurait

[1] Ci-dessus, I, 1-190, *passim;* II, 312-318. — [2] Ci-dessus, 1-360, *passim*, surtout 126-127.

jugé plus sainement, au loin, et au moment opportun, à cette époque de communications difficiles entre les continents différents, des difficultés variées avec lesquelles ils étaient aux prises, et des résolutions parfois urgentes qu'exigeaient les évènements? La nécessité et l'habitude de se gouverner eux-mêmes leur sont donc imposées dès l'abord. Les compagnies qui fondent certains établissements n'hésitent pas longtemps à le reconnaître, et la couronne elle-même ne le conteste guère, quand elle a intérêt à affirmer son autorité sur des colonies qui commencent à fleurir, ou que de petites agglomérations à peine formées croient devoir invoquer sa suzeraineté, comme une protection, contre les entreprises, soit de nations rivales, soit simplement de nouveaux convois venus de quelqu'une de ses dominations [1].

Qu'elle les emprunte, comme la plupart, à la métropole, ou qu'elle les tire, comme le petit nombre, de son propre fonds, l'Amérique, à l'exemple de l'Angleterre elle-même, projette, fonde ou réclame peu d'institutions, dont l'utilité pratique, à laquelle les gens de race anglaise obéissent si volontiers, ne donne la raison. La métropole reprend-elle peu à peu, notamment pour la nomination des fonctionnaires, une partie des pouvoirs qu'elle a pu négliger d'abord d'exercer, les colonies ne cessent d'en revendiquer plus ou moins ouvertement le plein usage; mais c'est moins peut-être pour échapper à tout contrôle, que pour faire, en meilleure connaissance de cause, les choix vraiment utiles, les colons jugeant mal préparé à ceux-ci par la distance qui le sépare du nouveau monde le roi qu'entourent des courtisans trop souvent besogneux, incapables, prêts à fondre sur les emplois de l'administration coloniale comme sur une véritable proie [2]. La communauté de la pro-

(1) Ci-dessus, notamm. I, 31, 45-46, 60-62, 66-67, 70-71, 73, 82, 84, 86, 88, 91-93, 97, 99, 106, 108-109, 112-114, 119, 127, 129, 132-134, 138-140, 146, 153-155, 159, 165-178, 181, 189.

(2) Note 1, ci-dessus, *passim*. Comp. 40-42, 47, 49, 90-94, 101-102,

priété, dont les compagnies avides désiraient plus que les colons la durée, ce rêve ancien et comme perpétuel, dont les recherches les plus récentes circonscrivent chaque jour davantage les rares applications tentées avec un succès passager, ne tient pas longtemps contre les leçons de l'expérience[1]. Quand il importait que tous prissent leur part égale des peines communes, et travaillassent de toutes leurs forces à la prospérité générale, en s'appliquant surtout à l'agriculture, au commerce, à l'industrie, les principales sources de la fortune dans un pays immense, de grandes richesses naturelles, ouvert depuis si peu aux explorations et aux entreprises des nations civilisées, qu'eût-il servi aux colons d'octroyer ou de reconnaître des privilèges à une noblesse venue toute faite d'Europe ou qu'eux-mêmes auraient créée de toutes pièces[2]? Comment une tenure féodale, inséparable de charges diverses, aurait-elle facilité l'exploitation du sol et eût-elle été maintenue sans peine, où l'abondance des terres en friche dépassait de beaucoup le nombre des pionniers disposés à les défricher[3]? D'autre part, les premiers immigrants ou les compagnies ne purent-ils pas tout naturellement se préoccuper de défendre contre des immigrations nouvelles le sol qu'ils avaient occupé, de maintenir leur autorité sur les auxiliaires dont ils avaient payé le transport et loué la peine, de protéger la secte qu'ils étaient venus établir loin de la persécution européenne? Telles furent peut-être les principales causes de ces contrats si rigoureux de louage de services que la métropole n'employait pas, de cette faculté, à laquelle les premiers colons prétendaient, de conférer ou de refuser, à leur gré, les droits de

143, 157-158, 175; II, 78-80, 277-279. Voy. aussi l'acte de déclaration d'indépendance, § 12, dans Poore, I, 4.

(1) Voy., ci-dessus, I, 17-18, 27, 65. Comp. les très intéressantes communications faites à l'Académie des sciences morales et politiques par MM. Fustel de Coulanges, Glasson, Ravaisson et Aucoc, dans les séances de novembre et décembre 1884 et janvier 1885.

(2) Ci-dessus, I, 1-190, *passim;* II, 265-268.

(3) Ci-dessus, I, 1-190, *passim;* II, 280-289.

cité, et de cette connexité souvent étroite qui liait la capacité politique à la profession d'une religion d'État [1]. On sait encore pour quels motifs utilitaires, abstraction faite de la volonté des Chambres anglaises ou de la couronne, l'esclavage fut longtemps maintenu [2]. Les substitutions exagérées, la concentration de la fortune immobilière dans un nombre de mains relativement petit, la subordination quelquefois stricte des droits politiques les plus importants à la possession de la fortune, ne sont-ce pas surtout des moyens de conserver la prééminence aux plus vieilles familles, de n'associer au gouvernement que ceux qui paraissent avoir le plus grand intérêt à la paix publique, d'écarter, au moins pour un temps, des offices de l'État, jusqu'à ce qu'une richesse relative leur soit venue peu à peu, les gens arrivés de la veille, la plupart sans ressources, tous dépourvus de la connaissance nécessaire des mœurs et des préoccupations locales, les esclaves enfin ou les serviteurs affranchis, hier encore dans une dépendance étroite [3]. C'est ainsi que même des règles communes en quelque mesure à la métropole et aux colonies purent avoir, dans ces dernières, des causes toutes spéciales et locales. C'est également ainsi qu'une constitution donnée n'étendait qu'à la longue toute la capacité politique à de très nombreux citoyens. Certaines libertés, plus grandes, à tout prendre, en Amérique, surtout dans les colonies de charte, qu'elles ne l'étaient, à la même époque, en Angleterre, inoffensives dans de petites agglomérations, dangereuses peut-être si elles eussent été brusquement cédées sans préparation à une nation entière, ne devenaient qu'avec le temps, par un accroissement progressif et lent du nombre et des droits de ceux qui l'invoquaient, la loi pratiquée sans trouble ni péril, sur des espaces immenses, par une population considérable [4]. La foule, toujours croissante, des colons, ne

(1) Ci-dessus, I, 1-190, *passim*; II, 238-242, 262-265, 309-323.

(2) Ci-dessus, 232-238.

(3) Note 3, p. 388, et note 1, ci-dessus.

(4) Ci-dessus, 1-212, *passim*, 269-271; et I, 1-192, *passim*.

présenta jamais, d'ailleurs, qu'une quantité infime, si elle en offrit, d'agitateurs disposés à tout bouleverser, afin de sortir de leur obscurité. Les vastes régions que l'immigration ne parvenait ni à défricher, ni à couvrir, ni même à explorer, ouvraient une large carrière aux entreprises des esprits hardis, aventureux, ambitieux. Dans les colonies les plus peuplées qui ne l'étaient que très incomplètement, les occasions d'un labeur suffisamment lucratif ne manquaient pas. En dehors des esclaves, il n'y avait personne qui ne fût à peu près sûr d'atteindre, un jour venant, une certaine aisance. La masse de la nation, simple, sobre, laborieuse, vivait satisfaite de sa condition présente ou de celle qu'elle savait à sa portée.

Sans doute, les vieilles lois, les antiques coutumes subissaient des réformes; mais les réformes elles-mêmes ne naissaient guère que de la nécessité ou d'une utilité certaine. Combien est mince le corps des statuts écrits des treize colonies, si on le compare au nombre des habitants et à la durée de celles-ci [1]! L'innovation la plus heureuse, ou, si l'on veut, le progrès le plus certain, qui aurait pu être facilement dans les vœux les plus chers des colons, puisqu'il devait naturellement conduire et conduisit les États-Unis à une prospérité et à une puissance que n'eût pas procurées aux colonies soumises le régime colonial de la maison de Hanovre, l'émancipation elle-même fut l'effet d'une nécessité particulièrement pressante, et, il faut l'ajouter, presque abhorrée. Que de protestations, que d'objurgations, que d'humbles prières, les colons firent entendre, afin d'éviter cette extrémité douloureuse! C'est merveille de voir quelle sagesse, quelle prudence, quelle patience, ils déployèrent pour y échapper! Singulièrement forts déjà, s'ils voulaient user de leur force, presque capables, à cette distance de l'Europe, de résister à l'action combinée des puissances européennes, facilement aidés, s'ils le demandaient, par les nations rivales de l'Angleterre, comment, s'ils en avaient eu la volonté,

[1] Ci-dessus, I, 1-190, *passim;* et II, 7, note 1.

n'auraient-ils pas brisé plus tôt le joug? Une exagération un peu irréfléchie ou un entraînement passager eut une part considérable dans les revendications excessives ou les menaces hâtives de quelques colons plus fougueux que les autres, dans la résistance et la réaction parfois immodérées du peuple ou de ses représentants contre les abus d'autorité des fonctionnaires qu'eux-mêmes n'avaient pas nommés, dans les plaintes ardentes de certains agents du pouvoir molestés et mécontents (1). Mais c'est une proposition certaine, sur laquelle on ne peut trop insister, que les colons ne désiraient pas s'affranchir. Ils ne cessaient de proclamer leur affection pour la métropole. Ne l'avaient-ils pas reçue, avec le sang qui coulait dans leurs veines, et le lait qu'ils avaient sucé? Ne l'avaient-ils pas sentie se développer sous les coutumes et les lois communes qui confondaient presque l'une dans l'autre leurs deux patries? Ne parlaient-ils pas la langue du peuple anglais? L'esprit même de ce peuple ne les animait-ils pas? Dans l'évolution qui entraînait peu à peu la métropole elle-même vers un régime plus libéral, populaire, démocratique, ils n'aspiraient pas à la devancer, en tout, au besoin par des entreprises téméraires; le plus souvent ils se seraient volontiers contentés de la suivre et de continuer encore à l'imiter, plus portés, comme elle, à modifier, avec circonspection et lenteur, les institutions présentes pour les améliorer, qu'à les bouleverser brusquement et au hasard. Sans goût pour les freins que la plupart de leurs compatriotes d'Europe ne subissaient pas, par exemple, pour la domination des propriétaires, même réduite et bridée, sinon brisée par eux-mêmes (2), facilement prêts à invoquer les traditions les plus libérales, fussent-elles les plus antiques, de leur race, ils étaient tout ensemble résolus à obtenir et disposés à ne pas dépasser, sous la suprématie définie et limitée du

(1) Ci-dessus, I, 1-190, *passim*; II, 1-252, *passim*.

(2) Comp., ci-dessus, I, 40-42, 58, 87, 90, 115-125, 136-144, 146-149, 153-156, 162-163, 175-179, 188-189; II, 14, 227-228.

roi, la condition qui demeurait, ou qui, aux jours de la liberté la plus grande, avait été celle des citoyens dans la métropole [1]. En vérité, ils ne rompirent le lien qu'au moment où ils pensèrent avoir à choisir entre l'asservissement et leurs droits les plus sacrés, apportés de la métropole même [2]. En se séparant d'elle, ils combattaient réellement pour ses coutumes; ils visaient, encore un coup, non à abandonner en un instant, mais à conserver plus sûrement ce qu'elle leur avait donné ou enseigné [3].

(1) Ci-dessus, 387-393.

(2) Ci-dessus, 1-212, *passim*, 339-359.

(3) Sur les sentiments des colons à l'égard de la métropole et sur les motifs qui déterminèrent les colonies à s'émanciper, voy., notamment, Marshall, 350-486, *passim*; Greene, *Historical view of the American Revolution*, 5-6; Ramsay, 7-9, et 181-520, *passim*; Story, I, 133-156; Kent, I, 206-210; Bancroft, IV-VIII, *passim*; Wirt, *Life of Patrick Henry*, 59-220, *passim*; Irving, *Life of Washington*, I, 18-19, 297-418, *passim*, notamm. 320; Mahon, V-VI, *passim*; Murray, I, 334-400, *passim*, notamm. 398-400; Russell, I, 41-100, *passim*; Prior, *Life of Burke*, 162-166, 182-190; Roscoe, 292-293. — Voy. surtout, dans Bancroft, *loco cit.*, les débats des Chambres anglaises, et dans Ramsay, *loco cit.*, les adresses des congrès américains au roi et au peuple de la Grande-Bretagne. — Comp. l'acte de la déclaration d'indépendance, *passim*; Poore, I, 3-5. — Joignez, ci-après, tome III, la notice sur cet acte.

En citant pour la dernière fois, dans le présent livre, quelques-unes de nos autorités, nous n'avons pas sans doute à nous excuser d'avoir systématiquement exclu à peu près toute référence aux auteurs français. Ce sera le mérite particulier et voulu de cet ouvrage, s'il en a quelqu'un, d'avoir été composé tout entier d'assertions empruntées aux textes officiels et aux auteurs anglais ou américains les plus sûrs. Toute autre manière de le composer n'en eût fait qu'une copie ou une imitation inutile de dissertations souvent inspirées par une vraie science et plus d'une fois conduites avec un rare talent. Notre plan n'impliquait ni un oubli ni un dédain, que rien n'eût justifié, d'œuvres considérables dont plusieurs ont atteint une renommée qui ne pâlit point. Ce n'est même pas déprécier le mérite de nos devanciers dans la carrière, de dire que quelques-uns des plus illustres n'ont pas échappé à de graves erreurs. Le lecteur en trouvera plusieurs signalées, par exemple, avec une vivacité peut-être extrême, dans la très curieuse *Histoire du peuple américain* de M. Carlier (Paris, Lévy, 1864, 2 vol. in-8°), et, avec mesure, dans des communications très intéressantes récemment faites à l'Académie des sciences morales et politiques par M. Boutmy (Comptes rendus de l'Académie des sciences morales et politiques, tome CXXII, septembre 1884,

Le peuple des colonies anglaises d'Amérique, partie jeune encore de l'humanité, vivant sur ce vieux fonds d'usages anglais, que pourtant il modifie avec mesure, est donc, sans doute, ainsi que Pascal le dit de l'humanité entière, comme «un même homme qui subsiste toujours et qui apprend continuellement[1]»; mais il est surtout le rejeton, semblable à son aïeule, d'une antique nation, de laquelle il a presque tout appris; il est comme cette nation elle-même transportée au delà des mers avec ses qualités natives et ses mœurs; c'est elle qui se perpétue et va se survivre à elle-même, en lui, sa postérité, sur une terre nouvelle. Cette idée générale avait été annoncée au début de ce livre[2]. Le lecteur a vu qu'aucune autre ne caractériserait mieux l'esprit de l'ancien droit américain. Il verra que nulle ne pouvait mieux préparer à l'intelligence du droit moderne, où le souvenir de l'ancien va se retrouver vivace et fécond.

362-398). C'est la mauvaise fortune de presque tous ceux qui touchent les premiers à un sujet, de n'avoir pas à leur disposition les moyens d'investigation les plus complets. Mais ils rendent encore au monde savant un service signalé, en appelant la discussion sur des matières peu connues, en provoquant l'apparition de livres nouveaux qui poussent les recherches plus avant, et parfois, s'il s'agit de problèmes de haute importance, en déterminant la publication de documents originaux de la plus grande valeur. (Comp., ci-dessus, *Introduction*, I-VI.) Quand ils n'ont pas découvert eux-mêmes, ne contribuent-ils pas ainsi à faire découvrir la vérité entière? Qui peut jamais, au surplus, se flatter de dire le dernier mot de la science sur quelque sujet juridique ou historique que ce soit?

[1] *Fragment d'un traité du vide; Pensées de Pascal;* édit. Havet, 518.

[2] Ci-dessus, *Introduction*, *passim.*

FIN DU DEUXIÈME VOLUME.

ERRATA

DES DEUX PREMIERS VOLUMES.

TOME PREMIER.

Page IV, *in fine*, *lisez :* porter sur toutes les chartes et constitutions, auxquelles.

V, ligne 15, *lisez :* disait non tout à fait sans raison.

V, ligne 27, *lisez :* Cette dernière.

XII, lignes 17–18, *lisez :* en 1519, de la Jamaïque au Mexique en longeant la Floride et les rivages de la vallée du Mississipi.

XXXVIII, lignes 27-28, *lisez :* insensiblement dans quelques-unes et tendaient à réduire dans les autres.

XXXIX, ligne 17, *lisez :* immigrants.

23, *lisez :* si vieilles que plusieurs.

26, note 2. Cette note est corrigée par celle de la page 4 du tome II.

55, lignes 24–25, *lisez : recorder* de la cité de Londres.

109, ligne 8, *lisez :* ne s'attribuait pas expressément.

111, ligne 2, *lisez :* commune plutôt que de les annexer à la colonie de New-York.

124, ligne 21, *lisez :* 1639.

129, ligne 16, *lisez :* colonies.

136, note 2, *ajoutez :* Voy. toutefois, ci-après, II, 299-302, 318-324.

194, sommaire, ligne 1, *lisez :* III, VI.

194, note, ligne 9, *lisez : los Espanoles.*

203, lignes 6-7, *lisez :* avoir mis en question ou détruit.

255, ligne 10, *lisez :* manoirs, une.

255, ligne 18, *lisez :* convenons.

273, ligne 24, *lisez :* gouverneur nous.

285, sommaire, ligne 3, *lisez :* XIII, XV, XVIII.

288, note, *lisez : verbo.*

289, ligne 13, *lisez :* cas, et.

Page 302, note, ligne 7, *lisez :* Penn.,
302, note, ligne 13, *lisez :* 303-311.
332, sommaire, ligne 6, *ajouter après* capacité. — IV. Du sceau de la Compagnie.
332, sommaire, ligne 8, *lisez :* XXV, XXVI, XXVII, XXVIII.

TOME II.

Page 7, ligne 9, *lisez :* constitutions, constitutions proprement dites, chartes ou autres.
7, ligne 11, *lisez :* des lois, les seuls principes des coutumes, coloniales ou anglaises.
11, ligne 5, *lisez :* Virginie elle-même.
13, note 2, *lisez :* 813; II.
13, note 3, *lisez :* 119-112.
26, note 7, *lisez :* II, 18-20.
29, note 1, ligne 13, *lisez :* 34-36.
38, note 1, *lisez :* note 2, et, ci-après, 238-242.
40, note 1, ligne 11, *lisez :* 15; 1718.
60, note 10, ligne 1, *lisez :* Conn.,
68, note 2, ligne 17, *lisez :* 1678-1769.
84, ligne 15, *lisez :* les tenanciers de parties.
128, note 7, *lisez :* 184, et, ci-dessus, I, 112-113.
135, note, *lisez :* 16-20.
186, note 1, *lisez :* 420-421. Comp., ci-après, 279.
188, ligne 23, *lisez :* très souvent.
188, ligne 24, *lisez :* donc, en principe, suivant les lieux, nommés, à l'exception du moins des juges de paix et de ceux des cours de comté, par.
190, note, *in fine, lisez :* Poore, I, 4. — Voy. aussi, ci-dessus, 165-175, aux notes, *passim*.
214, note, *in fine, lisez :* 7-207.
245, ligne 8, *lisez :* partager ce qu'il ne craignait pas d'appeler.
271, ligne 10, *lisez :* celui qui, au moins pour les fonctions exécutives, sinon toujours pour toutes les fonctions publiques sans distinction.
271, note 4, *lisez :* Conn.,
278, ligne 8, *lisez :* importante. Plus exactement, quand il ne revendique plus le droit de nommer tous les fonctionnaires sans distinction, il ne manque guère encore de vouloir choisir, dans les subdivisions administratives des colonies, au moins les agents locaux du pouvoir exécutif, notamment les agents du fisc, ou de prétendre en confier le choix à quelque autorité locale. Les fonctionnaires.

Page 279. note 2, *in fine*, *lisez* : 247. — Joignez, ci-dessus, 109-124, aux notes. Voy. aussi, ci-dessus, I, 61-63, 65-67, 70-73, 82, 86, 92, 97, 106, 114, 127, 129, 139, 142, 144, 146, 157-158, 175, 177-178, 239; II, 78-79, 82-83, 94, 106. 108, 120-124, 127-128, 133, 183-189; et, ci-après, 252, 289, 301, 319, 321, 326, 352, 389-390.

287, note 4, *lisez* : *passim*, notamm. 188-189.

312, ligne 7, *lisez* : presque nulle part.

345, note 1, ligne 16, *lisez* : 1729.

350, ligne 21, *lisez* : règle constitutionnelle, sauf à subir de nombreux échecs par le fait des lois locales, fut apparemment.

357, note 2, *in fine*, *lisez* : 253, 372. — Comp., ci-dessus, 121, 109-124 aux notes, 278. — Voy.

383, ligne 29, *lisez* : d'accord, du président général et du.

387, note 2, *in fine* *lisez* : 346-359, et, ci-après, 387.

390, note 1, *lisez* : 189. Comp. 279, note 1.

391, ligne 5, *lisez* : longtemps, en Amérique.

391, ligne 26, *lisez* : le droit de cité.

394, ligne 19, *lisez* : téméraires; plus d'un fait, par exemple l'exagération, dans les lois coloniales, de quelques-unes des règles du droit anglais les plus contraires aux principes de la pure démocratie, permet de le conjecturer assez sûrement.

COMITÉ DE LÉGISLATION ÉTRANGÈRE.

COLLECTION DES PRINCIPAUX CODES ÉTRANGERS.

VOLUMES PARUS :

Code d'instruction criminelle autrichien de 1873, traduit et annoté par MM. Edmond Bertrand et Ch. Lyon-Caen, 1 vol. in-8°.

Code de commerce allemand de 1869 et Loi allemande sur le change, traduits et annotés par MM. P. Gide, Ch. Lyon-Caen, J. Flach et J. Dietz, 1 vol. in-8°.

Code pénal des Pays-Bas de 1881, traduit et annoté par M. Willem Joan Wintgens, 1 vol. in-8°.

Code de procédure pénale allemand, par M. F. Daguin, 1 vol. in-8°.

Code d'organisation judiciaire allemand de 1877, traduit et annoté par M. L. Dubarle, 2 vol. in-8°.

SOUS PRESSE :

Les chartes et constitutions des États-Unis de l'Amérique du Nord, par M. Gourd, 4 vol. in-8°.

Loi d'organisation judiciaire de l'empire de Russie, par M. le comte de Kapnist, 1 vol. in-8°.

Code pénal hongrois de 1878.

Code de procédure civile allemand.

Loi anglaise sur les faillites de 1883.

Recueil de Qânoun kabyles.

EN PRÉPARATION :

Code de commerce autrichien de 1863.

Code de commerce hongrois de 1876 et Loi sur le change de 1877.

Code des faillites de l'empire d'Allemagne de 1877.

Code civil portugais de 1867.

Code de commerce italien de 1882.

Code civil de la République Argentine de 1871.

Code pénal et Code de procédure pénale de l'État de New-York de 1881 et 1882.

Recueil des lois sur la propriété littéraire, artistique et industrielle.

Code pénal de l'empire d'Allemagne de 1871.

Lois anglaises sur la marine marchande.

PARIS,

CHEZ F. PICHON, LIBRAIRE DU CONSEIL D'ÉTAT,

RUE SOUFFLOT, 24.

www.ingramcontent.com/pod-product-compliance
Ingram Content Group UK Ltd.
Pitfield, Milton Keynes, MK11 3LW, UK
UKHW012148240726
13966UKWH00001B/212

9 782011 749864